谨以此书献给伟大的中国人民抗日战争

[正视红色革命历史丛书]

正视抗日战争

——抗日战争若干重大历史问题辨析

ZHENGSHI
KANGRIZHANGZHENG

柳建辉　孙　新⊙编著

青岛出版集团 ｜ 青岛出版社

《正视抗日战争》编委会

主　　任　孟鸣飞

副 主 任　李亚川　高继民　贾庆鹏

总 策 划　李忠东

顾问、编委　（按姓名笔画为序）

　　　　　　刘　统　孙　新　李东朗

　　　　　　李曙新　张　健　柳建辉

　　　　　　赵东升　贺新城　高中华

　　　　　　徐　焰　郭德宏　曹　普

出版者的话

抗日战争是中国人民反帝斗争史上空前的壮举,是中华民族抵抗日本帝国主义侵略的一场规模巨大的战争,是世界反法西斯战争的重要组成部分和东方主战场,是近代以来中国反对外敌入侵第一次取得完全胜利的民族解放战争,是中华民族惊天地、泣鬼神的伟业,是中华民族走向伟大复兴的历史转折点。历史发展到今天,当年战争的硝烟早已散尽,战争的创伤已经痊愈,战争在新一代人的记忆中逐渐淡去,人们对战争的认识逐渐风化,于是历史虚无主义趁机登场,日本右翼势力更是甚嚣尘上。因此,在纪念中国人民抗日战争暨世界反法西斯战争胜利70周年之际,对抗日战争的若干重大历史问题有必要作出专题解读。

一

抗日战争史历来是大众十分关注的热点和学术界研究的重点。中共十一届三中全会后,在思想解放大潮的推动下,国内抗日战争史研究取得了前所未有的进展,并结出了丰硕的成果,不仅研究领域得到不断拓展、深入,而且新提法、新观点迭见,呈现出一片百花齐放、百家争鸣的繁荣景象。但是,在抗日战争史研究中,由于研究者占有的史料不同、分析问题的视角不同,或者所持立场不同,在对同一重大历史问题、事件或人物进行研究时,往往作出不同的评判,提出不同的学术观点,也就引发了许许多多的争议。这些争议问题的研究有许多促进了抗日战争史研究的深入和拓展,解决了一些重大历史疑案。若把这些有价值的新的学术研究成果加以系统总结,可以开拓广大读者的视野,引导大家正确认识这段历史,懂得正确的历史,无疑会产生较好的社会效益。但是,有的研究与观点居于一隅,失之偏颇,有失客观公正性、科学性,也许学术界的人尚且能辨而知之,但流传到社会,一般人对这段70年前的历史已经陌生,容易不辨真伪,断章取义,道听途说,三人成虎,歪曲历史事实。更有甚者,贬低甚至抹杀中国共产党的领导和八路军、新四军等抗日武装及敌后战场的丰功伟绩,武断拔高国民党正面战场的地位与作用,更甚至替日本侵略者和汉奸张目,也就必然会产生负面的社会效应。我们认为,针对这些年来人们在抗战问题的思想认识上的迷雾和混乱,急需加以纠正和澄清,以正视听。这是当前我们的意识形态领域亟待解决的重大问题,是我们史学工作者和出版工作者义不容辞的职责。

在纪念中国人民抗日战争暨世界反法西斯战争胜利70周年之际,我们郑重推出了《正视抗日战争——关于抗日战争若干重大历史问题的思辨》一书。该书正是针对上述问题而策划编写的。我们觉得,当下,我们固然需要大部头的正面记述抗战史的著作,但我们更需要像《正视抗日战争——关于抗日战争若干重大历史问题的思辨》这样一本旨在能够正本清源的著作。所以,该书堪称适时而作、应命之作。

要写好《正视抗日战争——关于抗日战争若干重大历史问题的思辨》一书并非易事,需要秉承实事求是的原则,博览群书,广泛占有材料,以大量已有和新挖掘的档案资料为依据,大量汲取学术界的前沿成果,对这些争议问题的不同学术观点进行系统梳理,在进一步挖掘利用史料的基础上开展深入的研究,力求作出更为完整、准确、系统的表述和科学的评价,提出具有高度权威性的观点和见解,形成有说服力的研究成果,其难度是不言而喻的。但是,我们浏览了一遍书稿,发现它达到了预期的编写目的,应该说是成功的。

二

本书归纳整理了关于抗日战争30个重大热点、疑点、难点问题展开叙述与研究,因此我们也可以通俗地称之为《抗战三十讲》。这30个问题可大体分为以下四大类:

第一大类：关于抗战基本问题。这类问题主要包括：中国抗日战争的历史地位与作用问题；抗日战争的性质与研究角度问题；抗日战争的起点、时限与历史阶段划分问题；九一八事变后中国社会的主要矛盾问题；抗日战争的领导权问题。这些都是学习、了解与研究抗日战争史乃至世界反法西斯战争史必然触及和必须了解的基本问题。我们说，历史并不是无序事件的组合，而是具有内在的规律性。不能用片面的、割裂的态度对待历史中的某些细节，而要把这些细节放入整个历史的宏观发展当中去考察。要在历史活动的总和与全貌中找到历史的主要方面，并以此来区分支流和主流、现象和本质、偶尔和必然、局部和全局。因此，了解和掌握了关于抗战的主干问题、基本问题，就可以站在抗战史的制高点上看问题了，就可以对抗战史的若干问题站得高、望得远、识得透了。

第二大类：关于围绕国共抗战的争议问题。这类问题主要包括：到底谁是抗战的领导者；到底谁是抗战的中流砥柱；如何正确评价抗日战争的两个战场的地位与作用；怎样看待抗战的主战场；到底是谁"游而不击"，是谁"消极抗战"；如何正确评价抗战历史人物。这类问题是社会热点与疑点问题，是目前人们最容易产生思想认识迷雾的问题，也是历史虚无主义泛滥的重灾区。不回答这些问题，就难以解决人们在抗战史认识上的是非问题，不利于走出误区。了解和掌握了这些疑难问题，人们就会从对中国共产党产生的武断的怀疑回归到理性的赞成、信服和由衷的热爱。例如：书中引用徐焰、刘统、贺正诚等抗战史研究专家发表的热点文章，使读者深层次理解"熬出来"的抗战的艰苦卓绝；游击战争如何撑起抗战的"半壁江山"；抗战的使命不只是打败日本侵略者，而且要打出一个新中国。读了书中的有关专题，就会对中国共产党在抗战时期政治上的远见卓识、军事谋略上的超人智慧、实践上的坚韧不拔有新的深层次认识。历史虚无主义之所以有市场，就在于人们对历史知识缺乏完整、系统、深刻的了解，有盲点与盲区而偏听偏信而人云亦云。读了这本书的此类话题，相信一些人可以很好地解决对抗战史认识的盲点与盲区，透过丰富的历史知识解读历史的真相。实际上，在此类话题中，也充分肯定了国民党的抗日领导地位，肯定了国民党正面战场的重要地位与作用，肯定了国民党始终坚持抗战和国民党抗战将领的历史功绩,在诸多问题上为国民党"翻案",体现了当今史学工作者所持的客观、公正的立场和实事求是的严谨态度。

第三大类:关于围绕抗战的一些重要历史事件的探究与解谜类问题。这类问题主要包括:到底谁是"不抵抗主义"的始作俑者;抗战时期的中日秘密交涉是否等同于投降;皖南事变留下了哪些历史谜团;如何辩证看待豫湘桂战役的"大溃败";苏联出兵参加对日作战是抗日还是"投机";谁决定了日本的投降;日本是否真的是无条件投降的;中国政府放弃日本战争赔款的真实原因和内幕;抗战的统计数字问题;中国抗战胜利纪念日为何定在9月3日。书中对此类问题充分借鉴学术界现有的史料与研究成果,作了寻根究底、大胆质疑、辩证分析,读后可以使人们获知这类问题的历史真相,茅塞顿开,开阔视野,增长见识。

第四大类:关于揭露日本歪曲历史、否认和美化侵略战争类的问题。这类问题主要包括:反映日本侵略图谋的《田中奏折》真伪之争;七七事变到底是不是"偶发事件";日本右翼分子美化侵略的谬论;如何看待所谓"东京审判史观"和"远东国际军事法庭非法论";如何认清日本的二战史观与安倍政权的右倾化图谋。这类问题涉及日本对战争的认知、反省,对中国人民及亚洲国家的感情伤害,维护第二次世界大战胜利成果和国际公平与正义,保障人类永久和平,防止日本军国主义复活,不使战争悲剧重演。为此,书中对日本右翼势力的所作所为、尤其是其否认战争、美化侵略、为侵略罪行翻案的反动错误观点做了深刻的揭露与剖析,从而可以使读者对日本右翼势力的本质和反对日本军国主义复活的意义有深层次的理解;同时,书中又立意于防止偏狭的民族主义情绪,树立正确的历史观,并对中国政府放弃对日本战争赔款要求后日本对中国的经济援助作了客观公正的介绍,对于促进中日两国人民的友好往来、共同反对日本右翼势力很有意义。

另外,书中还对抗日战争的话语系统问题、加强中国抗战史的国际话语权问题、抗战史著作的科学性问题、抗战史研究的薄弱环节问题、抗战纪念场馆与设施的建设问题、"抗战神剧"的历史乱象问题都有所介绍与探究,对于促进抗战史研究与宣传的严肃性与规范性提出了很好的建言。

三

我们认为,本书具有以下显著特点和重要价值可言:

第一,政治性强。针对这些年来在抗战史研究中学术界和社会上不同程度存在的历史虚无主义重新抬头,所出现的贬低甚至抹杀中国共产党领导的抗日武装及敌后战场的地位与作用、抬高国民党及其正面战场的地位与作用、怀疑中国共产党对抗战的领导权、否定中国共产党是抗战的中流砥柱、无视抗日游击战争的重大历史作用、重拾当年国民党污蔑八路军和新四军"游而不击"的陈词滥调、甚至替日本侵略者和汉奸张目的思想暗流,本书在占有大量历史资料和学术界研究成果的基础上进行了辨析,指出了其谬误和危害,这对于纠正人们思想认识的误区、回归历史真相将产生巨大正能量,对于进行历史唯物主义教育、爱国主义教育和民族主义教育,从而坚定对中国共产党正确历史的认识,无疑具有重要的价值和意义。

第二,探索性强。本书是一本学术性著作,它所研究的问题具有很强的探索性,均是抗日战争史的热点、疑点、难点问题,带有争辩性、探秘性、学理性,所收入的许多史料,所反映和引用的许多学术界研究成果,所揭示的许多新观点,都能开拓读者的视野,在许多问题上的探究与辨析能使人的思想认识豁然开朗,获得很多历史观点与方法。

第三,综合性强。本书无疑是一本梳理、归集、总结抗日战争史研究成果的著作,因而综合性是其具有的又一个明显特点。要对抗日战争若干重大历史问题加以正确的思辨,不站在前人的肩膀上是不可能做到的,而要站在前人的肩膀上,就必须广泛收集、整理、归纳、总结每一个重大历史问题的研究动态、存在的各种学术观点、涉及的大量研究资料、出版和发表的几乎所有的论著成果。在此基础上,才能有底气进行由此及彼、由表及里的论述,才能纵横捭阖、激扬文字。这里还需特别说明的是:本书并非是本书作者的完全原创性著作,其编写的出发点决定了本书旨在把大量的抗战史研究成果介绍给读者。书中既有对郭德宏等关于抗战史的综合性研究成果的借鉴与吸收,又有对徐焰、刘统、贺正诚等抗战史研究专家发表的热点文章的引入与转述,从中可以看到一些抗战史研究的最新成果。因此,涉猎抗战史的读者、初入门者从这本书中可以了解到抗日战争史研究现状和研究方向,走点捷径,收到事半功倍的效果。在此,我们要向上述专家表示我们深深的敬意。正是他们以深厚的学术功底、较高的学识,以史实说话,执着地坚守着抗战史研究的主导阵地,澄清着思想的迷雾,发挥了正能量。

第四,普及性强。本书虽然是一本总结抗战史学术成果的书,但编写者并未板起学术高端的面孔,为学术而学术,那样有悖于我们的初衷,而是立意于面向大众读者,采用话题的形式,聚焦抗战史的社会热点问题,以读者感兴趣的话题,进行逻辑推理,以史实为根据,以理服人,读之让人耳目一新,开卷有益,甚至收获颇丰,从而达到普及历史知识、特别是以正确的历史知识与观点引领读者的目的。相信一般读者可以从中开阔眼界、增长见识、提高历史修养。

总之,《正视抗日战争——关于抗日战争若干重大历史问题的思辨》一书秉承实事求是的原则,针对中国抗日战争若干重大历史问题存在的是非争议,在进一步挖掘利用史料和充分运用学术界研究成果的基础上开展深入的研究,作出了较为完整、准确、系统的表述和科学的评价,归纳出了具有较高权威性的观点和见解,形成了综合性、总结性的研究成果,对于还原抗战真相、树立正确的战争观和历史观很有意义。基于此,此书不失为一部学习和研究抗日战争历史的基础性和前沿性的著作,也是进行爱国主义教育和民族主义教育具有重大价值的著作,对于广大党员干部和群众都是一本丰富抗战史、增长历史见识、开卷有益的著作。

谨以此书献给伟大的中国人民抗日战争暨世界反法西斯战争胜利70周年!

目 录

出版者的话 …………………………………………………………… [1]

1 正视中国抗日战争的地位和作用 ………………………………… [1]
    一 抗日战争在中国历史上的地位和作用 / 1
    二 中国抗日战争在世界反法西斯战争中的历史地位
       和巨大作用 / 11
    三 关于中国抗日战争的地位和作用目前存在的问题 / 18

2 从抗日战争的性质与研究角度论如何写抗战历史 ……………… [22]
    一 正确辨析抗日战争时期国共两党矛盾的性质 / 23
    二 客观真实地看待国民党正面战场的抗战 / 27
    三 充分反映爱国民主党派在抗战中的历史作用与贡献 / 30
    四 把抗日战争史作为一场民族战争史来写 / 34

3 抗日战争的起点、时限和历史阶段应如何划分？ ……………… [36]
    一 抗日战争的起点应从九一八事变算起 / 36
    二 抗战的时限和历史阶段该如何划分 / 43

4 日本侵略图谋不容抵赖：探《田中奏折》真伪之争 …………… [46]
    一 《田中奏折》问题的由来 / 47
    二 《田中奏折》是东方会议的产物 / 48
    三 《田中奏折》出自田中之手 / 53
    四 《田中奏折》是否认不了的 / 55

5 到底谁是"不抵抗主义"的始作俑者？ [60]
　　一 "不抵抗主义"的背景 / 61
　　二 "不抵抗主义"的提出 / 67
　　三 "不抵抗主义"的发展 / 74
　　四 "不抵抗主义"的最后一幕 / 80
　　五 "不抵抗主义"的影响和教训 / 83

6 九一八事变以后中国社会的主要矛盾是什么？ [87]
　　一 九一八事变以后中国社会的主要矛盾学说 / 87
　　二 九一八事变以后中日民族矛盾是中国社会的主要矛盾 / 92

7 驳日本右翼分子美化侵略的谬论 [99]
　　一 驳日本所谓"自存自卫"的"侵略有理"论 / 100
　　二 驳日本解放亚洲的"侵略有功"论 / 103
　　三 战后日本缘何美化侵略历史 / 106

8 七七事变是"偶然事件"吗？ [109]
　　一 七七事变是日本"大陆政策"的必然结果 / 113
　　二 卢沟桥枪声来自日本侵略军 / 118

9 难道抗战只是"打日本"吗？ [124]
　　一 抗战只是"打日本"？ / 124
　　二 日本敢于侵略中国是利用了旧中国统治集团的腐朽和无能，抗日期间革命力量需进行内外双重斗争 / 127
　　三 八路军、新四军主要靠轻武器甚至原始刀矛作战，就必须用人民战争的"持久战"来对抗强敌 / 128
　　四 抗战胜利的一个重要成果是战后很快迎来新中国诞生 / 129

目　录

10　到底谁是抗战的领导者？ ……………………………… [131]
　　一　学术界关于抗日战争领导者的不同观点 / 131
　　二　为什么说抗日战争是国共两党共同领导的 / 134
　　三　国共两党的共同领导作用前后是有变化的 / 139
　　四　全面美化国民党领导抗战、否认共产党领导抗战
　　　　是历史虚无主义 / 141

11　到底谁是抗战的中流砥柱？ ……………………………… [142]
　　一　关于纠正"到底谁是抗战的中流砥柱"问题上的
　　　　错误思想 / 142
　　二　说中国共产党是抗日战争的中流砥柱的原因 / 143

12　正确评价抗日战争中两个战场的地位和作用 ………… [154]
　　一　两个战场形成的原因 / 154
　　二　两个战场的地位和作用 / 158

13　怎样看待抗战的主战场？ ………………………………… [168]

14　到底是谁"游而不击"，是谁"消极抗日"？ ……………… [172]

15　游击战争为何能撑起抗战的"半壁江山"？ / 178
　　一　机械化战争提升游击战地位 / 178
　　二　把"战争从壕沟里解放"出来 / 180
　　三　中国游击战争的三大特点 / 184

16　为什么说抗战是"熬"出来的胜利？ ……………………… [186]
　　一　为什么抗战是持久战 / 186
　　二　犬牙交错的奇特战局 / 194
　　三　"百团大战"与"五一大扫荡" / 199
　　四　熬过黑暗是黎明 / 206

17 抗战时期的中日秘密交涉等同于投降吗？ [212]

18 皖南事变留下哪些谜团？ [215]
一 对日妥协投降是否是皖南事变发生的重要原因？／215
二 国民党是否有制裁新四军的周密预案／222
三 皖南新四军北移行动后延是项英不愿北移造成的吗？／227

19 如何辩证看待豫湘桂战役的"大溃败"？ [233]
一 日军发动的极不合时宜的空前战役／234
二 日军发动的极不成功的空前战役／237
三 日军战略总崩溃的加速器／239

20 苏联出兵参加对日作战是抗日还是"投机"？ [244]
一 苏联参战的由来／245
二 斯大林为什么承诺苏联出兵东北／251
三 城下之盟：以最小代价取得的最大成果／255
四 苏联参战的作用／258

21 谁决定了日本的失败？ [261]
一 美国原子弹轰炸和苏联出兵之前日本败降已定／261
二 美国原子弹轰炸和苏联出兵加速战争的结束／266
三 中华民族14年英勇抗战是打败日本帝国主义的决定性因素／268

22 日本真是无条件投降的吗？ [273]
一 美国同日本在瑞士密谈，对"无条件投降"可通融／274
二 "八一五"，日本天皇宣布日本无条件投降了吗？／277
三 "日本投降"概念被美国偷换成"日军投降"／279
四 将东条英机说成是二战"三元凶"之一实属大谬／281

目 录

23 中国抗战胜利纪念日为何定在 9 月 3 日？ ················ [284]

24 如何看待所谓"东京审判史观"和"远东国际军事法庭非法论"
　　等概念？ ·· [291]
　　一　东京审判的准备与原则 / 292
　　二　对战犯的正义审判 / 294
　　三　东京审判的意义与局限性 / 297
　　四　关于"东京审判史观" / 302
　　五　关于"远东国际军事法庭非法论" / 305

25 抗日战争的统计数字问题 ···································· [308]
　　一　关于抗日战争的统计数字问题 / 308
　　二　关于世界反法西斯战争的统计数字 / 310
　　三　中国抗日战争人口和财产损失的统计 / 311
　　四　开展抗战损失调研的目的是不让历史悲剧重演 / 322

26 透视中国政府放弃日本战争赔偿的前前后后 ·············· [324]
　　一　国民党政府最初并没有放弃赔款要求 / 325
　　二　美国对日政策转变的新构思 / 327
　　三　台湾当局为争正统放弃赔偿 / 330
　　四　中日建交时中国放弃对日本的赔偿要求 / 332
　　五　应如何看待中国放弃对日本的赔偿要求 / 333
　　六　不可忽视的日本援中 ODA / 334

27 应如何正确评价抗战人物？ ································· [337]
　　一　抗战名将的标准是什么 / 337
　　二　如何评价蒋介石在抗战中的贡献 / 341
　　三　实事求是评价抗战历史人物 / 344

28 抗日战争史的话语系统应科学化 …………………… [346]

29 检视"抗战神剧":历史不容亵渎 …………………… [349]
　　一　一时间乱象丛生之"抗战神剧" / 349
　　二　"抗战神剧"典型案例分析 / 350
　　三　如何看待"抗战神剧" / 352

30 如何认清日本的二战史观与安倍政权的右倾化图谋? ………… [355]
　　一　错误的史观,缘于错误的现实 / 355
　　二　日德表现迥异,关键在于促进反省的力量不同 / 357
　　三　日本国民二战史观的风化与抗拒 / 358
　　四　安倍政权的选择令人忧虑 / 360
　　五　只有正确对待历史,日本才不会迷失 / 362

1

正视中国抗日战争的地位和作用

1931—1945年的中国人民抗日战争深刻地影响和改变了中国社会,同时也深刻地影响了世界反法西斯战争,并深刻地影响了世界的政治格局。正因如此,对中国抗日战争的历史地位和作用的研究是中国抗日战争史研究的一个热门课题。这一研究主要体现在3个方面:一是专题研究,据不完全统计,著作有王振德的《第二次世界大战中的中国战场》(社会科学文献出版社,1995)、王真的《抗日战争与中国的国际地位》(社会科学文献出版社,2003)、胡德坤和韩永利的《中国抗战与世界反法西斯战争》(社会科学文献出版社,2005),论文有近200篇;二是围绕抗日战争和世界反法西斯战争的研究而涉及这个问题或就此展开论述的;三是一些报告和讲演中就此问题的论述。这一研究可概括出如下特点:一是强调1931—1945年中国14年抗日战争的作用和影响,从中国抗日战争的整体方面探讨和论述中国抗日战争的历史地位和作用;二是注重从世界反法西斯战争的总体进程中研究中国抗日战争及其历史地位,论述比较深刻、说理比较充分的论著大都有这样的特点;三是呈现出纪念性的特点,研究的高潮和大量的论著出现在1995年和2005年抗日战争胜利50周年、60周年两个时期。①在2015年抗战胜利70周年时期也不例外。

一 抗日战争在中国历史上的地位和作用

抗日战争为中国国家的独立、民族的解放和振兴奠定了重要基础,是

---

① 李东朗:《近10年来中国抗日战争的地位和作用研究述评》,载《民国档案》2008年第1期。

中华民族由衰败走向振兴的重大转折点。这个观点自20世纪80年代提出后,一直为学术界所认同。关于抗日战争在中国历史上的地位和作用的研究,基本上是对上述观点的展开和深化。

(一)对中国社会和历史进程的影响

关于抗日战争对中国社会和历史进程的影响,李良志、郭德宏提出的"五个转折点"的观点最具完整性。他们认为:抗日战争是中国人民反帝斗争从失败到胜利的伟大历史转折点,是近代中国民族觉醒的历史转折点,是中华民族由衰败走向振兴的重大转折点,是中国民主革命的转折点,是中国获得与世界各国平等地位的转折点。[①] 郑德荣、王占仁说:抗日战争是中华民族历史命运的伟大转机。[②] 胡德坤、韩永利评论说:中国的抗日战争,中国在世界反法西斯战争中的巨大贡献,是中国崛起的起点与开端。[③] 胡德坤认为抗日战争改变了中国的面貌,即:抗日战争是近代中国反抗外来侵略第一次取得完全胜利的战争;抗日战争是中华民族走向世界的里程碑;抗日战争是近代中国历史方向从半殖民地半封建社会向社会主义社会转换的枢纽,是新中国诞生的前奏曲。[④] 齐彪、李让明也认为抗日战争是改变中国历史命运的一场战争,它结束了近代以来中国反侵略战争屡遭失败的厄运,大大提升了中国在国际社会中的地位,不仅使中国赢得了民族独立,同时又为抗战由民族的胜利转变为人民的胜利做了充分的准备,是中国革命的一个转折;为新民主主义革命的彻底胜利,即建立新中国奠定了坚实的基础;中国东方大国地位由此奠基。[⑤] 于沛认为:抗日战争是近代以来中国人民抗击外敌入侵所取得的第一次彻底胜利,为中华民族争取自由、独立、解放,实现伟大的民族复兴开辟了现实的道路,为新中国的成立

[①] 央视国际2005年5月7日,中国新闻;郭德宏:《抗日战争的胜利是中华民族由衰败走向振兴的重大转折点》,载《中共党史研究》1995年第4期。

[②] 郑德荣、王占仁:《抗日战争与中华民族历史命运的伟大转机》,载《高校理论战线》2005年第7期。

[③] 胡德坤、韩永利:《中国抗战与世界反法西斯战争》,第3页,社会科学文献出版社,2005。

[④] 胡德坤:《抗日战争是一场改变中国面貌的正义战争》,载《抗日战争研究》1995年第3期。

[⑤] 齐彪、李让明:《中华民族走向振兴的伟大转折》,载《党建研究》2005年第8期。

奠定了基础；同时也为中国社会主义革命和建设开拓了道路，进行了必要的准备。它是中国历史的转折点，改变了中国。①

方衡也持上述观点，并认为：抗日战争是毛泽东思想和人民力量向前发展的重要时期，是新民主主义革命的特殊阶段；抗日战争的胜利是民族解放战争的胜利，更是人民战争的胜利。②

（二）对民族精神提升和中国精神形成的影响

抗日战争的胜利是中华民族精神的胜利。有学者认为，抗日战争提升了自鸦片战争以来逐步形成的现代民族精神，表现为：第一，明确了现代民族精神的发展方向。第二，促进了全民族独立意识的形成。第三，赋予了爱国主义以人民性的时代内容。其中，人民性主要包括3个方面：一是形成了人民战争的汪洋大海；二是把民族斗争与民主建设结合起来；三是把反对日本侵略的客观现实与建立新中国的光明前途统一起来，从而把"天下兴亡，匹夫有责"的强烈爱国意识在抗日救亡、共赴国难的爱国行动中上升为一种理性的、进步的、以社会主义为前途和发展目标的爱国主义。③ 另有学者认为：抗日战争弘扬了中华民族精神，这主要体现在抗日战争中中华民族所表现出来的强烈的忧患意识和炽热的爱国情怀，舍生取义、勇于奉献的民族气节，自强不息、坚韧不拔的奋斗精神，厚德载物、海纳百川的凝聚精神。④ 还有学者指出：在抗日战争中，中国人民前仆后继、不屈不挠地反抗侵略，以爱国主义为核心的伟大民族精神得到最充分、最广泛的展现与弘扬，进一步凝聚了中华民族的民族力量，增强了中华民族的民族自尊心、自信心和自豪感。在伟大民族精神感召之下，中国人民不仅赢得了抗日战争的胜利，而且使抗日战争成为中华民族复兴的重要起点。⑤ 有学

---

① 于沛：《中国抗日战争的世界历史意义和现实意义》，载《思想理论教育导刊》2005年第8期。
② 方衡：《中华民族抗日战争的历史地位——纪念世界反法西斯战争暨中国抗日战争胜利60周年》，载《湖北行政学院学报》2005年第6期。
③ 朱兆华：《抗日战争与中华民族精神的现代化》，载《社会科学辑刊》2002年第4期。
④ 齐虎田：《中华民族精神在抗战中弘扬》，载《山西师大学报（社会科学版）》1999年第3期。
⑤ 李久林、成林萍：《抗日战争时期的中华民族精神》，载《高校理论战线》2005年第8期。

者从民族意识的角度论述了抗战时期的民族精神,认为:在抗日战争中,中华民族对本民族的政治、文化、外交、军事、民族关系和社会心理等诸多方面的认识开始进入现代阶段,这淬炼并催生了以自信自立自强为核心的、和世界其他民族平等交往的现代民族意识的全面形成,成为中华民族复兴的枢纽。[①] 江沛认为:抗日战争催生民族意识与中国精神的成熟,中国人民爆发出前所未有的爱国主义思潮,中华民族的共同意识由此日益清晰。民族意识的觉醒,不愿做亡国奴、不愿中国文化从此灭亡的信念,推动着中国精神的诞生。[②]

抗日战争使中华民族的民族认同感从自在状态转化到自觉状态。金冲及认为:抗日战争的胜利对中华民族的觉醒起到了不可估量的作用。56个民族要形成一种自我认同感是需要一个过程的,抗日战争对这个历史进程起到了重要的推动作用。它使各个民族置身于共同的历史、共同的回忆、共同的利益、共同的命运,使这样一种强烈的民族认同感从自在状态转化到自觉的状态。[③]

抗日战争提升了民族凝聚力。有学者分析了抗日战争提升民族凝聚力的原因,指出:民族危机日益加深,是民族凝聚力提升的时代背景;爱国主义进一步升华,是民族凝聚力提升的精神支柱;统一战线空前扩大,是民族凝聚力提升的重要途径;中国共产党日趋成熟,是民族凝聚力提升的坚强核心。[④] 另有学者论述了民族凝聚力与民族复兴的关系,认为抗战前中国没有形成一个民族生存和发展必不可少的民族凝聚力,但在抗日战争中形成了强大的民族凝聚力,这个民族凝聚力为抗日战争的胜利发挥了至关重要的作用,集中表现为:第一,民族情感的认同是抗日民族统一战线形成的首要条件。第二,以国共两党合作为基础的抗日民族统一战线对广大民族成员产生了巨大的吸引力。第三,抗日民族统一战线使中华民族产生了

---

① 方罗来、韦沐:《抗日战争与中华民族现代意识的形成》,载《长春工业大学学报》2005年第4期。
② 江沛:《世界化进程中的中国抗日战争》,载《广东社会科学》2005年第4期。
③ 《当代文献研究中心等"纪念中国人民抗日战争暨世界反法西斯战争胜利60周年"学术座谈会综述》,载《党的文献》2005年第5期。
④ 陈冬红:《抗日战争提升了民族凝聚力》,载《军事历史研究》2005年第2期。

前所未有的民族亲和力。①

(三)对中华民族复兴的影响

抗日战争是中国复兴的枢纽。张海鹏认为:抗日战争,尤其是八年全国抗日战争,从全面意义上完成了近代中国从"沉沦"到"上升"的转变。五四运动以来大幅前进的中华民族的复兴在抗日战争中得到了全面提升。抗日战争推动了这个转变,这个转变过程也进一步推动了民族复兴。② 荣维木分析说:中国进步力量的上升和国际地位的提高,标志着中国近代历史发生了转折,而这两个重要的历史转折是在抗日战争中完成的。这两个重要转折彻底地改变了中国的命运,是中国复兴必不可少的条件。从这个意义来看,抗日战争是中国复兴的枢纽。③

抗日战争确立了中国的大国地位。姜术俊、李传兵认为抗日战争为中国确立大国地位提供了历史的契机:第一,它唤起了中华民族的彻底觉醒,并进而促其形成了前所未有的强大民族凝聚力,这种中华民族的空前觉醒昭示世界:中国的抗战必将胜利!这在全球特别是在整个东方将对世界国际关系产生重大影响。第二,它在世界反法西斯战争中的重要战略地位给予中国改变国际地位以重要历史契机。第三,它为世界反法西斯战争作出的巨大贡献,奠定了中国大国地位的坚实基础。④

抗日战争促进了中国世界化进程。江沛论述了抗日战争对中国世界化进程的作用:抗日战争全面爆发后,中国的国际地位发生了根本性改变。日本的国际地位正在下降,中国的国际地位正在成反比地提高。太平洋战争爆发后,中国抗日战争的重要性更进一步显现出来。1942年元旦,26个国家共同签署《联合国家宣言》时,中国作为与英、美、苏并列的四大国之一

---

①荣维木:《民族凝聚力与民族复兴》,载《学习时报》2007年7月2日。
②张海鹏:《从民族复兴的角度认识抗日战争胜利的历史意义》,载《中国社会科学院报》2005年8月11日。
③荣维木:《抗日战争是中国复兴的枢纽》,载《团结》2005年第4期。
④姜术俊、李传兵:《抗战时期全球化视野下的中国国际地位》,载《福建省社会主义学院学报》2005年第4期。

领衔署名。1943年的开罗会议是中国政府首脑第一次出席最高级别的国际会议,中国开始在国际事务中发挥重要的影响。1945年4月25日,中国又作为四大国之一发起旧金山会议,成为联合国安全理事会5个常任理事国之一,中国的大国地位再次得到确认。

抗日战争对中国人世界观念的变化产生了重要影响。王桧林从中国共产党融入世界的角度论述了抗日战争对中国的影响。抗战时期,中国共产党转向民族传统,确立了正确对待历史文化遗产的原则,即批判地继承中华民族的历史文化遗产。同时,抗战全面开始后,国共合作,中共在武汉、重庆设立办事处,利用公开活动的机会与外国人打交道,冲破了共产国际的各个支部不能与外国联系的圈子。太平洋战争爆发后,中共决定与英、美国家合作,对美国表现了亲善态度。这反映了中共当时和世界接近、要融入世界的趋势。他指出:抗战时期既是中国民族主义精神高涨的时期,又是中国融入世界的时期。二者在表现形式上是相反的,但实际上可以是相成的。提倡民族主义、爱国主义,发扬民族传统,向民族传统中寻找精神力量,正可以或正是为了加强中国自身在融入世界时在世界格局中的力量和地位,这样就可以进一步融入世界而在世界舞台上加重分量、提高地位,而中国国家分量的加重和地位的提高又成为促进中国更进一步融入世界的动力。中国对世界的融入,对中国历史进程、对中国人世界观念的变化产生了重要影响。[①]

(四)对马克思主义中国化的影响

抗日战争推进了马克思主义中国化的进程。孙力认为,抗日战争使得本身已经很特殊的中国革命进程变得更加错综复杂,迫使中国共产党人更加努力地开拓创新,走自己的路,发展中国特色的马克思主义,推进了马克思主义的中国化进程,具体而言即:第一,抗日战争更加拓展了中国共产党人的眼界,使之真正善于用世界历史的眼光来观察中国问题,善于在世界无产阶级革命的大场景中认识中国革命的问题,加深了对世界潮流和时代

---

① 王桧林:《抗日战争史及抗日战争史研究的几个问题》,载瞿林东主编《史学理论与史学史学刊(2004—2005年卷)》,社会科学文献出版社,2005。

本质的认识。第二,抗日战争使得中国社会的矛盾及其走向更加复杂化,但也为锻炼中国共产党科学、深刻地认识和把握社会矛盾的变迁提供了极为独特和难得的社会背景。第三,抗日战争时期中国共产党人的独立探索与此前形成鲜明的比照,抗日战争带来的复杂局面和毛泽东等中国共产党人独立探索的主张都有力地促成了中国特色革命道路的开拓和发展。第四,抗日战争造成了中华民族历史上空前的民众动员,也大大刺激了中华民族的政治觉醒,刺激了革命理论的大众化需求。辩证唯物主义的基本原理在这一时期从领导集团向全党扩展,马克思主义中国化进入了一个崭新的时期。第五,抗日战争强化了民族的认同感,这成为弘扬民族优秀文化传统的有力推动。中华民族的精神在这一时期所得到的锤炼和升华是难以比拟的。民族精神的飞跃在这样一个特定的时代成为中国特色马克思主义的一个重要来源,这是马克思主义中国化不可忽略的精彩篇章。①

抗日战争时期中国共产党把马克思主义中国化推向了历史高峰。对此,徐贵相认为具体体现在:第一,党对马克思主义科学体系的认识更加提高,为推进马克思主义中国化准备了思想基础。第二,党运用科学理论解决实际问题的经验更加丰富,为推进马克思主义中国化准备了实践基础。第三,党对所面临的一系列重大问题的把握更加准确,为推进马克思主义中国化准备了现实依据。②

(五)对中国新民主主义革命胜利的影响

抗日战争为新民主主义革命的胜利奠定了基础。王官成说:抗日战争时期是新民主主义革命过程中的重要环节。它使中国共产党在理论上走向了成熟,在政治上扩大了影响,在人民的心目中塑造了良好的形象,这是夺取新民主主义革命胜利最重要的政治保障。它使中共军队摆脱了敌人的围追堵截和长期处于被动挨打的局面,巩固并发展了根据地,壮大了人民军队的力量,这是夺取新民主主义革命胜利的关键所在。当时的客观条

---

① 孙力:《抗日战争时期的马克思主义中国化历程》,载《上海党史与党建》2005 年第 11 期。
② 徐贵相:《马克思主义中国化的历史高峰》,载《共产党员》2005 年第 9 期。

件又迫使中国共产党及其军队在根据地努力发展经济,开展自救,克服困难,这是保持和发展革命实力、最终夺取新民主主义革命胜利的强大的物质后盾。① 史琳则认为抗日战争是对中国各党派的一次大检阅。抗战中,国共两党反向发展,中国共产党经过锻炼更趋成熟,证明了"只有共产党才能救中国"的真理;再一次暴露了国民党的腐朽、黑暗、落后和反人民的实质;民主党派终于从亲身经历的痛苦经验中看到了中国的希望,接受了中国共产党的政治主张,团结在中国共产党周围,走上了与中国共产党合作的道路。抗日战争的胜利,奠定了中国走向中国共产党领导的新民主主义国家的基础。②

抗日战争的胜利为中国共产党夺取全国性政权打下了坚实的基础。张海鹏指出:抗日战争既是民族战争,又是人民战争。八年抗战中,客观上存在着两种力量相互消长的过程。从民族战争这一面说,是日本侵略力量由盛转衰、中国抗战力量由弱转强的过程;从人民战争这一面说,是国民党政权的力量由盛转衰、中国共产党领导的人民力量由弱转强的过程。这两个过程是在八年抗战的历史进程中逐步展现出来的。抗日战争时期大后方的人心变动造成的强大冲击波,不仅影响抗战最后阶段的国内政治局势,而且延伸到战后,在相当程度上埋下了国民党政府失败的重要种子。这就是为什么抗战胜利不久,在决定中国命运的时刻,只用了不过三四年时间,不论在前方后方,中国共产党就得到老百姓的全面支持而迅速取得全国性政权的原因。③ 陈景彦认为,抗日战争的胜利,不但结束了中国自近代以来备受帝国主义欺凌的历史,书写了中国人民反抗外来侵略的新的历史篇章,而且更为重要的意义在于:中国人民在战争的过程中看到了国民党政府的腐败和无能,找到了自己的领路人。中国共产党人的威信也正是

---

① 王官成:《论抗日战争在新民主主义革命时期的地位和作用》,载《西南民族大学学报》2003 年第 9 期。

② 史琳:《抗日战争是对中国各党派的一次大检阅——兼谈抗日战争胜利的伟大意义》,载《东莞理工学院学报》2005 年第 6 期。

③ 张海鹏:《从民族复兴的角度认识抗日战争胜利的历史意义》,载《中国社会科学院院报》2005 年 8 月 11 日。

在抗战过程中树立起来的,中国共产党的力量也是在抗战中迅速壮大起来的。这为中国共产党在抗战胜利后通过解放战争夺取全国性政权打下了坚实的基础。这种基础不仅仅是中国共产党在抗日战争中不断壮大的武装力量,更有因共产党在解放区所实行的各种有利于大众的民主、土地等一系列制度而获得的民心,从而决定了中国共产党最终取得全国性政权。①

(六)对中国现代化道路的影响

抗日战争推动和加快了中国现代化的进程。章百家认为中国从传统社会转向现代社会的过程中面对着4项任务:第一是需要进行社会革命,对中国传统的社会结构进行改造。第二是反对帝国主义的侵略和压迫,恢复民族的独立和国家主权。第三是实现统一,结束清王朝灭亡后存在的国家分裂状态。第四是实现现代化,包括工业化和政治体制两方面。上述4项任务在抗日战争中都得到了不同程度的解决。国家统一问题虽然没有最后解决,但抗战期间达成的统一远远高于此前,毕竟有了一个民族统一战线。章百家认为,关于现代化问题,从总体来看是被打断了,但局部还是取得了一些成绩:在军事方面,国民政府军队从一支原先仅能打内战的军队初步转变成比较现代的国防军,战争期间装备的现代化水平也不断提高;中国社会组织和动员的程度大大提高了,这方面的工作国民党在城市里做了一些,但共产党取得的成绩显然大得多,最重要的是把农村组织起来了。在争取民族解放和独立方面,抗战取得的成就是巨大的,旧的不平等条约体系被取消了,中国基本实现了民族独立,国家的地位也得到提升,战后成为联合国5个常任理事国之一。章百家认为抗日战争对上述4个问题的解决都起到了很好的推动作用,加快了中国现代化的进程。②

抗日战争是中国现代化进程中的特殊阶段和关键转折点。忻平认为:所谓"特殊阶段",是指抗战打断了由国民党推行的长达10年之久的中国现代化进程,改变了中国现代化的重心与布局。所谓"关键转折点",乃指

---

①陈景彦:《中国抗战与日本战败投降问题的再认识》,载《学习与探索》2004年第6期。
②章百家:《对战争遗产的若干断想》,载《世界经济与政治》2005年第8期。

抗战暴露了国民党模式的根本弊病,孕育并催熟了现代化的多元模式,形成了多元势差结构,并最终使现代化模式之争从多元复归一元。[①] 王立胜剖析了近代以来中国现代化历史进程的特殊道路与抗日战争全面爆发前的3种现代化模式,即国民党控制区国家资本主义的半殖民地化或半边缘化现代化模式、日占区的殖民地形式的现代化模式和革命根据地的新民主主义现代化模式。他指出:不从根本上解决现代化的推进模式问题,中国的现代化是不会取得显著成效的。从现代化的角度审视,日本全面侵华战争标志着中国的3种现代化模式对峙格局的被打破,标志着中国现代化进程的断裂性大震荡的开始。这表现为:首先,日本全面侵华战争使中国社会的发展殖民地化或边缘化趋势加重;其次,日本全面侵华战争使中国的经济严重衰退;再次,日本全面侵华战争对中国人民的民族意识和文化教育事业进行了严重摧残。抗日战争的胜利则成为中国现代化模式转换的契机:第一,抗日战争的胜利为中国走向摆脱依附的带有独立自主性的选择性现代化发展奠定了坚实的基础;第二,抗日战争的胜利使中国人民把现代化的推进所必需的社会中心定向于中国共产党;第三,抗日战争的胜利使毛泽东思想成为中国人民新的文化共识,为增强民族凝聚力、促进中国现代化的发展奠定了思想理论基础;第四,抗日战争的胜利使中国人民的民族觉醒达到了前所未有的高度,从而为中国现代化的发展准备了强大的精神动力。[②]

荣维木认为:日本侵华战争一方面打断了中国原有的现代化进程,一方面又逐渐积累了新的现代化因素,如为民主制度的发展提供了前所未有的条件。另外,独立的主权国家的形成、人民觉悟的提高、文化的传播、中外交往的加强等等也是开启新的现代化进程的动力。[③] 张淑芳指出:抗日战争的胜利削弱了帝国主义和封建主义的统治,为中国社会现代化打下了政治基础;这一时期中国共产党走向成熟,是中国革命成功和中国社会现

[①] 忻平:《抗日战争与中国现代化进程》,载《上海党史与党建》1995年第1期。
[②] 王立胜:《抗日战争与中国现代化进程》,载《北京党史研究》1995年第6期。
[③] 荣维木:《抗日战争与中国现代化的历程》,载《中国抗日战争与世界反法西斯战争》上卷,社会科学文献出版社,2009。

代化的政治保证;这一时期民主力量的增长,是中国社会现代化的有利条件。①

二 中国抗日战争在世界反法西斯战争中的历史地位和巨大作用

毛泽东曾说:"伟大的中国抗战,不但是中国的事,东方的事,也是世界的事。""我们的敌人是世界性的敌人,中国的抗战是世界性的抗战。"②习近平总书记在出席全国抗战爆发77周年纪念活动的讲话中指出:"伟大的中国人民抗日战争,开辟了世界反法西斯战争的东方主战场,为挽救民族危亡、实现民族独立和人民解放,为争取世界和平的伟大事业,作出了彪炳史册的贡献。"③这些论述强调了中国抗日战争的世界意义。

(一)中国抗日战争在世界反法西斯战争中的历史地位

中国抗日战争是世界反法西斯战争的主要战场之一。金冲及指出:中国最早起来抗击法西斯势力的武装侵略。中国的长期抗战,牵制并消灭了日本军国主义的大量兵力,削弱了它的经济实力。中国抗战在战略全局上对法西斯侵略势力形成重要的牵制,如拖延了《德日同盟条约》的签订,把日本的大部分兵力牵制在中国,使之不能配合德军夹击苏联,使苏联得以将远东军队西调,集中主要兵力对付西线,将德国及其统率的550万大军牢牢地吸在那里,随后又由防御转为进攻。由于中国战场长期拖住日军超过一半的军队,因此太平洋战争爆发时,日军在太平洋地区作战的只有10个师团,不到日本陆军总数的1/5,而中国战场仍拖住它的35个师团;1943年11月,美军在太平洋地区开始全面反攻时,日本还有56%的陆军(39个师团)和近一半的空军陷在中国战场上;能投入太平洋地区作战的陆军只有23个师团,占其总数

---

①张淑芳:《抗日战争与中国社会现代化》,载《齐齐哈尔大学学报(哲学社会科学版)》2001年第3期。
②毛泽东:《抗战与外援的关系——〈论持久战〉英译本序言》,载《毛泽东文集》第2卷第145—146页,人民出版社,1993。
③习近平:《在全民族抗战爆发77周年纪念活动上的讲话》,载2014年7月7日人民网。

的32%。直到战争结束时,日军在中国战区投降的仍有128万余人,占日本在海外投降总兵力的将近一半。以当时中国那样一个军事、经济、文化落后的弱国能够顽强地抵抗住有现代化装备和精良训练的日本侵略军达14年之久,并且取得如此的战果,在世界战争史上并不多见。因此,中国的抗日战争是世界反法西斯战争的主要战场之一。它在极端艰苦的条件下,对这场关系人类前途和命运的世界规模的搏斗作出了重大贡献。①

中国抗日战争是世界反法西斯战争的东方主战场。江小惠认为:在世界反法西斯战争中,中国抗日战争开始最早、持续时间最长,是打败日本法西斯的决定性力量;中国抗日战争打破了法西斯势力的战争计划,有效地配合了其他反法西斯国家的作战;中国抗日战争推动了国际反法西斯统一战线的形成,为世界反法西斯战争的胜利作出了历史性的贡献。② 韦国友具体考察了第二次世界大战期间日本陆军逐年分布的情况,指出:从七七事变(其实应是从九一八事变——本书作者注)到欧洲战争爆发,中国人民几乎一直孤军奋战,抵抗了日本百万大军;太平洋战争爆发后,日本陆军主力仍在中国战场,中国是世界反法西斯战争的东方主要战场。③ 李良志等持同样的观点。

(二)中国抗日战争对世界反法西斯战争胜利的伟大贡献

胡德坤、韩永利在所著《中国抗战与世界反法西斯战争》一书中,把中国抗日战争放在第二次世界大战的全局中考察,从中国抗战对日本世界战略的巨大影响和牵制作用,中国持久抗战对日本侵华战争的巨大打击和制约作用,中国战场对太平洋战场、北非地中海战场、苏德战场、西欧战场以及印缅战场的巨大支援,对美、英、苏等盟国的重大支持,中国抗日战争在推动战后国际政治经济新秩序建立中的作用等方面,系统地论述了中国抗

---

①金冲及:《抗日战争在世界反法西斯战争中的地位》,载《党的文献》2005年第5期。
②江小惠:《论世界反法西斯战争的东方主战场》,载《江苏大学学报(社会科学版)》2005年第6期。
③韦国友:《中国抗战对世界反法西斯战争的贡献》,载《钦州师范高等专科学校学报》2002年第3期。

日战争在世界反法西斯战争中的地位与作用,分析全面,颇有深度。①

彭训厚从6个方面阐述了中国抗日战争对世界反法西斯战争的伟大贡献:第一,中国人民揭开了世界反法西斯战争的序幕,在世界东方开辟了第一个大规模的反法西斯战场。第二,中国的持久抗战打乱了德、日、意法西斯的全球侵略计划,支援与配合了欧洲战场、亚太战场等的反法西斯斗争,成为世界东方抗击日本法西斯的主战场。第三,中国持久抗战迫使日本放弃"北进"侵略的图谋,为苏联避免两线作战创造了条件。第四,中国持久抗战遏制和迟滞了日本"南进"的步伐,对太平洋战争的整个进程产生了重要影响。第五,中国持久抗战及其付出的巨大代价,为美、英等盟国顺利实施"先欧后亚"大战略方针提供了前提,为同盟国先后解决二战主次要矛盾和确保世界反法西斯战争的全胜奠定了可靠的基础。第六,中国始终是世界东方抗击日本法西斯的主战场。②

廉慧斌认为:1942年以前是整个反法西斯战争的战略防御阶段。从初期防御作战对整个战争的贡献而论,无疑应首推中国抗战。第一,中国人民的抗战打乱了法西斯集团的世界战略部署,延缓了法西斯集团的勾结和联合。第二,中国初期的顽强抗战有力地支援了苏联的战略防御和美、英等"先欧后亚"战略的实施。第三,中国军民初期的顽强抗战证明了中华民族的强大生命力和伟大战斗力,以实力挫败了1938—1939年间国际绥靖主义者与日本策划的牺牲中国、纵容日本侵略的远东慕尼黑阴谋,使日本在亚洲未能像德国在欧洲那样如愿以偿,终究没能从中国脱身,从而为整个世界反法西斯斗争的最后胜利获得了一个重要保证。中国初期抗战不仅战绩明显、突出,而且最长时间、最大限度地牵制了一个主要的法西斯强国,打乱了法西斯集团的世界战略计划部署,对整个战争起到了最广泛的援助作用,对战争的胜利起到了巨大的推进作用。因此,中国是对第二次世界大战作出最大贡献的主要国家之一。③

---

① 胡德坤、韩永利:《中国抗日战争与世界反法西斯战争》,社会科学文献出版社,2005。
② 彭训厚:《中国抗日战争对世界反法西斯战争胜利的伟大贡献》,载《政工学刊》2005年第7期。
③ 廉慧斌:《从战略防御看中国抗日战争的历史地位》,载《辽宁大学学报(哲学社会科学版)》2002年第1期。

沈建钢认为中国抗日战争对世界反法西斯战争的突出贡献体现在7个方面：第一，揭开了世界反法西斯战争的序幕。第二，开辟了第一个世界反法西斯战争的重要战场。第三，避免了苏军陷入两线作战的不利境地。第四，消耗了日本法西斯的国力，促进了亚太战场的战略反攻。第五，支持了太平洋战争中盟军克敌制胜。第六，确保了"先欧后亚"战略的实现。第七，付出重大民族牺牲而最终战胜日本法西斯。[①]

杨正辉认为：中国战场有着与西方战场迥然不同的特点，中日战争的特性决定了中国战场的特点。它是一个规模巨大、旷日持久的战场，是一场人力、物力的巨大消耗性战争。应该从中国战场的特点来考察和认识中国人民抗日战场的地位和作用。[②]

张卫军、祖蕾从日本战略选择的角度分析了中国抗日战争对世界反法西斯战争的贡献。他们认为：第一，北进、南进政策是第二次世界大战期间日本帝国主义对外侵略扩张的基本国策和争霸世界的战略。第二，使日本北进苏联的战略图谋彻底破产。第三，推迟了日本南进的步伐，减轻了美、英在亚太地区的军事压力。第四，在日本冒险南进之后，牵制着日本陆军的主力和日军在太平洋战争初期的战略攻势，对世界反法西斯战争作出了巨大的贡献。[③]

（三）中国人民抗日战争对打败日本法西斯所起到的决定性作用

王家福、徐萍指出：中国是世界上首先展开反法西斯战争的国家，并承担了世界东方的战争重担。中国战场成为苏联避免两线作战的战略支点，继之在客观上又是美国得以推行"先欧后亚"的战略基地，两者是中国对世界反法西斯战争全局的大战略支撑。[④]

---

① 沈建钢：《论中国抗日战争对世界反法西斯战争的突出贡献》，载《唯实》2005年第1期。
② 杨正辉：《中国抗日战争在世界反法西斯战争中的地位和作用——纪念抗日战争胜利60周年》，载《湖湘论坛》2005年第5期。
③ 张卫军、祖蕾：《论中国抗日战争对日本战略选择的影响》，载《石油大学学报（社会科学版）》2005年第4期。
④ 王家福、徐萍：《热战、冷战、冷和：美国全球扩张的战略反思》，载《史学集刊》2005年第3期。

陈景彦认为：日本在中国战场上投入的兵力最多，日本的海外兵力在中国战场上被消灭得也是最多，所以说中国的抗日战争在日本战败过程中起到了首要的、决定性的作用是符合历史事实的。①

徐承发通过对反法西斯各个战场的比较，从主战场、主力军、贡献最大、重要力量等方面论证了打败日本法西斯的决定性力量不是苏联，也不是美国，而是中国共产党和中国人民。他从这个角度论证了中国抗日战争在世界反法西斯战争中的地位和作用。②

韦国友认为：中国人民的持久抗战严重消耗了日军的主要陆军力量，中国战场歼灭日军的数量是日本在太平洋战场上死伤总数的8倍，是苏联红军击毙日军总数的31倍。这是迫使日本投降的决定因素。③ 徐玲也从这个角度论述说：中国人民和日本法西斯打了整整14年，而美、英对日作战不到4年，苏联则对日作战仅24天；到1945年9月日本战败投降为止，日军伤亡人数共计为287.4万人，而日军在太平洋和亚洲其他战场上的伤亡人数为89万余人，那么日军在中国战场上的伤亡人数应为198.4万余人，是其在太平洋和亚洲其他战场上伤亡人数的2.2倍。太平洋战争爆发后，日本帝国主义继续也不得不把陆军主力倾注于中国战场。1943年，日本陆军共有67个师团，其中39个师团用于侵华，占其陆军总兵力的58%；23个师团用于南方作战，占其陆军总兵力的34%。直到日本投降前夕，它的在华陆军兵力仍维持在28个师团左右，总兵力大约为105万。由此可见，中国战场对战胜日本法西斯起了决定性的作用。④

（四）中国抗日战争与盟国战略的关系

韩永利指出：美国在日本侵略中国初期奉行对日绥靖妥协政策，而中国抗日战争的开启和坚持促使美国远东政策向积极方面转化，最终确立了

---

① 陈景彦：《中国抗战与日本战败投降问题的再认识》，载《学习与探索》2004年第6期。
② 徐承发：《中国抗战是日本败降的根本原因——兼论美苏的作用》，载《武汉交通管理干部学院学报》2000年第3期。
③ 韦国友：《中国抗战对世界反法西斯战争的贡献》，载《钦州师范高等专科学校学报》2002年第3期。
④ 徐玲：《中国抗战对世界反法西斯战争胜利的贡献》，载《江汉大学学报》2005年第3期。

对日抗衡政策。他进而指出：中国抗日战争开启和发展时期，是西方国家推行对东西方法西斯局部侵略战争实施绥靖政策的关键性时期。这一时期，受到绥靖政策严重制约的欧洲和非洲一些国家人民的反抗法西斯斗争相继失败，而中国的抗日战争则阻断了绥靖政策在远东推行的传统轨迹，改变了西方大国主导国际关系的历史轨迹。中国伟大的抗日战争既拯救了自己的民族，也推动了美国远东政策的转变，促进了亚太地区反法西斯战争格局的最终形成。①

孙建杭也认为：以美国为首的西方大国对日本的政策从绥靖到遏制的转变，以至于双方后来在战场上兵戎相见，如此变化的一个关键因素，就是中国人民的抗日战争。一方面，中国的全面抗战打乱了日本对外侵略和扩张的战略部署。日本的有限资源面临严重危机，不得不以南进战略来摆脱困境，最终与美、英等西方大国的矛盾发展到不可调和的地步。另一方面，中国的全面抗战促使美、英等西方大国重新估价中国的实际力量和战略作用。它们逐步增加对中国抗日战争的各种支援，最终建立起世界范围的国际反法西斯统一战线。②

党庆兰考察了中国抗战与美、英"先欧后亚"战略顺利实施的关系。她认为：欧战爆发后，南进政策逐渐演变为日本的主要国策。法国投降、德军逼近英伦三岛之时是日本南进的最佳时机，但由于日本陆军主力深陷中国战场，伤亡惨重，其不得不暂时放慢南进步伐，推迟了对太平洋战争的发动。当时，美国的战争准备颇为不足，中国抗日战争为美国的战争准备争取了时间，为美、英加强欧洲和太平洋地区的防务争取了时间。此外，由于中国的抗战拖延了日本南下，减轻了美、英在亚太地区的军事压力，使其能把更多的精力投入欧洲，使其"先欧后亚"战略得以顺利实施。太平洋战争爆发后，日本海军企图进攻澳大利亚，切断澳大利亚与美国的联系；西攻锡兰，并出印度洋，与德军在中东会师。但是，日本陆军由于主力被牵制在中国大陆，反对这一计划，主张留置少量陆军部队于南方占领地，其余部队迅速撤回，以加强中国战

---

①韩永利：《中国抗日战争与美国远东政策的演变》，载《武汉大学学报》2005年第4期。
②孙建杭：《抗日战争与二战期间国际战略格局的转变》，载《中共中央党校学报》2005年第4期。

线。日本大本营因此否定了海军的建议，提出一个折中方案，即：把日军在太平洋的作战线限于北迄阿留申群岛，经中途岛至新几内亚，以东京为圆心，向东和东南扩展；作战重点是攻占南太平洋和澳大利亚的一些岛屿，以切断美、澳之间的海、空交通线，孤立澳大利亚；在兵力使用上，留置7个师团于南方，其余撤回，并新调9个师团加强中国战线。当时，美、英海军已撤离澳大利亚，英国在印度、缅甸和马来亚都没有正式飞机和各种武装的充分配备。不仅如此，由于忙于与德国作战，英国始终无力给远东方面提供有效防御。若没有中国战场对日军几十个师团的牵制，日本就可以出动足够的陆军，配合海军，攻下澳大利亚，打下印度，冲向中东，与德军会师，斩断通过地中海的一切交通线。如此结果将是不仅苏联陷于孤立的境地，美军在太平洋地区的地位受到严重威胁，而且英军在印度洋地区的地位也无法维持。这样一来，美、英的"先欧后亚"战略即无法实施，整个反法西斯战争的进程也将发生巨大变化。然而，中国战场对日军的这种牵制，保证了美、英将其重兵首先用于欧洲。保卫缅甸是美、英"先欧后亚"战略的一个组成部分。南进之初，日本把夺取缅甸作为一个极为重要的作战目标。其动机是：首先，切断外界与中国西南的唯一陆路交通线——滇缅公路，断绝其他国家对中国的军事物资运输，并从南部合围中国，迫使蒋介石政府投降；其次，直接威胁英国的最大殖民地印度，为在政治和军事上瓦解印度做准备；再次，将缅甸作为日本西南方面防卫的第一线和西南太平洋战区的北翼根据地，以利今后对美长期作战。中国远征军赴缅作战和缅北反攻的胜利，不仅歼灭和消耗了侵缅日军的重要力量，牵制了日本缅甸方面军的预备军，使缅甸战场的日军陷于被动，而且为英印军在印度英帕尔地区的作战创造了有利条件，为盟军在缅甸全境的胜利奠定了基础，有效地配合了美军在太平洋上的对日反攻，同时也使日军在心理上受到沉重打击。1944年以后，日军在太平洋上虽屡遭美军攻击，但对陆战尚存信心。缅北战役的结果，从根本上动摇了日军的这种自信。这对美、英对日全线反攻的支援作用是不可低估的。它使日本妄图攻占印度东部的计划终成泡影，有效地配合了美、英的战略。[①]

[①] 党庆兰：《中国人民的抗日战争与美英的"先欧后亚"战略》，载《甘肃社会科学》2004年第1期。

(五)中国抗日战争对战后世界形势的影响

岳思平认为:抗日战争使中国成为世界反法西斯的四大战胜国之一,加强了战后维护世界和平和推动人类进步的重要力量。中国持久抗战的胜利,不仅根本扭转了鸦片战争以来的远东局势,而且改变了战前帝国主义列强瓜分并统治世界的格局。不仅如此,中国抗日战争进一步促进了殖民地和半殖民地人民的政治觉醒,大大鼓舞了在殖民主义奴役下的亚洲、非洲和拉丁美洲人民的民族独立和解放运动。国家政治上的独立则进一步推动了经济发展和社会进步。①

于沛强调:中国抗日战争的重大的世界历史意义,一方面表现在中国抗日战争为世界反法西斯战争胜利作出了不可磨灭的历史性贡献,有力地推动了世界历史的进步;一方面还在于抗日战争是近代以来中国人民抗击外敌入侵所取得的第一次彻底胜利,为中华民族争取自由、独立、解放和实现伟大的民族复兴开辟了现实的道路,为新中国的诞生奠定了基础,同时也为中国社会主义革命和建设开拓了道路,进行了必要的准备。它不仅改变了中国,而且也在改变着世界。中华人民共和国的成立,对第二次世界大战后的世界历史进程产生了深远的影响。②

三 关于中国抗日战争的地位和作用目前存在的问题

综观有关中国抗日战争的历史地位和作用的研究和论述,不难看出,大家都是充分肯定的。但是,在这方面存在 3 个不容忽视的问题:

(一)对于抗日战争地位和作用的重视往往只是口头上、理论上的,实际上并没有把它放在那么重要的地位上。

对于这一点,只要看一看我国大陆有关的纪念设施和影视作品就很清

---

① 岳思平:《关于抗日战争研究的几个学术热点问题》,载《军事历史》2002 年第 5 期。
② 于沛:《中国抗日战争的世界历史意义和现实意义》,载《思想理论教育导刊》2005 年第 8 期。

楚了。全国唯一的一个中国人民抗日战争纪念馆,现在经过整修、扩建好多了,原来的规模据说还不如仅仅各进行了几个月的三大战役中某个战役的纪念馆。抗日战争纪念设施的数量可能也远远不如红军长征纪念设施的数量。即使在著名的接洽日本投降的湖南芷江、接受日本投降和审判日本战犯的南京等地,也没有像样的纪念设施。在影视作品中,红军长征和三大战役都拍出了鸿篇巨制,可是对于轰轰烈烈的抗日战争却没有拍出这样的影视作品,在国内外有影响的影视作品至今只有一部《血战台儿庄》。我国台湾还拍了一部42集的电视片《一寸山河一寸血》,可是中国大陆至今没有拍出一部这样的片子,这与抗日战争的重要地位相比太不相称了。

在抗日战争著作编纂方面,中国不仅比苏联等国相差甚远,即使与日本和中国台湾地区相比,也显得逊色。日本虽然是战败国,但在战后集中力量编纂出了多卷本的《战史丛书》、《中国事变陆军作战史》等书。中国台湾也曾编写出多卷本的《抗日战史》(100册)、《抗日御侮》等著作。但是,中国大陆出版的关于抗日战争史的著作,有影响、有分量的只有军事科学院军事历史研究部撰写的《中国抗日战争史》3卷本和张宪文主编的《中国抗日战争史(1931—1945)》1卷本、张立华和董宝训写的《八路军史》等,其分量都无法与上述著作相比。[①]

(二)在观念上也往往认为解放战争特别是三大战役比抗日战争更为重要。

这从上面所说的纪念设施和影视作品的情况可以清楚地看出来。对于中国共产党的胜利来说,解放战争特别是三大战役当然更为直接、更为重要。但是,从历史的大背景考察,从世界和民族的视角看,抗日战争作为中国近现代历史上最重要的一场反侵略战争,它的地位无论如何都不低于任何一场国内战争的地位。对于中国共产党的胜利来说,抗日战争时期也是一个关键时期,中国共产党就是在抗日战争时期成熟起来的,没有抗日战争时期的大发展也就没有解放战争的胜利。[②]

---

①②郭德宏:《论抗日战争史研究中的若干重大问题》,载《历史教学》2005年第11期。

（三）抗日战争问题的宣传力度不够，中国人民抗日战争在第二次世界大战中的地位和作用在国际上没有得到应有的重视，话语权长期掌握在西方国家手中。

中国人民抗日战争既是中国近现代历史上的重大事件，也是20世纪人类历史上的重大事件。但是，长期以来，西方主流社会一直秉持"西方中心主义"的史观，认为二战的主角始终是美、英、苏，中国英勇抗击日本的行动和贡献一直没有得到国际社会应有的评价和重视。在国际二战史学界出版的著作中，基本上不写或很少写中国的抗战，这和战时美、英、苏等反法西斯国家公认中国是反法西斯四大国的地位形成了强烈的反差。随着新史料的发现和中国在国际上引起的普遍关注，西方学者对中国抗日战争的地位和作用有了不少新认识，但这种局面一时难以有大的改观。

究其原因，一是冷战造成了西方世界对中国的政治偏见；二是中苏关系破裂造成苏联对中共的偏见；三是日本对侵略战争缺乏深刻反省而歪曲历史；四是中国本身对抗日战争与世界反法西斯战争的关系研究有待继续深入；五是中国的研究成果尚未充分走向世界。这在二战纪念的问题上体现得尤为明显。国际性的二战纪念活动，多数在5月、8月"欧洲胜利日"（俄罗斯定为5月9日）举行，而不是9月3日；犹太大屠杀纪念日被确定为"国际大屠杀纪念日"，每年的纪念活动都备受全球关注，相比较而言国际社会对南京大屠杀知之甚少。因此，2015年9月3日在北京举行的二战纪念活动意义重大。

由此可见，我们应该切实对抗日战争给予更多的重视，放在更重要的地位。国家和政府应该组织力量，把基本的抗战史实调查研究清楚，把应该修建或恢复的抗战纪念设施尽快地兴建和恢复起来，并建成能代表中国抗战的纪念馆和纪念设施，编写出能代表中国抗战的权威著作，拍摄出能代表中国抗战的影视作品。①

综上所述，中国人民抗日战争是世界反法西斯战争中开始最早、持续

---

① 郭德宏：《论抗日战争史研究中的若干重大问题》，载《历史教学》2005年第11期。

时间最长、规模巨大的战争,是反法西斯战争中的亚洲主战场。中国抗日战争束缚了日本法西斯向苏联进攻的手脚,也削弱了它对太平洋战区的进攻,中国远征军出师缅甸更是直接参与了盟国军队的反攻。中国长达14年的持久抗战拖垮了日本法西斯的经济,导致其政局动荡、民众厌战。在世界反法西斯战争中,中国积极倡导和推动世界反法西斯统一战线的建立,并为创建联合国、维护国际公平正义作出了历史性的贡献。完全可以说,中国自始至终是抗击日本法西斯的中坚力量。中国抗日战争不仅使中国人民取得了民族解放战争的胜利,同时也对世界反法西斯战争的胜利、为人类和平发展作出了难以磨灭的重大贡献。

2

从抗日战争的性质与研究角度论如何写抗战历史

谈起抗日战争,不能不涉及抗日战争的性质问题。著名中共党史研究专家郭德宏认为:对于抗日战争的性质,从不同的角度可以做出不同的解释。[①] 在现有的中共党史、中国革命史、中国近现代史著作中,大部分是把抗日战争作为其中的一个历史阶段来写的。在一些抗战史著作中往往存在这样的现象:第一,在内容上不是集中写日本如何侵略中国、给中国造成哪些严重破坏和中国如何反抗日本的侵略,而是用较大的篇幅来写国共两党之间的斗争,或共产党如何正确、国民党如何错误,使人觉得抗日战争好像不是中日两国的战争,而是中国共产党、中国国民党和日本侵略者之间"两国三方"的战争。第二,对于中国的抗战,主要以反映中国共产党和敌后战场为主,把国民党、国民政府和正面战场以及其他党派团体的抗战写得比较简略,有的甚至有贬低和否定的成分,致使许多重要抗战事迹没能如实地反映出来。这就使人觉得不够全面和客观。

对此,有的学者认为:中国共产党写的抗日战争史,当然应该以反映自己领导的抗战为主,主要歌颂自己的功绩。为了说明中国共产党的正确,那就必须写出国民党的错误。国民党写的抗日战争史也没有写我们的功绩,我们为什么要替其做宣传呢?我们说,这种观点固然有一定的道理,但是持有这种观点的学者没有从更高的角度看到:历史发展到今天,现在的

---

①郭德宏:《论抗日战争研究中的若干重大问题》,载《历史教学》2005 年第 11 期。

中国共产党已经不是在同国民党作斗争的非法政党或在野党,而是中国的执政党,是代表全中国人民和全体中华民族的政党。作为中国的执政党写出的抗日战争史著作,就不能只从一个党的角度,不能仍然囿于以往那种国共斗争的模式,而应该放开眼界和胸怀,从整个国家、整个民族的全视野来写抗日战争的历史。

一　正确辨析抗日战争时期国共两党矛盾的性质

实际上,国共两党之间矛盾的性质问题,关系到对蒋介石国民党在抗日战争中历史作用的评价,关系到对中国共产党在抗日民族统一战线中的策略的认识,涉及对抗日战争性质的正确判定。宋汝香认为:蒋介石国民党的两面性决定了国共矛盾的两重性——基本性质是人民内部矛盾,但又有一定程度的敌我矛盾性质。所持理由如下[①]:

(一)国共之间统一的方面是主要的,对立的方面是次要的。

日本帝国主义大举侵略中国,要变中国为其独占殖民地,这不仅侵犯了中国工人、农民、城市小资产阶级和民族资产阶级的根本利益,而且也侵犯了中国大地主大资产阶级的根本利益。在这种情况下,抗日就不仅是中国共产党为代表的中国人民的根本利益所在,而且也是蒋介石国民党为代表的中国大地主大资产阶级的根本利益所在。从这一角度看,国共两党的根本利益是一致的。正是在这种根本利益一致的基础上,国共第二次合作才得以实现。国共之间在抗日的目的和抗日的路线上、在民主和民生问题上存在原则分歧和尖锐的阶级对立,但是这种分歧和对立在中日民族矛盾面前居于次要地位。因此,我们说,在抗日战争时期,国共之间统一的方面是主要的,对立的方面是次要的,国共之间的矛盾是根本利益一致基础上的矛盾,是人民内部矛盾。

---

① 宋汝香:《试论抗日战争时期国共两党矛盾的性质》,载《齐鲁学刊》1988年第6期。

(二)蒋介石国民党的进步性一面是主要的,反动性一面是次要的。

亲英美的国民党蒋介石集团一方面抗日,一方面又消极、妥协;一方面联共,一方面又反共。就其联共抗日的一面来说,这是符合中华民族利益的,因而具有进步性;就其对日妥协和反共的一面来说,这是违背中华民族利益的,因而具有反动性。对这些论断,史学界是没有分歧的。问题在于,在蒋介石集团的两面性中何者为主? 这是判定国共矛盾性质的关键。

我们认为,在蒋介石国民党的两面性中,进步性一面是主要的,反动性一面是次要的。这是因为:第一,在整个抗日战争过程中,蒋介石国民党的主要军事力量还是用于抗日的,而不是用于"剿共"内战。在武汉失守、日本停止了战略进攻后,由于日本的诱降、英美的劝降,国民党的妥协投降倾向的确是大大增长了,它的政策发生了重大变化,即由抗战初期的积极抗日变为消极抗日、积极反共。但是,能否说从1939年1月的国民党五届五中全会起蒋介石国民党就把政策的重点由抗日转向反共反人民了呢? 可否说反动的一面就成了蒋介石国民党的主要方面了呢? 不能。因为虽然国民党在其五届五中全会后抗日是消极了,但它并未投降;虽然它积极反共,但并未全面"剿共",它的主要军事力量仍然用于抗日。在相持阶段,国民党军队与日军进行了18次大的会战,抵抗了敌人的进攻,牵制了40%左右的侵华日军,保卫了我国的广大领土,基本上保持了相对稳定的战线和敌我相持的态势,对敌后战场也是有力的支持。在1944年以后的作战中,国民党军队虽然在豫湘桂战役中遭到失败,但它仍然坚持了抗战,没有投降。在整个抗战过程中,国民党军队共毙伤日军80多万人,每年平均抗击40%左右的侵华日军,保卫了五六百万平方公里的国土和2亿人口。第二,对国民党的反共也应作恰如其分的估计。国民党五届五中全会后不久颁布的《共党问题处置办法》规定:为实现所谓军令、政令的统一,要取消共产党的"特殊化之行为与组织"(即共产党在政治上、思想上和组织上的独立性),"打击共党破坏抗日"的行为(即共产党坚持抗日、实行民主、改善民生的行为),在此基础上"领导共党参加抗日";在策略上,"制裁共党活动,应尽量用民众力量,党政机关避免直接出面,尤其避免党派斗争之痕迹"。从上述内容看,这个文件的基本精神仍然是既联共又反共。其反共的主要内容和手段是对共产党实行限制、溶化和防范,还不是要分裂国共合作,更不是要发动全面"剿共"内战。这正如1939年6月毛泽东在延安干部会议的报告中指出的:"五中全会还是以联共抗日为主要方向,但同时已包含反共降日的因素。"①正是在既联共又限共、防共、溶共、反共这样一打一拉的方针指导下,蒋介石国民党一方面加紧了反共活动,调派几十万军队包围、封锁陕甘宁边区,在敌后制造反共磨擦事件,以至于围歼新四军军部;另一方面又不愿意破裂国共合作,不敢发动大规模的内战,仍然以联共抗日作为其政策的重点。即使发展到皖南事变那种地步,联共仍然是国民党的主要方面,因为国共之间的这种"军事冲突是局部性的,还不是全国性的;是彼方的战略侦察行动,还不是立即大举'剿共'的行动"。蒋介石之所以没有放弃以联共抗日为主的方针,一是因为日蒋矛盾没有解决,不可能同时既抗日又剿共;二是国际的压力,不仅美国不愿意蒋发动内战、放松抗日,还有苏联援华的力量及态度。这些因素使蒋不能不慎重考虑。

判定抗日战争时期一个阶级、阶层和社会集团是人民还是敌人,要看它是否抗日。毛泽东说:"在抗日战争时期,一切抗日的阶级、阶层和社会集团都属于人民的范围,日本帝国主义、汉奸、亲日派都是人民的敌人。"②既然蒋介石国民党的主要方面是联共抗日,它对中国社会的发展主要起了促进作用,那么它就属于人民的范畴,它同共产党的矛盾就基本上是人民内部矛盾。

(三)从国共关系的某个局部看有时表现为敌我矛盾,但从国共关系的全局看仍然是人民内部矛盾。

由于蒋介石国民党具有反动性的一面,在一定条件下国共在某一地区的矛盾就可能激化,由根本上是人民内部矛盾转化为敌我矛盾。例如:皖

---

① 《毛泽东文集》,第2卷,第208页,人民出版社,1993。
② 《毛泽东文集》,第7卷,第205页,人民出版社,1999。

南事变中的国共矛盾就不再是人民内部矛盾,而是敌我矛盾了,因为就这个局部看,国共两党军队之间已经是你死我活的关系。如果不认识国共之间这种局部关系中的敌我矛盾,共产党就会在国民党军事进攻面前表现得软弱无能,不敢坚决反击,不敢消灭来犯之敌,而犯右倾错误。

当国共关系的某个局部形成敌我矛盾时,从国共关系的全局来看,双方的矛盾仍然基本上是人民内部矛盾。这是因为:即使在发动反共高潮时,国民党并未挑起全国规模的内战,并未把主要军事力量用于反共,还不愿意破裂国共合作,对共产党"依然是一打一拉的政策"。"在中国两大矛盾中间,中日民族间的矛盾依然是基本的,国内阶级间的矛盾依然处在从属的地位。一个民族敌人深入国土这一事实,起着决定一切的作用。"①蒋介石如果发动全面"剿共"内战,将帮助日本扩大对中国的侵略,将使广大人民进一步摆脱蒋介石国民党的影响而拥护共产党,这对蒋介石国民党的统治是不利的,蒋介石是不会这样干的。事实也是如此,以国共合作为基础的抗日民族统一战线并未因反共高潮而破裂,而是沿着曲折的道路继续保持下去。

(四)蒋介石国民党是一个对共产党怀有敌意的朋友,国共之间的矛盾带有一定程度的敌我矛盾性质。

在抗日战争时期,蒋介石集团及其代表的中国亲英美派大地主大资产阶级是中国无产阶级及其政党的朋友,但是这个朋友既不同于农民、小资产阶级(这是可靠的朋友),也不同于民族资产阶级(这是动摇的朋友),它是一个对共产党怀有敌意的朋友。这是由蒋介石国民党的反动性的一面决定的:第一,它抗日的目的主要的不是为了中华民族,而是为了维护大地主大资产阶级的私立。正如毛泽东所说的:它将保全自己少数人的利益放在第一位,而把抗日放在第二位。这决定了它必然要实行片面抗战路线和对日妥协政策。第二,它在联共的同时,始终都在反共,并企图灭共。它对共产党实际上采取了欲灭先联的策略。在西安事变前,它决心以武力灭

---

① 《毛泽东选集》,第 2 卷,第 781 页,人民出版社,1991。

共;在西安事变后,蒋日矛盾更加尖锐,为了对付日本,它只好采取联共策略,但它联共的目的是利用共产党,并借日本之刀杀共产党。后来,共产党不仅没有被消灭,反而壮大了。这时,它就用限共、溶共、防共的办法来灭共,但由于共产党实行了统一战线中的独立自主原则和又联合又斗争的策略,加上有利的国际条件,蒋介石集团的灭共阴谋终未得逞,使它不得不维持国共合作抗日的局面。第三,它反对实行民主改革,镇压人民民主运动,实行法西斯一党专政。在国民党的监狱里关押了大批共产党人、爱国青年和其他民主战士。它反对改善民生,残酷地剥削工人、农民、小资产阶级和民族资产阶级。它的反动性集中到一点,就是要消灭共产党及人民民主力量。从这一角度看,国共关系中还有双方根本利益不一致的方面,这就决定了国共矛盾带有一定程度的敌我矛盾性质,进而又决定了国民党始终不能成为共产党及人民群众的真正的志同道合的朋友。

以蒋介石国民党为代表的大地主大资产阶级的两面性以及由此决定的它与中国人民的矛盾的两重性,是共产党对蒋介石国民党采取又联合又斗争政策的基本依据。以毛泽东为首的中共中央面对抗日时期极端复杂的政治局面,准确地把握了蒋介石国民党的两面性,因而始终保持了清醒的头脑,纠正了只见国民党的进步性而否认其反动性的右倾机会主义,克服了只见国民党的反动性而否认其进步性的"左"倾思想,坚定、灵活地实行了正确的策略,既保持了同国民党的统一战线,又同它反动的一面作了坚决斗争,保持和发展了自己的阵地,赢得了抗日战争的人民胜利结果,并为新民主主义革命取得全国性胜利和向社会主义过渡准备了条件。这充分显示了中国共产党的成熟和卓越的斗争艺术。

二 客观真实地看待国民党正面战场的抗战

我国史学界对抗日战争正面战场的历史地位、作用和许多重大战役、会战的评价曾经在相当一段时间内采取基本否定的态度,可是在一段时间里某些学者似乎又倒了过来,对正面战场不加分析地全盘肯定。这种简单化和形而上学的研究方法不可能真实地再现历史的本来面貌。对于国民党正面战场,我们后面还有专题论述,这里仅从全面反映抗战的角度进行辩证的分析。

(一)正面战场的作用可以肯定。

指挥正面战场的国民党蒋介石集团坚持抵抗日本侵略者直到抗战胜利,这是符合中华民族利益和中国人民要求的。虽然蒋介石集团对日本有过妥协、对抗战有过动摇,但毕竟同叛国投敌的汪精卫集团有着根本的区别。汪精卫叛国投敌后,中国共产党曾表示拥护国民党抗战到底,并大力支持国民党开展反对汪精卫投降卖国的活动。所以,要把中国大地主大资产阶级中坚持抗战的蒋介石集团同叛国投敌的汪精卫集团加以区别。1944年7月13日,中共中央宣传部的电文指出:还在抗日的中国大资产阶级,在其抗日一点上是有革命性的,是应该联合的,这是主要的;但其抗日不积极,又反对民主,故其革命性不大。对参加抗日的中国大资产阶级的认识,对于深刻认识国民党的本质、认识正面战场也有一定的启发意义。

(二)正面战场存在不足。

正面战场存在着明显的不足。其中一个重要方面就是在国民党片面抗战路线指导下,正面战场只单纯依靠政府和军队抗战。学习共产党经验到敌后开展游击战的国民党军队也不能得到人民群众的支持和拥护,主要是国民党对人民群众有所戒备,特别是担心人民抗日力量的发展会威胁到自己的统治。正如毛泽东所指出的:"国民党的片面抗战,虽然也是民族战争,虽然也带着革命性,但其革命性很不完全。"[1]代表中华民族根本利益的中国共产党提出全面抗战路线,把动员一切可以动员的力量参加抗战作为抗战胜利的保障。由于全面抗战路线和片面抗战路线有着本质的不同,因此影响到国共两党的关系并导致两者间的矛盾和斗争,造成了中国共产党

---

[1]《毛泽东选集》,第2卷,第388页,人民出版社,1991。

的全面抗战指导路线同国民党蒋介石集团片面抗战指导路线的不同结果。在敌强我弱的形势下,且不说九一八事变后不抵抗政策造成东北迅速沦陷,全国抗战初期在日本的猛烈进攻下,中国丧失许多地方也是不可避免的。然而,日本进攻发展如此迅速,中国损失如此严重,则是国民党政府执行片面抗战路线和单纯防御的战略方针的结果。

(三)有区别地看待正面战场。

全国抗战初期的正面战场同全国抗战中、后期的正面战场是有所区别的。全国抗战初期,国民党正面战场虽然有失利,但作战还是努力的,也取得了一些胜利。在忻口会战、淞沪会战、徐州会战、武汉会战等战役中,国民党正面战场对日本侵略者的进攻进行了比较积极、顽强的抵抗。这些抵抗,对于遏制日军向华北、华东的推进,挫折敌人战略进攻的锋芒,消耗敌人的兵力,激励全国人民的抗战意志,起了积极作用。这同全国抗战中、后期的正面战场是有所区别的,不能笼而统之、简单否定。即使到了全国抗战后期,国民党对抗日战争的军事行动不太积极,有时持一种观望态度,甚至遭到惨败,但也要具体分析,不能一概而论。例如:滇西缅北反攻的成功仍是中华民族在抗日战争中第一次将日本侵略者赶出国门的一曲凯歌。

(四)具体分析正面战场的战役、战斗及参战部队。

正面战场进行的各次重大战役,都是中华民族抗日战争乃至世界反法西斯战争的有机组成部分。对这些战役的评价,要具体分析其得失。国民党军队抵抗日军进攻,有的战役取得了局部的胜利,但有的战役由于指挥不当、作战不力,遭到很大损失。有些战役的失败,是国民党最高当局决策和指挥的失误造成的,有的则是前线指挥官的责任,有的则兼而有之。总的来说,不能一概而论。有的战役虽然失败了,但也不是一无是处,没有任何战略意义和影响,如淞沪会战。同时,对正面战场上各参战部队对抗战的态度和表现也要加以具体分析。不论是国民党的中央军,还是地方军队,在抗日战争中都参加了对日作战,有的还有过十分出色的表现。

(五)正面战场上的民族牺牲值得褒扬。

正面战场也是中华民族抵抗日本侵略者的战场。正面战场上牺牲的抗日将士也是民族的英雄。他们视死如归,英勇杀敌,喊出了中华民族不屈的强者,表现出了强烈的爱国主义精神,还有不少人为民族抗战而流尽了最后一滴血。在南苑作战中牺牲的佟麟阁、赵登禹,在忻口会战中牺牲的郝梦龄、刘家琪、郑廷珍,在枣宜战役中牺牲的张自忠,在中国远征军赴缅甸作战中牺牲的戴安澜等,是正面战场上抗日将士的代表。为挽救民族危亡而牺牲的国民党将士们将永远受到中国人民的怀念和敬仰。

三 充分反映爱国民主党派在抗战中的历史作用与贡献

民主党派是我国爱国统一战线的重要组成部分。在抗日战争时期,国共两党之间存在着一些政党和政治派别,它们中的大多数实际是后来称谓和界定了的民主党派,包括中国青年党、中国国家社会党、第三党、中国人民救国会、中华职业教育社和乡村建设派等。抗日战争时期的民主党派是抗日救亡运动的重要倡导者、组织者和参与力量,是中国共产党的重要同盟军,在抗日战争中作出了不可磨灭的贡献。但是,在以往的诸多抗战史著述中,往往只囿于写国共两党抗战与斗争史,写成了"两国三方"的战争,而对民主党派写得不多、反映得不够充分。这里有必要叙述一番爱国民主党派在抗战中的历史作用与贡献。

(一)坚决拥护中国共产党提出的建立抗日民族统一战线的主张。

九一八事变后,对于中国共产党建立抗日民族统一战线的主张,民主党派立即积极响应和支持。早在1936年,救国会和第三党就发表宣言,指出挽救民族危亡唯一之途,是国内各党派都要"重其相同,轻其相异",建立反日阵线,举国一致进行抗战;主张应"制止分裂,统一民族阵线,组织抗日政权"。同时,民主党派还身体力行,积极加入抗日民族统一战线。民主派的这种积极态度,在客观上促进了抗日民族统一战线的建立。以国共合作为主体的抗日民族统一战线建立后,民主党派一致拥护并努力维护。在统一战线中,每当国民党制造反共摩擦事件导致国共关系紧张、统一战线面临破裂的危险时刻,民主党派都能出面调停,为改善国共关系、维护国内团结抗战局面贡献力量。

在如何进行抗战问题上,民主党派基本上支持共产党的全面抗战路线,反对国民党的片面抗战路线。它们提出:要积极组织民众团体,发挥伟大的民力,以配合有计划的军事行动。为了广泛调动全国人民的抗战积极性,它们主张召开救国会议,成立临时的民意机关,制定并颁布战时的国民公约,整饰政府机构,从党治到民治。

抗战后期,针对国民党的独裁统治,1944年9月,林伯渠在三届三次国民参政会上代表共产党提出了"废除国民党一党专政,成立民主联合政府"的主张,民主党派立即积极响应,通过举行集会、组织游行、发表宣言或声明、召开座谈会等多种形式,要求"立即结束国民党一党专政,召集各党派会议,建立联合政府",提出只有立即召开国民会议、实行联合政府才能挽救危机。

抗日战争时期的民主党派,以其特殊的地位和身份积极拥护中国共产党的各项抗日主张,这不仅壮大了进步力量的声势,而且更重要的是扩大了共产党的政治影响,使共产党的政治主张更加深入人心,逐渐变成了全中国人民的抗战行动。

(二)对日本帝国主义的野蛮侵略进行了坚决的抗击。

抗日战争全面爆发后,民主党派成员中的不少爱国者积极奔赴抗日前线,直接参加抗击日本帝国主义的武装斗争。救国会大批成员进入陕北、华北、华中等解放区,参加八路军、新四军。乡村建设派的部分成员面对日本帝国主义的疯狂进攻和国民党军队的溃退,仍留在山东和共产党领导的游击队共同战斗。在抗日战争中,民主党派的许多人在对日斗争的战场上贡献出了自己的力量乃至生命。

民主党派在海外华侨中有着广泛的社会基础和影响。抗日战争全面爆发后,它们积极动员海外华侨为祖国抗战出力。美洲洪门致公堂领袖人物司徒美堂在抗日战争全面爆发后,积极发动美洲华侨捐款支援祖国抗战,在整个抗战期间仅司徒美堂领导的募捐活动捐款即达5400多万美元。抗战前夕,在世界各地的华侨总数为1740万人,上自富商、知识分子,下至工人、学生,以至妇女、老人和儿童,都纷纷组织起来,踊跃捐输,以物力和人力援助祖国抗战。南侨总会主席陈嘉庚从中国全面抗战开始,每月捐款2000元,直至抗战胜利。

全国抗战以来,华侨每年汇回国内的外汇达10亿元以上,这对祖国抗战是莫大的资助。与此同时,海外华侨中还有许多人纷纷回国效命疆场。在祖国大地上,有活跃在西北前线的华侨服务团,有深入敌后的华侨战地服务团,有出生入死担任战地采访的华侨记者团。在惠广战役中,由22人组成的一支华侨服务队壮烈牺牲20人。

民主党派在抗战期间充分发挥了其知识特长,创办和出版了许多刊物和图书,进行抗日救国宣传。其创办的著名刊物有《抗战》、《全民抗战》三日刊、《救亡日报》、《国民公论》旬刊、《进步日报》、《抗战行动》半月刊、《新中国报》、《战时教育》、《文艺阵地》等。它们还出版发行了许多宣传抗日救国思想的图书,如《抗日民族统一战线教程》、《儿童抗战故事》、《战时读本》等。这些报刊、图书对于及时揭露日本帝国主义的侵华罪行、宣传正确的抗日主张、激发人民的抗战热情起到了重要的作用。

(三)对汪精卫集团的叛国投敌给以有力声讨。

1938年南京、武汉失守以后,早就主张对日妥协投降的国民党副总裁汪精卫公开投降日本帝国主义,激起了民主党派的极大愤慨。救国会领袖人物沈钧儒、邹韬奋等声讨汪精卫为"背党叛国,通敌求和,违反国策,惑乱人心,固革命政党所不容,亦全国人民所共弃"。第三党也致电声讨,要求国民党通缉汪精卫,归案严办,对其党羽应撤查缉办,以期除恶务尽。中间党派的海外成员及其所联系的海外华侨也怒火满腔,声讨汪精卫的电报从海外如雪片飞来。民主党派的正义声讨,与中国共产党和全国人民的讨汪反投降斗争相配合,使汪精卫叛国集团受到孤立,使企图妥协投降分子的活动有所收敛,使日本帝国主义对国民党的诱降政策遭到沉重打击,也迫使国民党蒋介石对汪精卫发出了通缉令,并开除其党籍。

(四)顾全大局,积极协调国共两党合作关系,对国民党的反共分裂活动和独裁专制统治进行了坚决揭露和斗争。

在全国抗日战争期间,尤其是抗战进入相持阶段以后,国民党不断制造反共事件,掀起了大规模的反共高潮。皖南事变的发生,激起了民主党派对国民党的极大愤恨。中间党派对国民党企图发动的第三次反共高潮同样予以强烈谴责。中国民主政团同盟主席张澜致书质问蒋介石:"应共同抗战,共同建国,以力求政治民主化、经济民主化,而达到将来世界之大同,尚何凭借武力以为内争之有?"职教社主办的《国讯》呼吁每人把所有智力和体力尽量贡献给中华民族生存的抗战,反对把力量消耗在内战上。由于中国共产党的坚决斗争以及包括民主党派在内的全国人民的强烈反对,国民党的反共高潮均被彻底粉碎。

抗战后期,国民党更强化了它的独裁专制统治。1944年,国民党五届十一中全会修改了《国民政府组织法》之后,蒋介石就成了独掌全国党政军大权的最大独裁者,实行全国党化、特务统治、保甲制度三位一体相结合的专制独裁的政治制度。从1944年起,在国民党控制区掀起了反对国民党独裁专制统治的民主宪政运动高潮。民主党派是民主宪政运动的积极参加者和组织者,它们通过举行招待会、座谈会、讲演和在报刊上发表文章等形式,抨击国民党的独裁专制统治,要求民主改革、开放政权、实行宪政、动员民力、改弦更张、挽救危机,还提出实现民主的起码条件是国民党放弃10余年来的特殊地位,结束训政。

民主党派在抗日战争中充分发挥了革命作用,是中国共产党领导的全民族抗战中不可缺少的重要力量,其在抗日战争中所建立的光辉业绩将永远彪炳于史册。

四　把抗日战争史作为一场民族战争史来写

从抗日战争本身来说,它毫无疑问是一场中华民族反抗日本侵略的反侵略战争,是中国和日本两个国家之间的战争,是中日之间的一场民族战争。既然是民族战争、对外战争、反侵略战争,就应该站在中华民族的角度看待它,站在国家对国家的角度进行审视。这样写出的抗日战争史,就应该既反映中国共产党和敌后战场的抗战,又反映包括国民党、国民政府和正面战场的抗战,还要包括其他各个民族、阶级、阶层、党派、团体英勇抗战的事迹,这才是整个中华民族的抗战史;对于国共两党和两个战场,应集中反映它们之间的团结抗战,而不是大写特写它们之间的摩擦和斗争,在比例上也不能畸轻畸重,应该按照实际情况来写。这是因为:国共两党之间的差别和斗争是中国内部的事情,是中华民族自己家里的事情,在抗日战争史里面不应写得分量多于抗日、仇重于寇,冲击和背离了抗战主题,因为在抗日战争时期内部的差别和斗争无论如何是次要的,一致反抗外来侵略才是最主要的、最重要的。

当然,我们这么说,并不是对国民党抗战时期反共反人民的一面不写不讲不揭露。实际上,整个抗战时期国民党反共反人民的实质一直存在着,只是不同阶段表现的程度和方式不同,对此该写该讲该揭露,不能隐去,但又不能以眚掩功。功过分明,是非清楚,实事求是,这才是公正的。我们这样说,也并不是否认国共两党之间的差别和斗争。国共两党虽然都是坚持抗战的,但在如何抗战的问题上主张是不同的,共产党的主张确实比国民党高明,国民党的主张确实存在很多错误。也正因为如此,才导致了国共两党力量在抗日战争时期的此消彼长,并导致了在解放战争时期共产党的胜利和国民党的失败。

胡乔木在谈到怎么写中共党史的时候曾说:"党史是要给人民看的,不要光讲怎么反'围剿'……不要有宗派观念,只看到我们自己,还要讲到全国的抗日运动。"要使读者感到共产党写的历史"是尊重人民的,并不是眼睛只看着自己,就像照镜子,只看到自己"。① 写中共党史都要如此,写抗日战争史就更不能有宗派观念,眼睛只看着自己。

总之,对于抗日战争史的研究和宣传,应该尽快地从传统的中共党史的研究模式中跳出来,从以往那种国共两党斗争的模式中跳出来,力戒把抗战自觉不自觉地写成"两国三方"的战争,真正把抗日战争史作为一场民族战争史来写,使各方面的人都觉得我们写出的抗日战争史著作是客观的、科学的,是能够被接受的。

---

①《胡乔木谈中共党史》,第308、315页,人民出版社,1999。

3

抗日战争的起点、时限和历史阶段应如何划分？

传统上，我们习惯于以七七事变作为抗日战争的起点，把抗日战争称为"八年抗战"。从国内外出版和发表的有关著述看，特别是1985年以前，大多数专家学者把1937年7月—1945年8月算作中国抗日战争时期，从而把七七事变的爆发视作中国抗日战争的开端。可是，近些年来不少学者对此提出了异议，出现了诸如一二·九运动起点说、西安事变起点说、八一三事变起点说等等。于是，关于抗战的起点、时限和历史阶段该如何划分也都发生了激烈的争论。我们认为：上述划分法既不符合中国抗日战争的实际，也不科学，是值得商榷的。我们完全同意中国抗日战争的起止时间从1931年九一八事变算起，至1945年9月2日日本签字投降为止，历时近14年的观点。①

一 抗日战争的起点应从九一八事变算起

（一）从世界反法西斯战争全局看，九一八事变是日本法西斯对中国大规模武装侵略的开端，是它争夺亚洲霸权和发动世界战争的起点，标志着第二次世界大战两个战争策源地之一的远东战争策源地最早形成。

我们认为：九一八事变是中国人民抗日战争暨世界反法西斯战争的开

---

①这一观点最有代表性的论述可参见刘庭华撰《论"九一八"是中国抗日战争的起点》，载《抗日战争研究》2006年第1期。

1931年9月18日,日军炮轰中国东北军驻地,标志着中国人民抗日战争暨世界反法西斯战争的开端。

希特勒在德国上台,欧洲战争策源地形成。

1939年9月1日,德军入侵波兰,是第二次世界大战在欧洲爆发的标志。

端。不应把九一八事变看作是只有局部意义的中日两国的地区性的一般军事冲突,而应把它看作日本企图建立军事独裁法西斯专政、实现其独占中国的"大陆政策"的第一步。从1931年九一八事变起,中国人民首先以武装斗争反对日本法西斯的武装侵略,从而打响了世界反法西斯战争的第一枪。九一八事变是日本大规模侵华的开端,也是中国人民由此抗击日本侵华的开端。从九一八到日本投降,日本侵华和中国抗日这两个过程中间一直就没有停止过。

日本一些历史学家也认为,第二次世界大战的硝烟是"1931年9月18日日本侵占'满洲'(九一八事变)为导火线而开始升起的"。苏联检察官克伦斯基在远东军事法庭上曾说:"如果我们可以指出一定的日期作为第二次世界大战的这段血腥时期的开端的话,1931年9月18日恐怕是最有根据的。"①可以说,九一八事变后,中国人民的局部抗战揭开了世界反法西斯战争的序幕。虽然中国抗日战争的第一个时期(即1931年9月—1937年7月近6年)还只在黑龙江、吉林、辽宁、热河4省地区进行,但却从未停止过,这不仅为动员全国人民参加抗日救亡斗争起了重要的准备作用,而且给日本侵略军以严重打击。仅就日本官方大为缩小的统计数字,14年里,日本关东军被我东北抗日联军等部毙伤俘者有近万人。毫无疑问,九一八事变开始的东北人民及广大爱国官兵反对日本侵略军的各种形式的武装斗争,是中国人民反抗日本帝国主义侵略、争取民族解放事业的一个重要的组成部分。

所以,毛泽东于1945年4月24日在中国共产党第七次全国代表大会上的政治报告中明确指出:"中国人民的抗日战争,是在曲折的道路上发展起来的。这个战争,还是在一九三一年就开始了。"②日本著名历史学家藤原彰在其编著的《日本近代史》第3卷(论述了1931—1960年的日本历史)的序章中也公允地指出:"本书是以日本开始发动了历时14年侵略战争的

---

① 日本历史学研究会:《太平洋战争史》,第4卷,第150页,商务印书馆,1962。
② 《毛泽东选集》,第3卷,第1034页,人民出版社,1991。

3 抗日战争的起点、时限和历史阶段应如何划分？

1931年为起点，概括地叙述从那以后的日本近代史。"①可见，日本历史学家不仅把1931年作为日本发动侵略战争的开始，同时还把这一年划作日本近代史现代部分的一个"起点"。由此说明，日本对中国的武装侵略从1931年九一八事变开始，这在世界上都是公认的。那么，我们自己为什么把中国武装抗日斗争的开始时间硬要从1931年9月推后到1937年7月呢？我们说，割断历史的做法是不足取的。中国抗日战争一开始就具有反对法西斯侵略、争取民族独立解放的性质。以中国人民武装反抗日本帝国主义侵略的开始作为中国抗日战争史的起点，这是对历史的尊重。

（二）以社会性质和社会主要矛盾为依据、以"那些特别突出、引人注目的历史事件作为大的历史运动的路标"②来划分历史时期或阶段是列宁划分世界近代史时期的重要方法，是以辩证唯物主义和历史唯物主义研究历史的一个重要原理。

考察中国近现代史，我们可以十分清楚地看到，从1840年鸦片战争到1931年九一八事变前的中国社会，是一个半殖民地半封建性质的社会，处于几个帝国主义国家共同支配的局面。其主要矛盾是中国人民与帝国主义、封建主义、官僚资本主义的矛盾，革命的对象是帝国主义、封建主义和官僚资本主义。"一九三一年九月十八日的事变，开始了变中国为日本殖民地的阶段。"③九一八事变特别是1935年华北事变后，中国社会的基本矛盾（即帝国主义和中华民族的矛盾、封建主义和人民大众的矛盾）发生了显著变化。

1. 由几个帝国主义国家和中国的矛盾变为特别突出、特别尖锐的日本帝国主义和中国的矛盾。日本帝国主义实行完全征服中国的政策，企图把整个中国从几个帝国主义国家都有份的半殖民地状态改变为日本独占的殖民地状态，从而加深了日本帝国主义与其他帝国主义之间的矛盾。由此

---

① [日]藤原彰：《日本近代史》，第3卷，第2页，商务印书馆，1992。
② 《列宁全集》，第21卷，第124页，人民出版社，1963。
③ 《毛泽东选集》，第1卷，第143页，人民出版社，1991。

而来的中国军阀割据和军阀内战的潜在矛盾在中日矛盾面前也起了变化：日本帝国主义赞助中国的割据和内战，以便利其独占中国；其他帝国主义国家为了维护其在华的权益，则暂时地赞助中国的统一与和平。

2. 中日民族矛盾成为主要矛盾，中国国内阶级矛盾和政治集团之间的矛盾降到次要和服从的地位，由此变动了中国国内的阶级关系。中国的地主阶级、资产阶级甚至军阀遇到了存亡的问题，在它们的代表人物及其政党内部逐渐发生了改变政治态度的过程。九一八事变后，不但中国共产党和中国广大工人、农民、知识分子及小资产阶级、爱国民主党派、民主人士和海外华侨积极投入了抗日救亡运动，而且连中国民族资产阶级、地主阶级甚至大资产阶级也发生了变化，国民党的营垒也出现了破裂，其中一部分爱国志士投入了抗日斗争，如马占山、蔡廷锴、冯玉祥、张自忠、张学良、杨虎城等名重一时的抗日风云人物。

总之，"自从一九三一年九一八事变日本帝国主义武装侵略中国以后，中国又变成了一个殖民地、半殖民地和半封建的社会"。① 九一八事变后中国社会性质和主要矛盾所不断发生的变化，一直持续到1945年9月日本战败投降，中日民族斗争这个主要矛盾才得以解决。此后，中国社会又恢复到九一八事变前半殖民地半封建性质的社会形态，其主要矛盾又变成了一般帝国主义和中华民族的矛盾、封建主义和人民大众的矛盾。由此看来，九一八事变后与七七事变后的中国社会的性质和主要矛盾是一样的，七七事变的爆发则是对中日民族斗争这个主要矛盾的加深与扩大，而没有使中国社会的殖民地、半殖民地和半封建的性质有所变化。因此，把1931年九一八事变作为中国抗日战争的起点，既符合中国抗日战争史的客观实际，又符合马克思主义关于划分历史时期标准的科学理论。

（三）以国民党政府在九一八事变以后没有实行抗日为由，把抗日战争的起点定为七七事变是值得商榷的。

就抗日战争的性质而言，它是中国在20世纪30—40年代进行的由不

---

①《毛泽东选集》，第2卷，第626页，人民出版社，1991。

3 抗日战争的起点、时限和历史阶段应如何划分？

同阶级、阶层和社会集团及各族人民参加的反抗日本帝国主义侵略的民族解放战争。因此，我们在界定抗日战争的起点问题时，就不能以国民党政府是否主张、参加抗战作为标准来评判。历史的事实是：日本帝国主义的侵华战争是一个不断扩大、不断升级、由局部侵华演变成全面侵华的过程。日本帝国主义发动九一八事变，侵占东北三省；1932年制造一·二八事变，进犯上海；1933年1月进攻热河；1934—1935年制造张北、察东和河北事件，进而蚕食华北、分离内蒙，成立"冀东防共自治政府"和伪"蒙古军政府"……最后制订1937年度侵华作战计划，扩大增设在平津地区的驻屯军，准备随时发动全面侵华战争。

同时，中国人民的抗日战争也是一个从小到大、由局部地区抗战逐渐发展到全国性抗战的历史过程。九一八事变后，东北军部分爱国官兵违反张学良东北当局和蒋介石国民党政府的不抵抗政策，奋起抗日。例如：马占山部在黑龙江的江桥抗战；黄显声等指挥军警阻击日军侵略锦州；李杜、丁超等部在哈尔滨外围地区袭击日军……他们的抗日行动促进了东北义勇军的兴起及抗日斗争，也为中国共产党组建抗日武装创造了有利的群众基础。到1936年，中国共产党领导的正规抗日武装由原来的8个小游击队发展到11个抗日联军，共计有4.5万余人，从而成为东北抗日游击战争的主体骨干力量。1932年1月28日，日军进犯上海，蒋光鼐、蔡廷锴和张治中等率国民党第19路军和第5军奋起抵抗。1933年，日军进攻热河、察哈尔，冯玉祥、方振武、吉鸿昌、佟麟阁等率部组成抗日同盟军，给日军以严重打击。前后3次违反蒋介石国民党政府的不抵抗政策的抗战行动，都被蒋介石国民党政府一手破坏和扼杀了，而《上海停战协定》、《塘沽协定》、《秦土协定》、《何梅协定》等出卖国家主权的妥协投降条约则是在蒋介石国民党政府一手支持下签订的。

中国抗日战争史是中国人民反抗日本法西斯侵略的斗争史。但是，有人偏偏提出因为当时的国民党政府没有参加抗战，所以不能把九一八事变作为抗战的起点，进而认为："怎么可以把屈辱的'九一八'当作神圣的中华民族抗战的开端？"然而，我们认为：要说屈辱，真正屈辱的是蒋介石国民党及其执行"绝对不抵抗"政策的溃逃官兵(从九一八事变前到西安事变,蒋介石国民党政府一直顽固坚持"攘外必先安内"的内战国策),而不是部分爱国官兵、广大人民群众,更不是九一八事变后立即组织东北游击战争直接给日本侵略者以打击的中国共产党及其领导下的抗日武装。1933年1月17日,中国共产党向一切进攻革命根据地和红军的国民党军队提议:在停止进攻、保证民主权利和武装民众创立义勇军3个条件下停战议和,一致抗日,但遭到国民党政府的拒绝。1935年8月1日,中共中央发表《为抗日救国告全体同胞书》,郑重要求国民党当局停止内战,集中一切国力抗日救国。同年12月25日,中共中央在瓦窑堡会议上通过了《关于目前形势与党的任务的决议》,确定了建立抗日民族统一战线的策略总方针,提出"党的任务就是把红军的活动和全国的工人、农民、学生、小资产阶级、民族资产阶级的一切活动汇合起来,成为一个统一的民族革命战线"。[①] 1936年9月,中共调整自己的政策,改变了过去"抗日反蒋"的口号,确定了"逼蒋抗日"的政策。西安事变后,中共又确定了"联蒋抗日"的方针。总之,九一八事变后,中国共产党不断适应新的形势要求,决定并执行抗日民族统一战线的新的完整的政治路线,以团结抗日和建立新民主主义共和国为奋斗目标。因此,如果我们不以九一八事变作为中国抗日战争的起点,那么就等于自己抹杀6年来东北民众、部分爱国官兵、察哈尔抗日同盟军、第19路军和中国共产党领导的东北抗日武装所从事的抵抗日军侵略的英勇斗争。我们应该站在中华民族的高度来看待抗日战争的起点问题。

  由上可见,如果以有的人所谓"中国政府"(即国民党政府)是否参加抗战为"标准"来界定抗日战争的起点,九一八事变就难以"达标";但是,如果以东北三省的广大民众、爱国官兵和共产党领导的抗日武装作"标准"来界定抗日战争的起点,九一八事变无疑是抗日战争的起点和"路标"。

  退而论之,假如按照以国民党政府是否参加抗战作标准来界定起点问题,七七事变也不能作为抗战的起点。这是因为:蒋介石在1937年7月17日的谈话中虽然表示"准备应战",但又坚持说:"在和平根本绝望之前一秒

[①]《毛泽东选集》,第1卷,第151页,人民出版社,1991。

3 抗日战争的起点、时限和历史阶段应如何划分？

钟，我们还是希望由和平的外交方法，求得卢（沟桥）事（变）的解决。"此时的蒋介石国民党政府仍处于游移、动摇、妥协、退让的徘徊之中。直到八一三上海抗战爆发后，日军的炮火直接威胁到四大家族的经济中心时，8月14日，国民党政府才真正转向抗日。照此推理，岂不把"八一三"或"八一四"作为中国抗战的起点更好吗？可以说，蒋介石国民党政府的抗日，是日本、国民党内的爱国人士、中国共产党和中国人民逼出来的。以不愿意抗日、被动抗日和消极抗日的一方作"标准"界定起点，势必使人产生疑虑：其立场、公允、客观都到哪去了？

所谓抗日战争的起点，简言之，就是抗日战争的重大事件的开始时间问题。可是，有的人则把抗战的规模、范围、甚至性质等混为一谈或完全重合了，说什么九一八事变后虽有抗日战争，"但多半是局部的、自发的、不连续的"。我们说，任何事情的起点总是由小到大产生和发展的，这是事物运动的辩证规律。区别抗日战争的"起点"与"规模"这两个不同的概念，有着历史唯物主义认识论的重要意义。无论从逻辑还是从历史来看，九一八事变是局部抗日战争的起点，七七事变则是中国抗日战争由局部抗战扩大为全国性抗战的转折点。简言之，九一八事变是中国局部抗战的起点，七七事变是全国性抗战的起点。局部抗战也是抗战。这是实事求是地研究中国抗日战争史得出的科学结论。如果不承认中国的抗战是从九一八事变开始的，是14年，就会给人一种日本从七七事变才开始侵略中国的印象，有意无意地淡化日本侵华的罪行；就会给人一种中国是从七七事变才开始抗战的印象，认为在七七事变以前的6年中国并没有抗战，这对于宣传中国的抗战是很不利的。

值得欣慰的是，关于中国抗日战争的起点和时限，现在国家已经明确从九一八事变算起，中国的抗战是14年，而不是8年。这是非常正确的。

二 抗战的时限和历史阶段该如何划分

现在有的学者仍然坚持七七事变是抗日战争的起点，认为抗日战争是

8年,而不是14年。为什么呢？其理由是：习惯上把七七事变以前说成是"第二次国内革命战争时期"或"土地革命战争时期",如以九一八事变作为抗日战争的起点,中国近现代史、中国革命史、中共党史的历史阶段如何划分？

为了解决这个矛盾,有位学者提出可以九一八事变为界,把土地革命前期1927年7月15日—1931年9月18日这一段与北伐战争时期划为一个历史阶段,把1931年9月18日—1937年7月7日这一段划入抗日战争时期。但是,有的学者认为以九一八事变为抗日战争的起点,与中国近现代史、中国革命史、中共党史的现有体系并无不可调和的矛盾,二者可以并存。

王桧林即提出：可以把抗日战争史区分为"狭义的抗日战争史"和"作为中国通史的抗日战争史"两个概念。狭义的抗日战争史"是中国人民或中华民族的抗日战争史,它是战争史,它是专史","着眼在中日战争或与战争直接有关的事情",它"可以从'九一八'开始"。"从这个意义上说,'九一八'是抗日战争的起点,抗日战争延续的时间是14年。""作为中国通史的抗日战争史则着眼于中国的整体,除着眼于战争的发展变化外,还着眼于全国政治、经济、文化的发展变化。""它是中国通史的一个阶段。"因为从"七七"以后或者说"八一三"开始,全国才"进入抗战状态",抗日战争才"成为全国各族人民的中心任务",所以"在中国现代史上,把1937年7月到1945年8月这个时期叫做抗日战争时期是符合实际的"。总之,"作为军史、专史的抗日战争史可以从'九一八'开始,经历的时间是14年。作为中国通史的抗日战争时期从'七七'开始,经历的时间是8年。因为专史和通史有所不同,它的起点和所经历的时间也可以不同,二者可以并存"。①

广德明也认为："从中日关系的角度研究抗日战争史的时限,与中共党史、中国革命史、中国现代史关于抗日战争时期的阶段划分,不必要也不可能有同一个起点。从九一八事变后的局部抗战到七七事变后的全民族抗战,共同构成了中国人民抗日战争的历史画卷,从中日关系角度研究抗日

---

① 王桧林：《有关抗日战争史的三个问题》,载《史学史研究》1991年第2期。

3 抗日战争的起点、时限和历史阶段应如何划分？

战争史,应该以九一八事变为起点。"但是,"九一八事变后的局部抗战,是第二次国内战争向全民族抗战转变的过渡时期","在这个过程中,历史大势与认识间的反差,形成了中国社会军事政治的双元格局:一方面是九一八事变后应该成为历史主流的局部抗战,另一方面是实际上居于主导地位的国共两党间'围剿'与反'围剿'的内战。正由于九一八事变后,内战实际处于主导地位,并且直到西安事变,阶级仇杀的历史惯性才被团结抗日的民族意识所克服。因此,在中共党史、中国革命史、中国现代史的体系中,九一八事变后的局部抗战划为第二次国内革命战争时期更妥帖"。①

著名中共党史专家郭德宏认为:历史阶段的划分是人为的,是可以随着认识的变化而变化的。既然抗日战争以九一八事变为起点,是14年而不是8年,中国近现代史、中国革命史、中共党史的历史阶段就应该重新划分。仍然把局部抗战的6年放在土地革命战争时期,显然是不恰当的。在中国近现代史中,应该把1927年4月18日南京政府成立到1931年九一八事变的4年多时间划为一个历史阶段,把1931年九一八事变到1937年七七事变的6年划为一个历史阶段。在中共党史中,可以把1927年7月15日到1931年九一八事变的4年多时间划为一个历史阶段,把1931年九一八事变到1937年七七事变的6年划为一个历史阶段。至于每个历史阶段叫什么名字,可以进行研究。但是,不管怎么叫,在1931年九一八事变到1937年七七事变的6年中都应该突出局部抗战的内容。例如:在中共党史中,可以把1931年九一八事变到1937年七七事变的6年叫作"土地革命与局部抗战时期"。这样划分历史阶段,是因为在九一八事变到七七事变的6年中,国民党虽然也进行了一些抗战的准备,但总的是"攘外安内"、不抵抗;中国共产党虽然主要是进行反"围剿"战争,但仍然派了很多人到东北抗日,由中国共产党领导的东北抗日联军是那个时期抗日的主力。这样划分历史阶段,更能突出中国共产党在局部抗战中的作用。②

---

① 广德明:《抗日战争起点研究述评》,载《社会科学辑刊》1990年第5期。
② 郭德宏:《论抗日战争史研究中的若干重大问题》,载《历史教学》2005年第11期。

4

日本侵略图谋不容抵赖：探《田中奏折》真伪之争

长期以来，日本右翼势力极力掩盖日本军国主义侵略图谋，这从其对历史上臭名昭著的《田中奏折》的讳莫如深和缄口否认可见一斑。

《田中奏折》，原件称《帝国对满蒙之积极根本政策》，于1929年末经南京《时事月报》披露以来，由于原件没有发现，其真伪问题已争论了接近1个世纪，一直没有定论。第二次世界大战后，日本前外交官森岛守人、重光葵等著文否认其存在。60年代中叶以来，日本一些历史学者发表文章认定《田中奏折》是"伪物"，企图以此否认《田中奏折》存在的真实性。这是世界现代史上的一个重大问题，也是学术界研究的重点问题。对这一问题的相关研究很多，较为有代表性的著作有中国人民抗日战争纪念馆编的《田中奏折探隐集》①、高其昌的《田中奏折失密》②、高殿芳的《爱国人士王家桢——〈田中奏折〉的历史见证人》③等等，较为有代表性的文章有沈予的《关于〈田中奏折〉若干问题的再探讨》④和《关于〈田中奏折〉抄取人蔡智堪及其自述的评价问题》⑤、穆耳的《关于〈田中奏折〉真伪的几个问题》⑥、高殿芳的《关于〈田中奏折〉的来龙去脉》⑦等等。中国史学界从20世纪70

---

①中国人民抗日战争纪念馆：《田中奏折探隐集》，北京出版社，1993。
②高其昌：《田中奏折失密》，远方出版社，2005。
③高殿芳主编：《爱国人士王家桢——〈田中奏折〉的历史见证人》，团结出版社，1997。
④沈予：《关于〈田中奏折〉若干问题的再探讨》，载《历史研究》1995年第2期。
⑤沈予：《关于〈田中奏折〉抄取人蔡智堪及其自述的评价问题》，载《近代史研究》1996年第3期。
⑥穆耳：《关于〈田中奏折〉真伪的几个问题》，载《东岳论丛》1985年第4期。
⑦高殿芳：《关于〈田中奏折〉的来龙去脉》，载《中国人民抗日战争纪念馆文丛》，1990。

4 日本侵略图谋不容抵赖：探《田中奏折》真伪之争

年代末开始，有不少学者坚持认为《田中奏折》原始抄件来自日本，"伪造"说不能成立，但竟也有论者强调《田中奏折》是"伪件"。一时间，《田中奏折》之真伪成为一桩历史"悬案"。

对于1927年日本东方会议和田中内阁对华政策究竟应当如何评价？"《田中奏折》伪造说"是否合乎实际？因为这一问题的研究关乎揭露日本由来已久的侵略中国及世界之野心，对于驳斥日本右翼否认侵略罪行的论调是有力的证据。在这里，我们以档案、文献等史料为依据，归纳学术界研究成果，尤其是引用穆耳的《关于〈田中奏折〉真伪的几个问题》，就这一话题作些解读。

一 《田中奏折》问题的由来

1929年2月，南京出版的《时事月报》刊出一条让世人震惊的新闻：《惊心动魄之日本满蒙积极政策——田中义一上日皇之奏章》。《田中义一上日皇之奏章》明确表示："过去的日俄战争实际上是中日战争，将来如欲控制中国，必须首先打倒美国势力，这和日俄战争大同小异。惟欲征服中国，必先征服满蒙；如欲征服世界，必先征服中国。倘若中国完全被我国征服，其他如小亚细亚、印度、南洋等地异服的民族必然会敬畏我国而向我投降，使全世界认识到亚洲是属于我国的，而永远不敢侵犯我国。这是明治大帝的遗策，也是我大日本帝国存立的必要大事……"[①]

该《奏章》全文计有6706字，分5大章节和1个附件，从军事行动、经济、铁路、金融、机构设置等方方面面对侵略行动作了详细的安排部署，字字句句无不彰显日本帝国主义武力侵吞中国及整个亚洲的狼子野心。

《田中义一上日皇之奏章》亦即历史上所称的《田中奏折》。《田中奏折》一经披露，立即引起了世界范围的哗然和震动，各国舆论纷纷表示惊讶和谴责，中国举行了声势浩大的示威游行，抗日浪潮席卷全国。

---

① 《惊心动魄之日本满蒙政策——田中义一上日皇之奏章》，载《时事月报》第1卷第2期，1929年2月。

日本帝国主义独占中国的图谋由来已久。图为1927年6月27日—7月7日日本田中内阁召开的"东方会议"。会议确定了"欲征服中国,必先征服满蒙;如欲征服世界,必先征服中国"的方针。右起第3人为日本首相田中义一。

二 《田中奏折》是东方会议的产物

穆耳在撰文[①]中指出:《田中奏折》是20世纪20年代末日本军国主义新扩张政策的必然产物。

20世纪20年代末,世界和远东形势发生了巨大变化。美国打着"门户开放"的旗号,反对日本独占中国,主张在华"机会均等",伙同西方列强与日本展开了对华利益的激烈争夺。在中国,共产主义运动蓬勃兴起,国共合作领导的北伐战争对列强尤其是对日本在华侵略利益是一个极大的威胁。在日本,1927年受到了空前金融危机的冲击,政局动荡不安,矛盾日益激化。政友会猛烈抨击币原对华政策是"软弱外交",迫使若槻内阁下台,

---

[①] 穆耳:《关于〈田中奏折〉真伪的几个问题》,载《东岳论丛》1985年第4期。

4 日本侵略图谋不容抵赖:探《田中奏折》真伪之争

以"强硬外交"自诩的长州阀首、政友会总裁、陆军大将田中义一上台组阁。田中于1927年4月20日上台,22日便发表施政方针,主张对内加强恐怖统治,对外扩张,推行对华"积极政策"。他说"现在直接对日本及远东为重大问题者,即中国事件",声称"关于中国共产党之活动……在日本对之未便全然漠不关心"①,发出了干涉中国内政、扩大对华侵略的战争叫嚣。5月,田中内阁决定出兵山东,阻止国民革命军北伐。6月27日—7月7日,为了统一议定新的侵华方针政策,田中在东京亲自主持召开了有文武百官参加的东方会议。会议结束后,田中义一将会议讨论议定的方针政策拟制了一份题为《帝国对满蒙之积极根本政策》的秘密文件,于7月25日请宫内大臣一木喜德代呈天皇。这就是臭名昭著的《田中奏折》。

《田中奏折》的否认者首先否认《田中奏折》与东方会议有直接关系,说什么"这次会议和社会上所宣传的不同,它并没有越出驻外使节和政府进行事务联络、沟通思想的范围"②,就是在满洲问题上也只是"重申了币原多年来制定的旧政策","并没有包含什么日本政策上有启示性的新方针"。③ 这无疑是欺人之谈,目的是为田中的侵略政策开脱罪责。不过,这种欺人之谈是掩盖不住真相的。当时,会议的策划者早有准备,极力掩盖会议内幕,严密封锁会议消息,不仅对会议内容绝对保密,就连会议日程也秘而不宣。当时中国报纸刊载的东京特约通讯说:"会议的中心问题约为'侵略满蒙'及'长江投资'二者,其具体议案皆付保密,不易得知。"④会后,"关于各项问题尚有小委员会继续讨论",内幕包得更密。会议的重要策划者森恪也承认:为了怕把会议的内幕"露骨地……说出来会遇到麻烦,所以才给它包上了一层东方会议的糖衣"。⑤ 那么,"糖衣"内到底包着什么露骨的内幕? 它为什么会引起麻烦? 它会引起什么样的麻烦? 山浦贯一著

---

① 1927年4月24日《晨报》。
② [日]高仓彻一:《田中义一传记》,(下)。
③ [日]入江昭:《帝国主义形成以后:1921年到1931年远东新秩序的探索》,第171—172页,哈佛大学版,1965。
④ 1927年7月24日汉口《民国日报》,东京特约通讯。
⑤ 1927年4月24日《晨报》。

《森恪》一书有这样的记载:会议期间,关东军司令武藤信义曾问田中,说"把这一方针付诸行动……将会因此而引起世界大战"怎么办?"麻烦"如此之大,这就说明会议内幕绝不止于"侵略满蒙"和"长江投资"问题。

据目前已披露的材料看,已可足以证明,会议内容涉及日本全面对华政策,满蒙问题只是其中议题之一。

首先,田中在开幕词中说:此次会议,意在"征询诸君对于中国时局之报告与意见,以作政府之参考。同时关于政府之运用政策,亦望得诸君之谅解而实行统一彻底之政策"。① 请问:所谓的"统一彻底之政策",不就是全面侵华政策吗?

其次,会议期间,日本外务省发了《东方会议出席者名单》、《东方会议日程表(密)》、《支那政治情况概观(1927年6月25日,密)》、《田中总裁1927年4月16日在政友会临时大会和6月12日该会关东大会上的讲话》、《四月二十二日田中就职声明》、《关于满蒙政治形势的安定及解决悬案问题(绝密)》、《救济长江流域侨民问题》、《发展对华经济政策(绝密)》、《出兵山东的反响》、《日本在华投资、贷款、贸易额概况表》和7月7日田中的《对华政策纲领》训示等文件,参谋本部发了《派往中国各军一览表(密)》等4个文件,关东厅发了《南满洲附属地地方行政统一案(密)》等文件。② 上述文件的内容也不限于"满蒙"问题。

再次,《田中义一传记》和美国国会图书馆复制的《日本外务省档案(缩微胶卷)》所载之会议日程内容如下:第一天上午,田中致开幕词;第三天上午驻上海总领事矢田向大会作了《以南京政府为中心的中国政治形势》的报告,下午驻汉口总领事高尾作了《武汉政府的组织情况及四月三日汉口骚乱事件前后》的报告,驻奉天总领事吉田作了关于《东三省的形势》的报告,参谋本部第二部部长松井就中国的形势及意见发表了讲话;6月30日上午,关东军司令官武藤、海军省军务局局长左近司、关东厅长官儿

---

① 1927年6月28日《晨报》。
② 见美国国会图书馆复制《日本外务省档案·东方会议经过报告(缩微胶卷)》;又见《田中义一传记》第644—658页,原书房1958年刊,1981年重印本。

玉、驻华公使芳泽等分别作了《从军事上看到的满蒙政策交通经济关系及满蒙资源》《海军对这次中国动乱所采取的措施》《对满铁沿线、关东州租界地行政的意见》《对中国一般的形势、特别是对中国南北双方势力对立的近期预测》等专题报告；7月1日，除了研究满蒙问题，下午还审议了长江一带的"复兴"及救济撤回之侨民和政策；7月2日上午，继续就日本在长江一带的"经济复兴"问题进行了审议；7月4日上午，研究了关于对华投资问题和关于修改《日中通商条约》及违反现行条约问题；7月7日下午，亚洲局局长木村报告了会议经过，田中作了关于《对华政策纲领》的训示，关东厅长官儿玉致了答谢词。① 这些内容显然涉及日本全面对华政策问题，但不能一一分析。单就照例包了一层"糖衣"的《对华政策纲领》来说，也是一个露骨的干涉中国内政、侵犯中国主权、践踏国际公认准则的全面侵华文件。

该《纲领》第五条说："最近，乘中国政局不稳之机，不逞之徒往往蠢动，扰乱治安，有发生不幸国际事件之虞。帝国政府虽然希望中国政府予以取缔……对这些不泽之徒进行镇压和维持秩序。但当我帝国在中国之权益及日侨之生命财产有受非法侵害之虞时，将断然采取自卫措施，以维护之。"对于中国"掀起排日与抵制日货"，亦"将进而采取维护权益的之适当措施"。

该《纲领》第六条说："关于满蒙、特别是东三省，由于在国防和国民的生存上有着重大的利害关系，我国不仅要予以特殊的考虑，而且要使该地……成为国内外人士安居的地方，对此，作为接壤邻邦之我国，不能不负有特殊的责任。"

该《纲领》第七条称："对于尊重我国在满蒙之特殊地位、并能认真探讨稳定该地政局办法之东三省实力派，帝国政府应予以适当的支持。"

该《纲领》第八条称："万一动乱波及满蒙，治安很乱，我国在该地之特殊地位与权益有受侵害之虞时，不问来自何方，均将予以防护。"对此，"应

---

① 见美国国会图书馆复制《日本外务省档案·东方会议经过报告（缩微胶卷）》；又见《田中义一传记》第644—658页，原书房1958年刊，1981年重印本。

当有不失时机地采取适当措施的思想准备"。①

以上内容显然越出了"满蒙"范围,而涉及全面侵华问题。

然而,以上材料远不是会议内容的全部。第一,以上材料找不到类似武藤问田中的关于会"引起世界大战"的内容。这一涉及日本对外扩张总战略问题,显系东方会议内幕中的内幕,只能在"小委员会"或更核心的少数人中秘密讨论。第二,据在美国国会图书馆发现的《日本外务省档(缩微胶卷)》和后来出版的《田中义一传记》等材料披露的东方会议日程看,里边大有文章。6月27日—7月7日,首尾总共11天的会议,倒有4个整天(6月28日、7月3日、7月5日、7月6日)和3个半天(7月2日下午、7月4日下午、7月7日上午)没有记录。② 难道这五天半(占会议总时间的一半)都"休会"不成?这显然是无法相信的鬼话。另外,《田中义一传记》载:第一次会只开了45分钟(6月27日上午11时—11时45分),短得令人不好理解。是会议无所议事,安排得这样松闲吗?不可能。由第二次会议摘要看,"6月29日上午11时23分至下午1时半,由于田中首相参谒天皇,会议暂停"。本来中午照例应是休息时间,没有会议,为什么还要"暂停"呢?只能说会议安排得极为紧张。这一松一紧的时间记录说明了一个问题:会议日程是紧张的,前后之所以出现那么多天空白时间,是因为有些绝密会议不宜列入公开日程和进行公开记录的。这次会议明显策划于密室的活动内容自然不易得知,就是会后田中"与各位另行商议"的"有关我国对华政策的实施的具体办法"③至今也还是个谜。但是,日本"对华政策的实施的具体办法"后来终于付诸实施,那么以十几年的日本侵华和侵略亚太地区的罪恶的战争就是东方会议的可靠谜底。既然其后日本对外扩张战争又是以《田中奏折》为"教科书"的,因此完全可以断言《田中奏折》就是东方会议的概括和真实记录。

---

① 日本外务省:《日本外交年表和主要文书》,下,第101—102页。
② 见美国国会图书馆复制《日本外务省档案·东方会议经过报告(缩微胶卷)》;又见《田中义一传记》第644—658页,原书房1958年刊,1981年重印本。
③ 日本外务省:《日本外交年表和主要文书》,下,第101—102页。

三 《田中奏折》出自田中之手

穆耳进一步用大量史实研究和论证了《田中奏折》出自田中之手,令人信服。

对于《田中奏折》出自何人之手,日本某些人士狡辩说:"所谓田中奏折者,决非在日本所制造……决非真品。"①"此项奏折的起源,据称系居住在北京的某国人(故意隐其国籍)所伪造。"但是,其又自相矛盾地说:"这个奏折大概是某日本人所作。"②有的人甚至反诬说中国歪曲了东方会议的性质,诡称《田中奏折》是中国"捏造的排日文书",一口咬定"田中的对华政策同'上奏文'是完全不同性质的东西"。③ 这真是奇谈怪论!

既然《田中奏折》是"某国人"或"中国人"或"某日人""伪造"的,那么田中的"上奏文"又叫什么? 如果田中的"上奏文"即《田中奏折》,那么它同田中的对华政策又怎会"是完全不同性质的东西"呢?

文如其人。政策一定符合制订者的思想。对照一下田中对华政策和其奏折的内容就不难发现,《田中奏折》只能出自田中之手。

田中以"强硬外交"自诩,并一贯主张"对华积极政策"。他上台后发布的"施政方针"及其侵华政策的实施、召开东方会议的目的和闭幕时之"训示"词,都无可置疑地说明了这一点。尤其是他给宫内大臣一木喜德的《请代奏明对满蒙积极政策函》说得更加明显。他说:"欧战而后,我大日本帝国之政治及经济,皆受莫大不安。推其原因,无不因我对满蒙之特权,及确得之实利,不能发挥所致……然臣拜受大命之时,特赐对中国及满蒙之行动须坚保我国权利,以谋进展之机会。""然臣自在野时主张对满蒙积极政策,极力欲使其实现,故为东方打开新局面,造就我国新大陆,而期颁布

---

①[日]松冈洋右1932年11月23日在国际联盟行政院会议上的演讲,全文原载南京政府外交部情报司编《民国二十一年外交大事记》附录第21—22页。
②[日]松冈洋右:《活跃的满蒙》,第35页,1931。
③[日]稻生典太郎:《环绕〈田小奏折〉的三个问题》,载国际政治学会编《日本外交史诸问题》(1964年7月)。

昭和新政。计自六月二十七日至七月七日共十一日间招集满蒙关系之文武百官开东方会议,对于满蒙积极政策已经议定。"①在这里,田中不仅表明了对华扩张的野心,而且自供了《田中奏折》的基本内容是和自己的对华政策完全一致的。

《田中奏折》主要有以下几个方面的内容:

第一,提出了以满蒙为扩张基地的新大陆政策的战略总纲和实施这一纲领的具体步骤:"惟欲征服中国,必先征服满蒙;如欲征服世界,必先征服中国。""如欲造成昭和新政,必须以积极的对满蒙强取权利为主义,以权利而培养贸易,此不但可制中国工业之发达,亦可避欧势东渐之危险。""以满蒙为根据,以贸易之假面具而风靡中国四百余州;再以满蒙之权利为司令塔,而攫取全中国之利源。以中国之富源而作征服印度及南洋各岛以及中、小亚细亚及欧罗巴之用。我大和民族之欲步武亚细亚大陆者,握执满蒙利权,乃其第一大关键也。"第一期征服中国台湾,第二期灭亡朝鲜,"现皆实现"。②"尚未完成"的是:分割满蒙,进而灭亡中国,征服世界。

第二,为实施"满蒙积极政策"歪曲历史,捏造"满蒙非中国领土"论。田中认为:捏造历史为扩张之必需,然亦非易事。因为"不幸者,日俄战争之时,我国宣战布告明认满蒙为中国领土。又华盛顿会议时,《九国公约》亦认满蒙为中国领土,因之外交上不得不认为中国主权。因此二种之失算,致祸我帝国对满蒙之权益",所以"我国此后有机会时",必须向世界阐明"满蒙者,依历史非中国之领土",实施"满蒙积极政策"须"以二十一条为基础,勇往迈进",全面攫取一切特权,并"保持我永久实享之","待有机会时,以得寸进尺方法而进入内外蒙古,以成新大陆"。③

第三,估计了实施"满蒙积极政策"的障碍。"最可恐怕者,则中国人民日就觉醒"以及"将来中国统一"。还有美苏干涉。日本"欲以铁血主义而保东三省,则第三国之亚美利加,必受中国以夷制夷煽动而制我。斯时也,我之对美角逐,势不容辞"。"将来欲制中国,必以打倒美国势力为先决问题。"又,"最近将来在北满地方必与赤俄冲突"。为此,日本以美、苏为假想

---

①②③中国人民抗日战争纪念馆:《田中奏折探隐集》,北京出版社,1993。

敌国,要加强对满蒙的掠夺,加速"以军事为目的"的战略准备。①

由此看来,这个文件虽然是日本军国主义扩张政策的必然延续和发展,是在新历史条件下拟制的新大陆政策,然而在当时的日本却只能出自田中之手,他人难以制造,别国人更捏造不出来。

四 《田中奏折》是否认不了的

《田中奏折》过于露骨地表露了日本军国主义的扩张野心。它的出乎意外地被披露,使日本军国主义当权人物大为恐慌,纷纷跳出来辩解,一口咬定"未曾见到过这样的文书"。② 直到最近几年,还有人罔顾事实,或一如既往,矢口否认;或抓住抄录和翻译当中某些不可避免的技术性错误,大做文章,进行狡辩,坚持说什么《田中奏折》"是一份虚构的东西"。③ 穆耳指出:《田中奏折》是否认不了的,一切狡辩都是徒劳的。对此,他作了严密的考证和探究。

(一)事实胜于雄辩。

《田中奏折》作为行动纲领,日后日本军国主义者以其为"教科书"进行了一系列侵略行动。例如:1928 年出于分裂中国、阻止蒋介石北伐之目的,再次出兵山东,制造屠杀中国军民数千人的济南惨案,并直言不讳地扬言"以此向中外显扬皇军威信,并为在整个中国发展国运奠定基础"④;为吞并东北,制造皇姑屯事件,杀害了张作霖;1931 年制造九一八事变,侵占我东北;1937 年发动卢沟桥事变和淞沪事变,发动全面侵华战争;之后又发动太平洋战争,把战火燃遍了亚太地区。用《田中义一传记》编者的话说,这一切都与"这份文件(指《田中奏折》)的内容合拍"。请问:难道这能是偶

---

① 王芸生:《六十年来中国与日本》,8,第 375—381 页,生活·读书·新知三联书店,1982。
② [日]松冈洋右1932 年 11 月 23 日在国际联盟行政院会议上的演讲,全文原载南京政府外交部情报司编《民国二十一年外交大事记》附录第 21—22 页。
③ [日]高仓彻一:《田中义一传记》,下卷,原书序,1958。
④ [日]参谋本部:《昭和三年支那事变出兵史》,第 99 页。

然的巧合吗？

另一个事实,那就是《田中奏折》本身的披露。这一点,中国有人证物证。有两个当事人:一个是抄送者蔡智堪;一个是接受、翻译和印发《田中奏折》的王家桢。蔡智堪祖籍为中国台湾,出生于日本,加入日籍,在日本拥有巨额财产,并与上层人物交往甚密。但是,他不忘祖国,热爱祖国,渴望中日和平。他利用经常到东北经商之便,"多年以来,经常把所知日本内幕政情"通过王家桢"纯义务地供给张学良将军"。蔡智堪回忆:东方会议后,田中密奏即有所风闻。1928 年 4 月的一个星期天,蔡在私寓宴请中野正刚等人,"下女送上沈阳寄来小包邮件,打开一看,乃系大饼(点心)一枚"。"席散后剖饼视之,得王家桢手书……云:'英美方面传说,田中首相奏章,对我颇有利害,宜速图谋入手。'"蔡于是决计"运用国民外交技术,利用民政党和政友会的矛盾",取得这一文件。前内务大臣、民政党顾问床次竹二郎表示:可以协助蔡"利用这个机会以谋取田中奏章"。[1] 同时,日本维护天皇万世一系皇权的元老派及其同盟者也反对田中"武力外交"[2],"认为田中吞并满蒙政策终将激起军人革命,危及天皇万世一系,正急于破坏田中政策",于是与民政党合作,共同倒阁。经过数次联络,蔡智堪终于得到反对田中政策的内大臣、宫中辅弼天皇的首席政治顾问牧野伸显的支持。蔡还回忆说:"民国十七年六月某日的一个夜间十一点五十分,我携带皇室书库专用的黄色册皮大小型三四十张,绿色锈〔绣〕线数团,银锥三支,大小针一包,扮作一个补册工人……"经"红叶山下御门入门后,距皇室书库约走五六分钟。我进入书库的时间是零点五十分"。"田中奏章系用日本内阁奏章专用的'西内纸'精缮而成,共六七十张,奏签'田中首相奏章'。我将碳酸纸装铺原件上,用铅笔以描出。所用的碳酸纸系民政党总裁专用的薄质原纸。""费时两夜"抄完。[3]

王家桢当时任张学良"东北保安司令部"外交秘书主任,襄助张"办理

---

[1][3] 蔡智堪:《我怎样取得田中奏章》,载香港《自由人》1953 年 8 月 29 日。
[2] 泰特斯:《战前日本的宫廷与政治》(日译为《日本天皇政治》),第 146 页,哥伦比亚大学版,1974。

4 日本侵略图谋不容抵赖：探《田中奏折》真伪之争

对日外交事宜",着力收集日本政情资料。王家桢回忆:"这年年尾前后,我们的驻东京办事人(蔡智堪——引者)……分批给我寄来一些文件。"这"就是由政友会新选出来的总裁田中义一大将在大连(系'东京'之误——引者)召开东方会议的一部分会议秘密记录,经整理后以奏折形式奏呈日本天皇的,我就给它起名为《田中奏折》"。1929 年春译出后"面呈张学良","因为是极密文件,特在官银钱号印刷所印刷,用上等宣纸六开大本装订,共印二百本,发给在东北范围内简任级有实职的人员每人一本,送给南京国民政府四本"。① 王后来又说:中译本共发出 120 本,其余 80 本和原抄件在九一八事变前是在他手中保存的。② 1929 年 12 月,中国的《时事月报》始把《田中奏折》译文披露于世。

蔡、王回忆中的基本情节,就连某些否认《田中奏折》的日本官方人士也含糊地供认过。高仓彻一在其所编《田中义一传记》中供认:那份"奇怪文件",是"眼中只有政权的反对党谋士作为倒阁工具秘密送给中国的"。其实,那份"奇怪文件"就是《田中奏折》。原陆军大将铃木贞一也说:"前述文件"是由宪政会的"某位有权势的人物"作为倒阁工具猎取,"把它送到了蒋介石手中"。②

(二)没有根据的狡辩总是漏洞百出、欲盖弥彰,正好从反面证实了《田中奏折》的存在。

日本军国主义的职业外交家、甲级战犯重光葵(此人从 1928 年济南惨案后出任日本上海总领事,九一八事变之年任驻华公使,东条内阁时任外相,日本无条件投降时代表日本政府在投降书上签字,可说是经历了《田中奏折》的出笼、实施和破产的全过程)在辩解时,一面声称"日本不存在这种公文",因此"只是把它当作一种恶意的宣传而不屑一顾";另一面又说"其

---

①②王家桢:《日本两机密文件中译本的来历》,载文史资料研究委员会编《文史资料选辑》第 11 辑,1979。

②[日]高仓彻一:《田中义一传记》,(下)。

后东亚所发生的事态,以及根据此种事态日本所采取的行动,似乎正好就是以田中备忘录(即《田中奏折》——引者)为教科书的"。①

《田中义一传记》的编者也有同样不打自招的辩词。尽管他说"就编者所知","可以说它(《田中奏折》——引者)是一份虚构的东西",但是又说"日后日本所采取的政策与这个文件的内容合拍"。②

这就令人不解:难道日本军国主义十几年的侵华和世界性战争,如此"伟大"的行动真的没有自己的行动纲领,而靠什么"恶意宣传"的或"虚构的东西"为指导吗?什么"合拍"?什么"似乎"?其实不揭自穿:日本军国主义疯狂对外扩张,发动侵华战争和太平洋战争,难道不正是以《田中奏折》为行动纲领的吗?

日本还有人企图抓住《田中奏折》在仓促抄录和翻译上一些不可避免的技术错误大做否定文章。例如,否认《田中奏折》的原陆军大将铃木贞一说:"当时在野党的宪政会……对田中内阁抱有强烈的反感,属于该会的某位有权势的人物(名字特别保密)经常说他知道存在前述文件(即《田中奏折》——引者),决心利用它作即席倒阁的工具;相互研究后,结果选择了下述手段,即先把它送给蒋介石,让蒋介石向日本政府提出严重抗议,宪政会则与抗议相呼应,把它作为政治问题提出来,从内外两方面进行夹攻,以打倒田中内阁。这样,这位人物经过四处活动,得到所需要猎取的文件,随即便通过可靠的联络网把它送到了蒋介石手中。但这份文件在南北抗争极为纷扰的中国内地转来转去,在这过程中,文件被误交给了中共方面……他们进而把它改造,以使其有利于自己,然后先在中国的报纸上发表,继而作为材料提供给外国报导机构。日本反过来进口这份文件也是当然的。现在流传的这份文件的行文中,有些地方很幼稚笨拙,我们怀疑,正是通过这种途径由汉语译成日本语的结果。"③

我们说,铃木本欲利用文件抄录和翻译上的错误否定《田中奏折》的存

---

① [日] 重光葵:《重光葵著作集》,(1),(《昭和的动乱》),第15页。
②③ [日] 高仓彻一:《田中义一传记》,(下)。

在,却无意中证明了它存在的不虚。如果根本没有《田中奏折》,那么反对党怎会拿它作倒阁工具?又怎会把它猎取来转送给蒋介石?如果没有《田中奏折》,又怎会出现抄录和翻译上的一些技术问题呢?这不是"此地无银三百两"的把戏吗?其实,关于这些错误,当事人王家桢早就指出过。他说:"这个文件,大概是分十余次寄来的……稿件抄得非常潦草,错字错句很多,念起来也不顺口,不易阅读。"因此,只好"将意义不明了或是脱字脱句的地方逐一经过研究,加以添补……经过翻译整理,订成为一个完整的文件"。① 因此,企图抓住抄录和翻译上的技术性错误来否定《田中奏折》本身,同样也是徒劳的。

以上事实充分说明:《田中奏折》是确定存在的,日本军国主义狂热之徒正是以它制定的"惟欲征服中国,必先征服满蒙;如欲征服世界,必先征服中国"的战略图谋,一步步走上侵略战争的不归之路的。这一战争不但害了中国及亚洲人民,同时也害了日本人民自身!诚所谓:"害人如害己。"

---

① 王家桢:《日本两机密文件中译本的来历》,载文史资料研究委员会编《文史资料选辑》第11辑,1979。

5

到底谁是"不抵抗主义"的始作俑者？

提起九一八事变，不能不涉及国民党的"不抵抗主义"。1931年日寇发动九一八事变后，张学良的东北军奉行"不抵抗主义"，致使在不到4个月的时间内东北三省被全部占领，1年以后又丢失热河。中国国土沦丧之速，举世惊诧，实乃中国近现代史上之奇耻大辱，迄今我中华血性男儿为之蒙羞。何以竟致如此？可以说，是"不抵抗主义"惹的大祸。然而，到底是谁当年下达了"不抵抗"命令？谁是"不抵抗主义"的始作俑者？到底该蒋介石还是张学良来背这口黑锅呢？对此曾存在历史谜团，学术界有不少研究专论，很多著作里面也有涉及，具有代表性的文章有胡玉海的《张学良与"不抵抗主义"及其责任》①、冯筱才的《"不抵抗主义"再探》②、彭敦文的《不抵抗命令与不抵抗政策》③、张友坤的《蒋介石、张学良与"不抵抗主义"》④、王惠宇的《九一八前以张学良为首的东北当局的对日方针——以万宝山事件和中村事件为例》⑤、徐畅的《张学良与九一八事变再探讨》⑥等，相关著作有沈云龙著《民国史事与人物》⑦、李彦波编《中日史鉴》⑧、沈云

---

①胡玉海：《张学良与"不抵抗主义"及其责任》，载《东北大学学报（社会科学版）》2005年第3期。
②冯筱才：《"不抵抗主义"再探》，载《抗日战争研究》1996年第2期。
③彭敦文：《不抵抗命令与不抵抗政策》，载《"近代中国、东亚与世界"国际学术讨论会论文集》下册，2006。
④张友坤：《蒋介石、张学良与"不抵抗主义"》，载《东北史地》2014年第1期。
⑤王惠宇：《九一八前以张学良为首的东北当局的对日方针——以万宝山事件和中村事件为例》，载《东北大学学报》2011年第5期。
⑥徐畅：《张学良与九一八事变再探讨》，载《史学月刊》2003年第8期。
⑦沈云龙：《民国史事与人物》，中国大百科全书出版社，2013。
⑧李彦波：《中日史鉴》，上海社会科学院出版社，2013。

龙编《王铁汉先生访问记录》①等。这些研究大多集中在不抵抗政策何以会产生以及蒋介石与张学良谁更应该对不抵抗负责任等问题的探讨上。今天，我们拟在已有专论的基础上对这桩不堪回首的历史公案进行归纳和探讨。

一 "不抵抗主义"的背景

（一）"改旗易帜"后的东北局势

张学良在 1928 年宣布东北"易帜"，促成了国家形式上的统一，但中日矛盾在东北地区的尖锐程度并没有因此而减轻。嗣后，张学良以东北边防军司令长官的身份负责东北全部事务，其中也包括外交事务。1929 年中东路事件发生，在事件处理过程中，尽管后期有一些矛盾，但总体上看，张学良和中央政府在外交上还属密切合作，基本上接受中央政府与蒋介石的指挥。从此，东北地方当局开始将一些对外事务交由中央政府处理。中央政府也有意参与或接揽有关东北的外交事务，以求对外交涉事权集中。这种变化不仅体现了张学良真心诚意促成国家统一的意愿，也体现了他有意将中央政府作为以后解决东北有关外交问题的靠山，减轻自己所受到的来自日、俄两方面压力的倾向。1930 年 3 月，张学良曾清楚地解释过："东北四省，对日、对俄，关系复杂，外交上不便与南京政府断绝关系，际此时局，处境较具苦衷，外交问题，今后仍与宁府联络进行。"②同年 12 月，张学良又在中央政治会议上说："东北之危机，影响于全国者甚大，希望中央各同志时加注意。"③这些话表明：在外交事务上，张学良有迫切需要中央政府帮助的倾向。在东北的外交事务中，对日问题最为突出，到 1930 年 12 月，据说未解决的交涉案件积压有 400 余件。当时东北的对日交涉状况，据后来回忆说，日本人就是不肯到南京去办交涉，而张学良则"把对日外交全部交给中央，有问题向中央推"，东北官方也采取不是"推"就是"拖"的态度，以至于

---

① 沈云龙：《王铁汉先生访问记录》，九州出版社，2012。
② 《致阎锡山电（节要）》，载毕万闻主编《张学良文集》（一）第 267 页，新华出版社，1992。
③ 张学良：《东北各省最近情形》，载秦孝仪主编《中华民国重要史料初编——对日抗战时期》绪编（一）第 257 页，中国国民党中央委员会党史委员会，1981。

1930年任全国陆海空军副总司令时的张学良

日本人找不到交涉对象。这种状况表明:张学良及东北当局在处理对日有关事务时,采取的办法是尽量把问题推给中央政府,自己并不积极主动。东北地方当局与中央政府在外交事务处理上的这种局面,使张学良和东北地方当局一方面容易产生退避以待中央政府处理的状态,另一方面也容易产生对中央政府对外方针的依赖。

张学良表面上对日人虚与委蛇,但对日人扩大在东北利益的行径作了抵制。这主要表现在他通过大力推进铁路、港湾及军队现代化等方面的建设,加强经济和国防力量。日本对张学良依附南京中央政府深为不满,更对其力量逐渐加强感到担忧。

为解决关键性的铁路问题,包括与"满铁"并行铁路的建设、建设吉会路新线等铁路纠纷问题,日本和东北当局之间举行了多次谈判,均无实质性进展。1931年1月,"满铁"理事木村锐市和张学良亲自进行交涉,但因双方要求相距甚远,以至于谈判搁浅。2月底,张学良将谈判之任务交给新任命的东北交通委员高纪毅,自己赴北平办公,而高纪毅亦于3月赴津,谈判遂无结果。当时,东北民间反对对日妥协的呼声甚高,而"满铁"经营状况的不景气使日本关东军和"满铁"均倾向于"不惜以实力行动"来加以解决。尤其是日本关东军,态度更"日趋僵硬化,反张的空气打破了历年的惯例,出现许多诸如事先不通知即进行军事演习,包围奉天城(即沈阳)的演习,拒绝中国军队进入附属地等事件"。[1] 日方提出的所谓"木神原农场问题"、"十间房的陆军军用土地问题"等"悬案",更加剧了东北形势的紧张。

事实上,无论是张学良还是东北当局,对日本在东北的行动都是密切关注的。张学良和东北当局在九一八事变前夕对日本的种种情况和关东军要以武力解决所谓满蒙问题并不是毫不知情。但是,张学良此时认为"中国没有力量跟日本打"。[2] 1929年的中东路事件更减弱了他对东北国

---

[1] [日]森岛守人:《阴谋·暗杀·军刀——一个外交官的回忆》,第37—38、65页,黑龙江人民出版社,1980。
[2] [日]臼井胜美:《昭和史的最后证言——张学良》,第62页,辽宁大学出版社,1993。

防力量的信心。①《伯力议定书》在他头上投下了沉重的阴影,既然他已认识到凭东北军实力不能在与苏联人冲突中冒险成功,那么他在当时又能凭什么与日本人正面交锋呢? 张学良的这种心态亦反映在东北军的军事部署上。②

1930 年 9 月 18 日,正值蒋、冯、阎、桂中原大战呈胶着状态时,张学良通电拥蒋,并率 10 万大军入关,中原大战即以冯、阎宣告下野而结束。然而,张学良此次进兵关内,虽获河北、察哈尔地盘,却使东北边防更趋薄弱。这些均为后来对日不抵抗之原因。

(二)"万宝山案"和"中村事件"

1931 年 7 月初,在长春市郊爆发了万宝山事件,并诱发了令人震惊的朝鲜排华案,中日关系顿趋紧张。

万宝山事件发生后,东北当局采取抑制民众、以防事态扩大的方针。7 月 6 日,张学良电令东北政务委员会:"此时如与日本开战,我方必败,败则日方将对我要求割地赔款,东北将万劫不复。宜亟力避冲突。"③7 月 1 日,吉林省府主席到北平请示万宝山案解决办法。8 日,张学良在和其他东北要人磋商后,决定"对日寇'隐忍自重',基于和平手段,依据'公理',由东北政务委员会及吉林省政府负责解决事件"④,并以此电令东北当局。

蒋介石和国民政府中央对"万宝山案"亦持相同态度。7 月 8 日,监察院长于右任通过高纪毅转告东北当局:在外交方面,"应该以平静态度处理抗争",不应让民众有"越轨行动",极希望"东北同志也明察此理,勿出轻率举措"。⑤蒋介石亦于 7 月 11 日致电张学良,要求东北当局抑制民众运动;12 日又密电张:"此非对日作战之时。"⑥

---

①顾维钧曾在回忆录中谈到中东路事件时张学良对苏联的错误判断及他在遭受失败后的沮丧心情。参见《顾维钧回忆录》第 1 分册第 403—407 页,中华书局,1983。
②根据日本军方调查,东北军在入关前其部署大多集中在从山海关到辽河的北宁路沿线及中东路沿线等地,而作为东北首府的沈阳只有 17000 人,与朝鲜接壤的国境仅有 6000 人,可见张学良并未做与日本人发生大规模冲突的准备。参见土田哲夫撰《张学良与不抵抗政策》,载漠笛编《张学良生涯论集》,光明日报出版社,1991。
③吴相湘:《第二次中日战争史》,上册,第 83—84 页,中国台北综合月刊社,1973。
④⑤转引自土田哲夫的前揭文。
⑥吴相湘:《第二次中日战争史》,上册,第 83—84 页。

5 到底谁是"不抵抗主义"的始作俑者?

"万宝山案"还未了结,东北又发生了一起更大的涉日案子——中村事件。7月中旬,关东军探知日谍中村震太郎等人被东北屯垦军第3团秘密处死,遂借此大做文章。8月17日,日方公布中村事件,日驻沈阳总领事林久治郎就此事与辽省主席臧式毅举行谈判,但由于日本提不出多少有力证据,谈判陷于停顿。然而,日本国内则因中村事件对华强硬论达到极点,形势日趋恶化。9月5日,荣臻应召抵北平,请示处理中村事件办法。据今在中国台湾的知情人回忆,张学良当时指示:"沉着应付,勿使扩大,敌果挑衅,退避为上。"荣臻把张学良的指示油印后发给东北军各部队,使其周知并贯彻执行。[①] 9月6日,张学良致电臧式毅、荣臻(即著名的"鱼"电):"查现在日方外交渐趋吃紧,应付一切,亟宜力求稳慎。对于日人,无论其如何寻衅,我方务须万万容忍,不可与之反抗,致酿事端,即希迅速密令各属切实注意为要。"[②]

另外,事变前,张学良还对下属"坚嘱务要避免其锋,镇静应付,稍一不慎,必出大乱子"。[③]

从上述所引史料来看,张学良对当时的形势及应付方式有如下认识:其一,日本希望扩大中日之间的矛盾,并拟对东北进行武装挑衅;其二,应付办法是尽量避免冲突,免酿事端,避免中日本人的圈套,导致日军占领东北,要以公理进行周旋。张学良的这种判断及应付方式在他后来的回忆中也曾提到。他说:当时"有了关于日本方面的情报,说日本要来挑衅,想借着挑衅来扩大双方的矛盾","但我下令,绝对不许反抗,任你捣蛋,老子就是不反抗,你再捣蛋、找借口,老子就是不让你有借口,当时都是这样的思路"。[④] 张学良及东北地方当局的这种判断,显然无视了九一八事变前夕日本军人拟一举解决满蒙问题的新动向;其应付方针明显是退缩式地对待中日之间外交事务的反映。有这种状态的存在,又有东北地方当局与中央政

[①] 转引自土田哲夫的前揭文。
[②] 中央档案馆等:《日本帝国主义侵华档案资料选编——九一八事变史》,第67页,中华书局,1988。
[③] 《王化一日记选辑》,载辽宁省政协文史资料研究委员会编《辽宁文史资料》第17辑第271页。
[④] 访录者唐德刚,著述者王书君:《张学良世纪传奇(口述实录)》,上卷,第431页。

府在处理东北外交事务上的实际关系状况的存在,在中央政府未确定以武力抵抗日本政策的前提下,张学良及其东北当局当然比较容易接受不抵抗。这种方针正是"不抵抗主义"提出的基础。

(三) 蒋、张在关内面临的挑战

关外风云骤紧,关内形势亦日趋严峻。张学良坐镇北平,虽在一定程度上能安定北方之局势,但反对派力量不容忽视。在南方,忙于"剿匪"大计的蒋介石遇到国民党内更为猛烈的挑战,因软禁胡汉民而引起的反蒋运动愈演愈烈。1931年5月28日,粤、桂派在广州另组"国民政府"。同时,邹鲁等还北上寻求各实力派的支持。7月19日,石友三在广州派支持下公开叛蒋,率部进犯平津。一时间,粤系、桂系、晋军、西北军等各反蒋势力大有联盟成功之势。

7月底,石友三军在东北军、中央军及晋军商震部的夹击下失败。但是,东北军主力部队仍被"钉住"在华北,张学良身陷于动弹不得的境地。蒋介石需要张学良在北方为他"维持安宁秩序"①,以便他"剿灭赤匪","削平叛乱"。② 值此之际,蒋介石当然不希望东北当局与日本人冲突而影响"大局",故他和东北当局在处理对日问题上态度一致。

当时,日本国内"满蒙独立论"、"武力解决满蒙"等各种狂热的喊声喧嚣不已,日军在中国东北满铁附属地一带频繁举行各种军事演习。7月,沈阳的日本关东军独立守备队第2大队在兵营内偷偷架起了两架24厘米的榴弹炮,而柳条湖爆炸阴谋则早于6月底就已策划好了。③ 在关东军剑拔弩张的气氛中,东北当局总是小心翼翼,尽量避免与日冲突。面对敌人的挑衅,张学良仍以日军"寻事"视之④,认为"日本是利用军事行动向我们挑

---

① 转引自土田哲夫的前揭文。
②《先总统蒋公言论总集》,第30集,第150—151页,中国台北,1984。
③ [日]关宽治、岛田俊彦:《满洲事变》,第205—206页,上海译文出版社,1983。
④ 参见王铁汉(原东北军第7旅第620团团长)1981年回忆文章,转引李敖著《蒋介石研究》第5册第123页,华文出版社,1988。

衅"①，而以不抵抗处之。

二 "不抵抗主义"的提出

东北军是不抵抗命令的实施者，因而实际的不抵抗命令只能由东北军最高长官张学良下达，这一点似已无疑义。那么，"不抵抗"一词最早见于何处？张学良是如何下达不抵抗命令的？张学良下达不抵抗命令和哪些因素相关？迄今为止，由于没有看到实际的文字命令，因而不能完全确定上述问题。

从有关史料来看，9月18日晚上所执行的不抵抗命令不完全是张学良当时下达的。荣臻的报告是这样描述命令执行情况的："信号声音爆发后，余（荣臻自称）即电话询问各方，得知日军袭击北大营，当即向北平张副司令，以电话报告，并请付办法，当经奉示，尊重国联和平宗旨，避免冲突，故转告第七旅王以哲旅长，令不抵抗，即使勒令缴械，占入营房，均可听其自便等因。彼时又接报告，知工业区迫击炮厂、火药厂，均被日军袭击……又以电话向张副司令报告，奉谕，仍不抵抗……故全城商民军政各界，均无抵抗行动。"②

张学良呈国民政府的报告中关于不抵抗命令下达和执行的情况的描述如下："九月十八日晚十时后，沈阳城北忽有轰然炸裂之声，既而枪声大作。旋据北大营我第七旅报告，乃知系日军向我兵营攻击。先是我方以日军迭在北大营等处演习示威，行动异常，偶一不慎，深恐酿成事端，曾经通令各军遇有日军寻衅，务须慎重避免冲突。当时日军突如其来，殊出意外。我军乃向官方请示办法，官方即据前该命令，不许冲突；又以日军此举不过寻常寻衅性质，为免除事件扩大起见，绝对抱不抵抗主义。"③

有一种观点认为：不抵抗主义首见于1931年9月19日张学良给南京

---

① [日]白井胜美：《昭和史的最后证言——张学良》，第62页，辽宁大学出版社，1993。
②③秦孝仪主编：《中华民国重要史料初编——对日抗战时期》，编（一），第262、259页，中国国民党中央委员会党史委员会，1981。

政府的电报。曾当过张学良随身参谋的惠德安及台湾学者蒋永敬均持此论。① 该电转述辽宁省主席臧式毅及东北边防公署参谋长荣臻在当天早晨5时发来的电报,称:"日兵自昨晚10时开始向我北大营驻军实行攻击。我军抱'不抵抗'政策,毫无反响。"② 然而,这一提法至少在事变爆发后一二小时内就已使用,而见诸文字最迟也应在日本驻沈阳总领事馆发给日本外务省的电报中即开始。

9月18日晚,日军的进攻刚一开始,中国东北军第621团团长何立中即用电话向第7旅旅长王以哲报告,王以哲立刻向荣臻报告,荣臻命令部队不要抵抗③,并与臧式毅一起将情况报告给时在北平的张学良。正在陪人听戏的张学良立刻回到养病的协和医院,向荣臻等人指示:"尊重国联和平宗旨,避免冲突。"④ 荣臻便再度命令第7旅官兵"全取不抵抗主义,缴械则任其缴械,入占营房内则听其侵入",并告以虽口头命令须绝对服从。⑤ 同时,东北当局顾问赵欣伯亦照此意思多次向日领馆交涉。他在电话中称:"中国方面决定实行不抵抗主义,所以希望日本军队能立即停止进攻才好。"⑥11点30分左右,日步兵第29联队炮轰沈阳城,发起攻城战。据日人报纸所载总领馆当晚致外务省电,此时东北当局乃再次通知日领馆:"一,鉴于迟迟得不到关于日本这次军事行动的说明,我中国方面暂仍取不抵抗主义;二,在北门附近中日两国人民杂居在一起,以炮火轰击城厢事关重大,请力劝停止此种行动。"⑦19日上午,外务省还收到另外一电,亦称:"中

---

① 惠德安:《张学良将军戎幕见闻》,第96页,辽宁人民出版社,1993;蒋永敬:《从九一八事变到一二八事变中国对日政策之争议》,载《抗战前十年国家建设史研讨会论文集(1927—1937)》,中国台北,1984。
② 《革命文献》,第34辑,总第7557页,中国台北,1964。
③ 1931年9月25日《京津泰晤士报》。
④ 秦孝仪主编:《中华民国重要史料初编——对日抗战时期》,编(一),第262页,中国国民党中央委员会党史委员会,1981。
⑤ 《生活周刊》,第6卷第1期,1931年10月3日。
⑥ [日]森岛守人:《阴谋·暗杀·军刀——一个外交官的回忆》,黑龙江人民出版社,第53页,1980。
⑦ 1931年9月20日《京津日日新闻》。

国方面声明完全出之以不抵抗主义。"①

由上述可见,"不抵抗主义"的提法实于北大营及沈阳遭袭后,不久便被东北地方当局采用。19日晨5时,他们在致张学良的电报中再次使用了这个不伦不类的用语。张学良又将此语电告南京中央,同时公开用以说明处置事变的方针。例如,9月21日晚,他接见外国记者时,就称"当余闻及日军在东北将有某种行动时,余即命令中国军警收军器于兵库,取不抵抗主义"②,以挫败日军诬称中国军队进攻日军的谣言,表明了中国方面对事件不负任何责任的态度;同时,他还披露了自己与部下协商所作的下一步的决策:"认为此时务须持镇静态度,当经通饬关内外机关,严肃规〔纪〕律,勿得轻举妄动。"后又公开表示:"余不知日本拟做到若何地步,或其目的所在。""对此事全国一致,当然归中央应付。""诸事皆听命中央办理。"③从这些表述来看,张学良实际上认为这次事变已经超出了东北当局的能力可以应付的范围,只能由中央政府处理。从他请中央政府向国际联盟提起申诉来看,甚至也认为超出了中国政府能够应付的范围。

关于"不抵抗主义"的提出,存在一个重要问题,即蒋介石在九一八事变爆发当夜是否直接或间接地提出"不抵抗主义"?

应当承认,迄今为止,我们没有发现蒋介石在事变突发时径直下令东北军或张学良不抵抗的记载。但是,指称蒋介石在当夜给他们下过类似命令的回忆却很多。例如,曾任张学良机要秘书的郭维城在1946年8月15日发表广播演说时称:"九一八事变当时,张学良将军在北平,一夜之间,十几次电南京蒋介石请示,而蒋介石却若无其事地十几次复电不准抵抗,把枪架起来,把仓库锁起来,一律点交日军。这些电文一直到现在还保存着,蒋介石是无法抵赖的。"④原东北军将领孙德沛则回忆说,张学良在1935年8月曾亲口讲,他在1931年9月18日晚接到蒋介石紧急电令,电文内容

---

① 《革命文献》,第34辑,总第7706页,中国台北,1964。
② 1931年9月22日《北平晨报》。
③ 毕万闻主编:《张学良文集》,(一),第484—485、496页,新华出版社,1992。
④ 1946年8月24日《东北日报》。

1931年9月18日，日本关东军故意炸毁了沈阳北郊柳条沟附近的南满铁路，反诬是中国军队所为，并以此为借口，当夜突然进攻中国军队驻地北大营。在"绝对不抵抗"的命令下，东北军大部撤至山海关内。图为9月19日日军在沈阳城墙上向中国军队进攻。

日军占领沈阳。

日军占领哈尔滨。

5 到底谁是"不抵抗主义"的始作俑者?

是:"我国遵守非战公约,不准衅自我开。"① 我们说,这些说法均是第三者的回忆,缺乏档案史料或电报原件作为佐证,故无法确认9月18日晚上事发后蒋曾给张下过不抵抗的命令。其实,有些材料本身就明显有误,如上述郭维城的证词说当时蒋介石在南京,而实际上蒋介石正在乘舰自南京赴南昌途中。② 更何况依当时的通讯条件,从事变爆发至沈阳沦陷短短几个小时内,北平和南京之间来回传递十几份电报是非常困难的。

据现已公布的正式史料,事变后蒋介石给张学良最早的一份电报是9月19日晚8时左右发出的,电文如下:"限即刻到。北平张副司令勋鉴:良密。中刻抵南昌,接沪电知日兵昨夜进攻沈阳。据东京消息,日以我军有拆毁铁路之计划,其借口如此,请向外宣传时,对此应力避之。近情盼时刻电告。中正叩。皓戌。"③ 由此电可知,蒋介石是在接到发自上海的电报后才获悉日军进犯沈阳,并非由北平方面得知消息,而且蒋介石获接消息已是19日了。

蒋介石没有在9月18日晚给张学良下过不抵抗命令,也可由张学良在事变后一系列的电报及谈话中证实。例如,张学良在9月24日致蒋介石电中称:"先是我方以日军迭在北大营等处演习示威,行动异常,偶一不慎,深恐酿成事端,曾经通令各军遇有日军寻衅,务须慎重避免冲突。当时日军突如其来,殊出意外。我军乃向官方请示办法,官方即根据前该命令,不许冲突;又以日军此举不过寻常寻衅性质,为免除事态扩大起见,绝对抱不抵抗主义……"④

如果东北军的不抵抗是接受蒋介石当晚的命令,张学良在给蒋介石的电文中会提及的。60多年后,张学良还是如此说:"我当时没想到日本军队会那样做。我想绝对不会的。我认为日本是利用军事行动向我们挑衅,所以我下了不抵抗命令。""我不能把九一八事变中不抵抗的责任推卸给国民

---

① 《张学良将军与东北军(1901—1936)》,第214页,中国文史出版社,1986。
② 《革命文献》,第36辑,附《日本侵华大事年表》(一)。
③ 秦孝仪主编:《中华民国重要史料初编——对日抗战时期》,绪编(一),第278页,中国国民党中央委员会党史委员会,1981。
④ 《革命文献》,第34辑,总第7563页,中国台北,1964。

政府。""是我自己不想扩大事件,采取了不抵抗的政策。"①

  国民党南京中央政府获悉事变发生后,9月19日即召开了中央常务会议(蒋介石因往江西督促"剿匪"缺席),会议除决定向国联提出申诉、号召党内团结之外,没有作出有关军事方面的决策。同时,国民党中央宣传部也致电各省党部、各报馆,要求言论要"力持沉着,勿使过分搏动情感";行政院也致电各省市政府及有关军事部门要"力戒人民报复生事",目的是防止日军借机造谣生事、扩大事端。②9月20日,国民党中执委会致古应芬等人电中称:"综合现时所得之报告,日满铁守备队……向我北大营驻军施行攻击,我军抱不抵抗主义。"③9月21日,蒋介石一回到南京,即在中山陵园官邸召集会议。会上确定设立特种外交委员会为对日外交的决策机关,对日避免扩大战争,向国际联盟申诉,求得公平的决断。④9月22日,蒋介石在南京市党部党员会上首次公开这一方针,使用了"含愤忍耐"、"逆来顺受"、忍耐到"无可忍耐"之时则"宁为玉碎"等语对国民政府的决策予以阐释。这表明中央政府暂时无意改变不抵抗政策,但到一定时候会采取抵抗措施。至于到什么时候或"忍耐"到什么时候,中央政府并没有确定。9月23日,南京国民政府发表《告全国国民书》,称:"已严格命令全国军队,对日军避免冲突,对于国民亦一致告诫,务必维持严肃镇静之态度。"⑤在中央政治会议上,虽然未对是否立即抵抗的问题进行专门讨论,但中央要员们的发言中谈到了立即予以抵抗的种种困难。他们认为的困难是:"我们的军队不大好,而内战又复不已。""政府现在靠公债度日,战费从何筹集。""我们现在所吃亏的,是没有钱没有枪。""上海有日兵三千多,下关也有日本军舰,要战是不行的。"如此等等,主要是从中日之间实力对比的差距方面感到不能立即抵抗。同时,他们又认为外交上如果自己没有一定的力量

---

  ①[日]臼井胜美:《昭和史的最后证言——张学良》,第72—73页,辽宁大学出版社,1993。
  ②辽宁省档案馆:《奉系军阀密电》,第4册,第184页,中华书局,1985。
  ③《革命文献》,第35辑,总第7856页,中国台北,1964。
  ④秦孝仪主编:《中华民国重要史料初编——对日抗战时期》,绪编(一),第280—281页,中国国民党中央委员会党史委员会,1981。
  ⑤《革命文献》,第35辑,总第7865页,中国台北,1964。

5 到底谁是"不抵抗主义"的始作俑者？

显示也不会有效果，因而要积极准备抵抗。主张立即抵抗的声音较弱。对于这种不能立即抵抗又要准备抵抗的政策考虑，在具体落实上，南京政府实际只采取了两个方面的措施：其一是派代表与广东国民党非常会议接触，积极推动国民党内部的团结统一，以共赴国难；其二是由蒋介石电令军事长官，如在山东、上海等地，遇日军有"越轨行为"，应进行武装自卫。针对日军继续在东北扩大侵略的状况，没有下令东北军立即予以抵抗。蒋介石给对东北地方当局的指示是：首先，力辟日军谣言；其次，"切勿单独交涉，而妄签丧土辱国之约……不如委诸国联仲裁"①，强调将事件交由国联处理，并表示"中央负全责，必有办法"②。这些与张学良所主张的一样。中央政府的所谓"负全责，有办法"，主要是通过外交途径、推动国联对事件进行调处。为配合国联对事变的调处，国民政府也十分强调自己的和平立场。由此可以看到，中央政府和东北地方当局、蒋介石与张学良对九一八事变处理的决策思路甚至某些内容在日军扩大侵略的前提下有惊人的相似之处。这种情况，一方面反映了中央政府和东北地方当局在处理九一八事变上政策和态度的某些一致性；另一方面则可以清楚地看到，中央和地方从各自的立场共同推动了不抵抗政策进一步发展。

因此，有人问："东北不抵抗的命令到底是蒋介石下达的，还是张学良的意思？"对此，国防大学徐焰将军给出了干脆利落的回答："蒋介石和张学良都有责任。"他进一步指出："轻易丢失东北，蒋介石提出不抵抗政策固然要负首要责任，处于割据状态的东北军不敢迎战也是精神软骨症的突出表现。""一遇到日军进攻，东北军许多人便如鼠见猫，精神上首先成为日本人的俘虏，再加有上峰的退让命令，在全身战栗发抖时焉能进行抵抗？"③徐焰将军的分析言辞犀利、鞭辟入里，发人深省。

---

① 秦孝仪主编：《中华民国重要史料初编——对日抗战时期》，绪编（一），第279、287页，中国国民党中央委员会党史委员会，1981年。
② 刘维开：《重要文献》，第4页。
③ 见《铁血论坛》载文。

三 "不抵抗主义"的发展

在"不抵抗主义"的严令下,沈阳、营口、安东、辽阳等地一日之间尽失。9月21日,日军又毫不费力地占领吉林市;9月22日,日本朝鲜派遣军又占郑家屯、新民……至9月底,辽宁、吉林的大部均陷于敌手。10月8日,日机又轰炸辽宁临时省府驻地锦州,"中国军队绝未还击"。①

张学良关于九一八事变的对策,在9月18日当晚就基本确定。是日晚,他接到臧式毅、荣臻等人电话报告,即召集东北军在平高级将领戢翼翘、于学忠、万福麟等人开紧急会议。张学良在会上表示:"这次日本军队寻衅,又在柳河沟制造炸坏路轨事件,诬称我方军队所为。我们避免冲突,不予抵抗,如此正可证明我军对他们的进攻,都未予以还击,更无由我方炸坏柳河沟路轨之理,以免兵连祸结,波及全国。"②次日凌晨6点钟左右,张学良又急召顾维钧、汤尔和、章士钊等人继续会商,会上决定采用顾维钧提出的主张——"立刻电告南京,要求国民政府向国际联盟行政院提出抗议,请求行政院召开紧急会议处理这一局势。"③可见,张学良在当时的应急措施是一方面命令东北军不要抵抗、避免冲突,一方面电请南京出面要求国联公裁。

为世人瞩目的国联会议终于在10月24日作出重要决定,以13票对1票通过限期日本撤兵案,"要求日本政府立即开始并按序进行将军队撤退至铁路区域以内,俾在规定之下次开会日期(11月16日)以前,得完全撤退"。④岂料日方对此决议非但不加理会,且更于11月4日以修复嫩江桥为由进攻黑龙江守军。中国军队奋起自卫,是为嫩江桥抗战。

对嫩江桥抗战,张学良实际上一开始就主张退让。10月14日,伪军张

---

①《国联调查团报告书》,第115页,上海光明书局,1932。
②洪钫:《九一八事变时的张学良》,载《文史资料选辑》第6辑。
③《顾维钧回忆录》,第1分册,第414页,中华书局,1983。
④秦孝仪主编:《中华民国重要史料初编——对日抗战时期》,绪编(一),第329页,中国国民党中央委员会党史委员会,1981。

5 到底谁是"不抵抗主义"的始作俑者?

海鹏部向嫩江桥进攻,张学良即令守军于兆麟部和平撤退,以免"糜烂"地方。于兆麟不听令,炸毁江桥,阻伪军之前进。① 日人乃借此向马占山要挟。此时张学良则倾向于依靠国联,或向日政府交涉,以抑制事态扩大。② 江桥抗战爆发后,张学良通电全国,一方面对马占山军的壮举表示肯定,同时亦再度表示:"随时飞报中央,转报国联要求制止。"③

11月6日,日军占大兴车站。11日,关东军通过其代表林少佐向马占山提出最后通牒,要马占山立即下野,并将军队撤出齐齐哈尔,限12日内作出答复。马占山当即发电北平,向张学良请示。12日,张学良仅以6字电复马:"饬死守,勿退却。"④18日晨,日关东军第2师团向马占山军展开全线攻击。马部不支,遂退出齐齐哈尔,败走海伦。

纵观整个江桥抗战,马占山军始终是孤军作战,未获驻防锦州一带东北军的实力援助。当时马军参战部队为步兵8700人、骑兵约3100人;日军参战人数虽为5900人左右,但兵力包括野炮兵3个大队、野战重炮兵1个大队、飞行2个大队,在武器上占有绝对优势,而且后援不断。时驻锦州之东北军正规部队有第19、20、12旅等部,人数在2万以上,加上警备队、骑兵旅、教导队、便衣队等,总数不下5万人。可是,为了杜绝日军攻锦之口实,驻锦军队皆"无战斗准备"⑤,遑论增援黑省之举。

张学良当时在关内还有10多万大军,亦按兵不动,坐视黑省省垣失陷。因此,江桥抗战结束后,张学良受到国内舆论界之猛烈抨击。

1931年11月23日,上海市民联合会致电国民政府,指责"张学良坐视日寇侵略东北,辱国丧地,放弃职守"。⑥ 全国学生抗日救国联合会亦电请政府:"严惩张学良,克日出兵,援助马占山。"⑦其中粤方人士攻击尤甚。

---

①司马桑敦:《张学良评传》,第171页,香港星辉图书公司,1986。
②参见张学良1931年11月3日致国民政府电,载《革命文献》第35辑总第7749页,中国台北,1964。
③参见张学良1931年11月6日通电,载《革命文献》第34辑总7750页,中国台北,1964。
④曾宗孟:《"九一八"周年痛史》,上卷,第213页,北平九一八学社,1932。
⑤1931年12月6日《北平晨报》。
⑥1931年11月23日《申报》。
⑦1931年11月24日《申报》。

齐齐哈尔陷落后,日军即掉转兵力直扑锦州。张学良自9月23日即在锦州设立辽宁省政府行署及东北边防司令长官公署行署,日人遂视锦州为张的"反攻据点",必欲除之而后快。11月26日,为呼应土肥原发动"第二次天津事变",日本关东军即沿北宁路西进,迅速占领新民。27日,日本关东军又在装甲车掩护下抵达绕阳河,与驻大虎山之东北军第19旅激战,并派飞机到沟帮子及锦州上空侦察。

在日军咄咄逼人的攻势面前,张学良是持何态度呢?他先是钟情于所谓的"锦州中立化"方案。11月底,张学良与日本驻北平公使馆参事矢野就"锦州中立化"问题举行直接交涉。张学良在"个人赞成"此案的基础上提出:(1)希望日军最大限度不越过原遣地点即巨流河车站。(2)须留少数军队在锦县一带即中立区域内,以足敷防止匪患,维持治安为度。但是,日本陆军中央部和关东军对设置中立地带的方案都不感兴趣。据载,矢野非但不同意张学良的要求,而且每次谈判"必将其要求华军撤退条件提高,及将日方节制军队行动之诺言改以空泛的语句"。①

张学良在与日代表谈判之同时,已开始安排撤出锦州。顾维钧闻讯后即于12月3日致电劝阻:"兄拟将锦州驻军自动撤退,请暂从缓。"②5日,顾维钧与宋子文联名再次电张:"现在日人如进兵锦州,兄为国家计,为兄个人计,自当力排困难,期能防御。"③8日,蒋介石也致电张:"锦州军队此时勿撤退。"④为了给张学良打气,蒋介石9日又告张:"航空第一队已令其限3日内到平,归副司令指挥。"⑤但是,据日方资料,张学良已于7日向日本方面作出主动撤退的回答。

12月3日,日本犬养毅内阁成立,其认为第一应考虑之问题,即"增派军队一师团有半,前往东三省,以及'劝令'东北当局将其军队撤入关内"。18日,日本关东军司令部根据12日制订的《进攻锦州的方略》,确定了《为

---

① 《国联调查团报告书》,第123页。
② 1931年12月3日顾维钧致张学良电,载《民国档案》1985年第2期。
③ 1931年12月5日顾维钧、宋子文致张学良电,载《民国档案》1985年第2期。
④⑤ 秦孝仪主编:《中华民国重要史料初编——对日抗战时期》,绪编(一),第312页,中国国民党中央委员会党史委员会,1981。

反攻锦州向大凌河畔进军的要点》和《进攻锦州附近敌阵地的内定计划》。同日,日本天津驻屯军向陆军部提出"锦州的东北军一旦果真遭受关东军攻击,似有轻轻一战后即撤至关内之意图",要求"将我军主力调至山海关方面以东地区",合歼张学良锦州部队。① 但是,此项要求遭日本陆军当局否定。

12月15日,蒋介石由于两广派的排斥宣布下野。次日,张学良亦辞去副总司令职,改任北平绥靖公署主任。20日,东北边防司令长官公署即"从事整理结束"。② 21日,张学良电令第2军司令部:"当最近日本进攻锦州之时,我军驻关外部队理应防范,但若现政府方针未定时,自然不用锦州部队进行防守,因而撤至关内,该部队驻地为迁安、永平、滦河、昌黎。"③

同时,日军的攻锦部署已全部就绪。22日,日本的关东军和陆军部均发表声明,称其攻锦行动是基于自卫权利的当然"剿匪"运动,日军随即进占通江口和法库。

锦州危急之际,南京方面电张学良抵抗。24日,吴敬恒致电张学良:"当此外不见格于强盗之倭贼,内不见容于卖国之国贼,而锦州力抗,孤注一掷,尚何待于再计?"④25日,国民政府即令张学良"积极筹划自己,以固强圉"。张则复以长电,抱怨说:"是为我以东北一隅之兵,敌强邻全国之力,强弱之势,相去悬绝,无论如何振奋,亦必无侥幸之理!"他要求国府速增拨现款及军火以为实际支持,"否则巧妇难为无米之炊,纵使殚竭愚诚,亦必无济于事"。⑤26日,他在复国民政府抵抗电中又陈述自己的困难及担忧,表示:"空言固守,实际有所为难。"⑥

张学良在军事上不准备竭力守卫锦州。不仅如此,在政治上,张学良还与新的国民政府中央在抵抗问题上展开了一场电报战。12月25日以后的接连几日,张学良一再发出请弹请饷请援电文,要求中央政府派大部援

---

① [日]关宽治、岛田俊彦:《满洲事变》,第346页,上海译文出版社,1983。
②⑤⑥《革命文献》,第34辑,第总7810、7787—7788、7563页,中国台北,1964。
③《中华民国资料丛稿·大事记》,第17辑,第244页,中华书局,1989。
④《革命文献》,第35辑,总第7952页,中国台北,1964。

军北上,并资以大批军火(各类子弹24万发、炮弹60余万发、枪支1万)及巨额款项(数百万元),其数额超出政府可以筹措的范围。中央政府除口头答应之外,并无实际行动,由此引发了东北军与中央政府的矛盾。东北军认为:"中央阴谋以外力消灭东北实力,俾中国政治舞台上再没东北扮演角色。""战则要东北独力支持,中央坐观成败;和则冒舆论之大不韪,遭全国唾骂或致丧失政治地位。"①

12月28日,日本关东军第2师团开始向锦州发动进攻。29日,盘山陷落,东北军第19旅第655团李德才营"一营全被缴械"。②中国的铁甲车队更退向胡家棚子。同日,荣臻从北平谒张学良后返锦,即召各将领开会,下令各军撤退。锦州撤退开始后,国民政府还发来急电,要东北锦州驻军"无论如何,必积极抵抗"。③但是,至1932年1月2日,东北军队已从锦州撤退完毕。次日上午,日军兵不血刃占领锦州,拔除了张学良的"反攻据点"。

对锦州之"役",荣臻的代表讲:"我军损失极大,弹药无继,死亡约5000余名。"④张学良亦称:"我军奋勇应敌,激战十昼夜之久,前仆后继,死伤蔽野。"⑤然而,据记者在山海关、秦皇岛等地访问撤退后的锦州临时政府人员及东北军将士得知,"与日军相抗者,乃为民团、学生、退伍军人及'马贼'混合组织之义勇军。至东北正式军队,则固未饷日军一弹,而系自动撤退也","当开始撤退之际,日军主力尚在新民,旋即追踪而至……"⑥锦州几乎是被拱手让给日本人的。

至于锦州撤防之个中缘由,锦州当局则有自己的一番道理。荣臻之代表王达曾对《大公报》记者谈及三大"重要原因":一曰无飞机,空中不能抵抗;二曰无法防御敌之装甲车;三曰需举国一致。这3点中,只最后一点则道明了真相。张学良之"易帜"本是为了借助南京中央及全国之力量来对付日本,但他不愿在无全国发动的情况下同日本人开战。锦州沦陷后,汪

---

① 《王化一日记选登》,载赵杰、王太学主编《王卓然史料集》第258页,辽宁人民出版社,1992。
②④⑤《革命文献》,第34辑,总第7782—7783、7789、7810页,中国台北,1964。
③ 秦孝仪主编:《中华民国重要史料初编——对日抗战时期》,绪编(一),第313页,中国国民党中央委员会党史委员会,1981。
⑥ 1932年1月12日《申报》。

精卫曾赴平访张,并怪张之不抵抗,而张表示:"你想利用我部下的生命和你的政治生命做交易,那我是绝对不干的!"①

在这种想法的支配下,张学良权衡利弊,作出决定:"如果是'玉碎'还可以碎,要是'瓦碎'则不必。"这就是张学良著名的"不为瓦碎"的主张。②所谓"玉碎"、"瓦碎",系指全国抗战与东北军单独抗战而言。张学良非常清楚,"锦战一开,华北全局必将同时牵动"③,"且自锦县以西,如秦皇岛、塘沽、天津,地处滨海,门户洞开,锦县一带,一有冲突,彼必同时以海军威胁我后方,并扰乱平津,使我首尾难顾"。他担心非但锦州不可守,连华北地盘亦不保了。

另外,当时的关内局势亦使张学良不敢在锦州同日军决战。韩复榘、阎锡山环窥东西,平津等地反张运动方兴未艾,再加上军费不足、政府财政捉襟见肘等问题,张学良在华北的地位日益受到各方面的威胁。蒋之突然下野及素来反张的广东派之上台,更使他不得不考虑来自南面的危险。如此境地中的张学良怎么会有可能令东北军迎击"武器精良的日军"呢?

张学良撤退锦州,在一定程度上也与受日人之骗有关。《申报》记者采访局中人后称:当日军发动攻锦之际,荣臻急至北平谒张。"其时张正与日人交涉。日方允到大凌河为止,东北军撤至关内,锦州省政府任其存在,盖即无形中实现所谓中立区也。荣臻当即返锦,令各军撤往关内。"④关东军在进攻锦州途中,亦认为"矢野参事官等人有可能向张学良许过这类诺言"⑤,故决定派第20师团速占锦州,以阻止该方案的实行。矢野也确于12月25日、29日与张学良谈判,并力劝张自动撤兵,否则冲突必不可免。张学良在日本人威胁下受骗撤兵,而日本关东军的蛮横使张学良的幻想成为泡影。

---

① [日]臼井胜美:《昭和史的最后证言——张学良》,第84—85页,辽宁大学出版社,1993。
② 《王化一日记辑》,载《辽宁文史资料》第17辑第275页。张学良这里的"玉碎"系指全国一起抵抗,"瓦碎"是指东北军单独抵抗。
③ 《革命文献》,第34辑,总第7810页,中国台北,1964。
④ 1932年1月12日《申报》。
⑤ [日]关宽治、岛田俊彦:《满洲事变》,第355页,上海译文出版社,1983。

锦州沦陷。

四 "不抵抗主义"的最后一幕

日本对热河的侵略企图早就尽人皆知。"满洲国"成立之时,热河即被划为其一行省。国联调查团在东北时,伪满当局向其声明"满洲国国境,系以万里长城为界"。① 锦州得手之后,日本关东军图热河愈急。时主政热河者为汤玉麟。汤治热期间,唯贩卖烟土、克扣军饷是务。九一八事变之后,他首尾两端,既与伪满通气,又对张学良逢迎,以保热省地盘。其部下如崔兴武、董福亭两旅则早密向日方"输诚"。

鉴于热河形势之严峻,蒋介石1932年7月初就给张学良指出两种解决方案:一是"先派兵三旅用夜间动作到热河附近,使倭与汤皆不及防,一俟我军接近热河,再调汤至察省,则汤必遂令,倭亦无法";二是"先占热河,而

---

①《时事月报》,第8卷第2期,1932年3月。

5　到底谁是"不抵抗主义"的始作俑者？

暂弃平津,亦在所不惜"。他并请蒋伯诚嘱张:"此事万不可预先商汤,否则无异使汤召倭军占热也。"但是,张学良与张作相等商量后,乃弃置蒋之计划,并以此事告汤。蒋介石遂在失望之余,再建议张:"此事既已与汤子提出,乃不可再三延缓。""务请从速派队星夜驰进,以免受制于倭。"①可是,张学良仍主张先与汤玉麟商妥,再派兵入热。汤玉麟早已视热河为其私产,岂容他人染指,拒绝东北军开进热境。直到7月17日,日军突攻朝阳,汤玉麟才被迫允许张学良派两个旅入热。是月底,张学良再以步兵4个旅集中热边,与汤玉麟商以增防热境,而汤玉麟自称足以应付,力阻其入境。后几经协商,汤玉麟才允该军驻热南。张学良当时在关内拥有精兵10多万,东北义勇军在东三省的抗日运动正处高潮,他完全可以出兵一举占热,以绝后患。但是,到热战爆发时,张学良所属东北军仅上面6旅用于热防,且辽热接壤处及热河省府承德等要地均任由汤军防守。

1933年元旦,日军自演爆炸案于山海关铁路守备队门前。2日,日军遂借此进攻中国驻关部队。3日,山海关在日军猛烈进攻下陷落。

日军攻榆主要是为了牵制张学良增兵热河,并威胁平津。1月21日,日外相内田康哉公然宣称对热河问题甚为关切。27—29日,日本关东军司令武藤信义连发3道攻热命令,战争一触即发。此时,中国方面用来防守热河的兵力,包括汤玉麟军、万福麟军、冯占海军、孙殿英等部,约有七八万之众,但有实际作战能力者仅万部于兆麟、缪徵流、沈克等旅。蒋介石不停地电催张学良派张作相赴承德坐镇指挥,并令陆军大学校长杨杰率幕僚赴平襄助。2月17日,宋子文、张学良等同赴承德,鼓励汤玉麟之守土决心。

2月23日,日本关东军兵分3路总攻热河。不出3天,热河第一道防线即因守军叛逃和溃败而被敌攻破。到3月2日,热境要地尽失,而汤玉麟毫无战意,承德城中弥漫了"不抵抗"之空气。3日,敌军陷平泉,汤玉麟

---

① 秦孝仪主编:《中华民国重要史料初编——对日抗战时期》,绪编(一),第559页,中国国民党中央委员会党史委员会,1981。

则率所部第 1 旅第 1 团放弃承德,逃至滦平。日军川原部队闻讯,即以 128 人之先遣队急趋承德,于次日顺利进城。热河守军至此已是全线崩溃。张学良之反攻计划亦告流产,日军直抵长城各口。

旬日之间,热河全陷,国内舆论顿时大哗,一致要求严惩汤玉麟及负热河抗战重责之张学良。5 日,立法院长孙科在沪提出:"在前线指挥之汤玉麟等各军长官,应予严惩;即负责最重之张学良,亦应立即引咎辞职,以谢国人。"①7 日,监察院长于右任呈文中政会,要求"将违犯命令失陷地方之张学良、汤玉麟等,尽快惩治,以肃纲纪"。② 全国商会联合会、上海市商会、上海市地方协会等公团亦联名致电南京,痛责张学良等人。众怨沸腾之下,张学良于 7 日晚向中央提出辞职。9 日,蒋介石北抵保定,与张学良、宋子文面商热战善后。11 日,张学良通电下野,1 个月之后即由沪赴意大利。

热河之战中,不能说张学良未作抵抗,但他将东北军大部留驻冀察观望,则表明他未下全力抵抗决心。热境险要之地,防守部队如汤军、晋军、义勇军等均无多大抵抗力,战局一开,即告崩溃。纵万部东北军"抗战皆甚艰苦"③,师、团长均有牺牲,亦无法挽回败势。故纵观此役,张虽无"不抵抗"之意,但一误再误的军事部署及汤玉麟的不战而逃、朝阳童旅的临阵叛变等,却使"不抵抗主义"得到最后一次表演。

热河已陷,长城各口告急。蒋介石以何应钦为军分会委员长驻北平,自己坐镇保定部署长城抗战,将中央军之徐庭瑶、关麟征、黄杰各部调驻密云,守古北口;以宋哲元、刘汝明、赵登禹之西北军援喜峰口,守罗文峪;以王以哲、何柱国、万福麟之东北军分守滦东、冷口、界岭口,共计有中央军 11 个师、东北军 12 个师、西北军和晋军 13 个师。如此总计兵力接近 35 万人。长城抗战从 3 月 5 日开始打响,日本关东军首次遭到中国军队的有力抵抗。中国军队在长城各口尽力防守,各军表现卓越,战况惨烈,伤亡数万。长城抗战中,中国军队用鲜血洗去了"不抵抗主义"的耻辱。

---

① 《中华民国资料丛稿·大事记》,第 19 辑,第 41 页,中华书局,1989。
②③《革命文献》,第 38 辑,总第 8986、8982 页,中国台北,1964。

1933年3月，日军进犯中国长城各关口。驻守喜峰口的国民党第29军英勇抵抗。图为中国军队在喜峰口与古北口之间的罗文峪布防。

五 "不抵抗主义"的影响和教训

"不抵抗主义"自1931年9月18日晚由东北地方当局公开提出至1933年3月3日汤玉麟以放弃承德的实际行动为它画上句号，虽为时不长，但其所铸成的恶果却是无穷的。

（一）"不抵抗主义"的执行造成了空前的民族危机。

黑、吉、辽、热4省面积为128多万平方公里，占当时全国面积的11.5%，3倍于日本本土。依当时统计数字，该4省大豆占全国产量的70%，森林面积占全国的37%；辽宁铁矿储量占全国的79%、产量占37%，煤产量占36%，石油储量占50%；东三省发电量占全国23%，出口贸易占37%，铁路公里长占41%。东北在全国之经济地位极为重要。在国防上，东北战略意义更大。"东北为华北各省的屏藩，平津内地的唯一门户。"东省既去,"华北各地随时都有敌军压境之可能,攫取平津更是易如反掌"。①自热河失陷之后,华北门户更是全部向日敌开。日本之所谓"华北分离"工作亦随即展开,日军之挑衅事件纷起,华北危机四伏,最终酿成卢沟桥事变,日本借助东北的富源走上了全面侵华之路。

(二)"不抵抗主义"的执行引起全国舆论界的广泛抨击,致使国内政局更加混乱。

九一八事变之时,民众对中国军队的忍辱退让及"不抵抗主义"的论调,虽大多数人认为是一种"无可掩饰的极端无耻"②,但还有人抱理解的态度。到嫩江桥马占山孤军抗战,张学良坐视不援,以至于齐齐哈尔失陷,则受到社会普遍的谴责。及锦州撤防,东北军不战而退,舆论界攻击更烈,甚至要枪毙张学良者有,要张学良自杀以谢国人者亦有。公众对政府态度日趋不满,以至于外交部长王正廷被殴,国民党中央党部委员蔡元培挨揍,驻国联代表施肇基亦被打伤。锦州危机期间,蒋介石最终下野,而新成立之政府亦受不住舆论的重压,旋即辞职。热河失守后,张学良被迫辞职,国内各界诟病执政党,要求还政于民的呼声日盛。蒋介石乃忍痛中止他的"剿匪"大计,迅速北上,安定人心,被迫作出抗战的姿态。

"不抵抗主义"的奉行使东北尽失,南京国民政府威信扫地,反对势力借此施以猛烈攻击。及至七七抗战后,虽然民族危机的加深促成了国内各派的暂时统一局面,但这种统治基础之薄弱并未消除,这点在全国抗战期间及战后均有表现。

(三)"不抵抗主义"的执行助长了日本的侵略气焰。

九一八事变之时,日本关东军未遭中国军队抵抗,因而狂妄异常。其司令官本庄繁在给日本天皇的奏折中狂称:"臣等敢放言之,对支那领土,

---

① 章太炎:《"九一八"给我们的损失》,载《国闻周报》第9卷第37期。
② 《生活周刊》,第6卷第41期,1931年10月3日。

可于3个月内完全占领也。"①陆军大臣东条英机亦吹嘘:"只要有竹枪二百万加上大和魂,就是对苏作战亦不足为惧!"②军事冒险的连续成功更刺激了日本的侵略胃口,使它最终敢于发动全面侵华战争。

关东军连续冒险的成功也加速了日方各侵华势力的协调统一。本来关东军的急进之举与东京方面的缓图之策存在分歧。九一八事变之初,日本政府曾令关东军"勿扩大事态",然关东军并不完全服从军部命令,军部亦无视政府内阁之决议,因此出现了关东军"先斩后奏",而军部及政府事后予以承认的情形。但是,由于关东军连连得手,及至1931年底倾向于"不扩大方针"之若槻内阁倒台后,犬养毅上台执政,便与关东军及军部以武力解决"满蒙"问题的态度趋于统一。占领锦州后,日本军国主义势力更为膨胀,日本终于在1932年3月退出国联。日本各派侵华势力完全融于一体,这在热河之战中得以充分体现。例如:1933年2月23日,日本关东军进攻热河的炮声和日外务省向中方提出的要"中国军队退出热河"的备忘录遥相呼应。

(四)"不抵抗主义"的执行损害了中国的国际形象。

如果说九一八事变后张学良与蒋介石实行"不抵抗主义"是为了使中国获得国际同情、依靠国联使日本尽速撤兵的话,那么一而再、再而三的不抵抗举动,徒使国际舆论相信日方片面的宣传,认为中国是个未统一的国家,中国军队只勇于内战而怯于对外。尤其是国联在通过限期日军撤兵案之后,中国军对锦州撤防更使外人认为中国军队毫无战斗力,不敢迎击敌人。《李顿调查团报告书》被国联大会接受之时,各"友好国家"均希望中国"坚决抗日",但"中国在热河的军队非但没有守住阵地,抵抗日军进攻,而且接二连三地放弃了战略要地"。"(中国军队)士气不振,叛国变节、溃乱败退,未经一战就丧失国土。"③国耻之深令中国驻国联代表处境尴尬,甚

---

① 易显石等:《九·一八事变史》,第343页,辽宁人民出版社,1981。
② [日]森岛守人:《阴谋·暗杀·军刀——一个外交官的回忆》,第65页,黑龙江人民出版社,1980。
③《顾维钧回忆录》,第2分册,第191页,中华书局,1985。

至联名申请辞职。

由于中国的"不抵抗主义",日本毫不费力地攫取了大片中国领土,国力大增。这促使一些国家认为中国是个完全不能保持自尊和独立的国家,不配被视为国际大家庭中具备独立自主标准的一个成员。此类看法助长了西方国家对日本侵华的绥靖态度,致使中国利益受到严重损害。

6

九一八事变以后
中国社会的主要矛盾是什么？

九一八事变后中国社会的主要矛盾是什么？对此，我国史学界存在着许多重大的观点上的分歧。由于这个问题关系到中国近现代史、中国革命史和中共党史的分期问题，也关系到对当时中国共产党的战略策略的评价，其实也关系到对当年蒋介石政府反共误国的定论问题，是一个不可回避的问题，因此必须做出正确的回答。

一 九一八事变以后中国社会的主要矛盾学说

与关于抗日战争起点的争论相联系，九一八事变后中国社会的主要矛盾及政治生活的主流问题成为我国史学界争论的一个焦点，归纳起来，主要观点有以下3种：

（一）九一八事变后民族矛盾成为中国社会主要矛盾说

这一观点一般是九一八事变为抗日战争起点说的主要根据。

何英即认为：九一八事变"改变了中国的社会性质和主要矛盾"。九一八事变前，"中国是一个半殖民地半封建性质的社会，主要矛盾是中国人民与一般帝国主义、封建主义、官僚资本主义的矛盾。而事变后，由于日本迅速占领了我东北全境和华北大部……并不断向中国腹地进攻，妄图变全中国为它的殖民地，中国面临着亡国灭种的威胁"，于是中国"由一个半殖民地半封建性质的社会变为殖民地半殖民地半封建性质的社会"，社会主要矛盾也"变为中国人民与日本帝国主义的矛盾"。他还认为：从九一八事变后，抗日救亡就"成了全国政治生活的主流"。当时"虽然在江西中央苏区发生过'围剿'与'反围剿'的两次斗争，但是与全国人民风起云涌、波澜壮阔的抗日洪流比起来毕竟不是主流。所以这段时间不应包括在第二次国内革命战争时期内，而应包括在抗日战争时期内"。①

王维礼、高二音也认为："九一八事变后，中国人民面临着'版图变色，国族垂亡'的'民族存亡之生死关头'，中日民族矛盾成为中国社会的主要矛盾……成为中国社会历史的主题。它决定着中日关系的性质，影响着这一时期中国社会历史的各个方面，制约着中国历史发展的进程和趋势"。其理由是："首先，从九一八事变到七七事变前，日本帝国主义从侵占东北到控制华北的整个过程表明，它的侵略手法虽然有所不同，但是'直以灭我国家，奴我民族，为其无变更的目的'。""其次，'九一八'事变后中日民族矛盾为主的状况，使中国国内的政治格局和阶级关系发生了极大的变化。"再次，"中日民族矛盾这个历史主题制约中国社会历史的发展进程"，"都曾漠视中日民族矛盾为主"的国共两党"在各自不同的条件下，不能不实现由阶级斗争向民族斗争的转变，最终实现第二次国共合作"。②

后来，王维礼又几次论述了这一问题，并批驳了有的文章以毛泽东在《矛盾论》中的论述和国共战争的史实说明九一八事变后国内阶级矛盾是主要矛盾的观点，指出："九一八事变后中华民族面临生死存亡的客观事实是不能抹掉的，中日民族矛盾的主旋律，制约和影响着九一八事变后中国的阶级动向和历史发展的进程。"当时"某些地区'剿共'战争的激化，并不表明中日民族矛盾不是主要矛盾，只是扭曲历史的一种表象。它并不像有人认识的那样，这是国内阶级矛盾为主的自然发展，而是悖国情违民意的倒行逆施"，但是这并"没有改变中日民族矛盾这个主旋律，而且在中日民族矛盾的制约下，蒋介石最终也被迫实行了由阶级斗争向民族斗争的转

---

① 何英：《抗日战争究竟应从何时算起》，载《延安大学学报》1984 年第 2 期。
② 王维礼、高二音：《论抗日战争的开端》，载《东北师范大学学报》1986 年第 3 期。

变"。① 总之,九一八事变后,中日民族矛盾已经成为中国社会的主要矛盾。

魏永录也认为:"九一八事变发生,日本要变中国为独占的殖民地,这就使日本帝国主义与中华民族的矛盾上升到了突出的地位,而使其他帝国主义与中华民族的矛盾相对下降到从属地位;日本帝国主义要灭亡中国,危及中华民族的生存,不仅工人、农民、小资产阶级坚决反对,而且民族资产阶级、一部分地主阶级和大资产阶级也反对。在反对日本帝国主义侵略的问题上,被剥削阶级和剥削阶级有共同性。这样就使国内的阶级矛盾相对下降,而与日本帝国主义的矛盾突出起来了。因此,从事物的质的规定性来看,九一八事变是个历史的分水岭。从此,开始了日本要变中国为殖民地的阶段,中日民族矛盾也开始成为中国社会的主要矛盾。"他针对认为"九一八事变后中日民族矛盾只在东北地区成为主要矛盾,到华北事变后才在全国成为主要矛盾,它并不是中日民族矛盾上升为主要矛盾的开始,而是中日民族矛盾上升为主要矛盾之后的继续深化"的观点提出异议,指出:"那种认为九一八事变后中日民族矛盾只在东北地区成为主要矛盾,而华北事变时才成为中国社会的主要矛盾的观点,有意无意地把东北地区和华北地区割裂开来了。"他还举证说:"在我国 30 年代的历史上就把九一八事变和华北事变视为一体的,而且特别明确指出不能以地方事件来对待东北问题和华北问题。"②

广德明也认为:"九一八事变后,中日民族矛盾实质上成为中国社会的主要矛盾。首先从质的规定性考察,九一八事变不是简单的局部事件和地方事件,是日本自明治维新以来侵华政策的继续和发展,是日本妄图灭亡中国,独占中国为殖民地的侵略战争的开始。""其次,从中日矛盾在中国社会生活中的作用方面考察,日本对中国的侵略和中国人民反抗侵略的斗争,成为九一八事变后的历史主题,它决定和制约着这段历史的发展进程。""再次,从中华民族与日本帝国主义和英美等其他帝国主义的关系方

---

①王维礼:《关于中国抗日战争开端问题的研究——兼论九一八事变的历史地位》,载《中共党史研究》1991 年第 5 期。

②温永录:《抗日战争若干问题探析》,载《社会科学辑刊》1989 年第 2、3 期合刊。

面考察日寇妄图独占中国为殖民地,使得中日民族矛盾上升为主要矛盾,中国同其他帝国主义之间的矛盾下降为从属地位。"①

(二)华北事变后中日民族矛盾才上升为中国社会主要矛盾说

华北事变后中日民族矛盾才上升为中国社会主要矛盾的观点是抗日战争一二·九起点说、七七事变起点说、八一三事变起点说的主要依据。

日军攻占冷口、滦东后,兵逼平津,迫使中国政府签订《塘沽协定》,默认日本对东北、热河的军事占领,冀东作为缓冲区任由日军自由出入,华北门户洞开。图为中(右)日双方代表在塘沽会议上。

张锦堂认为"抗日战争"始于九一八事变而"抗日战争时期"始于七七事变的主要根据,就是因为他认为"九一八事变后,虽然东北地区民族矛盾上升为主要矛盾,但就全国来说还是局部性的,不能依此来决定当时全国的历史时期的性质,因为当时的主要矛盾还是阶级矛盾。所以在七七事变前,就全国范围来说,还是属于第二次国内革命战争时期"。②

---

①广德明:《抗日战争起点研究述评》,载《社会科学辑刊》1990年第5期。
②张锦堂:《论抗日战争史上限问题》,载《社会科学辑刊》1985年第5期。

贾俊民等认为抗日战争应以一二九运动为起点,也是因为他们认为"九一八事变后,中日民族矛盾一直未上升为社会的主要矛盾","日本侵略的范围暂时还限于东北四省,使人们觉得似乎日本帝国主义不一定再前进了",直到1935年的华北事变后,中日民族矛盾才"代替阶级矛盾成为中国社会的主要矛盾",抗日成为"中国社会政治、经济、军事、文化等各个方面的主题"。[1] 后来,贾俊民还进一步指出:"七七事变前中日民族矛盾在中国社会中的地位经历了一个复杂的转变过程,从1927年东方会议至九一八前,它虽处于次要矛盾地位,但已开始上升。九一八到华北事变前,它与国内阶级矛盾一起共居主要矛盾地位,华北事变后它压倒国内阶级矛盾成为唯一的主要矛盾。"这是因为在华北事变以前,"中日民族矛盾急剧上升了,但旧有的主要矛盾——人民大众同国民党为代表的大地主大资产阶级的矛盾——未有丝毫下降。二者虽相互制约,相互影响,但都无力将对方推到自身的服从地位,都对中国社会的政治形势、阶级关系和国际关系起着重大规定和影响作用。因此,抗日反蒋是当时社会政治生活的两大主题","国内阶级关系受着中日民族矛盾和国内阶级矛盾的双重支配",而到华北事变以后,抗日救亡才"成为中国政治局势发展的唯一主题","国共两党及其代表的阶级间的关系由尖锐对立走向缓和与联合"。[2]

(三)七七事变后中日民族矛盾才成为中国社会主要矛盾说

这种观点以王桧林为代表。他说:因为"在'七七'或'八一三'之前,日本帝国主义的侵华政策还不是企图一举灭亡全中国的政策,而是采取激进的蚕食政策",与此相"因应","那时蒋介石认为日本帝国主义侵略还不是他的最大威胁。最大威胁在国内",所以"从中国通史观点看,从整个国家政治、经济、军事、社会、文化思想、国际关系、国内阶级关系这个综合体来看,'七七'以前对日抗战还不是整个国家政治生活的中心,还不是中国

---

[1] 贾俊民、王德承、齐虎田:《抗日战争时期上限新探》,载《上饶师专学报》1986年第1期。
[2] 贾俊民:《关于七七事变前中日民族矛盾地位转变过程的探讨》,载《日本问题研究》1993年第1期。

各阶级各党派各政治军事集团共同的政治活动的中心。国内阶级斗争、政治军事集团间的矛盾和斗争在国家政治生活中占首要地位,国内阶级矛盾是主要矛盾,中日两国矛盾还不是主要的"。"从整个中国看,中日矛盾在'九一八'后逐步上升,向主要矛盾地位转变,但在'七七'以前还不是主要矛盾,激烈的阶级斗争和战争是国内的而不是对日的。'九一八'后中日矛盾在中国政治生活中起了重大作用,但还没成为决定中国政治生活的最重要的因素。"[1]

二 九一八事变以后中日民族矛盾是中国社会的主要矛盾

综观以上所述,学术界长期以来有一种观点,认为九一八事变以后中国社会的主要矛盾仍然是阶级斗争,直到1935年华北事变以后民族矛盾才上升为中国社会的主要矛盾;甚至认为直到七七事变后民族矛盾才成为中国社会的主要矛盾。之所以会形成这种观点,一是因为毛泽东等人当时就是这么说的;二是也受了中共党史研究模式的影响,因为九一八事变以后中国共产党虽然发表过抗日的声明,但主要任务并不是抗日,而是进行反对国民党"围剿"的战争,如果明确九一八事变后中国社会的主要矛盾是民族矛盾,就很难作出解释。

但是,正如有的学者所指出的:从九一八事变以后,抗日救亡就"成了全国政治生活的主流",当时"虽然在江西中央苏区发生过'围剿'与'反围剿'的两次斗争,但是与全国人民风起云涌、波澜壮阔的抗日洪流比起来毕竟不是主流"。当时某些地区"剿共"战争的激化,并不表明中日民族矛盾不是主要矛盾,只是扭曲历史的一种表象。它并不像有人认识的那样,这是国内阶级矛盾为主的自然发展,而是悖国情、违民意的倒行逆施。有的学者还指出:那种认为九一八事变之后民族矛盾还不是中国社会主要矛盾的观点,"有意无意地把东北地区和华北地区割裂开来了","在我国30年代的历史上就把'九一八'事变和华北事变视为一体的,而且特别明确指出

---

[1] 王桧林:《有关抗日战争史的三个问题》,载《史学文研究》1991年第2期。

不能以地方事件来对待东北问题和华北问题"。①

我们认为:对九一八事变后中日民族矛盾是中国社会的主要矛盾的分析是有道理的。从九一八事变起,中国就开始了日本企图变中国为殖民地的历史阶段,中华民族就面临着亡国灭种的危险,中日民族矛盾已经成为中国社会的主要矛盾,制约着中国的阶级动向和历史发展的进程。

(一)九一八事变标志着日本帝国主义侵华政策的根本性转变,即以武力灭亡中国阶段的开始。

中日民族矛盾形成和发展的根本原因是日本侵略中国,危及中国领土和主权的完整。随着日本对中国侵略活动的扩大,中日民族矛盾就不断发展。1894—1895 年的中日甲午战争、1900 年有日本参加的八国联军对中国的侵略战争、1904—1905 年在中国东北进行的日俄战争等等,促使中日民族矛盾不断发展,有时还很尖锐。但是,在这个历史时期里,日本和英、法、俄、美等列强还限于争夺势力范围,瓜分中国,在中国各扶植一两派军阀,实行间接统治,中国还能维持一个半殖民地状态。1931 年 9 月 18 日,日本帝国主义发动了旨在变中国为殖民地的侵略战争,这就使事物的性质发生了根本的变化。九一八事变的发生,意味着日本帝国主义要打破与世界列强瓜分中国的局面,要变半殖民地的中国为它独占的殖民地。这一重大事件的发生,必然引起中国社会矛盾发生重大变化,必然引起国内外阶级力量的重新组合。

进入近代社会以后,半殖民地半封建的中国存在两大社会矛盾,即帝国主义与中华民族的矛盾、封建主义与人民大众的矛盾。这两大矛盾制约着半殖民地半封建中国的历史进程。九一八事变发生,日本要变中国为独占的殖民地,这就使日本帝国主义与中华民族的矛盾上升到了突出的地位,而使其他帝国主义与中华民族的矛盾相对下降到从属地位;日本帝国主义要灭亡中国,危及中华民族的生存,不仅工人、农民、小资产阶级坚决反对,而且民族资产阶级、一部分地主阶级和大资产阶级也反对。在反对

---

① 温永录:《抗日战争若干问题探析》,载《社会科学辑刊》1989 年第 2、3 期合刊。

日本帝国主义侵略的问题上,被剥削阶级和剥削阶级有共同性。这样就使国内的阶级矛盾相对下降,而与日本帝国主义的矛盾突出起来了。因此,从事物的质的规定性来看,九一八事变是个历史的分水岭。从此,开始了日本要变中国为殖民地的阶段,中日民族矛盾也开始成为中国社会的主要矛盾。刘少奇说:"在九一八事变后民族矛盾已经开始超过阶级矛盾。"①这里说的民族矛盾显然是指中日民族矛盾。刘少奇在这里使用"开始超过"一词,既表示了矛盾发展的过程性,也说明了矛盾变化的质的规定性,是一个科学论断。这就说明,九一八事变是中日民族矛盾上升为中国社会的主要矛盾的标志。

主要矛盾和次要矛盾是相比较而存在的。我们之所以认为在九一八事变以后中日民族矛盾开始成为中国社会的主要矛盾,是因为中日民族矛盾已经在中国社会生活中占主导的支配地位,它制约着、规定着中国社会历史的发展进程。这时国内的阶级矛盾、中华民族与其他帝国主义之间的矛盾虽然还存在,但已经下降到从属的地位。这不仅是个理论问题,也是为历史事实所证明了的实际问题。只要翻开中国革命史或东北现代史就一目了然、无须赘述了。

华北事变确实是一个严重的事件,但它并不是中日民族矛盾上升为主要矛盾的开始,而是中日民族矛盾上升为主要矛盾之后的继续深化。日本帝国主义于1933年1月日向山海关发动军事进攻,标志着日本侵略者吞并华北的开始。由于国民党政府继续采取妥协退让政策,日本侵略者得寸进尺、咄咄进逼,到1935年间已经把华北地区变成第二个"满洲国"。这使中华民族危亡的威胁更进一步逼迫到每个中国人头上,中日民族矛盾更加发展、更加激化了。华北事变严重局势的形成并不是偶然的,而是日本帝国主义发动九一八事变占领东三省后必然采取的步骤。因此,从事物的质的规定性来看,华北事变不是中日民族矛盾上升为主要矛盾的起点,而是中日民族矛盾的继续深化和发展。

---

① 《六大以来——党内秘密文件》,上,第807页,人民出版社,1981。

(二)"中国本部"之说并不精确,不能以地方事件来对待东北问题和华北问题。

有的学者在阐述华北事变使中日民族矛盾成为主要矛盾的理由时,强调:九一八事变后中日民族矛盾在东北地区已经成为主要矛盾;日军进攻华北是向中国本部进攻,中日民族矛盾才成为中国社会的主要矛盾。这里我们首先要指出:关于"中国本部"之说虽然曾在历史上使用过,但其含义并不精确。东北地区是中国的固有领土。"东北地区"是个地理概念。它同华北、西北、西南、中南、华东(也称"东南")一样,都是中国的领土和主权不可分割的组成部分。如若将"中国本部"改称为"中国内地"就确切一些,因为内地与边陲是相对应的。毛泽东曾经用过"中国本部"一语,说:"一九三一年九月十八日的事变,开始了变中国为日本殖民地的阶段。只是日本侵略的范围暂时还限于东北四省,就使人们觉得似乎日本帝国主义者不一定再前进的样子。今天不同了,日本帝国主义者已经显示他们要向中国本部前进了,他们要占领全中国。"①但是,他在这里用"中国本部"一词,显然是指"中国内地"的含义。如果以毛泽东这一论述为据,认为只有日本侵略中国内地才使中日民族矛盾上升为主要矛盾,显然是对毛泽东的论述的误解,因为毛泽东首先明确指出九一八事变是日本变中国为殖民地阶段的开始。他用"人们觉得似乎日本帝国主义不一定再前进的样子"的语言,显然是批评人们对九一八事变以来的日本侵华战争的模糊认识,其含义是十分清楚的。

其次必须指出:那种认为九一八事变后中日民族矛盾只在东北地区成为主要矛盾,而华北事变时才成为中国社会的主要矛盾的观点,有意无意地把东北地区和华北地区割裂开来了。九一八事变是日本帝国主义变中国为殖民地阶段的开始,而华北事变则是日本帝国主义侵华战争的扩大,两者是不可分的。这两起发生在东北地区和华北地区的重大事件,都不是地方性的事件,而是关系到中国存亡的全局性事件。在中国20世纪30年代虽曾使用过"中国本部"一词,但当时报刊评论中也是把九一八事变和华

---

① 《毛泽东选集》,第1卷,第143页,人民出版社,1991。

北事变联系起来观察的。这说明,在我国20世纪30年代的历史上就是把九一八事变和华北事变视为一体的,而且特别明确指出不能以地方事件来对待东北问题和华北问题。

再次,从中日矛盾的双方来看更能说明问题。我们前文揭露的《田中奏折》的侵略野心,日本帝国主义推行"欲征服世界必先征服中国,如欲征服中国必先征服满蒙"战略是一以贯之、一脉相承、步步为营的,这个战略的大规模实施就是从九一八事变开始的;从九一八事变开始实施之时起,不管蒋介石政府抵不抵抗、是否仍然以安内"剿共"为能事,中日双方的民族矛盾自然上升为主要矛盾了。须知矛盾的一方是以另一方的存在为前提的。既然日本帝国主义一方欲灭亡中国,中国一方必然面临民族存亡的头等大事了。

(三)一二·九运动是九一八事变后中日民族矛盾成为主要矛盾之后的发展的必然趋势。

以一二·九运动为标志的全国抗日民主运动新高潮形成的直接原因是华北事变,但它并不是突如其来的,而是九一八事变以来全国抗日民主运动发展的必然结果,因此我们不能把它作为中日民族矛盾上升为主要矛盾的标志。

1935年12月9日,中共发动爱国学生数千人在北平举行声势浩大的抗日救国示威游行,高喊"反对华北自治运动"、"停止内战,一切对外"等口号。这就是著名的一二·九运动。图为游行队伍。

6 九一八事变以后中国社会的主要矛盾是什么?

如前所述,九一八事变以后,由于对日本帝国主义的侵略和国民党政府不抵抗政策的义愤,全国各阶层人民迅速掀起了抗日救国运动的浪潮。其中,1935年11月1日,私立北平汇文中学、私立北平贝满女子中学、北平市立第一女子中学、河北省立女子师范学院、国立清华大学、国立北平师范大学、私立北平燕京大学、河北省立法商学院、私立天津中西女子中学、私立汇文中学等学生自治会发表《为抗日救国争自由宣言》。《宣言》沉痛地说:"九一八事变,三日失地万里,吾民岂不知尸责者谁,特以外患当前,不愿与政府歧趋。然政府则利用此种心理,借口划一国策,熬煎逼迫,无所不至。昔日以'赤化'为口实,今复可以'妨碍邦交'为内容,而吾民则举动均有犯罪之机会矣。杀身之祸,人人不敢必免,吾民何罪至于斯。"《宣言》要求政府"开放言论集会结社自由……诚以国势,凡属国民,分应共肩责任,奋起救存"。① 回顾九一八事变以来全国抗日民主运动发展的历史进程,就可以清楚地看到一二·九运动和九一八事变以来的抗日民主运动是一脉相承的。一二·九运动之所以发生,之所以能在全国得到迅速响应,就是因为九一八事变以来的历史进程已经为它准备了条件。

还必须指出:虽然一二·九运动发生的直接原因是华北事变,但是它的斗争目标并不限于拯救华北,而是反对日本帝国主义对全中国的侵略战争。一二·九运动的口号是"反对华北自治"、"打倒日本帝国主义"、"停止内战,一致对外",足以说明它是挽救危亡中的中国的爱国运动。这一事实进一步说明了一二·九运动是九一八事变以来抗日救国运动发展的必然结果。因此,它不是中日民族矛盾发展为中国社会主要矛盾的标志,而是中日民族矛盾成为主要矛盾之后的发展的必然趋势。

事实上,认为九一八事变以后民族矛盾即成为中国社会的主要矛盾,和以九一八事变作为抗日战争的起点是密切地联系在一起的,是互为依据的。既然承认九一八事变是抗日战争的起点,又怎么能说在这之后中日民族矛盾还不是主要矛盾呢?当时东北四省(黑吉辽热)都丢掉了,日本又步步向关内进逼,怎么能说中日民族矛盾还不是中国社会的主要矛盾呢?请

---

① 《一二九运动资料》,第1辑,第82—84页,人民出版社,1981。

问:假如现在我国的东北被日本侵占了,中日之间的民族矛盾能不成为我国社会的主要矛盾吗?当时国民党军队与红军进行的"围剿"与反"围剿"的战争虽然激烈,但并不能改变民族矛盾已经成为中国社会主要矛盾的状况。既然从九一八事变以后中国社会的主要矛盾是中日之间的民族矛盾,那么对于这个时期的历史人物和事件就应该以这个主要矛盾为标准来衡量,看其是不是有助于解决这个主要矛盾,而不能再主要以国共斗争、阶级斗争的标准来衡量。这又对中国近现代史、中国革命史、中共党史研究提出了新的任务。

7
驳日本右翼分子美化侵略的谬论

历史早已表明:中国人民抗日战争是一场反对外敌入侵、实现民族独立和人民解放、争取世界和平的正义战争;日本发动的侵华战争则是一场给中华民族带来深重灾难的非正义战争,也是反和平、反人类的战争。日本侵华战争的非正义性质及其给中国人民造成的巨大伤害,不仅深深铭刻在中华民族的惨痛记忆中,而且明确记载于《开罗宣言》、《波茨坦公告》和至今仍为世界所普遍承认的《联合国宪章》中,记载于东京远东国际军事法庭的判决书中,更记载于世界上一切爱好和平、崇尚正义的人们的良知中。

1945年8月14日,日皇裕仁颁布停战诏书,接受《波茨坦公告》;8月15日,日本宣布无条件投降;9月2日,日本代表签署投降书。按说,日本政府最应该汲取教训,避免重蹈覆辙。然而,时至今日,日本朝野内外仍有一些右翼分子无视铁的历史事实,无视在战争中牺牲的数以千万计的无辜生命,依然仍在顽固地坚持皇国史观、军国主义史观,极力掩盖或矢口否认日本发动侵略战争的不义性质和野蛮罪行,依然在发表美化军国主义战争和殖民统治的言论,依然在执意参拜双手沾满鲜血的战犯亡灵,把侵略中国说成是"进出中国",把发动侵略战争说成是"解放亚洲的圣战",把实行殖民统治说成是"建设王道乐土",明目张胆地否定过去日本发动战争的侵略性质和侵略罪行,气焰十分嚣张。尤其是安倍政府近年来的所作所为,一再疯狂冒险,不反省,不谢罪,不承认日本发动侵略战争,为日本军国主义摇旗呐喊。2015年5月20日,日本首相安倍晋三在日本国会的党首辩论中拒绝明确承认《波茨坦公告》对日本侵略战争的定性,声称他没有看过《波茨坦公告》这部分内容,"无法做出评论"。安倍令世人惊愕的所谓"侵略定义未定"论进一步暴露了他刻意逃避承认侵略战争罪责的真实面目以及令国际社会高度警惕的危险的二战史观,严重伤害了曾遭受日本侵略的各有关国家人民的感情;极大地破坏了日本与邻国的正常关系,破坏了国际互信;同时包藏着险恶的祸心,潜藏着巨大的危险,是对亚洲乃至世界和平与发展的严重挑战和威胁。对此,一切爱好和平、崇尚正义的人必须保持高度警惕,并与之进行坚决斗争。

因此,在纪念中国人民抗日战争暨世界反法西斯战争胜利70周年之际,必须对日本右翼势力歪曲、美化侵略战争的种种谬论予以驳斥,揭露日本军国主义的侵略罪行,还其历史本来面目,以澄清是非、教育后人。

一　驳日本所谓"自存自卫"的"侵略有理"论

潘佩孟撰文[①]分析了日本军国主义"侵略有理"论的来龙去脉及其给中国和亚洲人民带来的深重灾难,对日本所谓"自存自卫"的"侵略有理"论给予了严正的批驳。

潘文指出:"侵略有理"论是当今日本右翼势力为否定当初日本军国主义发动的侵略战争而编造的"理论",说什么日本在第二次世界大战中是为了保卫自己的安全而发动战争的,亚洲太平洋战争是为了捍卫日本的生存而不得不进行的"自卫战争"。更有人在战后强词夺理地反咬一口,把战争责任推给中国,说日本侵占东北是"被迫自卫",九一八事变是偶发事件,是日本关东军针对中国民众"排日高潮"做出的独断擅行,与日本政府和军部无关;七七事变是中国驻军"开枪挑衅引发的,责任不在日军"等等。

其实,这种"理论"并不是新鲜货色,而是日本军国主义阴魂不散的表现,是历史上"侵略有理"论的翻版。早在1890年3月,日本军国主义的典型代表、大军阀、时任内阁总理大臣的山县有朋就提出了一个十足的帝国主义的"侵略有理"论。他在向天皇上奏的《外交政略论》中说:"国家独立自卫之道有二:一曰防守主权线,不容他人侵害;二曰保护利益线,不失形

---

① 潘佩孟:《驳日本军国主义分子美化侵略的谬论》,载《齐齐哈尔师范学院学报》1995年第5期。

胜地位。何谓主权线？国家之疆域也。何谓利益线，即同我主权线的安全紧密相关之邻近区域是也。"①他还认为："今立于列国之际，仅仅防守主权线，不足以维护国家之独立，必须进而保护利益线，经常立于形胜之地。"我们从中可以看出：山县有朋所指的"利益线"是把矛头对准朝鲜和中国，并以"防护利益线"为由，发动以侵华为宗旨的甲午中日战争的。1937年七七事变后，日本帝国主义提出种种理由，赤裸裸地宣扬"侵略有理"的强盗理论，宣称七七事变是国民党受英、美和苏联唆使，采取"容共抗日政策"造成的；说什么"忘失东方精神，提倡完全基于西洋思想的三民主义的国民党，以国家为私物，破坏东方道德，以远交近攻以夷制夷的政策……把东方和平陷于危殆。加之……苟合与〔于〕数年抗争的共产党，容许苏联赤化中国，遂酿成中日事变"。②日本帝国主义还编造"国土狭小"、"人口过剩"和"文化使命"来宣传"侵略有理"，鼓吹"在历史的必然性上，在历史的特异性上，更在其文化的使命上，日本民族之大陆发展，为宿命的事实"。③

潘文指出：谎言掩盖不了侵略历史。日本军国主义发动的无数次战争，没有一次是在日本本土上进行的，也没有一次不是在日本决策者阴谋策划下进行的。不能把日本军国主义发动侵略战争美化为"自卫战争"。请问：自卫战争不是自己国家的领土主权不容他人侵犯吗？70年前的历史是日本通过战争等手段侵犯了朝鲜、中国和东南亚各国的领土和主权，而不是亚洲各国侵犯了日本的"主权线"。

日本军国主义将推行"大陆政策"作为向外侵略扩张的基本国策，并使侵华理论与侵华行径相伴随。早在16世纪，统一日本的武将丰臣秀吉就露骨地表示出野心说："誓将唐之领土纳入我之版图。""灭亡中国……迁都于中国，天皇居北京。"④他两次发动征明战争，均遭失败。明治维新前夕，日本著名的政治思想家吉田松阴提出独霸亚洲的设想。1868年明治维新后，明治天皇的《宸翰》和参议木户孝允等人的《征韩论》定下了日本对外

---

① 《东北沦陷十四年史研究》，第27页，吉林人民出版社，1988年。
② 〔日〕川村宗嗣：《东方精神》，载《新民周刊》第12期，1988年5月。
③ 〔日〕河相达夫：《中日提携之原理》，载《新民周报》第15期，1938年12月。
④ 《日本军国主义与侵华战争》，载《人民日报》1995年6月4日。

扩张侵略的基调,开始了大陆政策的实施步骤。明治天皇在《宸翰》中宣称"继承列祖列宗伟业……开拓万里波涛,布国威于四方",决心用武力使日本成为"八纮一宇"的大日本帝国。1874年5月,日本悍然出兵中国台湾,腐败的清政府以赔偿50万两白银换取日本的退兵。日本首次尝到了侵略扩张的甜头,又起兵强占琉球。1890年3月,山县有朋的"主权线"与"利益线"的扩张理论体现了日本对外扩张的总方针,标志着日本大陆政策的形成。1894年日本发动甲午战争,正式开始了对中国的扩张侵略。战争的结果是订立《马关条约》,攫取了中国2.3亿两白银的战争赔款,霸占了中国的台湾和澎湖列岛,并将朝鲜纳入自己的势力范围。甲午战争使日本军国主义成为中国人民最凶恶的敌人。1900年,日本出兵2.2万人参加八国联军侵华战争,又攫取3479万两白银的赔款,并获得从山海关到北京铁路沿线12个要地的驻兵权。1904—1905年的日俄战争,日本从沙俄手中夺取了中国辽东半岛和东北南部的特权。1910年,日本吞并朝鲜。1915年1月,日本向中国提出阴谋独占中国的《二十一条》。1927年7月25日,日本军国主义头目、首相田中义一将《帝国对满蒙之积极根本政策》的秘密文件上奏天皇,即《田中奏折》。《奏折》赤裸裸地宣称:"惟欲征服中国,必先征服满蒙;如欲征服世界,必先征服中国。倘若中国完全被我国征服,其他如小亚细亚、印度、南洋等异服的民族必然会敬畏我国而向我投降,使世界认识到亚洲是属于我国的。""我对满蒙之权利如可真实的到我手,则以满蒙为根据,以贸易之假面具而风靡中国之利源。以中国之富源而作征服印度及南洋各岛以及中小亚细亚及欧罗巴之用,我大和民族之欲步武于亚细亚大陆者,握执满蒙利权乃第一大关键也。"①《田中奏折》是日本大陆政策最典型、最露骨的表述。它道出了日本先夺满蒙,后取全中国,进而征服亚洲、称霸世界的狂妄野心和侵略步骤。《田中奏折》的设想很快付诸实施。1928年5月,日本出兵山东,阻挠蒋介石北伐,制造了"五三济南惨案"。1928年6月,日本制造皇姑屯事件,炸死东北军首领张作霖。1931年9月18日,日本发动了震惊中外的九一八事变,吞并了中国东北。1936年,日

---

① 林茂生:《中国现代政治思想史》,第363—364页,黑龙江人民出版社,1984。

本《国策大纲》提出新的对外扩张方针:"确保帝国在东亚大陆地位的同时,向南方海洋方面发展。"1937年7月,日本外相松冈洋右第一次提出建立"大东亚共荣圈"的战争口号,德、意、日3国签订了瓜分世界的同盟条约,日本对外扩张的野心膨胀到了极点。1940年,日军进入越南。1941年,日本袭击美国海军基地珍珠港,发动太平洋战争。自1941年12月7日到1942年5月10日止,日本先后侵占了泰国、马来西亚、菲律宾、荷属东印度、缅甸、香港、关岛、威克岛、拉包尔和新不列颠岛、新爱尔兰半岛,总面积达380万平方公里,人口达1.5亿。至此,日本的侵略战火已燃烧到全部东亚地区。

日本国土远离战火何止千里?日军霸占侵略的别国领土何止超出日本面积的百倍?这样的战争显然不是"自卫战争",而是地地道道的侵略战争。因此,日本右翼势力大肆宣传的"为了自己的生存和安全"不得不进行的"自卫战争",实际上是为了掩饰其对中国和亚洲各国的野蛮侵略,是为了欺骗本国人民和中国人民,更是为了推卸日本政府当年执行侵略政策、发动侵略战争的责任而故意混淆是非、贼喊捉贼的一种伎俩。它抹杀了侵略与被侵略、帝国主义战争与民族解放战争的界限。

二 驳日本解放亚洲的"侵略有功"论

潘佩孟的文章指出:"侵略有功"论是当今日本右翼势力把侵略战争美化为"解放战争"的谬论。说什么二战时日本作战的对象是英、美等西方国家,日本作战的目的是从白人的压迫下解放亚洲国家。日本法务相永野茂门说:"当时日本真心是想解放殖民地,建立(大东亚)共荣圈。"[①]环卫厅长官樱井新说:"与其说是侵略战争,毋宁说几乎所有的亚洲国家托它的福,从欧洲殖民地的支配获得独立,结果教育也相当普及……只不过半个世纪,整个亚洲便现出经济繁荣的气象,也使它们民族强盛起来。"[②]

[①]日本《每日新闻》,1994年5月4日。
[②]新加坡《联合早报》,1994年8月16日。

当今这种美化侵略之谬论有它的历史渊源。荒尾精在《兴亚论》中说：日本对于"朝鲜的贫弱，纵令不为朝鲜悲之，亦应深为我国悲之"。① 因此，为使日本张纲纪于内，振威信于外，永成亚洲盟主，就要"救贫扶朽"，以尽日本的天职。"日本解放亚洲"论的直接来源就是二战中日本军国主义者宣扬的"大东亚共荣圈"的侵略理论。所谓"大东亚共荣圈"，是太平洋战争期间日本军国主义分子妄想建立地跨亚、太地区的殖民大国的产物。为了南进夺取英、法、荷等国在东南亚的殖民地，1940年7月26日，日本内阁会议通过了《基本国策纲要》，宣称日本政府要以皇国为核心，建设以日满华为一环的"大东亚新秩序"。日本外相松冈洋右于8月1日解释这个方针时，又将"大东亚新秩序"表述为"大东亚共荣圈"："凡大日本帝国势力所及之处，即是大东亚。""大东亚共荣圈"的地理范围包括中国、朝鲜、印度支那、印度、马来西亚、缅甸、印度尼西亚、菲律宾、泰国、澳大利亚、新西兰等东亚、东南亚和西南太平洋广大地区的国家。② 其面积占世界陆地的1/4，人口占世界人口的1/3以上。"大东亚共荣圈"的设想是日本帝国主义称霸世界的殖民扩张野心的暴露。可是，为了给"大东亚共荣圈"制造理论根据，日本法西斯头目及其文人便大肆宣扬日本发动战争的目的是为了反对英、美称霸，"求得大亚细亚民族解放"③，"建设'亚洲人之亚洲'"之新生活圈④，建设"以强国与弱国共存共荣为目的的秩序"，即"道义的秩序"⑤。实际上，日本法西斯所标榜的"解放"、"建设"、"共荣"、"道义"就是侵略、掠夺、奴役和压迫，而所谓"亚洲人之亚洲"就是要把亚洲各国完全置于日本的殖民统治之下。

铁的历史事实证明：日本军国主义发动战争绝不是为了解放亚洲，建设"王道乐土"，其编造的种种谎言正是被日本自己的行动所揭穿的。

从1874年日本侵略中国台湾算起，日本侵略亚洲70余年，铁蹄所到之

---

① [日]黑龙会：《东亚先觉志士记传》，上，第361页，原书房，1974。
② 石原广一郎：《大东亚自给圈的构想》，载《华文大阪每日》第10卷第12期，1943年6月15日。
③《亚洲民族的解放》，载《中国公论》第6卷第5期。
④《世界政治之新阶段》，载《东亚联盟月刊》第2、3期，1942年3月20日。
⑤《东亚共荣圈之法的性格》，载《华文大阪每日》第9卷第4期，1942年6月15日。

处,无不哀鸿遍野。中国是亚洲国家中遭受日本侵略时间最长、受害最重的国家。仅抗战 14 年时间里中国军民即伤亡 3500 万人,战争的直接经济损失达 1000 亿美元,间接经济损失达 5000 多亿美元。中国人民承受了日本法西斯的种种暴行,诸如南京大屠杀、细菌战、化学武器、"三光"政策等等。日本所标榜的"王道乐土"之标本——满洲国,实际上是日本的殖民地。日本帝国主义对中国东北 14 年的殖民统治,霸占了约 130 万平方公里土地和 2000 余公里铁路,掠夺煤炭 2.9 亿吨、生铁 1200 万吨、黄金 22 吨、粮食 2.28 亿吨、木材 1 亿立方米;3000 万同胞过着亡国奴生活,在学校实行奴化教育,将日语定为国语。日本侵占朝鲜达 36 年(1910—1945)之久,实行残暴的法西斯殖民统治:强迫 600 多万青壮年当苦力或当炮灰,逼迫 20 多万妇女当"慰安妇",残害了 200 多万朝鲜人民,从朝鲜半岛掠夺了数以吨计的黄金、100 余吨白银,还有大量的铜、煤、铁、木材、粮食、文物等。东南亚各国人民也同样遭受日军的屠戮和掠夺。据统计,在日本占领时期,越南伤亡 200 万人,印度尼西亚伤亡 400 万人,菲律宾伤亡 111 万余人。另据记载,日军在新加坡 3 次集体屠杀华人共达 2 万以上。日军进攻马来西亚时,有 15 万华人牺牲。新加坡沦陷后,日本宪兵屠杀了 15 万以上和平居民,在各地建立劳动营,强迫东南亚人民从事无偿劳役。仅印尼爪哇一地强征少壮劳力就达 50 万人,30 万人被送往国外,有 23 万人丧命异国。修泰国西部至缅甸铁路,施工 1 年,就有 1.2 万余名劳工在非人的劳役中死亡,因此这条长达 415 公里的铁路被称为"死亡铁路"。此外,日本还掠夺了东南亚各国的各种战略资源。

上述一个个触目惊心的统计数字、一桩桩血淋淋的历史事实,无不诉说着日本军国主义对亚洲人民犯下的滔天罪行。历史证明:日本军国主义带给亚洲人民的不是什么"解放"、"建设",而是空前的浩劫和灾难;不是什么"侵略有功"、"侵略无罪",而是罄竹难书的侵略罪行。

虽然日本在战争中死伤 200 多万人,有 20 万人死于原子弹的伤害,在当代应该反对使用核武器,但是日本军国主义发动侵略战争,加害别国,并长期推行侵略政策,犯下了滔天罪行。事实俱在,铁证如山,不容抵赖。

"侵略有功"、"侵略无罪"论调的实质是为日本战犯扬幡招魂,开脱罪责。

三 战后日本缘何美化侵略历史

经历了战后70年的"反思"过程,日本并未能彻底认罪,没有树立应有的正确的二战史观,仍然否认过去的侵略战争,美化侵略历史。其原因何在呢?对此,郭梁撰文作了以下剖析和解读:

第一,美国占领当局留下的后遗症。二战结束后,日本作为战败国受美国的军事占领达7年之久。占领初期,美国对日本的非军事化、民主化以及经济复兴起过重要推动作用。但是,随着东西方冷战格局的明朗化,美国占领当局在政治、经济、军事上公开有意扶植日本,使日本成为远东地区阻挡共产主义势力的"防波堤"。从美国自身战略利益出发,日本天皇被保留,日本大小战犯也没有受到全面清查和惩罚,结果造成了后患。战前,天皇是日本的最高统治者,对日本发动的侵略战争有着直接的不可推卸的责任;战后,仍然保留天皇作为"日本国及国民统合的象征",没有追究其战争责任。天皇制政府的一些官僚战后仍然掌握着政治实权。这实际上是让天皇成为没有责任的象征。既然他们的最高领袖都未受到惩罚,还有什么必要自觉清算过去的战争罪行呢?天皇的精神影响和其战争责任,是讨论日本二战史观时不可回避的问题。对此,现代日本史学者千本秀树在其著作《天皇制的侵略责任和战后责任》中指出:裕仁虽死,但追究天皇个人和天皇制所造成的侵略及战后责任仍是当务之急。同样,美国出于自身利益的需要,处理日本战犯很不彻底。美国占领当局并未认真执行严惩战犯的决议,除对东条英机等28名甲级战犯进行审判外,还有许多战犯受到包庇,该起诉的没起诉,该判刑的没判刑,已判刑的被提前释放。一些军国遗臣和战犯又重返政界、军界、财界,形成了一股有影响的势力,遇有机会就跳出来洗刷罪责、为侵略战争历史翻案。

第二,从经济大国走向政治大国的需要。日本在20世纪60年代末成为世界第二经济大国。随着以后经济实力的膨胀,日本踌躇满志,利用经济外交"重返国际社会",而且加快了走向政治大国的步伐,谋求在国际社会中发挥更大作用。近年来,日本政府谋求成为联合国常任理事国,要求删除《联合国宪章》中的"旧敌国条款",还派兵到海外执行"维和任务"。在这种形势下,日本具有强烈"大国意识"的民族主义政治势力抬头,力图尽快甩掉"侵略者"帽子,多方设法洗脱罪名,企图以此来重塑日本形象。殊不知,欲盖弥彰者只能惹得更加臭名昭著。

第三,狭隘民族主义心理意识的作祟。近代日本在对外扩张侵略的同时,在国内厉行国家主义、军国主义教育,这种教育的精神与日本民族长期积淀下来的神国观念、天皇崇拜思想等相结合,强化了岛国"大和"民族的优越感和狭隘性。战后,日本民族的思想观念和心理趋向虽然有了很大变化,但这种思想意识的影响还明显存在。就民族优越感而言,对战败不肯认输,连书刊上的用语也由"败战"改成了"终战"。某些人抱着"侵略有功"论不放,也与民族优越感的心理状态不无关系,认为日本有能力"拯救"落后民族、有能力领导亚洲的潜意识仍在作怪。就狭隘性而言,不少日本人是站在只要维护日本利益的自我价值观立场上考虑问题的,因此在评价二战的性质时就出现了双重标准:对于日本侵略造成的几千万亚洲人丧生,仅用"添了麻烦"予以交账;对于长崎、广岛在原子弹爆炸时有30万人丧生,则认为投掷原子弹的罪行比日本在亚洲的战争罪行严重得多,以此强调日本是"战争受害者"。既然不能站在客观、公正的立场上认识日本的战争责任,就不可能有正确的二战史观。因此,从某种意义上讲,日本树立正确二战史观的过程,也是日本民族心理意识反思和自新的过程。

人们常说:"历史是最好的教科书,也是最好的清醒剂。"日本如何看待过去的那段侵略历史,是中国、亚洲和世界人民所关注的焦点问题。日本有识之士和广大人民认为日本应当主动承认侵略战争,积极追究日本军国主义犯下的滔天罪行,认真进行反省和道歉。可是,日本的右翼势力通过议会讲台、参拜靖国神社及审定历史教科书等手段,炮制种种谬论,故意篡改历史、否认历史,死不认罪。面对这种为历史罪行辩护和为实现称霸张扬的一统舆论,我们不能漠视历史上军国主义幽灵的影响和少数右翼分子的能量，必须彻底批判日本军国主义的侵略扩张理论，挖掉日本军国主义产生的根源，在重温历史中认识现实。日本政府应该深刻吸取对外扩张侵略的沉痛历史教训，正确对待过去那段历史，并与亚洲各国人民求取共识，这是日本政府应取的最好态度，也是发展中日友好关系的政治基础。

8

七七事变是"偶然事件"吗？

1937年7月7日夜，日军在北平西南卢沟桥附近演习时，借口一名士兵"失踪"，要求进入宛平县城搜查，遭到中国守军第29军严词拒绝。日军遂向中国守军开枪射击，又炮轰宛平城。我第29军奋起抗战。这就是震惊中外的七七事变，又称"卢沟桥事变"。七七事变是日本帝国主义全面侵华战争的开始，也是中华民族进行全面抗战的起点。

北平西南宛平县卢沟桥。全国抗日战争在此爆发。

按理说,七七事变经过了近80年,世人对这场战争的起因、性质等问题应该早已有了正确的认识和理解。然而,事实并非如此。时至今日,仍然有一些国家的学者在其历史著作中认为七七事变是"偶然事件",进行违背历史事实的错误解释和论述。因此,今天仍然有必要把这一重要问题阐述清楚,以正视听。

在展开论证之前,让我们先看一下刘天纯对一些日本和美国学者的有关论点的概括介绍。①

第一种说法,认为卢沟桥之战是由中国军队首先射击而引起的。

例如,服部卓四郎在其所著《大东亚战争全史》中写道:"昭和十二年(1937年)七月七日夜间,正在北京郊区卢沟桥北面演习的日本军队的一支小部队,受到当地中国军队的非法射击后起而应战……对日本方面来说,卢沟桥事件完全是一次突然发生的事件。当时,日本因正在致力于建设满洲,加强对苏战备,贯彻执行重要产业的扩充计划等,无暇他顾,在用兵上也完全没有进行日华全面战争的计划和准备,对日本来说,不扩大事件的方针,是严肃而诚意的。"②这就是说,是中国军队先挑起卢沟桥之战的,日本根本没有全面侵华的打算。

又如,20世纪80年代出版的藤原彰著《日本近现代史》中写道:"日军在夜间进行演习中,有一个中队说是遭到了中国军队的射击,从北京前往应援的(日军)中国驻屯步兵第一联队(联队长牟田口廉也大校)向警备宛平县城附近的中国第二十九军部队发动了进攻,这就是所谓卢沟桥事件的开端。"③

日本进步学者井上清先生也曾经沿用过这种说法:"1937年7月7日夜,一中队日军正在北京郊外卢沟桥附近进行夜间演习,据中队长报告,听到来自中国军队方向的十几响枪声……随后三点半左右,又听到来自中国军队的三声枪响。"④

---

① 刘天纯:《日本的侵华政策和卢沟桥保卫战》,载《中国社会科学院研究生院学报》1987年第4期。
② [日]服部卓四郎:《大东亚战争全史》,第1卷,第14—15页,商务印书馆,1984。
③ [日]藤原彰:《日本近现代史》,第3卷,第58页,商务印书馆,1983。
④ [日]井上清:《日本军国主义》,第3卷,第263页,商务印书馆,1985。

§ 七七事变是"偶然事件"吗？

一些美国学者也持类似看法。例如，约翰·托兰在《日本帝国的衰亡》一书中说："那天（按指7月7日），驻扎在这个成为历史里程碑的地方附近的日军一个连，在离中国驻军约1英里处进行夜间演习。正当结束演习的军号吹响时，从中国防线方面射来了枪弹。日军开枪还击，但不到几分钟，这场小冲突便结束了。日方的人员损失是一人失踪。连长把情况报告营长，营长则用电话报告在北京附近的团部。接着向卢沟桥派出第二连，有一名参谋军官同行，开始同中国人安排停火。正当双方刚刚一致同意这种事件是不幸的误会时，又第二次发生向两连日军开枪。第一次的开枪可能是无意的，第二次开枪却值得怀疑，特别是在该地区日中两国军队相处很好的情况下。"约翰·托兰认为卢沟桥事件与当年的九一八事变毫无相似之处。他说："1931年关东军故意在沈阳挑起事件，1937年华北驻屯军既没有在卢沟桥寻衅，也没有组织对抗，而且军部尽力阻止在华北采取行动。"①按照约翰·托兰的观点，日本根本没有在华北扩大侵略之意图，所以在卢沟桥事件上没有挑衅的动机。

第二种说法，认为首先开枪的既不是日本军队，也不是中国政府的军队，而可能是中国共产党人。

例如，美国学者戴维·贝尔加米尼著的《日本天皇的阴谋》一书中写道："表面上看，战争是由于一个日本士兵离队片刻到矮树丛解手而引起的。当他离队后，他的伙伴们听见了枪声……他们的指挥官说'我听见了中国共产党人的枪声'，于是便开始点名。由于发现那个外出解手的士兵不在，指挥官便来到位于桥一端的中国要塞，要求打开要塞大门，让日本兵进去寻找丢失的伙伴。中国军队指挥官拒绝了这一要求，日军指挥官遂向要塞开枪。点名时缺席的士兵早已归队，然而战争却就此开始。"②

约翰·托兰也提出了开枪之事可能是共产党人干的这种怀疑："是不是……共产党希望蒋介石与日本打一场也许导致在中国实现共产的全面战争？"③

---

①③[美]约翰·托兰：《日本帝国的衰亡》，上卷，第53—56页，新华出版社，1982。
②[美]戴维·贝尔加米尼：《日本天皇的阴谋》，上卷，第48页，商务印书馆，1984。

第三种说法,认为枪声不知来自何人何方。

例如,日本历史学研究会编的《太平洋战争史》中写道:"1937年7月7日夜晚,驻在北京西南郊丰台的日本军,在靠近卢沟桥中国兵营的龙王庙一带举行了挑衅性的夜间演习……当演习刚要结束的时候,参加演习的日军部队硬说从他们头上飞过一发步枪子弹,听到枪声后,队长立即检点人数,发现一名士兵失踪。这就是日本军要求开进宛平县城的理由。"[1]

信夫清三郎著的《日本外交史》也有类似说法:"7月7日夜间,丰台日军一个中队,在紧邻宛平县城的卢沟桥附近演习,其时,不知从哪里飞来了数发实弹,一名士兵失踪。那个士兵不久就归队了,可是日军却以这个突发事件为借口,开始对中国军队发起进攻。"[2]

不难看出,上述的一些说法矛盾重重。第一,枪声的来处不一:一曰中国政府军队;二曰中国共产党人;三曰不知来自何方。第二,开枪的数量和次数不同:"一发子弹"、"数发实弹"、"十几响枪声"、无数量的"非法射击",还有分为"第一次射击"和"第二次射击"的。第三,关于日兵失踪与枪声的时间顺序,有的说是士兵"离队后,他的伙伴们听见了枪声";有的则说是先"从中国防线方面射来了枪弹",而后才有士兵失踪之事。

日、美学者对卢沟桥枪声来源的说法尽管如此混乱,但是有一个基本倾向,就是大都认定是中国军队所为。其主要根据则都是日本军方当事人、中队长清水节郎的有关报告。

本来,日军大举深入中国腹地,这本身就是严重侵犯中国主权的侵略行为,因而根本不存在什么"谁放第一枪"的问题。某些日、美学者竟然在这个问题上大做文章,显然是别有用心的。但是,问题既已提出,至今谬种流传,我们就不能不予以辩驳。

刘天纯根据确凿的历史事实、特别是中日双方当事人的有关报告以及对卢沟桥战地的实际考察材料,重新对这一问题的历史真相进行澄清,得出的结论令人信服。

---

[1]日本历史学研究会:《太平洋战争史》,第2卷,第99页,商务印书馆,1961。
[2][日]信夫清三郎:《日本外交史》,第2卷,第618页,商务印书馆,1980。

一　七七事变是日本"大陆政策"的必然结果

日本帝国主义制造七七事变，发动卢沟桥之战，并非如前述约翰·托兰所粉饰的那样，完全是无意的，而是日本政府和军部执行对外扩张侵略的"大陆政策"的必然结果。

从根本上说，日本明治政府所执行的内外政策本身就具有双重性：一方面为建设资本主义社会而实行一系列的近代化政策；另一方面为了摆脱岛国的天然困境而执行对外扩张政策。这就是为什么明治维新不久日本政府就提出了侵略朝鲜的主张。可见，向大陆扩张之思想是由来已久的。把这种思想形成为系统理论和国策的，乃是日本军国主义的鼻祖——山县有朋。他是"大陆政策"的最先倡导者与鼓吹者。早在1888年，他就在《军事意见书》中指出：由于加拿大太平洋铁路、西伯利亚铁路和巴拿马运河等的建设，交通运输迅速地发展了，这就使欧洲更便于侵略亚洲，因此在不久的将来，英、俄在东亚必然对立。他指出："西伯利亚铁路竣工之日，即俄国对朝鲜开始侵略之时"，亦即亚洲"掀起轩然大波之日"。为了对付这种危机，并"免除欧洲强国侵略朝鲜之忧"，日本就必须把"充实兵备"作为"最大的紧急任务"。[①] 1889年12月24日山县有朋组阁后，即根据其《军事意见书》的精神，提出了《外交政略论》。其中首先阐述了"大陆政策"的指导原理，即在保卫固有领土疆域的"主权线"之外侧，再设想一条"利益线"——"与我主权线之安危紧密联系的地区"。他认为在帝国主义时代，"仅仅防守主权线已不足以维护国家之独立"，若不能保卫"利益线"，则"不可望成为完全独立之国家"。他声称日本"利益线的焦点"是朝鲜，日本要与英国、德国在"东亚共同利益之范围内进行联合"，并联络清朝，成为朝鲜的"共同保护者"；日本内政的当务之急是扩军备战。[②]

1891年5月，日本国内组织了推行"大陆政策"和强硬外交的东邦协

[①] [日]大山梓：《山县有朋意见书》，第177、185页，原书房，1966。
[②] [日]信夫清三郎：《日本外交史》，第2卷，第237页，商务印书馆，1980。

会,其主要成员有副岛种臣、近卫笃麿和陆羯南等国权主义者。另有大井宪太郎等扩张主义分子组成了东亚俱乐部,大井宪太郎公开在政谈会上说:"岂能与中国、朝鲜之流共论东亚之政略,并一一听从之耶?"他认为应该打倒中国和朝鲜,"由日本掌东洋之霸权而立于统帅之地位"。①

日本帝国主义正是根据其"大陆政策",于19世纪末叶发动了侵略中国和朝鲜的甲午战争。结果中国战败,日本侵略者获得了许多"大陆权益":第一,日本取得向朝鲜扩张的自由权,而中国失去了对朝鲜的宗主权;第二,日本不仅获得辽东半岛、台湾、澎湖列岛,而且把琉球群岛变为其"固有土地";第三,日本获得巨额的战争赔款。这些"权益"为日本以军备扩张为中心的产业革命提供了原始资本,从而奠定了发展近代大工业的资金基础②;扩大了日本的大陆市场,推动了日本资本主义经济的发展,为发动新的侵略战争提供了军费来源。信夫清三郎指出:"甲午战争正是日本建成军事、封建帝国主义的最初实践。"③总之,甲午战争是明治政权根据其"大陆政策"所策划与发动的近代侵略战争,反映了日本资产阶级和地主阶级的根本利益和愿望。

1914年第一次世界大战在欧洲爆发后,日本统治阶级认为这是"发展日本国运的大正新时代的天佑"好时机,主张趁此机会"确立日本对东洋之利权"。④ 当年8月23日,日本宣布参加第一次世界大战,名义上是向德国宣战,实际上日本军队却向中国领土山东发起攻击。日本政府无理要求中国政府同意把山东省的黄河以南地区作为非中立区的战区,遭到中国政府拒绝。于是,日本派出以第18师团为主的51700名陆军和第二舰队的海军在山东龙口登陆,占领了中国山东的大片土地。

当时,日本官方舆论公然提出:要以山东为根据地,谋求向扬子江两岸的中原地区进行政治、经济扩张。日军参谋本部少将福田雅大郎向外务省具体提出了以"满蒙自治"为中心内容的意见书——《日华协约要领》。陆

---

① [日]平野义太郎:《民权运动之发展》,第114页,雄鸡社,1998。
② 刘天纯:《日本产业革命史》,第220页,吉林人民出版社,1984。
③ [日]信夫清三郎:《近代日本产业史序说》,第3页,日本评论社,1942。
④ 井上馨侯爵传记编纂会:《世外井上公传》,第5卷,第367页,1934。

军次官大岛健一"进一步提出了以归还胶州湾为条件以换取(吞并)'满蒙'"的建议。8月26日,日本外相加藤高明提出《对华政策计划》,并作为训令下达给即将赴任的驻华公使日置益,其中不仅明确表示要长期霸占中国东北及内蒙,而且要向中国南方扩张势力。这个计划可以说是臭名昭著的《二十一条》的前身。

在此基础上,日本政府进一步吸收元老派的意见,于同年11月11日在临时内阁会议上通过了《对华交涉的训令方案》,交由驻华公使日置益正式向中国政府提出。这个方案就是全面侵犯中国主权的《二十一条》,其目的是使中国完全沦为日本的殖民地和附属国。如此赤裸裸的强盗外交不能不激起中国人民的强烈愤慨和反对。美国等西方国家为了本国在华的利益,也表示反对日本这一独占中国的企图。然而,日本军国主义政府一意孤行,竟向中国政府发出最后通牒,限期答复,否则就要出兵占领全中国。最后,腐败的袁世凯政府接受了日本提出的几乎全部条款,从此日本帝国主义侵略中国的野心就更加膨胀起来。

日本帝国主义政府的对华政策不仅具有公开的直接军事占领和强权外交的一面,而且还有通过输出资本"怀柔"中国的"日元外交"的一面。这是因为日本在世界大战中发了横财,有了可供输出的剩余资本。负责执行这一"怀柔"政策的西原龟三在1917年11月发表的《东洋持久和平策》一文中提出了建立"日华经济区"进而扩展为"东亚自给圈"的设想,也就是以中国为中心,把北自西伯利亚、南至印度以及澳大利亚的广大地区都包括在由日本领导的"东洋经济圈"内。可以说,这就是所谓"大东亚共荣圈"的雏形。

推行"日元外交"的另一位人物胜田主计则提出了所谓"菊分根"策略。他把向中国贷款比作日本在中国种下菊花,"待到菊花分根日",日本就会获得高额利润了。为此,他还专门撰写了《菊分根》一书。1918年3月,日本第四十届议会正式通过了胜田提出的由政府发行1亿日元债券,为兴业银行提供"海外事业"资金的议案。在寺内正毅内阁期间,对华贷款由开始的1.2亿日元增加到3.86亿日元。

日本政府的"日元外交",不仅使日本获得了高额利润,从政治、经济上控制中国,而且为中国的段祺瑞政府镇压南方革命派提供了财力上的支持。由此可见,"日元外交"也是日本政府所推行的军国主义政策的组成部分。军事扩张和经济扩张历来是日本侵略者交替使用的两种手段,其目的都是为了巩固和发展日本帝国主义的在华利权,直至变中国为日本的殖民地和附属国。

尽管如此,后来上任的军国主义首相田中义一还是指责前任的"币原外交"、"日元外交"是软弱外交,公然否认"满洲"是中国领土,而把它说成是日本的特殊利益地区,声言对"发生在我帝国特殊地区满洲的动乱"持"极为冷淡"的消极态度是错误的①,主张对华采取强硬的扩张政策。这就是所谓的"田中外交"。其具体表现,首先是侵占我国山东。

1927年5月28日,日本天皇批准了以保护在华日人之安全为借口向山东派出两千名关东军的计划。6月1日,日本侵略军开始在青岛登陆,到7月初就占领了山东半岛的1/3。7月8日,日本又增派了两千名日军,并占领济南。

为了在政府、军部、党阀、财阀、元老之间协调和统一对以侵略中国为核心的"大陆政策"的认识和行动,田中内阁于1927年6月27日召开了"东方会议",日本军政各方面要员都出席了会议。经过10天讨论,最后田中义一以首相兼外相的名义发布了会议的总结性文件——《对华政策纲要》。这个纲要公然把"中国本土"和"满蒙"加以分割,表示要分别采取不同政策:(1)对"中国本土"要保留出兵权,扬言"帝国在中国之权益及日侨之生命财产有受非法侵害之虞时,将断然采取自卫措施以维护之";(2)为攫取中国的丰富资源,要求"日本对华的贸易与投资得到中国方面的公平、公正的保护";(3)提出在中国建立反共联日的统一政府;(4)声言"满蒙特别是东三省,对国防和国民的生存有着重大的利害关系",应"视为国内外人士安居的地方",对此日本"不能不负有特殊的责任","万一动乱波及满蒙,治安混乱,我国在该地之特殊地位与权益有受侵害之虑时,不问它来自何方,均将采取防护措施"。②

---

① [日]高仓彻一:《田中义一传记》,下卷,第547—548页,原书房,1958。
② 日本外务省:《日本外交年表及主要文书(1840—1945)》,下卷,第101—102页,原书房,1955。

§ 七七事变是"偶然事件"吗？

从东方会议的文件的上述主要内容可以看出，这实际上是日本推行"大陆政策"、发起侵华战争的动员令、号召书。日本军部正是根据这一精神，于1931年9月18日精心策划了沈阳柳条湖事件，挑起侵华战争，用武力占领我东北领土，继而制造了一个傀儡政权——"满洲国"。

日本帝国主义通过发动九一八事变，轻而易举地占领了我国东北三省，这就大大刺激了它的侵略野心，不久又发动了上海事变，同时开始向我华北进犯。

1935年6月，日本华北驻屯军司令官梅津美治郎中将强行同中国军事委员会北平分会会长何应钦达成所谓的《何梅协定》，公然要求国民党政府撤销河北省境内的一切机关，并撤出全部军队，禁止排日运动等。同时，日本关东军也根据同样原则要求中国军队撤出察哈尔。日本驻沈阳的特务机关长土肥原贤二也同察哈尔省代理主席秦德纯签订了类似协定，名义上把河北省、察哈尔省划为非武装区，实际上使之成为日本的势力范围。

1935年10月，日本政府以外、陆、海三相的名义提出了"日本对华政策三原则"：要求中国取缔一切排日活动，"对日亲善"；要求中国默认"满洲国"的独立，并使华北地区同"满洲国"交往，实现中日"满"经济合作；要求中国排除外来的"赤化势力"，与日本共同反共。[1]

显而易见，日本侵略者的根本目的就是变华北为另一个"满洲国"，使华北继东北三省之后从中国版图分离出去，并成为一个反共堡垒。为了实现上述目的，日本政府进一步采取了各种政治、军事、经济手段，其中首先是在中国选择政治代理人。负责执行这一任务的土肥原少将先后拉拢北洋军阀吴佩孚和宋哲元未成，最后策动汉奸殷汝耕发表"自治宣言"，搞了一场所谓的"华北五省自治运动"闹剧，于1935年11月成立了"冀东防共自治委员会"，12月改称"冀东防共自治政府"，声明脱离国民政府，实行所谓"防共自治"。当时，中华民国政府宣布殷汝耕为卖国贼，并发布了逮捕令。但是，在日本侵略军的压力下，国民党政府又于12月8日建立了一个绥靖政权——"冀察政务委员会"，任命宋哲元为委员长，作为在国民党领

---

[1] 日本外务省：《日本外交年表和主要文书(1840—1945)》，下卷，第303—304页，原书房，1955。

导下管辖河北、察哈尔两省的"半自治机构"。

尽管如此,同日本军部完全占领华北的要求仍有很大距离,因而仍引起了一些军国主义分子的不满。他们要求日本政府放弃这种进展缓慢、收效不大的政治分离政策,而代之直接武装占领,像关东军解决"满洲"问题那样,尽快把华北完全控制在日本军阀手中。于是,日军自1936年以来不断发动军事挑衅,并进行了一系列政治协调、思想宣传和军事部署。1937年的七七事变就是在这种背景下为挑起全面侵华战争寻找借口而由日本军部一手策划的。

二 卢沟桥枪声来自日本侵略军

日本帝国主义自制造九一八事变侵占中国东北之后,步步逼近华北,形成对北平的包围形势:在北面,整个北宁沿线均有日军驻防,并于百灵庙成立伪"蒙疆自治政府",侵占了察北;在东面,除通县殷汝耕的伪"冀东自治政府"外,还有唐山陶尚铭的伪"唐山自治政府",其势力控制到山海关;在西北面,有日军收买的李守信和王英等土匪武装把守;仅西南面尚为中国军队第29军防守。1936年,日本侵略军制造事端,把中国军队从丰台赶走,由天津日本驻屯军增派牟田口联队所属一木清直大队驻扎到丰台的中国兵营里,控制了丰台重镇。这样一来,距离丰台8里的卢沟桥就成为北平对外的唯一通道了。从军事战略角度来说,卢沟桥进可以攻,退可以守,若被日军占领,北平便成为一座孤立的死城了。因此,卢沟桥这一重要战略据点就成为敌我必争之地。对日本侵略军来说,在侵占了东北、热河、察北、冀东之后,主要的战略目标就是卢沟桥。

1936年9月18日,日军步兵一中队在丰台演习,通过我军的守卫线时受到我守卫士兵的阻止,日军不退,遂起冲突。日军即以此为借口向丰台增兵,进而又以营房不足为由,要在丰台与卢沟桥的中间地带建筑兵营和修建机场。当时任河北省第三区行政督察专员兼宛平县县长的王冷斋回忆说:"这个地带属宛平县管辖,日方多次向我提出要求。在北平市政府、

§ 七七事变是"偶然事件"吗？

宛平县政府、北平日本特务机关部及天津日本驻屯军司令部各处，我方先后以北平市市长秦德纯和我为代表，日方先后以高桥垣武官、和知少将、板田上校、松井机关长及滨田辅佐官等为代表，双方谈判不下十余次，都被我方坚决拒绝。"

王冷斋指出："七七事变是由日方有预谋的演习而起，由昼间演习渐至夜间演习，由虚弹射击至实弹射击。我方屡次提出抗议，日方均置若罔闻，复经严重交涉，日方始允如有实弹演习之事自当通知我方。但日军小规模部队时常出动，我方为避免发生事端，即令保安队及警察随时注意戒备。1937年7月7日夜间，日军又在卢沟桥附近演习，11时左右忽有枪声数响发于宛平城东门外，城内守军当即加以严密注意。12时后北平市长秦德纯来电话对我说：日本特务机关长松井向我方提出交涉，声称'有日本陆军一中队在卢沟桥演习时，仿佛听见由驻宛平城内的军队发出的枪声，使演习部队一时纷乱，结果失落日兵一名，日本军队今夜要入城搜索'等语，已经我方拒绝，究竟真相如何，迅即查明以便处理。我接到电话后，就通知城内驻军营长金振中切实查询各守兵，经查明我军并无开枪之事，而且每人所带子弹并不缺少一枚，更可证明。另一方面，我又令警察在各处搜索，也未发现有所谓失踪日兵的踪迹。"

为了解决此争端，中日双方代表举行会谈。作为中方代表之一的王冷斋在会上说："我先声明：枪声方向是在宛平城东门外，我方在这里并无驻军，可知决不是我方所发，就是城内守兵也查明并无开枪之事，每个守兵所带子弹不少一枚。所谓失落日兵一名，经派警察向各处搜寻也毫无踪影。"又何况"夜间宛平城门已闭，日兵在城外演习，怎么能在城内失踪？就是退一步说，果有失落之事，也绝和我方无关，或者效当年南京日领事藏平自行隐匿的故伎，企图作要挟的借口"。①

另，当时守卫宛平县驻军营长金振中回忆："7月7日夜11时许，忽然听到日军演习地方响了一阵枪声。少顷，冀察绥靖公署许处长来电话说：

---

① 王冷斋：《卢沟桥事件始末》，载中央档案馆、中国第二历史档案馆等合编《日本帝国主义侵华档案资料选编：华北事变》第788—789页，中华书局，2000。

'据日方说,他们的一名演习兵被宛平城内华军捉进城去,他们要进城搜查。'在这黑漆漆的雨夜,日军到卢沟桥警戒线内演习,明明是企图偷袭宛平城,只因我守备森严,无隙可乘,便捏造丢失日兵为借口,乘进城搜查之机,诈取我城池。我将此情回告许处长,陈述不要听信日方谎言。刚刚放下电话,激烈的枪炮声便响了起来,炮弹飞越宛平城墙,炸倒营指挥部房屋六间,炸死士兵二人,伤五人。"[①]这时中日双方刚开始谈判,我军方报告:驻丰台日军一大队约500人并有炮6门,由大队长一木清直率领向卢沟桥出发,上述枪炮声就是这支日军所为。接着,防守阵地的我军各连连长纷纷报告,日军蜂拥般地向我阵地扑来。金振中营长立即登上城楼指挥战斗,给敌人以猛烈回击。直到8日凌晨2时,日本军方提出两点建议:(1)双方停止射击,各自运回阵地上伤亡的士兵;(2)天明后双方派员调查丢失日兵一事。

炮击卢沟桥宛平城的侵华日军炮兵

[①] 金振中:《宁为战死鬼不作亡国奴》,载中央档案馆、中国第二历史档案馆等合编《日本帝国主义侵华档案资料选编:华北事变》第805页,中华书局,2000。

中国守军第29军守卫在卢沟桥上。

中国守军第29军在卢沟桥奋起抵抗，打响了全国抗战的第一枪。

被侵华日军炮火破坏的宛平城公署。此照片系侵华日军所摄。

8日晨6时许,中日双方再次进行谈判。日方代表有特务机关部辅佐官寺平、冀察政务委员会军事顾问樱井和秘书斋藤,中方代表有冀察政务委员会外交委员会专员林耕宇、冀察绥署交通处副处长周永业和王冷斋。日方首先提出3点无理要求:(1)宛平城内的中国驻军应撤至西门外10华里,以便日军进城搜查丢失之日兵,否则日方将以炮火把宛平城化为灰烬。(2)昨晚日方所遭受之损失,应由中方负责赔偿。(3)严惩"祸首",最低限度应处罚营长。中方坚决拒绝了这些无理要求,严正指出:(1)丰台距卢沟桥8里之遥,又是雨夜,你们偏偏到我警戒线内演习,险恶用心已暴露无遗。(2)说你方丢失一兵,有何凭据?如真有丢失,也应由你方带兵者负责,与我方何关?(3)你方昨夜炮轰宛平城,民房被炸倒多处,我军民死伤多人,惨不忍睹,应由你方赔偿我方损失。我军保卫国土,打击入侵之敌,何罪之有?你们才是祸首。

谈判正在进行中,9点半左右日方又开始炮轰宛平城,炮弹击塌县府屋角,谈判室内烟尘弥漫。我方代表非常气愤,退出会场,场内只剩下负责保卫的金振中营长及几个随从兵和3名日方代表、1名随从。樱井等人乘机向金营长提出两点要求:(1)先把他们4人送出城去,以便向日军说明华军同意于本日薄暮撤至城西10华里以外。(2)我等4人愿同你到城东北角插上白旗,表明华方接受我方要求,即可停止攻击,并保证你个人的安全。金营长听后怒不可遏,当即厉声加以驳斥。

综上所述足可证明:卢沟桥的枪声绝不是来自宛平城内中国守卫部队,更无任何根据是来自共产党人,而是来自城东门外和东北方向的日军演习地。这同后来多次向城内放枪开炮、打死打伤中国军民多人、炸坏县府和民房多处等罪行一样,都是日本侵略军干的。至于所谓"受中国军队枪击而失踪了一名日兵",并以此为借口要进城搜查,就更是无稽之谈。据日本森岛守人所著《阴谋·暗杀·军刀》一书提供的材料,"这个士兵实际上是为解手而离了队伍",根本没有进城,而是不多时就归队了。日军显系借题发挥,竟以此事大做文章:立即由中队长报告给驻丰台的大队长,又由大队长报告给北平的联队长,联队长当即命令大队紧急出动,旋即在卢沟桥前面部署阵地,开始向中国军队进攻。

作家萨苏做客《搜狐军事观察家》时为网友们解读日本全面侵华战争的起点——卢沟桥事变,涉及这名日本士兵的踪迹。他说:当时中日的态势,中方驻守宛平城,号称驻军1个营,有12支部队,比1个团还要多,对这个地方早有准备,沿着永定河的河堤设防,一直设防到龙王庙。日军过来演习,在永定河的右岸,大概是一个梯形。日军的假想敌靠北平方向,在靠近中国这边是它真正的进攻部队,所以打枪的方向跟中国军队方向是相反的。夜里11点钟左右,日军宣布演习结束,担任假想敌的日军和演习的日军纷纷休息。这个时候,一个士兵失踪了。这个士兵叫志村菊次郎,究竟上哪儿去了?原来都说大家不知道他去哪儿,现在我们经过考证查到的资料显示,志村菊次郎应该跑到中国军队的龙王庙守军阵地上,又从这个地方回到日军部队里面去了。他为什么要出现在龙王庙?龙王庙旁边有一个小一点的尼姑庵叫白衣庵,这个白衣庵的守军有一个排长叫齐国宣,他在解放后写过回忆录,里面讲到志村菊次郎的去向,只不过他没有意识到这是志村菊次郎。他说当时守在白衣庵很紧张,因为中日关系很紧张,日方演习次数越来越多,而且经常对中方挑衅,所以部队加强戒备。这时,日本兵突然到中国阵地上来,以前日本人靠近阵地我们喊口令,日本人一听中国兵喊口令他们就走,这次中方喊口令时,对方回答说是日本人,回答完之后还跑到中方阵地上来转了一圈。这时候大家很紧张,不知道这个日本兵要干什么。齐国宣认为这个日本兵很不正常,但他没有作进一步的分析。过了一会儿,听到日本方向的枪声,这个日本兵就走了。

由此可见,卢沟桥之战不是偶然的,完全是日本驻屯军一手挑起的。它是日本帝国主义全面侵略中国的开端;是20世纪30年代日本政治、经济陷入严重危机,内外矛盾激化的产物;是日本法西斯进行侵略扩张、争夺世界霸权的必然结果。

9

难道抗战只是"打日本"吗?

全面看待抗日战争可以有很多视角。从中日两国战争的角度来看,中国以"熬时间"持久抗战的方式使日本在中国久拖不决、深陷泥潭,在太平洋战争爆发后便走向衰落。从中国革命的宏观角度看,可以看到其最大的成就在于中国革命力量有了空前发展。经过8年全面抗战,解放区军队发展到120万,根据地从原来仅150万人口的陕甘宁边区一隅之地发展到长城内外、大江南北,人口达1.3亿。这不仅为夺取中国革命的最后胜利积蓄了雄厚的力量,也准备了广阔的战场。国防大学教授、少将徐焰在《解放军报》撰文指出:抗战只是打日本?如此理解太偏狭。[①] 在抗日战争这次全民族参加的规模宏大的反侵略战争中,中国共产党领导全国革命人民和进步力量取得了辉煌的成就,尤其是成功地实现了两个革命并行的目标:民族革命——驱逐日本侵略;民主革命——发展革命力量并为建立新中国做好了准备。对此,徐焰将军作了专题论述。

一 抗战只是"打日本"?

抗战只是"打日本"?如此理解太偏狭!

近些年来,有关抗战史教育出现了一些片面性倾向,即只单纯地讲国内团结打日本,而淡化了对当年阶级斗争的记述,使许多人对中国共产党和国民党政府在抗战中的作用产生了模糊认识,一些人甚至不知道也

[①] 徐焰:《抗战只是打日本?如此理解太偏狭》,载《解放军报》2010年8月30日。

9 难道抗战只是"打日本"吗?

不理解抗战时期国共两党的磨擦及其必然性。其实,当年抗战的国内各阶层除了"打鬼子"这个共同点外,还有各自不同的奋斗目标,进步的中国人浴血抗日不仅是为了不做"亡国奴",还要打碎国内的旧制度。按当年解释就是要使"胜利果实属于人民",不能在战后恢复中国旧政权的黑暗统治。

全面抗战开始前,因"中华民族到了最危险的时候",正被国民党"围剿"的中国共产党人提出了"停止内战,一致对外"的主张,体现了全民族共同利益。代表中国大地主和官僚买办阶级的国民党政府当时也接受了这一要求,是因为日本入侵也影响了中国大地主和官僚买办阶级的利益。各党派把抗日当作首位任务时,以国共斗争为中心的国内阶级斗争也只是退居第二位,不过在整个抗战期间并未消失,且屡有激化。

在整个抗战期间,蒋介石国民党政府从未放弃其反共的立场。蒋介石从未承认过"国共合作"一词,只是以居高临下的姿态说"允许共党输诚",在内部又强调"抗敌除奸","敌"指的是日本,"奸"指的就是共产党。国民党政府对待共产党军队的态度,就如同宋朝招安梁山再让其打方腊,想用"收编"方式让其到前线借助日本的飞机、大炮消灭之。至于共产党的抗战指导路线,美国记者埃德加·斯诺有清楚的记述。斯诺在《我在旧中国十三年》一书中说:当走进由几百眼破窑洞构成、满目风尘的陕北保安(今改名志丹)县城后,毛泽东与他彻夜长谈时便谈到抗战的规划。"他要我预先设想到日本将赢得所有重大的战斗,占领了主要城市和交通线,而在战争初期,就摧毁了国民党的精锐部队。继后产生的是一个持久斗争的局面,在这个局面中,红军游击队将起主要的作用。"斯诺又总结毛泽东谈话宗旨说:"他决不隐瞒这样的事实:中国共产党就是一心要最后完全夺取政权。抗日战争不过是完成新民主主义革命的准备阶段罢了。"

后人不能不钦佩,抗战的局势发展恰恰同毛泽东这一预见完全吻合!在中国近现代革命史上,抗日战争是一个承前启后的中间阶段,回顾历史就要看其前篇和后续。

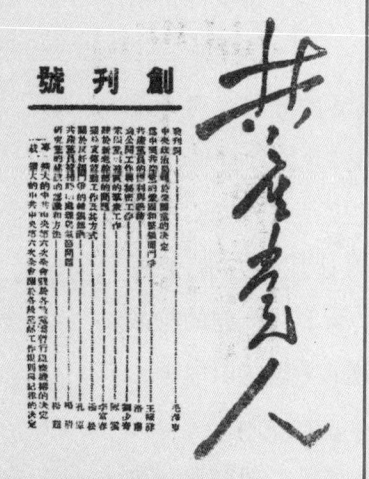

全国抗战时期,毛泽东发表了《新民主主义论》、《论新阶段》、《〈共产党人〉发刊词》、《中国革命与中国共产党》等文章,深刻阐述了近代中国社会和中国革命的发展规律,系统论证了中共关于中国新民主主义革命的基本理论和政治、经济、文化纲领,为中国革命的发展指明了方向。

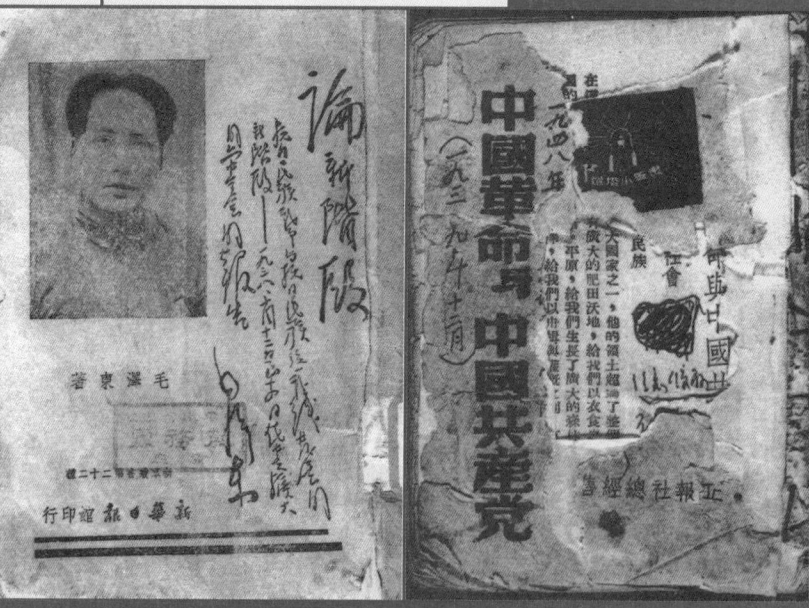

二 日本敢于侵略中国是利用了旧中国统治集团的腐朽和无能，抗日期间革命力量需进行内外双重斗争

日本能有"以蛇吞象"之心大举侵华，除了其自身狂妄，也是利用了旧中国统治集团的极度腐朽和无能，否则偌大个中国也不会如此受尽欺凌且丧师失地。在全国抗战初期，常有百十名日军就能扬长而入一县城、省城，不仅未遇抵抗，还会有一些汉奸忙着挂"维持会"牌子并打太阳旗相迎。当年的中国抗日力量要想有效抗日，除了直接打击日军，同时也要铲除伪军、伪政权，在联合尚能抗日的旧势力一同对日作战时又要设法对这些旧势力加以改造。

由于当时国际上的帝国主义强国分成不同阵营，各自又在中国寻找代理人，抗战时国内反动势力也产生了分化。清王朝的残渣余孽如溥仪、蒙古德王和社会上一些不得志的黑恶势力主动投靠日本，为日本充当傀儡。当政的国民党政府也分为两派：汪精卫代表的投降派认为"抗战必败，再战必亡"而在战时降日，建立了依附于日本的南京政权；国民党内以蒋介石为首的重庆国民政府在美、英、苏支持和援助下坚持了抗战，不过仍具有反共和压迫人民的一面。中国共产党在坚持抗战的同时，对这些不同势力只能是采取不同政策，把斗争与联合结合起来，才能在削弱国内反动势力时壮大八路军、新四军和敌后抗日政权。

日本以少兵临大国，其主力只能占领"点"（各城市）和"线"，要控制大片农村，不能不利用汉奸和伪政权。日军对广阔的后方只能定期分区"扫荡"和分散设立据点，这就为共产党发展力量实行持久抗战创造了有利条件。1937年8月八路军出师之前，毛泽东便在洛川会议上确定了"独立自主的山地游击战"方针。9月下旬八路军首战平型关获胜后，针对一些领导人急于打大仗的心情，毛泽东又强调"根本方针是争取群众，组织群众的游击队"。接着，八路军根据"敌进我进"的方针，跃进到日军占领区建立根据地，《到敌人后方去》的战歌一时响遍了华北、华中大地。

八路军、新四军挺进敌后,只用了两年多时间便由4万余人发展到50万人,根据地人口曾达到1亿,在各地打击日军孤立的据点和分散的部队,并铲除伪政权。共产党的武装到敌后迅速壮大,完全出乎蒋介石的意料,从1939年以后便连续出现了反共高潮和军事进攻,共产党也针锋相对地进行有理、有利、有节的斗争。例如:国民党军制造了反共的"晋西事变",八路军便以反顽战斗打垮了晋豫边顽固军;国民党军韩德勤部叫嚷要把新四军苏中部队"赶到长江里喝水",却在陈毅、粟裕指挥的黄桥战役中被歼大半……不过,为了维持抗战大局,中国共产党的反击都适可而止,随之蒋介石同周恩来还能一再在重庆谈判握手。

近些年一些描写抗日战争的作品煽情式地说什么"抗战中只有华夏儿女,没有党派之分",这岂不是抹杀历史的欺人之谈?抗战中除了有爱国者抗日、打汉奸的激烈斗争,抗日营垒内两条路线的斗争也贯穿了战争全过程,只不过抗战是历史的主流。也就是说,写抗战史,我们虽然要突出国共抗战的主流,但也不能否认国共之间斗争的存在。我们不能从一个极端走向另一个极端。

三 八路军、新四军主要靠轻武器甚至原始刀矛作战,就必须用人民战争的"持久战"来对抗强敌

国民党政府污蔑共产党军队在敌后"游而不击"、"乘机坐大",这种说法根本违背了战争基本规则,即只有消灭敌人才能保存自己。国民党掌握国家政权并有外援的飞机、大炮和坦克,有雄厚的弹药补充,抗战时消耗子弹就达17亿发,有条件与日军打正规战。然而,在落后山村活动的八路军、新四军基本没有外援,主要靠轻武器甚至是原始的刀矛作战,平均一支步枪仅十几发子弹,只能用人民战争来对抗强敌。

八路军、新四军进入敌后开创根据地(即解放区)后,日军面对其后方基地和运输线受到威胁,长期以其在关内的约半数兵力对我根据地进行"治安战",并以其特有的毒辣狡猾实行了"铁壁合围"、"捕捉奔袭"、"纵横

扫荡"、"反转电击"、"辗转抉剔"等战术,还以杀光、烧光、抢光的"三光"政策摧毁根据地军民的生存条件。1941年和1942年间,敌后解放区人口曾降到5000万,八路军、新四军的数量降到40万。在这种艰苦环境中,敌后解放区通过粉碎一次次"扫荡"才得以坚持下来,并在1944年后再度迎来大发展。侵华日军总头目、支那派遣军司令官冈村宁次晚年在回忆录中对八路军的评价便是"作战勇敢,内部团结,只是武器装备太差"。事实证明,当年共产党领导的军队只有"抗"方能"大",光"坐"岂能变"大"?

在只有"小米加步枪"的简陋条件下,八路军、新四军没有本钱打大规模的正规战,除了"百团大战"这样少有的集中作战外,正确的指导方针是分散的游击战。例如:在1941年以后的最艰苦时期,华北200余县的抗日武装提出的任务是一个县一天打死一个鬼子,每月便合计能毙日军6000人,从而积小胜为大胜,以持久战将日军拖得日夜不宁和疲惫不堪。

八路军、新四军能在最艰苦的敌后坚持抗战,靠的是人民拥护。做到这一点的关键,主要是以大生产减轻群众负担。共产党的军队纪律好,切实做好"哪家住八路,灶里有柴烧,缸满院扫净",同时更重要的是解决农民最期盼的土地问题,通过减租减息改善了农民生活。当时国民党派到敌后的兵力远比共产党多,游击战却没有打成,关键也在于不能解决民生特别是土地问题,其军队得不到人民支援,向民间掠取更会结怨于百姓。在日军"扫荡"下,敌后国民党军倒真是陷入"游而不击"的状态之中,最后或逃回或投敌当了伪军。至1943年以后,敌后抗日武装力量中就只有八路军、新四军了,敌后战场成了八路军、新四军的一统天下。

四 抗战胜利的一个重要成果是战后很快迎来新中国诞生

中国抗日战争尚处在相持阶段时,就因国际形势的剧变在1945年8月结束。当时任毛泽东秘书的胡乔木曾回忆说:"美国扔原子弹,苏联出兵,加速了日本投降。胜利的到来是很突然的。"由于促成抗战胜利的内部外部原因复杂,怎样认识其胜利的意义,在不同立场的国人中便一直有着不同的看法。

如果从宏观的角度看抗日战争史,首先就要涉及用什么尺度看待当年国内各政治力量在抗战中的功绩。有人只是单纯地使用对抗日军这一把尺子,就是只从表面数字看谁同日军打了多少仗、谁在抗日阵营中拥有的兵力多和武器好,这样得出的结论肯定是狭隘和片面的。抗日战争既然担负着民族、民主革命双重任务,就要使用两把尺子来衡量,除了看谁抗击日军的数量多以外,更重要的是看谁推动了中国社会的进步。

当年拥有的兵力、武器都远居劣势的中国共产党能成为抗战的中流砥柱,除了能以游击战牵制大量侵华日军,更重要的是在抗日根据地内建设起一个新民主主义社会的雏形,向全国人民昭示了社会改革的方向。"重庆有官皆墨吏,延安无土不黄金。"这一当年国内广泛流传的说法反映了战时的人心所向。除了进步知识青年向往陕北、纷纷投奔延安外,连华侨领袖陈嘉庚和美军驻延安观察组的许多人也公开表示"中国的希望在延安"。

当年中国进行的抗日战争,主要是以国民党和共产党这两支最大的政治力量共同进行的,战争的进程和胜利本来为两党的发展都提供了机会,只是国民党因其自身腐朽失去了人心也失去了机会,逃到台湾后其史书多叹息"赢得了抗战却丢失了大陆"。对整个中华民族而言,战争胜利使中国的国际地位大大提高,解除了民族存亡的危机,而共产党的力量在战时的发展又为战后的民族复兴创造了基本前提。

抗战胜利后,中国革命力量便同反动势力进行了最后决战,并驱逐了继日本之后而想控制中国的美国侵略势力,很快赢得了全国解放战争的胜利,从而彻底结束了中国半殖民地半封建社会的历史。一个光明灿烂的新中国就此骄傲地屹立于世界民族之林!抗日战争所书写下的民族、民主革命的双重业绩将永远铭刻于史册。

10

到底谁是抗战的领导者？

一 学术界关于抗日战争领导者的不同观点

关于"谁是抗战的领导者"这个问题，长期以来就存在着争论。郭德宏在1995年写的《抗日战争领导权问题研究述评》[①]就曾介绍了当时几种主要的不同观点：

1. 抗日战争是中国共产党领导的。这是传统观点，不少学者坚持这种观点。但是，对中国共产党领导的范围、程度、实质等，在表述中又各不相同。有的认为抗日战争就是中国共产党领导的；有的认为中国共产党虽然"在较大程度上取得了抗战的领导权"，但这种领导权"是不充分的、不完备的，主要是在政治上发挥着领导作用"，而且"能充分行使领导权的地方仅限于抗日民主根据地"；有的认为所谓中国共产党领导，主要是指政治领导，或者就是指政治领导；有的认为共产党的领导作用除表现为政治领导外，还反映在思想影响和组织推动方面。

2. 抗日战争是国民党领导的。我国的台湾学者大都持此观点，大陆少数学者也持此观点。其理由是：（1）南京国民政府是中国当时唯一合法的政府，国民党是当时唯一的执政党。（2）中国共产党及其军队当时一系列方针、作战计划、命令等须交国民政府批准同意后才能实施……（3）从中国共产党领导人的一些言论中也可看出是国民党领导的。有的学者认为除解放区外，蒋介石"在全国的大部分地区，是实施了领导的（虽说领导得不

[①] 郭德宏：《抗日战争领导权问题研究述评》，载《中共党史研究》1995年第1期。

完全正确）"。

3. 抗日战争是国共两党共同领导的。理由是在政治上两党都发表了自己的纲领，在军事上分别领导了两个战场，等等。有的认为"抗日民族统一战线的实质和内容就是共同负责，共同领导，共同奋斗，共同发展"。有的还认为抗日战争从政治上说是共产党领导的，"从组织上说是国共两党共同领导"的，从军事上都领导了各自军队的抗战。

4. 抗日战争是国共两党分别领导或分别领导合作进行的。理由是"国共两党虽然实现了合作，但未建立统一的组织形式。各有各的辖区和民众，各有各的政权和军队，各自支撑了不同的战场"，因此抗日战争"是由国共两党分别领导进行的"。

5. 抗日战争的领导权是逐渐由国民党向共产党方面转移的。不少学者认为在抗战中或开始时是国民党居于领导地位，但由于其阶级局限和错误政策，领导权逐渐向共产党方面转移，呈现出此消彼长的趋势。但是，对于这种转移是否完成，又有不同的看法：有的认为这种转移已经完成，国民党的"领导地位日益趋于形式"，而共产党"成为实际上的全国抗战的核心"；有的认为这种转移并未完成，"假如共产党的领导权已大于国民党的领导权，也就无需进行解放战争了"。

6. 不笼统提谁领导谁，而具体分析各方面的作用。有的学者认为："抗日战争的情况是很复杂的，因而抗战的领导权用笼统、简单的字句表述不清楚。""最好不要笼统地简单地提抗日战争是谁领导，而是具体地阐述中国共产党和国民党在抗战中的情况和作用。"有的人认为抗日战争"是在中国共产党倡导的抗日民族统一战线旗帜下，以国共两党合作为基础"进行的提法比较好，这已包含了领导权问题的深刻内容。

7. 着重分析争夺领导权的过程。胡绳在评论了几种关于领导权的提法以后说：在领导权问题上国共两党始终进行着斗争，"前面讲的关于抗日战争领导权的几种说法，一句也没有提到团结中的斗争，不能使人看到在团结抗日中存在争夺领导权的斗争"。"固然，在当时的形势下不可能把抗日的领导权全部夺取过来，但是我们用适当方式进行必要的斗争，就使大地主大资产阶级、国民党领导集团不能按照它的反动方针把抗日战争引导到绝路,促使它不能不抗战到底。要概括说明抗日战争领导权问题,就不能不看到无产阶级同大资产阶级、共产党同国民党争夺领导权的过程。不研究这个过程,是说不清楚领导权问题的。"①

除以上观点外,还有其他一些看法,如有的提出应用计量方法考察领导权的归属等。有的学者又提出一些看法,如认为抗日战争名义上是国民党领导,实际上是国共两党独立地领导各自的力量合作进行的②,如此等等。

郭德宏在《抗日战争领导权问题研究评述》一文中指出:我虽然认为以上观点各有自己的道理,相比之下,胡绳关于着重分析争夺领导权的过程说及领导权转移和消长说比较全面和科学。但是,现在看来,这两种观点也值得商榷,因为它们都主要是强调国共两党争夺领导权的过程和领导权的转移,并没有说明抗日战争到底是谁领导的。

抗日战争作为中日两国之间的一场时间长久、规模巨大的战争,不应该着重强调国内国共两党之间的斗争,而应该着重说明是谁领导中国进行了抗战,突出中国对日抗战的方面。

至于其他几种观点大部分也值得商榷。关于共产党领导说,胡绳就曾指出:"说抗日战争是中国共产党领导的,这过于简单。总不能说共产党领导了国民党,领导了国民党的反共政策,领导了豫湘桂大溃退,等等。"③张宪文认为:那种笼统、简单地说"共产党领导了抗战"等提法,"都没有能够使大多数人信服"。④ 关于国民党领导说,刘大年曾指出:说国民党领导了抗日,不可能对诸如国民党抗战期间政治地位何以衰落下去、共产党的力量何以反而迅速壮大了等等问题"得出令人信服的回答";另外,国民党"不敢和不能依靠抗日主力军农民和广大人民群众,就压根儿谈不上领导权问

---

①③ 胡绳:《谈党史学习中的几个问题》,载《中共党史研究》1988 年第 1 期。
② 刘宝军:《也谈抗日战争领导权问题》,载《世纪桥》2002 年第 1 期;《抗日战争领导权问题研究述评》,载《辽宁师专学报》2003 年第 2 期。
④ 张宪文:《关于抗日战争史研究中的几个问题》,载《抗日战争史新论》,南京工学院出版社,1986。

题。一不领导工人、农民,二不领导革命民主派,除了自己领导自己,还有谁要由它去领导"?① 关于国共两党分别领导或分别领导合作进行说,胡绳曾指出:"如果把国民党和共产党,正面战场和敌后战场,国统区和解放区看成各不相干,也不符合事实。因此,分别领导的说法也没有全面地说明事实。"② 关于不笼统提谁领导谁而具体分析各方面的作用说,胡绳也指出,后面这种说法"作为历史现象的描述,当然是对的,但是并没有说清其领导权问题"。③

将以上各种观点相比较,郭德宏认为还是国共两党共同领导说比较符合历史的实际。

二 为什么说抗日战争是国共两党共同领导的

郭德宏进一步分析说:要说清"到底谁领导了抗日战争"这个问题,首先应该把领导权和领导者两个问题分开,因为两者说的并不是一回事。长期以来之所以在"到底谁领导了抗日战争"这个问题上存在争论,就是因为很多人把这两个问题混到了一起。在《抗日战争领导权新论》④中,我就指出抗日战争的领导权,是中共中央根据列宁关于无产阶级必须争取资产阶级民主革命的领导的策略思想提出来的,主要是指以正确的主张和模范行动,影响和引导农民阶级、小资产阶级以及民族资产阶级,使革命按照自己的主张进行到底,也就是说主要是进行政治领导,和对抗日战争的组织领导、行政领导不是一回事。而抗日战争的领导者,不仅包括政治领导,还应该包括对抗日战争的组织领导和行政领导。

从对抗日战争的政治领导来说,在全面抗战爆发前夕,中国共产党就倡导建立抗日民族统一战线,从而树起了一面旗帜,把全国各个民族、各个阶级阶层、各个党派团体团结到了一起,为抗日战争的胜利进行奠定了良

---

① 刘大年:《抗日战争与中国历史》,载《近代史研究》1987 年第 5 期。
②③ 胡绳:《谈党史学习中的几个问题》,载《中共党史研究》1988 年第 1 期。
④ 郭德宏:《抗日战争领导权新论》,载《安徽史学》1995 年第 1 期。

16 到底谁是抗战的领导者？

好的基础。中国共产党提出的持久战理论和新民主主义理论以及实践,也为推动社会的进步和抗日战争的胜利进行作出了重要贡献。但是,中国共产党的政治领导主要限于敌后抗日根据地和解放区以及一些民主党派等等,国民党领导地区的广大民众并不一定了解中国共产党的主张。他们拥护和支持抗战,主要是在国民党和国民政府的领导下进行的。当时国民党和国民政府坚持抗战,拒不投降,也对抗日战争的胜利进行起了重要的政治领导作用。1938年春召开的国民党临时全国代表大会通过的《中国国民党抗战建国纲领》,就是一个对全国抗战起了政治领导作用的重要文件。后来虽然由于国民党和国民政府政策的错误及自身的腐败,国民党的这种政治领导作用明显下降,而中国共产党的政治影响越来越大,但谁也不能否认,国民党和国民政府自始至终对其控制的地区具有政治领导作用。1945年4月24日毛泽东在中共七大上的口头政治报告中就曾说:从中共六届六中全会到现在,由于我们执行了正确的路线,国民党的影响低落,势力缩小了。但是,"现在国民党的影响还有没有呢?还相当大。国民党有'余致力国民革命,凡四十年',又加上二十年,共有六十年的历史。我们还不到人家的一半,只有二十四年的历史。要我们的影响去,他们的影响才会走;我们的影响不去,他们的影响就不走。所以说,国民党的影响是低落,而不是没有,势力缩小了,但还有相当大的力量"。[①] 按照毛泽东的这种说法,中国共产党在抗日战争期间虽然政治影响越来越大,但还没有取得全部的政治领导权,还没有能对全国人民都起到政治领导作用。

从对抗日战争的组织领导来说,中国共产党的组织领导主要限于敌后抗日根据地和解放区;国民党控制的广大地区则主要是由国民党和国民政府进行领导的。从全国来说,国民党和国民政府是全国抗战的合法的组织领导者,这不仅为世界各国所公认,中国共产党当时也是承认的。例如,毛泽东于1938年10月在中国共产党扩大的六届六中全会上作的《论新阶段》的报告中就说:"统一战线以国共两党为基础,而两党中又以国民党为主干,我们承认这个事实。因此,我们是坚决拥护蒋委员长及其领导下之

---

① 《毛泽东文集》,第3卷,第314页,人民出版社,1996。

国民政府与国民党的,并号召全国一致拥护。"①1938年11月6日中国共产党扩大的六届六中全会通过的《政治决议案》还"正式宣言:中国共产党对于拥护三民主义,拥护蒋委员长,拥护国民政〈府〉的诚心诚意",并认为全中华民族当前紧急任务的第二条就是"诚心诚意的拥护蒋委员长,拥护国民政府,拥护国共两党及一切抗日党派的亲密合作,反对一切分裂企图,反对任何汉奸傀儡政府"。②

从对抗日战争的行政领导来说,与上面所说的组织领导的情况基本相似,中国共产党的行政领导也主要限于敌后抗日根据地和解放区;国民党控制的广大地区,也主要是由国民党和国民政府进行领导的。从全国来说,国民党和国民政府是全国抗战的合法的行政领导者,这不仅为世界所公认,中国共产党当时也是承认的。

综上所述,国共两党在抗日战争的政治领导、组织领导、行政领导等方面都共同起了作用。不仅如此,国共两党共同领导说也是中共中央的很多文件和毛泽东等领导人公开承认并多次说过的。例如:

1937年12月24日,毛泽东在《在友军区域内应坚持统一战线原则》中说:"为达到扩大统一战线的目的,在共同负责、共同领导、互相帮助、互相发展的口号下,与各统一战线的地方工作当局协商,群众工作的进行,必须注意尽量取得他们的同意与合作,从抗战利益出发,说服他们采纳我们的意见与建议。万一不能同意时,不应勉强,而应暂时让步。"③

直到1947年2月1日,毛泽东在《对中国革命新高潮的说明》中仍然承认抗日战争是共产党和国民党共同领导的。他说:现在"革命高潮快要到来。这种高潮在近半个世纪的中国历史上有过三次,第一次是辛亥革命,第二次是北伐战争,第三次是抗日战争,这三次都是全国规模的……第一次革命高潮无产阶级没有参加领导,那时还没有共产党,是同盟会领导的。第二次、第三次是共产党和国民党共同领导的。"④胡绳曾批评国共两

---

① 《建党以来重要文献选编(1921—1949)》,第15册,第623页,中央文献出版社,2011。
② 《中共中央文件选集》,第11卷,第753—754、751页,中共中央党校出版社,1991。
③ 《毛泽东军事文集》,第2卷,第130页,军事科学出版社,1993。
④ 《毛泽东文集》,第4卷,第219页,人民出版社,1996。

毛泽东

蒋介石

党共同领导说"站不住",因为"国民党在抗日战争中要消灭共产党,它有一套方针;我们也有一套方针,与国民党根本不同。不可能也没有形成共同领导的局面"。① 他说的国共两党的区别是确实存在的。但是,除了存在这些区别以外,国共两党的共同点还是主要的,即两党都是要抗日的。在抗日民族统一战线中,国共两党虽然发生过很多磨擦,但都没有彻底破裂统一战线,而是将抗日民族统一战线维持到了最后的胜利。国共两党虽然分别领导了不同的地区和战场,但两个地区、两个战场并不是毫不相干的,不管国共两党的领导者如何考虑,两个地区、两个战场实际上是互相配合、互相支援的,两个战场共同构成了一个统一的中国战场。如果缺少了任何一个方面,另一个方面就肯定会困难得多。因此,尽管国共两党存在着很大的甚至根本的区别,并分别领导了不同的地区和战场,但国共两党还是共同领导了中国的抗日战争。

有的人可能担心,如果说国民党也领导了抗日战争,会抬高国民党的历史地位,降低共产党的历史地位。其实,这种担心是多余的。第一,国民党也领导了抗战是历史事实,不是随便可以抹杀的。与其回避,还不如按照历史事实来说明这个问题。这不仅可以表明中国共产党实事求是的科学态度和宽大胸怀,也易于为更多的人所接受。第二,明确说国共两党共同领导了抗日战争,就旗帜鲜明地说明了中国共产党也领导了抗战,总比含糊其辞不说谁领导更好。这不仅没有降低中国共产党的历史地位,相反还提高了中国共产党的历史地位。

三 国共两党的共同领导作用前后是有变化的

郭德宏指出,中国的抗日战争虽然是国共两党共同领导的,但有两个情况必须说明:

首先,共同领导并没有一个固定的领导机构和组织形式,除了分别在

---

① 胡绳:《谈党史学习中的几个问题》,载《中共党史研究》1988 年第 1 期。

全国发生政治影响以外,主要还是分别领导自己领导的地区和战场。1945年5月31日毛泽东在《在中国共产党第七次全国代表大会上的结论》中即说:抗战初期"所谓的'共同领导',实际上只是国民党一党领导",当时中国共产党"说在蒋委员长领导下抗战到底",这个话并"没有错","因为要打日本,就要有个头子,中国当时的头子就是蒋介石,他有那么多军队,外国也承认他。但是他后来要反共,这句话我们就少讲了,以至于不讲了,改为要建立一个联合政府,把他那个政府改组一下。如果说共同领导,那就是你领导你那一堆子,领导中央军;我们就领导八路军、新四军,领导广大人民,放手发动群众,壮大人民力量"。① 实际上,抗日战争就是国共两党分别领导或分别领导、合作进行的。但是,因为"分别领导"或"分别领导,合作进行"说没有体现出国共两党领导的两种地区和两个战场的密切联系,因此不如说"共同领导"好。

其次,国共两党的领导作用在不同方面是不相同的,而且是处在变化之中的。从抗战初期来说,中国共产党首先倡导建立抗日民族统一战线,并提出鲜明的持久战理论和新民主主义理论,所起的政治领导作用当然是很重要的。但是,在军事领导、组织领导和行政领导方面,因为国民党的力量大,领导的地区广,毫无疑问是国民党起的作用更大一些。不过,随着八路军和新四军、敌后抗日根据地的解放区的发展壮大,中国共产党影响的扩大以及国民党领导区域的缩小和政治影响的萎缩,中国共产党的政治领导、军事领导、组织领导、行政领导作用都在扩大,而国民党在这几个方面的领导作用都在缩小,即呈现出一种此消彼长的形势。正因为如此,抗日战争才为解放战争的胜利以至人民革命的胜利奠定了基础。

虽然存在着上述两个方面的情况,但并不妨碍"国共两党共同领导抗日战争"的观点。因为从总的方面来说,说国共两党共同领导了中国的抗日战争是符合历史实际的,因而是站得住脚的。

---

①《毛泽东文集》,第3卷,第413页,人民出版社,1996。

四 全面美化国民党领导抗战、否认共产党领导抗战是历史虚无主义

中国社科院学部委员张海鹏指出：共产党推动国民党抗日，监督国民党抗日，批评国民党在抗日大局上的动摇，都是从民族战争的共同利益出发的。国民党在抗日中不忘记反共，甚至掀起反共高潮，这正中日本反共谋略之下怀。幸好，国民党在共产党和全国人民的监督下没有放弃抗战的旗帜，把抗战坚持了下来，否则抗战前途不堪设想。共产党的这种监督作用，是在抗日民族统一战线的旗帜下进行的，这也是一种领导作用。没有这种领导作用，抗战往前进行是极为困难的。

我们说，国民党的传统观点是不承认共产党在抗战中的领导作用，认为共产党"游而不击"，这是不值一驳的。现在一些"国粉"与国民党的传统观点相呼应，总爱颠倒历史、篡改历史，全面美化国民党抗战、否认共产党抗战，只讲抗战、不讲国民党反共，只讲国民党领导抗战、否认共产党领导抗战，其实是一种对抗战历史知识浅薄无知的暴露，是历史虚无主义的表现。只要回归历史事实，抗战时期的领导权问题是不难搞清楚的。

11

到底谁是抗战的中流砥柱?

中国人民抗日战争是100多年来中国人民反抗外敌入侵第一次取得完全胜利的伟大的民族解放战争,也是中华民族走向复兴的历史新起点。如今,抗战的硝烟虽然已经散去,但历史的记忆是不可磨灭的。抗日战争的胜利是中华民族同仇敌忾、团结奋斗的结果。中国人民以自己的血肉之躯和英雄气概,汇成全民族抗战的滚滚洪流和汪洋大海。当年,中国共产党率先高举抗战大旗,提出了抗日民族统一战线的方针,广泛发动人民群众,形成了以国共合作为基础的全民族抗战局面,最终取得了抗日战争的伟大胜利。但是,随着思想的不断解放和改革开放的不断推进,有的人借用客观评价抗战史之名,贬低甚至否定中国共产党在抗日战争中的重要历史地位和作用。对此,学术界进行了深入广泛的研究,认为虽然不能说抗日战争是单独由中国共产党领导的,但是中国共产党代表着中国人民的根本利益,秉持民族大义,肩负历史重任,以自己的政治主张、钢铁意志和模范行动一直战斗在抗日战争最前列,在全民族抗战中发挥了中流砥柱的作用。

针对"谁是抗战的中流砥柱"这一重大问题,学者们展开深入研究,纠正了贬低和否定中国共产党在抗战中的历史地位的错误思想,并论述了中国共产党成为抗战的中流砥柱的客观条件。这里择其代表性观点,归纳如下:

一 关于纠正"到底谁是抗战的中流砥柱"问题上的错误思想

针对社会上出现的否定中国共产党在抗战中的领导地位和中流砥柱

作用的错误思想,学术界给予了相应的有力回击。

有研究者指出:近年来出现各种否定中国共产党的中流砥柱作用的错误观点。比如:有的认为,抗战时期中国共产党的主要精力放在扩大解放区,培养自己的武装力量;放着日本人不打,打自己的小算盘,准备胜利后摘果子等。事实并非如此!中国共产党在抗日战争中放手发动群众,壮大人民力量,完全是正义的。中国共产党在抗日战争中领导人民经过浴血奋战而逐渐发展壮大起来。历史证明:中国共产党没有自己的私利,绝不是打自己的小算盘的政党。中国共产党不仅是中国无产阶级根本利益的忠实代表者,同时也是中国人民和中华民族最高利益的坚定捍卫者。中国共产党是中国民族独立和人民解放事业当之无愧的中流砥柱和坚强核心。

也有研究者认为,目前对"谁是抗日战争的中流砥柱"的问题,除了"中国共产党是抗日战争的中流砥柱"的观点以外,还有4种主要观点:一是"国民党中流砥柱论";二是"美国中流砥柱论";三是"苏联中流砥柱论";四是"没有中流砥柱论"。对此,我们不能避而不谈,要有理有据地分析有关的各种思想观点及其理由,指出各种错误思想的问题所在。

还有学者认为:国民党代表大地主大资产阶级一群一党之私利,不可能成为全民族抗战的中流砥柱;共产党是中国工人阶级的先锋队,代表了整个民族的利益,必然成为全民族抗战的中流砥柱。

二 说中国共产党是抗日战争的中流砥柱的原因

《人民日报》刊文指出:"代表着中国人民根本利益的中国共产党,秉持民族大义,肩负历史重任,以自己的政治主张、钢铁意志和模范行动,一直战斗在抗日战争最前列,在全民族抗战中发挥了中流砥柱的作用。"[1]说中国共产党是抗日战争的中流砥柱并非空穴来风,而是基于以下充分的历史事实:

---

[1] 中共中央党史研究室:《中国共产党是全民族抗战的中流砥柱》,载《人民日报》2014年9月3日。

(一)最早抗战:中国共产党最早高举全民族抗战旗帜,最早组织东北抗日游击战争,以局部抗战揭开世界反法西斯战争的序幕。

首先,中国共产党最早发出全民族抗战的号召。1931年日本发动九一八事变后,中共中央于9月20日发表《为日本帝国主义强暴占领东三省事件宣言》,9月22日作出《关于日本帝国主义强占满洲事变的决议》,9月30日发表《为日帝国主义强占东三省第二次宣言》。这些宣言和决议揭露日本侵略罪行,号召全国民众以民族革命战争驱逐日本帝国主义出中国,争得民族的解放与独立。中国共产党建立的中华苏维埃共和国临时中央政府于1932年4月发布《对日战争宣言》,正式对日宣战。

其次,中国共产党最早组织开展东北抗日游击战争。九一八事变后,中共满洲省委立即作出《关于日本帝国主义武装占领满洲与目前党的紧急任务的决议》等;中共中央于10月12日发出《关于满洲士兵工作的指示信》。决议和指示提出组织东北人民群众,建立游击队,开展游击战争,支援和联合各抗日组织和军队共同抗日。1933年中共驻共产国际代表团以中共中央名义发出《一二六指示信》,首次提出在东北组织全民族的抗日统一战线。到1933年底,中国共产党领导的各地游击队发展成为东北抗日游击战争的主要力量。1937年秋,东北抗日联军发展到11个军、3万余人,开辟了东南满、吉东、北满三大游击区,同日伪军进行大小几千次战斗,有力地打击了日本在中国东北的殖民统治,支援和鼓舞了全国抗日救亡运动。

再次,中国共产党最早参与全国其他抗日活动。1932年一·二八事变时,中国共产党积极支援国民党第19路军抗日,发出宣言和斗争纲领,通过上海党组织发动群众,支援前线。1933年5月起,中国共产党与冯玉祥的察哈尔民众抗日同盟军合作抗日,以张家口为中心,掀起轰轰烈烈的抗日热潮。1933年10月,中国共产党与李济深的福建人民政府联合抗日,双方签订《反日反蒋的初步协定》。1934年7月,中国共产党组建北上抗日先遣队,积极准备北上抗日。

11　到底谁是抗战的中流砥柱？

这一时期,中国共产党率先高举全民族抗战旗帜,组织游击队开展东北抗战,并与国民党爱国军队和各抗日武装初步合作,给予日本侵略者以有力打击。中国共产党关于全民族团结抗战的宣言和抗日行动,唤醒了全国民众的爱国热情,激励着更多的中华儿女奋起抗战。

(二)组织抗战:中国共产党积极倡导、诚心维护抗日民族统一战线,凝聚了中华民族的抗日力量。

中国共产党倡导建立最广泛的抗日民族统一战线。在日本制造华北事变、民族危机空前严重的关头,中国共产党毅然放下遭受血腥屠杀、围追堵截的阶级仇恨,呼吁建立以国共合作为基础的抗日民族统一战线。1935年8月,中国共产党发表《八一宣言》,呼吁停止内战,集中一切国力为抗日而奋斗。12月召开的瓦窑堡会议确立了抗日民族统一战线的策略方针,调整了各项具体政策,得到全国各界的热烈响应。中国共产党领导的大规模抗日爱国运动——一二·九运动,掀起了全国抗日救亡新高潮,唤起了中华民族的新觉醒。

中国共产党推动建立各种形式的抗日统一战线。首先与东北军、第17路军等实现西北联合抗日,同时努力争取国民党当局和地方实力派联合抗日。到1936年12月前,中国共产党与晋、绥、察、冀、滇、桂、川、新、甘、陕等地方实力派初步建立了联系,为形成广泛的抗日统一战线和全民族抗战局面创造了条件。西安事变发生后,中国共产党为和平解决西安事变做了大量卓有成效的工作。西安事变的和平解决成为时局转换的枢纽,在民族存亡的危急关头促成了国共两党第二次合作,为全国团结抗战创造了条件。

中国共产党主导建立以国共合作为基础的抗日民族统一战线。1937年7月7日全国抗战爆发。7月8日中国共产党就向全国发出通电,号召全国人民、军队和政府团结起来,筑成民族统一战线的坚固长城,抵抗日本帝国主义的侵略。经过中国共产党的不懈努力,9月22日国民党中央通讯社发表《中共中央为公布国共合作宣言》;次日,国民党领导人发表谈话,指出团结御侮的必要性,第二次国共合作正式形成。在中国共产党积极努力和推动下,以国共两党合作为基础,中国各族人民、各民主党派、各爱国军队、各阶层爱国人士以及海外华侨的抗日民族统一战线形成并发展起来。

中国共产党始终维护抗日民族统一战线。在全国抗战的战略防御阶段,国共两党及其领导的军队在合作抗日的旗帜下协同作战,对日军进行了有效的抗击,使日军实力受到较大消耗。抗日战争进入相持阶段后,由于日本诱降和英、美对日本采取"绥靖"政策,也由于国民党对共产党领导的人民武装力量发展壮大的畏惧,国际国内形势复杂多变。中国共产党以民族大义为重,始终不渝地"坚持抗战、反对妥协,坚持团结、反对分裂,坚持进步、反对倒退",成为引导全民族抗战走向胜利的旗帜。

中国共产党提出的抗日民族统一战线策略和政策的贯彻执行,广泛地团结了中华民族一切可能团结的抗日力量,铸成了全民族抗战的坚固长城,使全国团结抗战的局面得以坚持和发展,直至取得全民族抗战的最后胜利。

(三)领导抗战:中国共产党提出全面抗战路线、持久战战略总方针、游击战争的战略战术,为全民族抗战指引了胜利方向。

中国共产党提出全面抗战路线。全国抗战一开始,中国共产党就号召全国人民总动员,主张开放民主,改善民生,广泛发动群众、武装群众,实行全体人民参加战争、支援战争的全面抗战路线。1937年7月,毛泽东发表《反对日本进攻的方针、办法和前途》,指出:在坚决抗战的方针下,必须实行全国军队和人民的总动员以及革新政治等一整套办法。洛川会议提出抗日救国十大纲领。中国共产党的全面抗战路线把实行全民族抗战与争取人民民主、改善人民生活结合起来,把反对外敌入侵与推进社会进步统一起来,正确处理了民族矛盾与阶级矛盾的关系,成为引领全民族发展与进步的指南。

中国共产党提出持久战战略总方针。早在1936年7月,毛泽东同美国记者埃德加·斯诺的谈话中就提出了通过持久抗战争取抗战胜利的方针。1937年8月11日,中共代表周恩来、朱德在国民政府军委会军政部谈话会

朱德和彭德怀在山西八路军总部驻地。

朱德总司令在华北敌后战场上。

上指出：全国抗战在战略上要实行持久防御。毛泽东在洛川会议上指出：抗日战争是一场艰苦的持久战。1938年5月，毛泽东撰写《论持久战》，驳斥了"亡国论"和"速胜论"，指出中国必须也能够经过持久抗战取得胜利，持久战必须经过战略防御、战略相持和战略反攻3个阶段，强调持久战的基础是广大民众。全国抗战形势的后来发展完全证实了毛泽东的英明论断。

中国共产党提出基本的是游击战，但不放松有利条件下运动战的方针。1937年8月1日，张闻天、毛泽东致电周恩来等，指出红军的作战原则是在整个战略方针下执行独立自主的分散作战的游击战争。洛川会议上通过在敌人后方放手发动群众，开展独立自主的游击战争，配合正面战场，开辟敌后战场，建立抗日根据地的行动方针。1938年5月，毛泽东在《抗日游击战争的战略问题》中将游击战争提到战略高度作了全面阐述。在《论持久战》中，毛泽东对游击战、运动战、阵地战等做了分析，肯定"基本的是游击战，但不放松有利条件下的运动战"的方针。实践证明：独立自主的游击战争，是在抗日战争时期发挥人民军队政治优势和军事优势的最好的作战形式，是克敌制胜的重要法宝。

中国共产党提出实施的全面抗战路线、持久战的战略总方针和独立自主游击战的战略战术，指明了争取抗战胜利的正确道路，从思想上武装了中国共产党领导下的广大抗日军民，进而坚定了全国军民争取抗战胜利的信心和决心，指引全民族抗战一步步走向胜利。

（四）艰苦抗战：中国共产党领导抗日军民在敌后战场上与日本侵略军浴血奋战，为抗战胜利作出了巨大贡献。

首先，中国共产党领导的抗日军民在战略防御阶段配合正面战场开辟敌后战场。当时，以国民党军队为主体的正面战场组织了一系列大仗，特别是全国抗战初期的淞沪、忻口、徐州、武汉等战役，给日军以沉重打击。八路军、新四军分属全国抗战的第二、三、五战区战斗序列，分别参加了各战区防御作战，也就是说，八路军、新四军也曾参加过正面战场作战。同时,八路军、新四军在敌后广泛发展抗日游击战争,建立抗日民主根据地,逐步开辟了广大的敌后战场。从1937年9月到1938年10月,八路军、新四军同日伪军作战1600余次,毙伤俘敌5.4万余人,八路军发展到15.6万余人,新四军发展到2.5万人,敌后抗日根据地(包括游击区)总人口达5000万以上。东北人民抗日斗争出现新局面,各族青年踊跃参加中国共产党领导的东北抗联。

其次,中国共产党领导的敌后战场是相持阶段的主战场。抗战进入相持阶段,中国共产党领导的抗日游击战争普遍展开,抗日民主根据地不断巩固和扩大,在战略上造成对日本重点占领的城市和交通线的反包围态势,形成犬牙交错的战争形态;从抗战全局来看,构成了与正面战场相对应,在战略上互相支持、互相配合、互相策应的独立的广大的敌后战场。敌后战场的发展壮大,抗击着约60%的侵华日军和95%的伪军,逐渐成为抗战主战场,减轻了国民党正面战场的压力,成为促使国民党抗战到底的重要因素,为赢得全国抗战的胜利作出了重要贡献。

再次,中国共产党领导的抗日军民是全民族抗战的中坚力量。在战略相持阶段,特别是从1941年起,日军将中国共产党领导的抗日军民和抗日根据地作为主要进攻对象,实行反复"扫荡"、"清乡"和"杀光、烧光、抢光"的"三光"政策。1942年,日军在华北、华中有55万余人,其中用于巩固占领区的约有33.2万人。到1942年,八路军、新四军由50万人减为约40万人。抗日根据地面积缩小,总人口由1亿减少到5000万以下。面对敌后抗战的严重困难局面,中国共产党紧紧依靠人民群众,充分发挥人民战争的威力,在抗日根据地聚集起一支困不死、打不散、压不垮的中华民族的中坚力量。

最后,中国共产党领导的抗日军民承担着对日全面反攻的主要任务。从1943年起,敌后战场逐步扭转困难局面,在一些地区开展对日伪军的攻势作战,1944年开始局部反攻。到1945年春,全国已有18个解放区。在世界反法西斯战争胜利发展的形势下,中国共产党领导的抗日军民于1945年8月开始全面反攻。由于日军占领的大部分城镇、交通要道和沿海地区已处在解放区包围中,中国共产党领导的抗日军民实际承担起对日全面反攻的主要任务。1945年8月9日,毛泽东发表《对日寇的最后一战》的声明,各解放区立即组织反攻大军,陆续发起猛烈的全面反攻。从8月11日到9月2日,解放区军民收复县以上城市150座。

(五)胜利抗战:中国共产党领导抗日军民的斗争对抗战胜利发挥了决定性的作用,写下了壮丽的历史篇章。

首先,中国共产党领导的抗日军民取得了辉煌战果,力量空前壮大。中国共产党发动的平型关战斗、百团大战等著名战役战斗,取得了重大抗战成果,有力地鼓舞了全国人民的抗战信心。在整个抗日战争中,中国共产党在华北、华中建立了辽阔的抗日民主根据地;在东北、华南一直到海南岛建立了广阔的抗日游击根据地。中国共产党领导抗日军民对敌作战12.5万次,消灭日伪军171.4万人,其中有日军52.7万人,缴获各种枪支69.4万余支、各种炮1800余门。先进青年踊跃参加中国共产党领导的抗日军队,奔赴中国共产党领导的抗日民主根据地,奔赴革命圣地延安。各抗日根据地出现"母亲送儿打日寇,妻子送郎上战场"的感人场景。因此,中国共产党领导的抗日力量愈打愈多、愈战愈强,空前发展。到抗战胜利时,共产党员发展到120多万人;人民军队发展到120余万人,民兵发展到260万人;抗日民主根据地面积达到近100万平方公里,人口有近1亿人。

其次,中国共产党树立了英勇抗战的楷模。在抗日战争中,中国共产党领导的抗日军民付出了巨大牺牲。八路军的"狼牙山五壮士"、新四军的"刘老庄连"、东北抗联的"八女投江"等共产党领导下的英雄群体,杨靖宇、赵尚志、左权、彭雪枫等为代表的众多优秀共产党人,为抗战胜利流尽最后一滴血。白山黑水,长城内外,大江南北,珠江两岸,中国共产党人的血和人民的血流在一起,中国共产党人的胜利和人民的胜利会合在一起,铸就了无数英雄史诗。

再次,中国共产党创造了伟大的抗战精神。抗日战争既是中日两国军事实力和经济实力的较量,更是国家意志和精神的较量。中国共产党人以最富于牺牲精神的爱国主义、不怕流血牺牲的模范行动,支撑起全民族救亡图存的希望,成为夺取抗战胜利的民族先锋。共产党人在一切艰难困苦面前无所畏惧的英雄主义精神,为人民利益献出一切的自我牺牲精神,有力地提高了全民族抗战的觉悟程度和组织程度,为民族精神的振奋和民族素质的提高注入了新的活力,创造了伟大的抗战精神。伟大的抗战精神是以爱国主义为核心的民族精神的体现,主要内涵包括:(1)天下兴亡、匹夫有责的爱国情怀。(2)众志成城、共御外侮的大局意识。(3)视死如归、宁死不屈的民族气节。(4)不畏强暴、血战到底的英雄气概。(5)百折不挠、坚忍不拔的必胜信念。中国共产党在不同的抗战环境中培育的延安精神、太行精神、抗联精神、红岩精神等,都是伟大抗战精神的具体体现。习近平在纪念中国人民抗日战争暨世界反法西斯战争胜利69周年座谈会上指出:"在中国人民抗日战争的壮阔进程中,形成了伟大的抗战精神。""伟大的抗战精神,是中国人民弥足珍贵的精神财富,永远是激励中国人民克服一切艰难险阻、为实现中华民族伟大复兴而奋斗的强大精神动力。"2015年7月7日,习近平发表重要讲话,指出"要大力弘扬伟大抗战精神"。

历史雄辩地证明:抗日战争的胜利,是人民战争的胜利,是中国人民的胜利。中国人民是抗战胜利的决定因素。中国共产党确确实实是全民族抗战的中流砥柱。

中国共产党的领导地位是历史的选择、人民的选择。中国共产党之所以成为全民族抗战的中流砥柱,主要因为中国共产党已经成长为先进成熟的马克思主义政党。抗日战争时期,中国共产党在全党确立起毛泽东思想指导地位,形成以毛泽东为核心的中央领导集体,确立了马克思主义思想路线、政治路线和组织路线,实现了全党在思想上、政治上、组织上的空前团结和统一。在烽火连天的抗日战争中,中国共产党充分发挥工人阶级先锋队和中华民族先锋队的先锋模范作用,为中华民族伟大复兴英勇奋斗并作出最大牺牲。中国共产党的先进性,使中国人民深刻地认识到中国共产党是他们利益和意志的忠实代表,从而自愿选择和接受共产党的领导,在共产党的领导下为夺取抗日战争胜利而奋斗。人民群众离不开共产党,共

11　到底谁是抗战的中流砥柱？

产党更离不开人民群众。这一点在抗日战争中得到了生动体现。面对强敌，中国共产党坚持以群众路线为基础的人民战争路线，组织群众，动员群众，武装群众，形成了"陷敌于灭顶之灾的汪洋大海"。中国共产党领导的八路军、新四军等人民抗日武装能够长期坚持抗战，并使自己日益壮大起来，最后走向胜利，根本原因就是得到了人民群众的大力支持。毛泽东在《论持久战》中以"兵民是胜利之本"为标题，论述了全面抗战、全民抗战的观点。他指出"战争的伟力之最深厚的根源，存在于民众之中"，主张进行广泛的热烈的政治动员，解决兵源、财源等困难问题，达到"官兵一致，军民一致，瓦解敌军"的目标。这是抗战时期中国共产党面对国民党片面抗战、主张全面抗战思想的集中表述。中国共产党领导的抗日武装及抗日根据地的不断壮大，充分说明了这条抗战路线的正确性。"兵民是胜利之本"既是"人民群众是真正的铜墙铁壁"这一思想的发挥，又是后来"人民战争胜利万岁"、"全民皆兵"、"军民团结如一人，试看天下谁能敌"一类口号的根本来源。

当然，我们肯定和坚持中国共产党是抗日战争的中流砥柱，并不是无视或否定国民党在抗战中的作用和贡献。在纪念抗战胜利60周年的时候，时任中共中央总书记胡锦涛的讲话实事求是地肯定了国民党一些爱国将士在抗日救亡运动和抗日战争中特别是全国抗战初期的积极贡献，得到了国际社会广泛好评，也得到了我国台湾方面的了好评。著名中共党史专家李忠杰在2015年7月14日指出：现在我们依然肯定这场战争之所以能够取得胜利，国共合作为基础的抗日民族统一战线发挥了极其重要的作用。李忠杰指出：在当时的环境中，全民族一致起来，共同抗击日本侵略，是无论任何党派、任何团体都应该承担的责任。在这个过程当中，中国共产党发挥了中流砥柱作用，国民党也发挥了重要作用。其中一个重要的表现就是，国民党组织了正面战场，发动了或者说进行了20多次重大的战役，这个作用是应该给予充分肯定的；还有滇缅战场的远征军，不仅对中国抗战胜利发挥了重要作用，而且对英国也给予了巨大的支持，对整个世界反法西斯战争发挥了重要作用。这些表述是完全符合历史事实的。

12

正确评价抗日战争中两个战场的地位和作用

中国的抗日战争是在中国共产党倡导的抗日民族统一战线旗帜下,以国共合作为基础进行的一场民族解放战争。由于特殊的历史条件,抗日战争中存在着两个战场:国民党领导的正面战场(以下简称"正面战场")和共产党领导的敌后战场(以下简称"敌后战场"),两个战场相互依存、协同作战,共同构成中国抗日战场的整体,体现了国共两党合作抗日的精神,谱写出中华民族团结御侮史上的重要篇章。近些年来,关于抗日战争中两个战场的地位和作用的研究文章主要有傅吉庆的《论中国抗日战争的两个战场》[①]、徐焰的《抗日战争中两个战场的形成及其相互关系》[②]、陈立旭的《论抗日战争的两个战场》[③]等等。正确评价两个战场在抗战中的地位和作用,对于总结和吸取第二次国共合作及整个抗日战争的历史经验、振奋民族精神,是很有裨益的。

一 两个战场形成的原因

对抗日战争中两个战场的存在和形成,一直存在着两种说法:港台的一些学者宣称,中国只存在国民党领导的正面战场;国内史学界的传统看法则是中国的抗日战争一开始就分为国民党战场和共产党领导的敌后战

---

①傅吉庆:《论中国抗日战争的两个战场》,载《中共党史研究》1995年第5期。
②徐焰:《抗日战争中两个战场的形成及其相互关系》,载《近代史研究》1986年第4期。
③陈立旭:《论抗日战争的两个战场》,载《求索》1996年第4期。

12 正确评价抗日战争中两个战场的地位和作用

场。我们说,这两种说法都不完全符合实际。中国的抗日战争存在着两个战场,它们共同构成抗日战争的整体,但战争初期只有国民党组织的正面抗战,共产党领导的敌后战场是在抗日战争的进程中开辟出来的。

卢沟桥的炮火揭开了全国抗战的序幕。面对日本侵略者的猖狂进攻和全国人民高涨的反日浪潮,拥有全国性政权的国民党政府被迫应战。8月12日,国民党政府在南京召开国防最高会议及党政联席会议,决定以军事委员会为抗战最高统帅部,蒋介石任陆海空军总司令。会议讨论并制定了对日进行持久消耗战的战略方针,决定进行以保守城市和战略重点为主要目标的阵地防御战。8月16日,国民政府下达国家总动员令,把全国划分为5个战区,接着调集大量兵力,从华北到华东、华中,形成了正面抗击日军的防御体系。随后,国民党军队同日军展开了多次会战,从而形成了国民党领导的正面战场。

早在九一八事变时中国共产党就表示了坚决抗日的态度,1936年又积极倡导建立抗日民族统一战线,为实现全国抗战做了多方面的努力和积极准备。但是,直到卢沟桥事变爆发时,蒋介石仍然不接受中国共产党关于国共合作的一些基本政治主张,国共谈判始终达不成协议。尽管共产党领导的红军强烈要求抗日杀敌,但红军主力仍被国民党军队限制、封锁在陕甘宁狭小的区域。1937年8月22日,国民党政府正式宣布红军改编为国民革命军第八路军。中国共产党通过洛川会议,完成了对红军的改编任务,正式制定了全面全民族的抗战路线,并决定八路军执行独立自主的山地游击战的战略方针和在敌后发动游击战争,创建抗日根据地的战略任务。随即,八路军主力向华北挺进。9月中旬,各部队陆续到达山西抗日前线,积极配合友军作战,以山地游击战的方式给日军以沉重打击,同时广泛动员群众,创建抗日根据地。到1938年初,八路军第115师、第129师和第120师分别以五台山、吕梁山和太行山为中心建立了晋察冀、晋东南和晋西北抗日根据地。山东人民在中国共产党的地方组织领导下,开展游击战争,以泰山和沂蒙山区为中心建立了鲁中根据地。这样就形成了华北敌后战场的雏形。1938年4月,中共中央发出《对平原游击战的指示》后,八路军以山区根据地为依托,实行大幅度分兵,向平原及广大敌后地区发展,先后建立了冀鲁豫、冀鲁边、冀中、冀东和大青山等抗日根据地,形成了华北敌后战场。1935—1940年,新四军又先后建立了苏南、淮北、苏中、苏北、苏豫皖等抗日根据地,开辟了华中敌后战场。从1938年起,广东人民在中共组织领导下,先后创建了东江和琼崖抗日根据地。这样,到1940年,中国共产党领导的军队和人民在敌后共建立了包括陕甘宁边区在内的19块抗日根据地,形成了与正面战场相对独立又相互配合的广大的敌后战场。

抗日战争时期两个抗日战场的出现是由多方面的因素促成的:

首先,第二次国共合作的特殊形式为两个战场的出现奠定了基础。

抗日战争是在以国共合作为基础的抗日民族统一战线的旗帜下进行的,而这次国共合作同第一次国共合作比较有不同特点,即国共两党在坚持抗日的前提下,双方都有自己的政权和军队。为了使抗日统一战线有一个共同的纲领和组织形式,1937年2月中旬—9月下旬,国共双方进行了多次正式谈判,围绕红军改编、边区改制、两党合作的形式这3个关键问题展开了长期的争论。特别是在军队问题上,由于它是国共两党赖以生存和发展的基础,因此分歧更大。蒋介石不仅拒绝任何人染指他对军队的控制和指挥,而且以老大自居,想通过国共合作吞并共产党及其军队。中国共产党也一直坚持自己对军队实行绝对领导,不许国民党插手指挥。上海八一三事变后,由于战局紧迫,中国共产党以民族利益大局为重,在红军的编制等问题上作了一定的让步之后,国民党在红军的改编上基本上同意了共产党的主张,于是才达成了红军改编的协议。虽然八路军、新四军加入国民党军队的对日作战序列,但却保持了共产党对它们的全部领导权,国民党只能对它们作战略上的某种规定。由于两党对自己的军队拥有独立的领导权,这就使国共双方在抗日的方针政策、战地选择、战略战术及作战方式上可以充分体现自己的意图,从而使两个战场的出现成为不可避免。

其次,两个战场的出现是国共两党在抗日战争中执行不同的抗战路线的必然结果。

抗日民族统一战线的建立,使国共两党在抗日的旗帜下统一起来了,

12　正确评价抗日战争中两个战场的地位和作用

但在如何争取抗战胜利的问题上却采取了两条不同的抗战路线。国民党出于阶级的本性,在抗战中采取单纯的政府和军队抗战的片面抗战路线,同时幻想依赖国际援助,不想放手发动人民群众抗日,不愿改变国民党一党专政,这就决定了国民党只能依靠政府军、按正规战区同日军进行正面的决战。中国共产党是无产阶级和人民群众的代表,认为"动员了全国的老百姓,就造成了陷敌于灭顶之灾的汪洋大海,造成了弥补武装等等缺陷的补救条件,造成了克服一切战争困难的前提"。① 因此,抗日战争一开始,中国共产党就制定了依靠全国人民,动员全国人民,实行人民战争的全面抗战路线。八路军、新四军开赴抗日前线之时,就把注意发动民众斗争作为工作的重点,积极配合国民党军队的正面作战,在国民党军队节节败退之时,坚持华北的游击战争,以钳制日军向中原和西北进攻,把动员武装民众建立敌后根据地作为抗战的基本任务,从而开辟了广阔的敌后战场。

再次,两个战场的出现也是抗日战争时期敌我友各方力量对比及国共双方对抗日战争不同认识的一个反映。

日本仗恃它的武力,企图一举摧毁国民党中央政权,灭亡中国。从当时中国的情况来看,国民党军队是能和日军对抗的最强大的一支军事力量。同时,国民党从来就是以英、美帝国主义当靠山的,它想通过和日本的正面交锋,使英、美出兵援助,加上国民党过于迷信西方国家的正规战,这样就出现了国民党的正面战场。中国共产党一开始就认识到:中国面对的是日本这个强而小的敌手,敌人的强大使我们不可能通过与其正面交战迅速取得战争的胜利,但我们是一个大国,有充足的人力和广阔的土地与敌人周旋,使敌人不可能灭亡我们。所以,毛泽东说:"中国军队要胜利,必须在广阔的战场上进行高度的运动战,迅速地前进和迅速地后退,迅速地集中和迅速地分散。"② 只有通过游击战,才可能给日军以沉重的打击。再从战争的目的来看,是为了保存自己,消灭敌人。当时八路军、新四军挺进敌后的部队一共只有4万多人,靠这几万人去与强敌对阵是不适宜的。加上

---

①②《毛泽东选集》,第2卷,第480、444—445页,人民出版社,1991。

蒋介石让红军开赴山西抗日前线也怀有借日本人之刀来消灭共产党的目的。所以,八路军要在抗日战争中生存下去,成为抗日的一支重要力量,就必须深入敌后,广泛动员人民,使敌人的背后遭到强有力的打击。这样,一方面可以有效地消灭敌人的有生力量,配合正规战;另一方面可以避开国民党顽固派的险恶用心,保存和发展人民革命力量。因此,共产党领导开辟了敌后战场。

国共双方代表不同的阶级利益,在抗战中有着不同的政治目的,是出现两个战场的根本原因。国民党代表大地主大资产阶级的利益,其根本目的是为了维护和加强其专制独裁统治,所以它既想联共抗日,又想在抗日战争中削弱乃至消灭共产党。蒋介石曾表示:"不消灭共产党,抗战胜利了也没有什么意义。"①这就决定了抗战中他不敢发动群众、害怕人民革命力量的强大,只有靠他的正规军来担负对日作战。中国共产党是无产阶级的政党,代表无产阶级和广大人民的利益,始终高举反帝反封建的革命旗帜。为了使阶级斗争服从于抗日的民族斗争,中国共产党真诚地和国民党合作,但是从来没有放弃新民主主义革命的总目标,而是把抗日战争作为整个民主革命的一个阶段。为了既联合国民党抗日,又不至于"把自己的手脚束缚起来"②,乃至遭到国民党的暗算,共产党必须牢牢把握住对自己军队的绝对领导,深入敌后,开展游击战争,发展和壮大革命力量,使抗战的胜利最终成为人民的胜利。

二 两个战场的地位和作用

由于以上因素,两个战场在抗战中所处的地位和所起的作用也是不相同的。

(一)正面战场在抗战中的地位和作用

正面战场在抗战中的地位和作用是随着战争形势的发展变化而变化的。

---

①王维礼:《关于评价抗日战争时期国民党的若干问题》,载《党史研究》1990年第5期。
②《毛泽东选集》,第2卷,第539—540页,人民出版社,1991。

12 正确评价抗日战争中两个战场的地位和作用

从1937年7月7日卢沟桥事变到1938年10月武汉失守,正面战场是抗战的主战场,国民党领导的军队是抗日的主要力量。全面抗战初期,由于日军进攻的疯狂、全国人民民族义愤的高涨及英美等国的外部压力,"国民党政府的对日作战是比较努力的"。[①] 卢沟桥事变时,蒋介石集团虽然迎战,但缺乏信心和决心,一直寄希望于外交解决和国际调停。但是,日本政府在谈判桌上不断加价,在军事上步步进逼,迫使蒋介石集团逐步下了抗战的决心。7月17日,蒋介石在庐山发表了动员抗战的谈话,表示了反对日本扩大侵略的强硬态度。7月19日,蒋介石告诉何应钦"对日抗战主意已定"。[②] 8月13日,日军进攻上海,直接威胁国民党统治的中心地带,国民政府正式发表了《自卫抗战声明书》,全国规模的抗战开始。在政治上,蒋介石国民党接受了共产党团结抗日的主张,实现了第二次国共合作,发布了《抗战建国纲领》;在承认各党派合法存在、共同抗日建国的同时,对抗日民主运动的限制上也有变化,召集了由各党派参加的国民参政会,使国内有了一定的民主气氛。在军事上,蒋介石电促军政部长何应钦从四川返回南京,筹划全国抗战事宜。8月7日,国民政府召开国防会议和国防联席会议,商讨国防大计。8月20日,国民政府颁发了战争指导方案,确定采用以空间换取时间,逐渐消耗敌人,以转变形势,争取最后胜利。颁发了全国战斗序列,准备在郑州、开封、徐州、海州和京沪杭一带设置防御,建筑了江阴——无锡线、苏州——常熟——福山线和乍浦——嘉兴线的防御工事,还先后组织了平津战役、淞沪会战、太原忻口会战、南京保卫战、台儿庄及徐州会战和武汉会战等重要战役。在这些会战中,曾有相当数量在前线的国民党军队及其地方系军队对日军进行过积极抵抗。譬如:在淞沪会战中,国民党调集74个精锐之师,与20多万日军激战3个月,使日军伤亡6万余人才占领了上海。1938年3月初—4月初,由李宗仁指挥的台儿庄战役,歼敌精锐之师两万余人。总之,这个阶段正面战场的抗战在整个抗战中起了以下作用:

[①]《毛泽东选集》,第3卷,第1037页,人民出版社,1991。
[②] 李松林等:《中国国民党大事记》,第270页,解放军出版社,1988。

首先，顿挫了日军进攻的锋芒，粉碎了日军"三个月灭亡中国"的狂妄计划。侵华日军原计划战争发动以后，两周陷大同，1个月攻下山西全部，10天占领上海，切断中国的金融动脉，击毁江浙财阀的根据地，然后分师直逼南京，胁迫国民党政府订立城下之盟。如其不遂，则3周陷南京，1个月迫武汉，再乘势由武汉南下取湖南，由华南登陆占广州，总共用15个师团的兵力，于1938年1月结束全部对华军事。由于中国军队的节节抵抗，从卢沟桥事变到武汉失守，持续了1年零3个月。1938年底，日本投入中国战场的兵力已达24个师团，大大超出其预计的11个师团；被国民党军队毙俘伤25万余人，由速决战转入长期战。

其次，由于国民党正面战场牵制了大量日军，客观上为八路军、新四军及其他抗日武装挺进敌后，开辟抗日根据地创造了条件。特别是国民党广大爱国官兵在各次会战中表现出前所未有的抗战热情，出现了可歌可泣的动人事迹。卢沟桥守军金振中营的奋起抵抗，淞沪战役中宝山守军姚子青营的壮烈殉城，800壮士在四行仓库的孤军奋战以及佟麟阁副军长、赵登禹师长、郝梦龄军长的为国捐躯，充分体现了中华民族不畏强暴、勇于献身、宁死不屈的精神，大大鼓舞了全国人民抗日的信心，促进了敌后根据地的开辟。

从1938年10月武汉失守到1941年12月太平洋战争爆发的第二阶段，由于国民党政府采取"积极反共，消极抗日"的方针，正面战场在抗战中的地位逐渐降低。日军经过第一阶段的攻势作战，占领了中国大片国土，将国民政府从南京一直赶至重庆。然而，共产党领导的抗日武装迅速发展，根据地不断扩大，使日本占领区安全受到了严重威胁。于是，日本政府改变了对华策略。1938年底，日本首相发表对华声明，声称"如果国民政府抛弃以前的一贯政策，更换人事组织，取得新生的成果，参加新秩序的建设，我方并不予以拒绝"[①]，提出了日满华"相互善邻友好，共同防共，经济合作"三原则，公开对蒋介石诱降。同时，军事上确定侵华日军以主要兵力进攻敌后抗日根据地，"确保占领区，促使其安定，以坚强的长期围攻的阵势，

[①] 彭明：《中国现代史资料选辑》，第5册（下），第219页，中国人民大学出版社，1989。

12　正确评价抗日战争中两个战场的地位和作用

努力扑灭抗日的残余势力",以一部分兵力歼灭国民党军的有生力量,并用空军"压制和扰乱国民党的战略及政略中枢"①,迫使国民党政府投降。

面对这种情况,国民党统治集团迅速发生了分化:以汪精卫为首的亲日派公开叛国投敌,成立了伪政权;继续抗战的蒋介石集团亦由抗战初期进步的抗日政策逐步倒退下来。在1939年1月召开的国民党五届五中全会上,决定设立防共委员会,制定了"防共、限共、溶共、反共"的方针。会后,又颁发了《限制异党活动办法》等反共文件,加强了反共宣传和对陕甘宁边区的军事封锁,制造反共摩擦,先后发动了晋西事变、皖南事变等。蒋介石甚至提出"抗日必先消灭共产党"的主张。对日方面,蒋介石集团发生了严重动摇,加紧了同日本的谈判。只是由于中国共产党高举抗日民族统一战线的旗帜,同国民党顽固派的分裂、妥协行为进行坚决的斗争,以及全国人民愤怒声讨汪精卫集团的叛变,加上日本的条件苛刻使蒋介石无法接受,才没有导致公开动摇、妥协乃至投降。当然,在同日本进行讨价还价谈判的同时,国民党政府仍进行了一定程度的抵抗,同日军进行了一些规模较小的战役,使日军没有取得大规模的推进。

从1941年太平洋战争爆发到1945年9月日本投降,为中国抗战的第三阶段。这一阶段,正面战场在抗战中处于相对次要的地位。太平洋战争爆发后,中国由过去的单独对日作战转为与盟军共同对日作战。美国在军事上和经济上给了国民党以大量援助,日军的作战重心也逐渐由中国转入南太平洋地区,对正面战场的军事行动主要以其在太平洋战场的战略利益为进退。1943年后,世界反法西斯战争进入一个转折时期,意大利墨索里尼法西斯政权垮台,德国法西斯面临崩溃边缘。在太平洋战场,美军海空优势迫使日本逐步收缩战线,丧失了战略主动权。在中国国内,敌后战场粉碎了日军的"扫荡",恢复和巩固了敌后抗日根据地,并取得了局部反攻的胜利。

---

①大陆命令第241号,载复旦大学历史系编译《日本帝国主义对外侵略史料选编(1931—1945)》第283页,上海人民出版社,1975。

在有利的国际国内形势下,蒋介石集团逐步坚定了抗战信心,但却把胜利的希望寄托在英、美盟军身上,对日实行观战、避战的消极政策,把主要精力放在加强法西斯独裁统治、膨胀官僚资本和准备打内战上,致使对日作战中一些本该打好的仗也遭到了失败。从1941年起的第三次长沙战役、浙赣战役、鄂西战役、常德战役,国民党军队只是作了局部的有限的抵抗。国民党军队死伤的人数也逐年减少,从1941年到1943年3年伤亡总数为608518人,不及1940年1年的673368人多。[①] 尤其是在1944年的豫湘桂战役中,国民党大多数部队一触即溃,短短几个月,损兵折将数十万,丢失国土20余万平方公里、城市146座、省会4个以及7个重要空军基地和36个军用机场,成为武汉失守以来正面战场一次最大的失败。尽管在1942年春国民党政府曾组成"远征军"入缅援英作战,在缅甸孟拱河谷、密支那等军事要地还打了胜仗,对打通中印公路和抗击日军起了一定作用,但是这一时期国民党统治集团总的指导思想是依赖外援,坐待胜利,保存实力。

通观八年抗战,虽然国民党蒋介石干了大量亲者痛、仇者快的蠢事,但国民党领导的正面战场是全民族抗战中的重要战场之一。国民党军队先后进行了较大的战役22次、重要战斗1117次、小战斗38931次,歼灭日军81万人。[②]拥有几百万军队的正面战场的存在,本身构成了对日军的威胁并牵制了部分侵华日军,配合了敌后战场的作战。

(二)共产党领导的敌后战场在抗战中的地位和作用

敌后战场在抗战中的地位和作用,在1938年10月前后是不一样的。1937年7月—1938年10月,敌后战场处在创建过程中。这一时期,敌后战场辅助了正面战场的作战,主要作用是支援和配合了正面战场。同时,八路军、新四军创立了敌后抗日根据地,为长期抗战奠定了基础。中国共产党领导的八路军、新四军开赴前线之初,根据国共双方的协议,八路军加入

[①][②]刘庭华:《抗日战争时期的国民党正面战场》,载《复印资料选汇·中国现代史》1986年8月号第108—109页。

12 正确评价抗日战争中两个战场的地位和作用

国民党第二战区的战斗序列,协同国民党军队作战。1937年9月25日,当日军途经平型关进攻太原时,八路军第115师在平型关伏击敌人首战告捷,歼灭日军1000余人,取得了抗战以来中国军队的第一次大胜利。接着,八路军又配合国民党军队进行了保卫忻口、太原的作战。太原失陷以后,八路军转入独立自主的山地游击战,进入开辟敌后战场、建立抗日根据地的斗争。敌后战场的开辟,拖住了日军的后腿,迫使日军放慢了对正面战场的战略进攻,将其战略重点逐渐转向后方,使战争转入了相持阶段。1938年10月以后,敌后战场逐渐担负起抗击日军的主要任务,成为抗日战争的主战场。

首先,敌后战场抗击了侵华日军的大部和几乎全部伪军。武汉失守后,日军感到敌后根据地对它构成了严重威胁,于是停止了对正面战场的战略进攻,开始回师"扫荡"后方,并着手"逐渐转向长期持久之态势"。[①]特别是1940年秋,八路军百团大战的威力惊醒了敌寇。于是,从1941年起,日军更加集中主要兵力实施有组织、有计划的长期肃正作战,对解放区进行彻底"扫荡",采用"杀光、抢光、烧光"政策,甚至施用毒气和细菌,企图建立无人区,消灭我军生存的条件。中国共产党领导敌后军民,以根据地为依托,同日伪军展开了殊死的搏斗。1938年以后,敌后战场抗击着58%以上的侵华日军和几乎全部伪军。特别是1941年,敌后战场抗击了侵华日军的75%以上。

其次,中国共产党努力维持国共合作,对于坚持团结抗战起了重要作用。国共合作是抗日民族统一战线的主体,是全民族抗战得以维持的基础。日本侵略者曾认为"国共之合作乃抗日联合阵线之根本,实有加以打击之必要"[②],因此千方百计破坏国共合作。1938年以后,日本不仅公开对国民党进行诱降,还命令特务暗中破坏国共两党的关系。国民党则策划了3次大规模的反共事件。1940年以后,国民党断绝了给八路军、新四军应

[①] 大陆命令第241号,载复旦大学历史系编译《日本帝国主义对外侵略史料选编(1931—1945)》第283页,上海人民出版社,1975。
[②] 中国现代史资料编辑委员会翻印:《战争中的日本帝国主义》,第80页,1957。

提供的一切军费和弹药,大批国民党军政人员在所谓"曲线救国"的口号下投降日寇。同时,国民党加紧制造军事摩擦,在国民党控制区实行法西斯统治,扼杀共产党组织,捕杀共产党员和进步人士,使国共关系面临崩溃的边缘。为了坚持国共合作抗战,中国共产党正确地处理了民族矛盾和阶级矛盾的关系,提出了"坚持抗战、反对投降,坚持团结、反对分裂,坚持进步、反对倒退"的三大政治口号,制定了"发展进步势力,争取中间势力,孤立反共顽固势力"的策略方针,确定了同国民党顽固派进行斗争的"有理、有利、有节"的原则,从而避免了全国规模内战的发生,保住了抗日民族统一战线和全民族抗战的局面。

再次,敌后战场在这一时期内坚持了根据地建设,广泛动员和组织敌后人民参加抗日斗争,使日寇陷入了人民战争的汪洋大海之中,成为争取抗日战争胜利的决定性因素。特别是1941年以后,由于日军的疯狂"扫荡"、国民党的封锁和华北地区严重的自然灾害,解放区出现了严重困难。为了战胜困难,渡过难关,中共中央提出和实行了十大政策,在根据地内大力巩固和加强三三制民主政权的建设;深入进行减租减息和生产自救,精兵简政,加强人民武装建设,开展整风运动,统一对根据地的领导,进一步调动了各阶层人民的抗日积极性,密切了党政军民关系。在物质缺乏、生活十分艰苦的条件下,根据地军民团结一致、同舟共济、互相体贴、亲密无间,在政治上出现了一片兴旺向上的热烈景象,在对敌斗争中表现出了高度的革命热情和聪明才智,创造了世界战争史上闻所未闻的各种奇妙战术和独特手段,使百万日军犹如一头野牛冲进了火海中,到处乱窜,疲于奔命。到1945年春,敌后战场已包围了日军占领的大多数中心城市、交通要道和大部分海岸线,为发动全面反攻创造了条件。在中共七大路线指引下,敌后军民继春季攻势后,向敌人发起了更大规模的夏季攻势,8月8日,苏联政府对日宣战。敌后战场广大军民根据中共中央的命令,向一切拒绝投降之敌发起了全面反攻,迫使日本政府于9月2日在投降书上签字,中国人民历时14年的抗日战争取得了最后胜利。

抗日战争的实践表明:中国共产党领导的敌后战场在整个抗日战争中

占有极其重要的地位。它的开辟、巩固和发展,对抗日战争的坚持和胜利起了决定性作用。中国共产党提出的一整套正确的政治主张和军事战略策略,为抗战胜利指明了方向。中国共产党倡导、坚持并维护了国共合作为基础的抗日民族统一战线,提出并执行了全面的全民族的抗战指导路线和抗日救国十大纲领,开辟了广大的敌后战场,建立了敌后抗日根据地,在根据地内进行政治、经济、文化建设,使它成了民主中国的模型。中国共产党成为中国坚持抗战的中流砥柱。尤其是在1941年以后,八路军、新四军和其他人民抗日武装长期独立支撑敌后作战任务,使游击战争广泛持久地发展。微观地看每战规模很小,但宏观地看其规模之大遍及整个敌占区,作战次数达10余万。八年抗战中,敌后战场歼灭日军52万、伪军118万,总数为171.4万,大大超过了正面战场歼敌总数。敌后战场伤亡58万余人,共产党的优秀儿女八路军左权副参谋长、新四军彭雪枫师长、东北抗日联军第一路军杨靖宇总指挥等民族抗日英雄为中华民族的解放英勇献身。8年中,人民抗日力量由4万多人发展到正规军120余万、民兵260万,创建了19块抗日根据地,解放区接近1亿人口。正是"因为有这样的力量,才使中国人民有了胜利的展望,有了民主和光明的展望"。① 同时,抗战时期,中国共产党在使马列主义与中国革命具体实际相结合上有了重大发展,毛泽东思想得到多方面展开而达到成熟。中共七大确定毛泽东思想为党的指导思想,这就为争取抗战胜利和整个新民主主义革命的胜利奠定了基础。

(三) 两个战场的相互关系

正面战场和敌后战场是既相对独立又"互相需要、互相配合、互相协助"的互为依存的关系。1986年聂荣臻元帅说:"至今,国民党战场和解放区战场相互配合、相互支持的场面,依然历历在目。"②

---

① 《朱德选集》,第149页,人民出版社,1983。
② 聂荣臻:《历史的召唤——〈抗日战争时期国民党正面战场重要战役介绍〉序》,载《人民日报》1985年6月12日。

两个战场的相互配合集中体现在战略协同上。首先,两个战场的存在并共同抗日,本身就起到了互相援助的作用。在全国抗战之初,国民党在正面阻击敌人,支援了八路军、新四军深入敌后,开展游击战争,开辟敌后战场。在战略防御阶段及稍后一段时间,国共两方及军队不仅有战略上的配合,而且有战争指导和部分战役的配合。譬如:毛泽东关于持久战的思想,在国民党政府上层军事领导者中产生了良好的影响;周恩来、朱德等八路军领导人多次向国民党方面就军队建设、军事战略方针和部署问题提出了有价值的建议;1938—1939年,中共中央还应蒋介石的要求,派出叶剑英等干部帮助举办国民党军事干部培训班,按照八路军的战略战术及政治工作原则为国民党培养政治和军事干部。此外,国共军队还在一些大的战役中进行了直接配合。广州、武汉失陷后,国民党消极抗日、积极反共,但始终没有投降日寇,正面战场和几百万国民党军队的存在吸引着大量敌人,客观上支援了敌后战场,粉碎了日军的"扫荡"和进攻。反之,在全国抗战初期,如果没有八路军、新四军的协同作战,拖住日军后腿,中国战场的局势将无法稳定;在中后期,如果没有强大的敌后战场,正面战场的坚持将十分困难,敌后战场把敌人的后方变成了对日作战的前线,抗击了半数以上的日军和几乎全部的伪军,把敌人"以战养战"的资源变成了对敌作战的资源,把敌后广大的人力由敌人可以驱使的后备军变成了抗日的前沿部队和后备军,从而极大地保护了正面战场。其次,敌后战场的存在,从根本上改变了战争的形态。全国抗战之初,日军处于外线战略进攻的地位,国民党正面战场处于内线防御的地位,后者处于前者的战略包围之中;如果没有敌后战场的开辟,战争的形态就只能如此。由于敌后战场的开辟,敌后游击战就是战略外线的进攻战,两个战场结合起来就形成了对相当一部分敌军的反包围,出现了夹击敌人的奇观。从敌后战场来看,每一个孤立的根据地都处于日军四面或三面包围中。由于中共在敌后广泛开展游击战争,创造了许多根据地,把各个根据地联系起来看,甚至和正面战场联系起来看,又形成了对许多敌人的四面或三面的反包围圈。毛泽东说:"长期而又广大的抗日战争,是军事、政治、经济、文化等各方面犬牙交错的战争,这是战争史上的奇观,中华民族的壮举,惊天动地的伟业。"①这种犬牙交错的形态,反映了两个战场互相依存和战略上的配合。

总之,正面战场和敌后战场在中国抗日战争中缺一不可。它们之间的互为依存的关系,既是中国坚持长期抗战的主要条件,也是抗日战争取得胜利的重要原因。

---

① 《毛泽东选集》,第2卷,第474页,人民出版社,1991。

13

怎样看待抗战的主战场？

在讨论抗战问题时，总有所谓"正面战场"和"敌后战场"的区分。但是，某些人往往偷偷地把"敌后战场"换成了所谓"后方"，由此派生出了所谓"国军在前边抗战，中共在后方发展"之类的谣言。我们说，中共所处的"敌人的后方"，那不是抗战中没有沦陷的正面战场的后方，而是中共经过浴血奋战在沦陷区即敌后开辟出来的，是"敌人的后方"，也是抗日的前线。用"后方"一词偷换概念，显然有贬低、诋毁中共抗战之嫌。

抗日战争时期，国民党军队坚持的是正面战场作战，中共军队则主要是在敌后战场作战。正面战场和敌后战场这两个战场都是抗击日寇战场的重要组成部分。可是，哪个战场是对日寇作战的主战场呢？正确战场等于主战场吗？正面战场难道就一定是主战场么？

鉴于抗日战场历史发展过程的复杂性、多变性，必须具体问题具体分析，才能得出令人信服的结论。在这里，我们就上述原则对照抗战各方面的史料说话。

首先，我们要说的就是东北战场。在这个战场上，当时的国民党政府领导下的国民党军队执行了"不抵抗"的命令而撤回关内，在1933年6月前抗敌主力是义勇军。其后十几年间，抗击日寇的主力是中共领导下的东北抗日联军。东北战场抗击日寇的主战场就是中共部队在进行。这一点无可争议。

接下来我们从1937年开始逐年对比，因为日寇是1937年7月7日开始向我国关内发起全面进攻的。

1937年间：国民党军队进行了平津作战、忻口太原会战、淞沪会战、南

13 怎样看待抗战的主战场？

京保卫战。这是当时的正面的作战。中共军队在沦陷区创建晋察冀抗日根据地,进行了晋察冀军区反"八路围攻"战役。由此得出结论:1937年,国民党军队的正面战场是抗战中的主战场,并且中共军队一度参与正面战场作战。

1938年间:国民党军队进行了保卫徐州战役(临沂、台儿庄)、兰封战役、保卫武汉战役(含万家岭等)、保卫广州战役,在各战线上在不同的时段抗击日寇总兵力之和达50万人。与此同时,中共领导的东北抗日联军在关外进行了三江大突围,第2路军、第3路军主力均与日军关东军5万余兵力血战。中共军队在关内发动平汉铁路北段破袭战、晋东南反"九路围攻"、漳南战役、秋季反围攻战役、反"二十五路围攻"战役,在不同时段抗击了日军总兵力达20万人以上。国民党军队的正面战场虽然还是主战场,但中共军队已起到了不可小觑的作用。对此,我们还要看到,当时的中共军队的总兵力尚不足国民党军队的1/15,装备差得更远。如果国民党军队能如中共军队这样奋勇争先,日寇就当滚出中国去了。

1939年间:日军对国民党军队的正面战场发动了南昌战役、随枣战役、第一次长沙战役,所投入的部队就都是第11军了,桂南战役日本动用了第21军,对国民党军队的攻势大大减弱。此时国民党军队借此发动了冬季战役,给日军以沉重打击。中共军队呢？进行了冀南1939年春季反"扫荡"作战、晋南反"十一路围攻"、鲁中夏反围攻作战、太行区1939年夏季反"扫荡"作战、冀中区1939年冬季反"扫荡"战役、北岳区冬季反"扫荡"战役。仅以这些日军投入2万人以上的战役算,就共抗击日军20余万人的进攻。如果算上东北抗日联军,则抗击了日军30余万人的进攻。兵力比国民党军队差得不是一点、两点的中共军队在抗击着日军这样的进攻,此时国民党军队的正面战场还称得上是主战场么？最起码在1939年内中共军队的敌后战场比之国民党军队的正面战场所起的作用丝毫不差。

1940年度:日军对国民党军队只发动了一次枣宜战役,投入的是第11军10余万人。那么,中共军队呢？晋西北1940年春季反"扫荡"战役、鲁南春反围攻、华北八路军发动百团大战、冀中区1940年夏季反"扫荡"战役、西北1940年夏季反"扫荡"战役,仅以这些大的战役,中共军队在这一年里抗击日军超过了30万,还不算伪军。抗战的主战场已转移到了中共军队身上。

1941年度:日军对国民党军队还是以第11军为主发动了上高战役、第二次长沙战役、第三次长沙战役,第1军发动了中条山战役。仅这20多万日军就让国民党军队疲于奔命。此时中共军队的作战有晋西北1940年冬季1941年春反"扫荡"战役、鲁西春反围攻、冀中军区反"蚕食"作战及讨伐伪军李长江战役、冀中区1941年春季反"扫荡"战役、冀东区1941年夏季反"扫荡"战役、晋察冀1941年秋季反"扫荡"战役、太岳区1941年秋季反"扫荡"作战、蒙山反"扫荡"战役、冀东军区讨伐伪治安军战役、侏儒山讨伐伪军战役……仅从这些大规模战役上,国民党军队的正面战场不处于主战场的位置了。

1942年度:国民党军队就打了一个浙赣战役。中共军队如何？冀东春反"扫荡"战役、冀中区"五一"反"扫荡"战役、太行太岳夏季反"扫荡"作战、冀东区1942年夏季反"扫荡"战役、冀鲁豫区秋季反"扫荡"作战、冀东区1942年秋季反"扫荡"战役……在这些大战役中抗击日军主力超过20万人,主战场当然是在中共军队一边。

1943年度:在鄂西战役、常德战役中,日军的第11军打了国民党军队这边,再打国军那边。中共军队则开始进行反攻:冀中军区发动的恢复根据地作战、苏北1943年反"扫荡"战役、卫南战役、林南战役、青纱帐攻势作战、冀鲁豫边区1943年秋季反"扫荡"作战、北岳区1943年秋冬季反"扫荡"战役、太岳区1943年秋季反"扫荡"作战……这一年的主战场也非中共军队的敌后战场莫属。

1944年:这一年国民党军队的正面战场貌似抗战的主战场,但200万一线国民党军队在数量上占绝对优势的情况下,让50万日军打得落花流水。如果看中共军队的赫赫战功的话,是年敌后战场却是名符其实的主战场:3月,八路军鲁中军区发动春季攻势作战,共歼伪军7000余人;5月,八路军晋察冀军区所属冀中、北岳军区发动保卫麦收攻势作战,共歼日伪军3500余人;5月,八路军山东军区发动夏季攻势作战,毙伤俘日伪军3800余人,伪军投降1000余人,共歼日伪军5400人;8月,八路军山东军区所辖胶东军区发动秋季攻势作战,共歼日伪军5000余人;同月,八路军山东军区所辖渤海军区发动秋季攻势作战,共歼日伪军5000余人;9月,日寇第8、9混成旅团加上配属伪军共20000余人向八路军冀东抗日根据地发动全面进攻,八路军冀热辽军区向日寇全面反击,歼敌3200余人,取得胜利;11月,八路军山东军区发动冬季攻势作战,毙伤俘日伪军4100余人,伪军投降3500余人,共歼日伪军7600余人;全年,八路军第129师各部对日寇占领区进行连续性全面反攻,共歼日伪军72900余人,收复了许多沦陷区,史称"八路军第129师1944年反攻作战"。

1945年:胜利的一年来到了,国民党军队正面战场大都被动挨打。豫西鄂北战役是日军的第12军,湘西战役是日本的第20军,都是日军追着各方面国民党军队猛打。中共军队则是进行了局部战略反攻和全面战略反攻,讨伐伪军,打击日军。在这一年里,日寇垂死挣扎,总共对中共发动大型进攻两次,均被粉碎。中共军队则对日寇发动大型进攻16次。仅这18次战役中就取得了消灭日伪军90000余人的胜利。由此说来,抗日的主战场非中共军队莫属!

通过抗战的年度重大战役作战对比,我们可以清楚地看到:国民党军队的正面战场在1939年后大规模的作战大多也就是一两次,在抗战期间的大多数时间里并不是对抗日军作战的主战场。抗战进入相持阶段后,在抗战中真正与日军进行血拼并起到主要作用的,恰恰是到敌人后方去的中共军队,中共军队对日军作战的敌后战场成为当之无愧的主战场。

14

到底是谁"游而不击", 是谁"消极抗日"?

对武汉失守后国共双方军队的表现,许多年里国共双方的宣传材料和史书中都有不同的写法。国民党攻击共产党在敌后"游而不击",共产党则批评国民党"消极抗战";一些西方人士则利用这些材料,再加上自己的偏见,大力贬低中国战场在世界反法西斯战争中的地位和作用。中国纪念抗战胜利70周年加热了有关国共两党抗战贡献的讨论。国内舆论场长期有一种声音,竭力赞颂国民党正面战场,贬低甚至抹黑解放区战场,这是对历史事实的一种亵渎。国防大学徐焰将军研究指出:只有共产党的军队能在敌后坚持抗战,国民党多数部队真的陷入"游而不击"、最后或降或逃的境地。[1]

客观而论,在敌后解放区战场上,像百团大战那样大的战役确实打得不多,不过小规模的游击战的确是开展得轰轰烈烈。与正规战相比,游击战争没有那样迅速的成效和显赫的声名,然而在数十省范围内全面而又广泛地开展起游击战争,到处袭击和零星地消灭日军,这样对抗战全局仍起到举足轻重的巨大作用。敌后战场能拖住侵华日军半数左右甚至更多的兵力,对国民党军担负的正面战场的正规战也给予了莫大的帮助。

像国民党战场上那样大规模的会战,没有火炮、连子弹都极为缺乏的八路军、新四军根本没有条件打,但八路军、新四军可以通过游击战争积小胜为大胜,取得的战果仍很辉煌。

---

[1]徐焰:《解放军为什么能赢——写给新一代人看的军史》,广东经济出版社,2012。

14 到底是谁"游而不击",是谁"消极抗日"?

至于所谓的"游而不击"而能"乘机坐大"之说,则根本违背了战争的基本准则,即只有消灭敌人才能保存自己。在日本侵略者后方开创广阔的根据地并坚持下来,是一件极具艰苦卓绝的伟业,因为敌后只要有抗日军队活动,基地和运输线受到威胁的日军马上会以重兵"扫荡"或"讨伐"。八路军、新四军等抗日武装只有坚决击敌并打退日军"扫荡",才能坚持生存下来。可见,只有"抗"方能"大",光"坐"岂能变"大"?

不得不提的是:国民党攻击共产党在敌后"坐大",它自己的部队却在敌后无法生存。如仔细计算起来,国民党在全国抗战初期留在敌后的军队比共产党挺进日军后方的军队数量要多得多,可是国民党军队却没有办法在敌后生存。

当日本侵略军长驱直入中原时,1938年春国民政府军事委员会在武汉召开会议研究战略方针。看到八路军能在敌后开展游击战,素有"小诸葛"之称的桂系将领、副总参谋长白崇禧提议:"黄河以北的国军部队一律不许过河,就地开展游击战。"会上马上有人反驳说:"国军未演习游击战。此议是否可行,尚需考虑。"白崇禧却回答说:"以打游击战起家的中共,亦为中国人,中共可以打游击战,国军当亦能打游击。"[①]可是,随后的事实却无情地证实,国民党军队确实打不了游击战。

武汉失守后,蒋介石在南岳军事会议上也宣布:"二期抗战,以游击战为重点。"接着,他宣布准备派前线1/3的兵力到日军后方开展游击战,例如鹿钟麟率部进入河北建立冀察战区,同时山东和苏北敌后又建立了以韩德勤为首的鲁苏战区,总计先后有50万以上的军队进入敌后打游击战。但是,这么多的国民党军进入敌后,却没有对日军打成游击战,为什么呢?关键在于其不能与人民打成一片。

国民党军过去不会打游击战。为了训练游击战的干部,蒋介石于1939年在湖南衡山开办了"南岳游击干部训练班",主要请第18集团军参谋长叶剑英所率的一批八路军教员任课。共产党的教员们坦率地介绍了打游击战的根本前提是军民打成一片、官兵同甘共苦,并列举了八路军从总司

[①]《白崇禧回忆录》,第304页,解放军出版社,1987。

令到士兵都吃一样的伙食、穿一样的衣服的例子。国民党军的军官们听后无不叹息，认为不要说军长、师长，就是要求自己部队的连长与士兵过一样的生活也办不到。

1939年2月，在中国共产党帮助下，国民政府军事委员会军训部在湖南衡山创办了"南岳游击干部训练班"。（左2为叶剑英。）

蒋介石向华北敌后派遣部队时，又舍不得牺牲自己的中央嫡系，派出的大都是杂牌军，且很少给予补给。例如：在山东的东北军于学忠部便3年没有得到中央的供应，自筹粮食又很困难，最后只好让八路军协助其撤离，返回大后方。

国民党在敌后的部队建立不起根据地，补给就遇到大问题，向民间掠夺则更结怨于老百姓。在日军的"扫荡"下，许多部队真的陷入"游而不击"、东躲西藏的状态之中,这样自然无法长久生存,或逃回大后方,或投降日本当了伪军。这样说来,倒是国民党军队"游而不击"了。

例如:进入敌后的国民党军庞炳勋、孙殿英等部对抗战前途日益失望,投降日伪当局后,被改编成汪精卫政府指挥的伪军。还有部分国民党军与八路军、新四军搞摩擦,也遭消灭。这样,1943年以后日军后方的国民党军基本被清除,只有共产党领导的解放区军民坚持了下来。

共产党的军队能在敌后坚持,其诀窍不是秘密。毛泽东关于人民战争的基本原则从来是公之于世的。毛泽东所写的《论持久战》中就明确指出:"动员了全国的老百姓,就造成了陷敌于灭顶之灾的汪洋大海,造成了弥补武器等等缺陷的补救条件,造成了克服一切战争困难的前提。"[1]这些论述也包含着对当时的"友党"——国民党脱离群众的片面抗战路线的批评与劝诫。不过,无论怎样讲,人民战争始终是中国共产党的"专利",国民党始终与之无缘。

执政的国民党人也总是念着"唤起民众"一词,在实际上却做不到这点。究其原因,还在于人民战争必须以战争的正义性、群众性为前提。国民党进行的抗日战争虽然是正义的,但是由于其自身腐败和脱离人民的本质,也就不可能发动群众。其心理如同山西军阀阎锡山所称:"民众不发动是个空子,发动起来是个乱子。"蒋介石及那些人最害怕的是群众一旦发动起来,就会反对其独裁统治,所以他们"安内"重于"攘外",即使被迫对外作战也只能依靠军队片面抗战。

八路军、新四军能在最艰苦的敌后坚持抗战,靠的是人民的拥护。做到这一点的关键,主要不是仅仅取之于民,而且以大生产减轻群众的负担,同时还要造福于民。共产党的军队纪律好,能切实做好"哪家住八路,灶里有柴烧,缸满院扫净"。同时,更重要的是解决中国农民最期盼的土地问题。

中国农民最期盼的是土地,赢得农民支持的关键是解决土地问题。红军时代主要靠"打土豪,分田地"获得贫苦农民的支持,全面抗战开始后共

---

[1]《毛泽东选集》,第2卷,人民出版社,第480页,1991。

八路军帮助群众修复被敌人破坏的房子。

河北平山县下盘松村妇救会主任、共产党员戎冠秀积极带领群众做军衣、抬担架、救护八路军伤员。

反映农民在减租减息运动中向地主进行说理斗争的版画(作者:古元)

产党为团结各阶层抗战停止了土地革命,在此情况下通过减租减息改善了农民生活。八路军、新四军开辟的抗日根据地都实行了一种变相的土改,即"二五减租",主要内容是把农民过去向地主所缴纳的50%的地租改为25%,这就使农民的负担减轻了一半。如同晋察冀边区领导人彭真所说,减租减息实际是变相的土改。

"共产党到哪里,哪里的农民就少交一半租子!"这样的口号响彻了敌后大地,老百姓自然欢迎八路军、新四军到来。共产党因为从政治上、经济上给人民带来实实在在的好处,所以取得了人民群众的支持和拥护。物质是第一性的,是唯物主义的基本原理。物质变精神,千百万群众通过得到物质利益才衷心地拥护共产党。

同共产党形成鲜明对比的是:蒋介石为维护地主豪绅的利益,从来不肯实施减轻农民负担的措施,而搜刮百姓更是成为常态。河南人民称"水、旱、蝗、汤"为四大灾害,其中的"汤"就是国民党第一战区副司令汤恩伯,其部队纪律废弛,所到之处奸淫掳掠,搞得民怨沸腾。国民党第五战区司令官李宗仁在回忆录中也说,他知道河南有些老百姓甚至说:"宁愿敌军来烧杀,不愿汤军来驻扎。"这样的军队怎么可能和人民打成一片?怎么可能在敌后建立根据地?在日军的"扫荡"下,多数国民党部队真的陷入"游而不击"、最后或降或逃的境地。

15

游击战争为何能撑起抗战的"半壁江山"?

第二次世界大战之所以在人类战争史上具有特殊重要的地位,不仅在于它推动了机械化军事革命走向高潮,而且在于它促成了游击战的大发展。与历史上的游击战相比,二战期间的游击战具有许多新特点。其中,以毛泽东为代表的中国共产党被公认为是游击战发展创新的集大成者,其领导的抗日游击战争无论在理论还是实践上都达到了游击战有史以来的最高水平。日本军事理论家指出:毛泽东"论述的游击战,比以往任何战略书籍都丰富。他那富有想象力的叙述,是举世罕见的。在20世纪出现的各种战略著作中,最有特色的就是毛泽东的游击战争理论"。[1] 在他的理论指导下,敌后游击战争撑起了中国抗战的"半壁江山",使中共名副其实地成为抗战的中流砥柱。今天我们拾起这个话题,相信可以纠正某些人大脑中一味抬高国民党正面战场正规作战而轻视共产党敌后战场游击战争的错位认识。对这个话题,国内著名抗战史专家、军事科学院研究员贺新城有着精彩的解读,在此介绍给大家。[2]

一 机械化战争提升游击战地位

作为一种以攻击敌军后方为主的特殊作战样式,游击战在第二次世界

---

[1]贾若瑜主编:《游击战》,第31页,军事学院出版社,1985。
[2]贺新城:《游击战为何能撑起抗战的"半壁江山"》,载《参考消息》2015年6月7日。

大战中的大发展与机械化战争有着密切关系。机械化战争是一种作用范围很广的战争形态,这恰好有利于发挥游击战的特点。二战期间,仅被法西斯军队全部和部分占领的欧、亚、非国家就有30多个,占领区总面积约有850万平方公里。如此巨大的战场是战争史上前所未有的,占领军的兵力因此极大分散,游击战也因而拥有了避实就虚、充分发挥其机动灵活特点的广阔空间。

此外,机械化战争强化了后方与前方、作战与后勤的关系,使军队对后方交通线、通信保障和各种物资需求的依赖达到须臾不可或缺的程度。由于战争的机械化程度提高,军队的物资需求急剧增长。据统计,第一次世界大战时每个士兵日均消耗物资6公斤,第二次世界大战时达到20公斤,是一战时的3.3倍。美军在二战中消耗弹药696万吨,是一战时的7倍;苏军消耗弹药1000万吨,是一战时(沙俄军队)弹药消耗量的10倍。机械化武器装备的大量出现,还带来了诸如油料等许多新的物资需求。战争期间,苏军1个机械化军的耗油量就相当于一战时整个沙俄陆军耗油量的总和。这些由机械化战争带来的巨大消耗和需求种类不可能通过"现地征集"的方式来解决,必须依靠后方来提供。由此带来的交通运输等一系列后方支援保障问题就显得比以往任何时候都更加重要。这也为游击战的发展创造了条件,而且大大提高了游击战的地位和作用。通过游击战攻击敌人的后方,成为机械化战争中的一种重要的战略手段,其重要性超过以往任何时代。

战争期间,凡是被德、日、意占领的国家和地区都爆发了游击战,苏、美、英等国也都不遗余力地组织和支援各国的游击战。据统计,二战期间的游击战覆盖了德、日、意占领的广阔空间,几十个国家的数亿人民投身于各种形式的抵抗运动,其中仅南斯拉夫、波兰、希腊、阿尔巴尼亚、捷克、挪威、丹麦、荷兰、比利时、卢森堡和苏联共有不下300万人直接参加游击战。在中国,仅中共领导的游击武装就有100多万八路军、新四军以及200万民兵。如果加上其他未统计的国家,二战期间参加游击战的人数应当在千万以上。这种普遍开展的游击战规模之大、覆盖范围之广,是世界战争史上从来没有过的新现象。

游击战通常以各种小型、分散和随机性的袭击战斗为主要作战方法。但是,在二战中,除了大量分散实施的小型游击战斗之外,还出现了各地游击武装在统一计划下的联合作战,从而将分散孤立、各自为战的游击战斗发展为步调一致的游击战役。

1943年8月3日—9月5日,在苏联"游击运动总司令部"的统一部署下,活动于德军占领区的167支游击队约10万人实施了代号"铁道战"的大规模游击战役。此次战役在正面1000公里、纵深从两军对峙的战线直到苏联西部边界的广阔地域内同时展开,目的是通过集中进行的大规模铁路破击,瘫痪德军的供给、后送,支援苏军的库尔斯克战役。同年9月19日—10月末,苏联又组织193支游击队计12万人,在正面约900公里、纵深400多公里的德军后方发动了大规模破坏铁路的"音乐会"战役。

与欧洲的游击战相比,中国抗日战争中的游击战役不仅次数多、规模大,而且创造了游击战中的经典战役——百团大战。1940年8月20日夜,在八路军总部的周密部署下,位于日军后方华北各省的八路军和民兵游击队同时行动,对所在地区的日军守备部队和铁路、公路、煤矿发起全面袭击。此次游击战役自1940年8月20日起至1941年1月24日结束,持续时间长达5个月,参战八路军共有105个团20余万人,还有大量的民兵游击队协助作战。

二　把"战争从壕沟里解放"[①]出来

近代以来的军事理论对游击战重要性的认识已经有了很大提高,但总体看仍然带有很大的局限性,几乎所有论述谈论的都是"游击战"而非"游击战争",都将游击战看成是正规战的辅助手段,都是在如何更好地配合正规军作战的战术框架里去谈论游击战的作用。这种将游击战定位在战术

---

① 《毛泽东选集》,第2卷,第500页,人民出版社,1991。

性从属地位的认识,实际上低估了游击战的能量,限制了游击战作用的充分发挥。然而,毛泽东摆脱了这种局限性,他的论述中通常使用的是"游击战争"的大概念。从"游击战"到"游击战争"的一字之差,包含着毛泽东对传统游击战思想的重大发展,反映出他所思考的已不再是一般意义上的游击战,而是战略层面的更为宏大的游击战争。

毛泽东认为:游击战争可以是一种辅助配合的战术手段,也可以是一种独立发挥作用的战略行为,在被占地区不大或战争时间较短的国家,游击战争通常表现为战术战役上的配合作用,但在幅员广大的国家里实施的持久而大规模的游击战争,其作用就"主要地不是在内线配合正规军的战役作战,而是在外线单独作战",于是这种大规模的持久游击战争就"不能不做许多异乎寻常的事情……就从战术范围跑了出来向战略敲门,要求把游击战争的问题放在战略的观点上加以考察"。[①]

近代以来的军事理论家将游击战称为"民众之战"。毛泽东继承了前人的认识,并将其进一步发扬光大。充分认识和肯定人民群众的主导作用,是毛泽东游击战争乃至其整个军事思想的核心。中国共产党之所以能在抗日游击战争中游刃有余、成就卓著,而国民党尽管也意识到游击战争的价值,但却有心无力、乏善可陈,其根本原因就在于双方对人民群众的认识上存在很大差距。

在如何组织游击战争的问题上,毛泽东提出了一整套超越前人的思想认识。首先,他严厉批评了单纯依靠政府和军队、轻视民众组织动员的倾向,反复强调游击战争是人民群众的战争,而"民众如没有组织,是不能表现其抗日力量的"。[②]其次,毛泽东批评了国民党在组织动员民众时的单纯军事观点,指出:仅从狭隘的军事角度去动员和组织民众是不够的,现代战争"是军事、政治、经济、文化各方面犬牙交错的战争"。[③]因此,组织和动员民众也必须是全方位的,尤其是"政治上动员军民的问题,实在太重要了。我们之所以不惜反反复复地说到这一点,实在是没有这一点就没有胜

[①][②][③]《毛泽东选集》,第2卷,第405、424、474页,人民出版社,1991。

1938年5月,毛泽东发表《抗日游击战争的战略问题》和《论持久战》,阐明了抗日游击战争的战略地位和抗日战争的总方针。图为毛泽东在延安窑洞撰写《论持久战》。

《抗日游击战争的战略问题》的早期版本

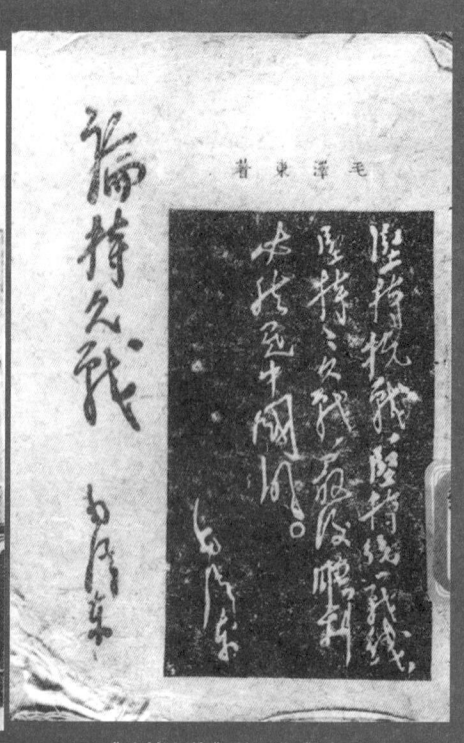

《论持久战》的早期版本

15 游击战争为何能撑起抗战的"半壁江山"？

利"。① 在此，以持续不断的组织动员来支持长期艰苦的游击战争，是毛泽东在组织游击战争问题上的又一深邃见解。毛泽东认为：在强敌入侵的时候，动员和组织民众比较容易，因为这种动员在很大程度上"是敌人给我们做的"，但是能不能在艰难困苦的长期战争中始终保持人民群众的昂扬斗志和广泛参与则是更加重要的问题。正是在这一极具远见的思想指导下，中国抗日游击战争的组织动员才能发挥出持久强韧的力量，中国的抗日游击战争才能克服种种难以想象的艰难困苦，成为世界反法西斯战争中持续时间最长、规模最大、效果最显著的典范。

在游击战争的战略战术方面，毛泽东不仅继承了以往游击战理论的内容，而且提出了许多新的认识和观点，构建起更加丰富、完整的游击战争的战略战术体系。全国抗战爆发后，国民党军队崇尚深沟高垒、层层设防的"堂堂之阵"，固执地以死打硬拼的战法来抗击日军。针对这种简单机械的战略战术倾向，毛泽东指出：抗日战争面对的是强大的敌人，以弱敌强是无法回避的客观现实，因此绝对不能按照有利于强敌的战略战术规则行事，必须"采用独立自主的游击战和运动战，避免一切被动的呆板的战法"②，把"战争从壕沟里解放"出来，要以发挥主动性、灵活性和能动性为原则，坚持"你打你的，我打我的"，创造性地理解和处理一切战略战术问题。在游击战争的力量运用上，毛泽东指出：游击战争在整体上是分散的，但在执行具体的作战任务时，"仍须集中大力，打敌小部"，按照情况灵活地分散、集中和机动兵力，打得赢就打，打不赢就走。在敌人后方建立能够持久坚持的游击战争根据地，是毛泽东游击战争思想的又一独到之处。毛泽东指出：虽然游击战争孤悬敌后，脱离国家的总后方，但是游击战争的领导者必须彻底克服以往游击战争中普遍存在的"流寇主义"，在敌人后方建立各种形式的根据地，以此来建立游击战争自己的后方，支持游击战争的长期生存和发展。

---

①②《毛泽东选集》，第 2 卷，第 513、379 页，人民出版社，1991。

三　中国游击战争的三大特点

在毛泽东全面、系统、充满创意的游击战争理论指导下，中国亿万人民群众积极投身抗日游击战争，迸发出极大的想象力和创造力。在二战期间普遍存在的游击战中，中国的抗日游击战争无论从哪个方面看都堪称世界之最。

1. 开展最早，持续时间最长。中国是第一个武装抵抗法西斯侵略的国家，也是最早发动游击战争的国家。从1931年到1945年，中国的抗日游击战争持续了整整14年，比欧洲的游击战早了8年，比亚洲其他地区早了10年。

2. 规模最宏大，空间最广阔。二战期间，世界各国被占领地区有上亿人民群众参加各种形式的抵抗运动，其中游击战发展充分的欧洲各国有总计超过300万人直接参加游击武装。最值得一提的是：中共领导的抗日游击武装由最初的几万人发展到上百万人，还有200多万民兵，并建立了19块抗日根据地，控制了1亿以上人口和100多万平方公里的辽阔地域，形成了世界上规模最大的完整意义上的敌后战场。

3. 水平最高，能量最大，战略作用最突出。二战期间的游击战遍及世界各地，但没有哪个国家和地区能有中国抗日游击战争那么大的能量和战略作用。中共领导的游击战争从一开始就立意宏大：要在日军后方独立自主地开展大规模游击战争，造就一个持久稳定，规模庞大，能够长期吸引、打击和消耗日军主力，对战争全局发挥决定性影响的新战场。为此，区区几万装备低劣的八路军、新四军，以"敌进我进"的超常胆略逆势而上，如水银泻地般渗入日军所占地区，打出了一个幅员辽阔的敌后战场。

大规模游击战争的展开是决定中国抗战前途与命运的关键之举，它不仅改变了双方交战的基本格局，形成了有利于中国的犬牙交错的战争形态，迫使日军陷入同时应付前后两个战场的困境，而且极大地改变了双方作战的"游戏规则"，使日军半数以上的兵力不得不放弃擅长的大兵团作战方式，被迫回师后方，以高度分散的配置来对付陌生的游击战争。如此一来，中日战争就脱离了日军追求的速决战方向，进入了中国设定的持久战轨道。全国抗战进入相持阶段以后,中共领导的游击战争独当一面,抗击了半数以上的日军和几乎全部伪军,撑起了抗日战争的半壁江山,其局面之大、能量之巨、战略作用之显赫,远远超出了日军的想象,各国的游击战也无有出其右者,堪称人类战争史上从未有过的奇观。

16

为什么说抗战是"熬"出来的胜利?

近些年来,有些人越来越赞扬国民党军队的正面战场,认为国民党军队在正面战场进行的一系列大规模会战才叫"气壮山河",而共产党的八路军、新四军在敌后战场进行的战斗规模很小、次数不多,实在没什么可以拔高的。所以,他们似乎形成的共识是:国民党军队在抗日正面战场上起主导作用;八路军、新四军只是在敌后游击,起个牵制作用。这样问题就产生了:国民党军队英勇奋战,为何屡战屡败?共产党在敌后游击,为何把日本人搞得无可奈何?因此,就这一问题展开话题,解开这一历史之谜,既可以正视听,又可以深刻体会到底什么是中国人民的抗战精神。国内著名抗战史研究专家刘统教授发表的《熬出来的胜利》[①]对这个话题作了最好的解读,这里介绍给读者。

一 为什么抗战是持久战

我们必须承认:中日开战,打的就是不对称战争。侵略中国是日本的基本国策。日本在明治维新之后进入近代社会,工业发展需要资源。然而,日本最缺的就是资源,于是盯上了中国。战争是最快的发财手段,于是日本以举国之力来了两次豪赌。第一次打清朝,在军队人数和武器装备都处于劣势的条件下打赢了甲午战争,巨额赔款让日本赚得钵满盆满。第二次打俄国,从俄人手里把中国的辽东半岛抢到手,大连成了日本侵略中国

---

① 刘统:《熬出来的胜利》,载《读书》2015年第6、7期。

16 为什么说抗战是"熬"出来的胜利?

的第一块跳板。日本人在大连搞经济开发,第一个大公司就是南满铁路株式会社,简称"满铁"。君道:这不就是个修铁路、管运输的公司吗? 其实,"满铁"最大的部门叫调查部,养了几千调查员。你去看看现存的"满铁"档案,日本人走遍了东北、华北的山山水水,对中国的国土资源和政治、经济、文化情况搞得极为详细具体。这就说明日本的野心根本不在挣点小钱,而是谋长远,谋划全面占领中国。在开战之前,日本的情报工作是无孔不入,精细到了令人吃惊的程度。举个例子:1928年5月,中共领导人分批秘密前往莫斯科出席六大。周恩来扮作古董商人,乘一艘日本客轮,由上海去大连。到大连码头上岸时,日本水上警察厅对周恩来进行盘问。周恩来编了一套简历和社会关系,警察说:我看你不是姓王,而是姓周。你不是做古董生意的,你是当兵的。还打开抽屉找出档案卡片说:你就是周恩来。周恩来大吃一惊。但是,警察并未逮捕他,而是放他走了。周恩来赶紧毁掉证据,改道去哈尔滨。

周恩来的经历并非意外,日本的情报机构早就掌握了大量情报。中共在上海的秘密活动也在日本警方的掌控之中。由此可见日本在侵略中国的准备过程中做了多少细致的工作。这样发动的战争,绝非盲目行动。

那么,国民党在做什么呢? 蒋介石让内战搞得焦头烂额,对江西苏区的红军要"围剿",阎锡山、冯玉祥在中原和他叫板,各地的土军阀还没收编。所以,九一八事变时日本关东军以两万人的兵力进攻20万人的东北军,蒋介石实在是力不从心,只得依靠国联调停。东北就这样丢了。当蒋介石刚刚签了国共合作协议,收编了西南军阀,日本军阀就急不可耐地发起了全面侵华战争。因为他们知道:如果让蒋介石建设5年,中国有了实力,日本就打不赢了。

国民党军队被迫抗战时,将领们起初还是有信心的。淞沪会战、徐州会战、南京保卫战,国民党军队人数是日军的几倍甚至十倍。但是,无论国人如何呐喊声援,等来的却是一个接一个的失败。是国军将士不勇敢吗? 不是。战争从来不是单纯凭勇气取胜的,关键在于统帅部的决心和部署。说实话,国民党将领还不具备指挥现代化战争的能力,参战部队中有战斗力的中央军是少数,多数是杂牌部队,装备和训练水平都很差。每次会战,国民党军队都是把战线拉开几十里,做宽正面防御。日军虽然人少,但凭着优越的武器和训练有素的战术水平,抓住国民党军队的薄弱环节,一举突破,导致国民党军队的全线崩溃。几战下来,国民党军队不仅损失了有生力量,而且在后撤过程中大量的难民跟着逃,造成了更大的灾难和被动。

当八路军开赴山西抗日前线时,毛泽东表现出一种谨慎和示弱的态度。八路军代表彭雪枫去太原见阎锡山时,毛泽东在电报中嘱咐他:"同各方接洽,在积极推动抗战的总方针下,要有谦逊的态度,不可自夸红军长处,不可说红军抗日一定打胜仗,相反要请教他们各种情况,如日军战斗力、山地战、平原战等等红军素所不习的情形,以便红军有所根据,逐渐克服困难。不可隐瞒红军若干不应该隐瞒的缺点,例如只会打游击战,不会打阵地战,只会打山地战,不会打平原战,只宜于在总的战略下进行独立自主的指挥,不宜于以战役战术上的集中指挥去束缚,以致失去其长处,这些都应着重说明。"[①]

阎锡山当时组织了20万军队,据守忻口、娘子关,准备和日军坂垣师团打一场太原保卫战。既然共产党说八路军战斗力不行,那就到敌后去策应配合作战吧。林彪带着八路军第115师来到平型关,准备打日军的后勤运输线。今天的平型关还保留着历史原貌,关口在山顶上,把着一条上山的羊肠小道。两边的山脊上是古代长城,关后的洼地是屯兵的关城。如果按国民党将领的想法,一定是居高临下,据险而守。但是,林彪却把战场设在山下几十里的关沟。

这是10里长的峡谷,最窄处仅能通过一辆大车。从山坡上往下扔石头,也能把沟底的人砸个半死。林彪要在这里打伏击,来个漂亮的歼灭战。果然,日军运粮队拉着一字长蛇阵进了沟。八路军一声令下,机枪、手榴弹打得日军措手不及。大家喊着"缴枪不杀"向山沟里冲,想着很快解决战斗。没想到日军往山坡上爬,抢制高点,与八路军战士拼起刺刀。一场肉

[①]《毛泽东文集》,第2卷,第6页,人民出版社,1993。

搏战打到黄昏,以日军全部阵亡结束。战报说歼灭日军1000余人,这个数字是有问题的。坂垣师团才多少人,怎么运粮食的会有千人呢?按日本史料,说运粮队只有两百多士兵,其余是朝鲜和中国拉车的苦力。如果属实,那战斗中八路军和日军的伤亡就不是1:1,而是我们用两三个人才能消灭一个日军。所以,平型关之战虽然胜利了,代价却是巨大的。

林彪事后的报告说:"敌人确实是有战斗力的。也可以说,我们过去从北伐到苏维埃战争中还不曾碰到过这样强的敌人。我所说的'强',是说他们的步兵也有战斗力,能各自为战,虽打败负伤了亦有不肯缴枪的。战后只见战场上尸体遍野,却捉不着活的。敌人射击的准确、运动的隐蔽、部队的掌握,都颇见长。对此种敌人作战,如稍存轻敌观念,做浮躁行动,必易受损失。我们的部队仍不善做疏散队形之作战,特别是把敌人打坍后,大家拢在一起,喧嚷:'老乡,缴枪呀!'——其实对日本人喊'老乡缴枪',不但他们不懂,而且他们也不是老乡——这种时候,伤亡往往很多。"①

平型关之战,毛泽东是亦喜亦忧。喜的是:八路军打了个胜仗,对全国人民的士气是个鼓舞。所以,后来对外宣传战果时,声称"歼灭三千日军"。这个说法一直延续到上世纪80年代。在抗战期间,中共发表战果时是内外有别的,对外发表的数字要夸大一些。后来毛泽东有个解释:"我们现在发了一个通令,要各地打仗缴枪,缴一枝讲一枝,不报虚数。我们曾经有个时期分对内对外,内报一枝是一枝,外报一枝是两枝。我们专门发了这个通令,知之为知之,不知为不知。一枝为一枝,两枝为两枝,是知也。"②忧的是:奔赴抗日前线的八路军就4万多人,都是长征留下来的宝贝。照平型关这样打,打不了几次就损失完了,还抗什么日?战争的法则是消灭敌人,保存自己。不是头脑一热去牺牲当烈士。从井冈山起家,毛泽东和红军一直是处于弱势,和强大的敌人作斗争,不能采取常规作战的方式,一定要探索出一条新路。毛泽东经过深思熟虑,于1938年5月发表了《抗日游击战

---

①《平型关战斗的经验》,载《建党以来重要文献选编(一九二一至一九四九)》第14册,中央文献出版社,2011。
②胡哲峰、于化民:《毛泽东与林彪》,第246—248页,广西人民出版社,1998。

平型关战斗最激烈的地点——乔沟

林彪等在平型关指挥作战。

平型关战斗中八路军第115师的机枪阵地

平型关战斗毁敌汽车100余辆，缴获大批武器、战马。这是八路军官兵高兴地背着缴获的战利品凯旋。

缴获的日军汽车

缴获的战利品一宗

缴获的日军九二步兵炮

缴获的日军电台

击毙的日军战马

缴获的日军军旗、臂章等

争的战略问题》和《论持久战》。

谋划战略,首先要认清敌我力量的对比,把自己摆在一个正确的定位上,才能清醒地分析形势、制订策略。毛泽东指出:企图和敌人硬拼的"速胜论"和害怕敌人的"亡国论"都是错误的,现在日本侵略虽然处于优势,但我们也不是一点办法没有。他分析:中国"是一个大而弱的国家。这一个大而弱的国家被另一个小而强的国家所攻击……在这样的情况下,敌人占地甚广的现象发生了,战争的长期性发生了。敌人在我们这个大国中占地甚广,但他们的国家是小国,兵力不足,在占领区留了很多空虚的地方"。这就给我们开展游击战提供了条件。"因此抗日游击战争就主要地不是在内线配合正规军的战役作战,而是在外线单独作战……因此抗日游击战争就不是小规模的,而是大规模的;于是战略防御和战略进攻等等一全套的东西都发生了。战争的长期性,随之也是残酷性,规定了游击战争不能不做许多异乎寻常的事情,于是根据地的问题、向运动战发展的问题等等也发生了。于是中国抗日的游击战争,就从战术范围跑了出来向战略敲门,要求把游击战争的问题放在战略的观点上加以考察。"[①]

基于这个估计,毛泽东设想了持久抗战的过程:"这种持久战,将具体地表现于三个阶段之中。第一个阶段,是敌之战略进攻、我之战略防御的时期。第二个阶段,是敌之战略保守、我之准备反攻的时期。第三个阶段,是我之战略反攻、敌之战略退却的时期。"[②]这实际上是说:战争初期,我们打败仗、丢失土地是不可避免的,敌人要占就让他们去占。等日军进攻到一定程度,军队散开,就没那么强大了,地也占不住了。这时我们就和他们相持,用游击战打击他们、消耗他们。等到国际形势变化,反法西斯统一战线形成,我们再配合盟军反攻。

形势总是互相转换的。毛泽东说:"我们说抗日战争是持久战,是从全部敌我因素的相互关系产生的结论。敌强我弱,我有灭亡的危险。但敌尚有其他缺点,我尚有其他优点。敌之优点可因我之努力而使之削弱,其缺

[①][②]《毛泽东选集》,第 2 卷,第 405、462 页,人民出版社,1991。

点亦可因我之努力而使之扩大。我方反是,我之优点可因我之努力而加强,缺点则因我之努力而克服。所以我能最后胜利,避免灭亡,敌则将最后失败,而不能避免帝国主义制度的崩溃。"①

共产党和八路军持久抗战的方式,就是敌后游击战。毛泽东指出:"从三个阶段来看,中国抗日战争中的游击战,决不是可有可无的。它将在人类战争史上演出空前伟大的一幕。""不要以为少打大仗,一时显得不像民族英雄,降低了资格,这种想法是错误的。游击战争没有正规战争那样迅速的成效和显赫的名声,但是'路遥知马力,事久见人心',在长期和残酷的战争中,游击战争将表现其很大的威力,实在是非同小可的事业。"因此,八路军的方针是"基本的是游击战,但不放松有利条件下的运动战"。②

如何进行游击战?关键是发动群众,组织群众和军队一起进行抗日战争。毛泽东说:"战争的伟力之最深厚的根源,存在于民众之中。日本敢于欺负我们,主要的原因在于中国民众的无组织状态。克服了这一缺点,就把日本侵略者置于我们数万万站起来了的人民之前,使它像一匹野牛冲入火阵,我们一声唤也要把它吓一大跳,这匹野牛就非烧死不可。""军队须和民众打成一片,使军队在民众眼睛中看成是自己的军队,这个军队便无敌于天下,个把日本帝国主义是不够打的。"③

引用这么多毛泽东的话,是想说明一点:在战争初期,作为领导人,能不能给全国军民指出一条正确的抗战之路,至关重要。蒋介石作为一国之领袖,面对土地沦陷、军队溃败、人民被屠杀,他心如刀绞,在日记里每天都倾诉自己内心的痛苦,有时甚至想自杀。但是,他的思想是被动的,想不出什么对付日本人的好办法,只能苦撑危局。毛泽东则很低调,开始就把自己摆在弱者的定位上,想办法怎么持久抗战、怎么与日本人打游击、怎么改变双方的强弱态势。这就是差别。

毛泽东说:"我们反对主观地看问题,说的是一个人的思想,不根据和

---

①②③《毛泽东选集》,第2卷,第460、499—500、511—512页,人民出版社,1991。

不符合于客观事实,是空想,是假道理,如果照了做去,就要失败,故须反对它。但是一切事情是要人做的,持久战和最后胜利没有人做就不会出现。做就必须先有人根据客观事实,引出思想、道理、意见,提出计划、方针、政策、战略、战术,方能做得好。"①所以,毛泽东经常说:无论做什么事,方向和路线都是最重要的。方向和路线对了头,没人可以有人,没枪可以有枪。方向和路线不对,人再多也会失败。以后的抗战过程再次印证了这个道理。

二 犬牙交错的奇特战局

阎锡山组织的太原保卫战,将士们打得很顽强,使敌坂垣师团正面无法突破。于是,河北的日军回过头来,在娘子关突破了孙连仲的防线,导致阎锡山腹背受敌,被迫放弃太原。国民党军在太原保卫战、徐州会战中的相继失败,使华北沦陷。国民党的军队和政府都撤退了,日伪政权尚未巩固,华北平原和太行山区都处于空白状态。

毛泽东看到了机会。国民党走了,共产党正好去填补空白。于是,中共中央命令八路军作战略转变,占据太行山区、五台山区,然后出山向华北平原和山东进军。他在1937年9月21日给彭德怀的电报说:"今日红军在决战问题上,不起任何决定作用,而有一种自己的拿手好戏,在这种拿手戏中,一定能起决定作用。这就是真正独立自主的山地游击战(不是运动战)。要实行这样的方针,就要战略上有有力部队处于敌之翼侧,就要以创造根据地、发动群众为主,就要分散兵力,而不是以集中打仗为主。"②11月13日,毛泽东又命令各部队:"红军任务在于发挥进一步的独立自主原则,坚持华北游击战争,同日寇力争山西全省的大多数乡村,使之化为游击根据地。发动民众,收编溃军,扩大自己,自给自足,不靠别人。多打小胜仗,

---

① 《毛泽东选集》,第2卷,第477页,人民出版社,1991。
② 中共中央对外宣传办公室、中共中央党史研究室:《中国共产党历史日志》,第345页,中共党史出版社,2012。

16　为什么说抗战是"熬"出来的胜利？

兴奋士气,用以影响全国,促成改造国民党,改造政府,改造军队,克服危机,实现全面抗战之新局面。"①

根据中共中央的命令,八路军3个师分头行动。第115师聂荣臻部在五台山建立了晋察冀根据地,第129师刘伯承部在太行山南建立晋冀豫根据地,第120师贺龙部到河北建立了冀中根据地,第115师陈光部到山东建立了根据地,八路军的其他部队挺进冀东、冀南、平北、平西,陆续开辟了大大小小的根据地。于是,华北战场出现了一个奇特的局面——犬牙交错。

什么叫"犬牙交错"？就是敌占城市,我占农村;敌占平原,我占山区。共产党红军时期建立根据地的经验,这时又用到了对日抗战上。八路军的根据地都是边区,避开交通便利的铁路、公路,在各省交界的深山里,在平原交通线的中间地区,占领那些偏僻、落后的农村。从地图上看,这些根据地都是零碎的、与敌占区交错的。毛泽东把这种布局叫"做眼"。他说:"从敌后游击战争的根据地看来,每一孤立的根据地都处于敌之四面或三面包围中,前者例如五台山,后者例如晋西北……但若将各个游击根据地联系起来看,并将各个游击战争根据地和正规军的战线也联系起来看,我又把许多敌人都包围起来……这样,敌我各有加于对方的两种包围,大体上好似下围棋一样,敌对于我我对于敌之战役和战斗的作战,好似吃子,敌的据点(例如太原)和我之游击根据地(例如五台山),好似做眼。"②

眼做得多了,这盘棋就走活了。北平是当时日本侵略华北的中心,从城里出来到西山,就没有公路了。萧克的部队1938年底从太行山出来,越过紫荆关,途经赵各庄、野三坡等地进入宛平县,于1月中旬到达斋堂川的上、下清水村,创建了平西根据地。萧克赋诗一首:"北渡拒马河,百花山在望,建立挺进军,深入敌心脏。"③其实,北平敌伪的控制区到香山为止,西边的山区就是八路军的天下了。

---

① 中央档案馆:《中国共产党抗日文件选编》,第210页,中国档案出版社,1995。
②《毛泽东选集》,第2卷,第472页,人民出版社,1991。
③《北渡拒马河》,载重庆文史研究馆编《中国抗日战争诗词曲选》第189页,重庆出版社,1997。

建立根据地,不急于打仗,而是发动群众,扩大队伍。蒋介石给八路军的编制仅仅3个师,发饷按4万人算。毛泽东既然要搞独立自主的游击战,就要冲破蒋介石的限制,放手扩编。1个连扩为1个团,1个团扩到1个师,对蒋是"先斩后奏"、"只斩不奏"。扩充部队,有人还要有枪。人好办,枪从哪里来?跟日本人打仗伤亡太大,共产党懂得国情。当年兵荒马乱的光景,村里有点钱的人,谁不买杆枪看家护院啊!八路军到村里,就宣传抗日。打鬼子,干不干?干就扛枪跟我走。地主武装、帮会武装,有气节的不想当汉奸,势单力薄又怕打不过鬼子。八路军就去收编,跟着共产党抗日吧。思想工作一做,这些地方武装的人和枪就大都过来了。顽固不从的,就是汉奸,八路军很容易就把他收拾了,枪也缴到手了。吃饭的问题怎么解决呢?搞抗日统一战线了,不能再像过去那样打土豪。阎锡山在山西抗战曾提出过"减租减息,合理负担"的口号。共产党觉得很好,就学过来,号召农民减租减息,号召地主出钱抗日。这样,不用蒋介石发军饷,八路军把生存问题也解决了。

　　在进军敌后的过程中,还有一个重要问题,就是反奸防特。日军是擅长情报工作的。他们收买汉奸,提供信息,对我方造成很大威胁。1938年8月,中共中央命令在军队中成立锄奸局。电报说:"日寇有庞大的特务机关,长久的侦探工作的经验,对于抗日军队是不断的千方百计的进行其破坏阴谋。派遣侦探,收买人员,挑拨离间,以求从内部来瓦解抗日军队。"[①]因此,中央决定在总部、各师、各旅及军区成立锄奸局,团设特派员。组织上锄奸局保有独立的系统,各级军政首长应调遣最好的干部来做这种工作,物色绝对忠实及有信仰的适当干部做锄奸局长。中共把红军时期政治保卫局的体制和经验运用于同日军情报机关的斗争,有效切断了日军的情报来源,使其摸不清八路军、新四军的动向。

　　共产党、八路军和新四军深入敌后,开辟根据地,形成了"犬牙交错"的局面,打到了日军的软肋上。日本人从没遇见过这样的对手。国民党军队

---

①《中共中央军委电令在军队中成立锄奸局》,载《中国人民解放军通鉴》上,甘肃人民出版社,1997。

16　为什么说抗战是"熬"出来的胜利？

打仗，从来都是堂堂之阵，阵线分明。这样的仗好打，日本人可以充分发挥自己的长处，组织战役，实施突破，取得胜利。共产党的游击战使日本人的优势没有了，唯一的劣势完全暴露了。这就是：日本兵太少了。

1939年时，日军"中国派遣军"24个师、24个混成旅，主力在武汉和华南正面战场作战。华北没有重大战事，日军华北方面军只有9个师、12个混成旅。这些部队摆在华北，只能占领大城市和铁路沿线。1个县城也就是1个大队或中队驻守。百把十个日本兵要看守方圆上百里的地盘，不是杯水车薪吗？所以，日军只能在重要的镇子和交通要道上修个炮楼，再远点的村子就管不住了。八路军则有广阔的天地可以活动，在铁路、公路之间的地区建立抗日根据地。除了正规部队，八路军还到处建立游击队。这些游击队熟悉当地情况，来去飘忽，更使日本人头疼。

怎样消灭八路军和游击队呢？日本人的长处也用不上了。八路军都是小股活动，日军很难集中优势兵力。"扫荡"吧，集合几千人去找几十个八路军，代价太高，事倍功半，甚至收效甚微。不打呢，眼看着八路军到处活动，又气又急。进山"扫荡"抗日根据地，日军的机械化优势完全用不上。卡车进不了山，只有羊肠小道，有的地方连路也没有。日军从将军到士兵都得步行，口粮还得自己背，真是痛苦万分。在山里全靠两条腿，看着八路军在对面山上，差一天的路程也赶不上。何况八路军还有自己的报警系统。在山顶上放棵"消息树"，看见日军进山，一个山头接一个山头放倒"消息树"，几十里外很快就得到警报，开始转移钻山沟，跟日军捉迷藏。或者找个合适的地形，打鬼子一个伏击。所以，日军进山"扫荡"，人少了怕挨打，人多了后勤跟不上，也不能持久。山地游击战使武器简陋的八路军发挥了长处，而优势装备的日军遇到了困难。抗战就这样相持下去。

在创建敌后根据地的过程中，共产党充分发挥了群众路线和组织能力。八路军走到一个地方，不是单纯占地划界，而是宣传群众，让群众拥护共产党的抗日主张，建立基层党组织。有了群众的支持，就能在日军的眼皮底下建立公开的和秘密的根据地，为长期抗战打下稳固的基础。

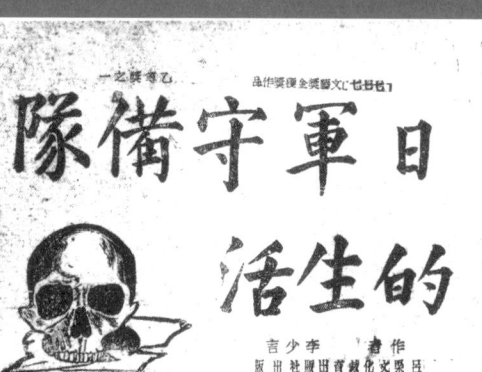

日軍守備隊的生活

乙等獎之一
丁亥文藝獎金獎復獎作品
作者 丁聰
李少言 言
巨集文化教育出版社出版

第一 據點被圍變成了監牢

第二 膽心吊膽出來換槍

第三 佔領地遍地可疑行

三 "百团大战"与"五一大扫荡"

(一)"百团大战"——沉重打击了华北日军

八路军走出太行山,在华北平原、山东建立根据地,扩充队伍,力量日趋壮大,成为敌后抗日战场的主力军。这是日本侵略者不能容忍的。1939年秋,多田骏任日本华北方面军司令。他意识到日军"如不及早采取措施,华北将成为中共的天下"。他制订了"囚笼政策",企图彻底摧毁华北八路军和抗日根据地。

所谓"囚笼政策",就是对根据地实施军事讨伐,大修铁路、公路和据点、碉堡,在平原地区修筑封锁沟,在山区采取并村和制造无人区,对根据地构成网状分割包围,然后发挥其交通工具的优势,分区"扫荡"。刘伯承指出:"敌人要用铁路作柱子,公路作链子,据点作锁子,来造一个囚笼,把我们军民装进里边去,凌迟处死。"[1]

日本人进行的一项大工程,就是把阎锡山原来修的窄轨正太、同蒲铁路改成宽轨,与华北平原的平汉路并轨,实现了华北和山西铁路运行的一体化。在华北平原上修了纵横的高速公路网,把八路军的根据地封闭在一个个"格子"里,确实给八路军的机动和联系造成了巨大的困难。

这时,正面战场的形势也很艰难。日军占领了华南,控制了全部海岸线,国民党军队的外援基本断绝。1940年5月日军占领宜昌,封闭了三峡出口,开始对重庆狂轰滥炸。蒋介石处境极为艰难,希望八路军在后方作战,吸引部分日军,缓解正面战场的压力。主持八路军总部的彭德怀认为,八路军已发展到40万人,具备了和日军决战的力量。他决定发动"百团大战",给华北日军来个沉重打击。

"百团大战"不是集中兵力与日军进行会战,而是各部队就地展开破袭战,破坏同蒲、正太铁路和山西、河北的公路以及矿山、车站等基础设施,拔掉日军的一些据点。大家早就憋着劲儿,想和日本鬼子干一场,部队的士

---

[1] 转引自张宏志著《中国抗日游击战争史》第419页,陕西人民出版社,1995。

八路军副总司令彭德怀在"百团大战"前线。

气高昂。从8月20日开始,八路军105个团20余万人对华北的铁路、公路干线和沿线敌军据点展开猛烈攻击,并动员百姓配合破路。一时间,山西、河北烽烟四起,杀声震天,日军措手不及,疲于应付。

但是,在攻击日军据点的战斗中,八路军付出了重大伤亡。10月29日,八路军第129师主力将日军1个大队500余人包围在蟠龙镇以东关家垴。彭德怀亲临前线,志在必得。八路军对日军据点形成合围,展开攻击。日军依托防御工事顽强防御。天亮后,日军飞机向八路军轮番轰炸和扫射,战斗打得非常激烈。八路军没有火炮,仅凭轻武器攻坚,每占一个山包,都要同日军反复争夺。刘伯承师长见战斗打成胶着状态,部队伤亡很大,打电话问彭德怀是否放弃攻击。彭德怀向刘伯承下死命令:"拿不下关家垴,就撤掉一二九师的番号,杀头不论大小。"[①]刘伯承只得硬着头皮打下去,激战至31日拂晓,歼敌400余人。由于日军援兵到达,八路军第129师主动撤出战斗,残余的日军在援军接应下突围。

"百团大战"持续了三个半月,进行大小作战1824次,毙伤日伪军20645人,拔掉日伪据点2993个。山西境内的铁路、隧道、车站被严重破坏,使日军相当一段时间不能恢复交通。但是,八路军自身伤亡17000人,中毒2万余人。这是八路军在抗战期间打的规模最大的战役,成绩是沉重打击了日军的"囚笼政策",有力策应了正面战场;失误是全面暴露了八路军实力,引起了日军的高度重视,导致了后来残酷的大"扫荡"。

(二)"五一大扫荡"——抗战期间八路军最惨痛的一次失败

1941年7月,日本军部免去多田骏的华北方面军总司令职务,由冈村宁次大将继任。冈村于1913年陆军大学毕业后来中国,从事情报和参谋工作。1932年8月任日本关东军副参谋长,指挥进攻热河。1938年任日本第11军司令官,指挥武汉作战。1940年4月晋升陆军大将。冈村是中国通,有丰富的作战经验,彭德怀对其评价很高。冈村上任后,对华北情况做了详细调查,巡视了一些重要战区。他认定要巩固日本在华北的统治,必

[①] 转引自《抗战档案》中第476页,中央文献出版社,2005。

先消灭共产党及其领导下的抗日武装。长期的对峙不能结束战争,必须连续进攻,使八路军失去反抗能力,才能彻底解决问题。他制订了《肃正作战实施纲要》,确定日军的重点是首先对冀东、冀中和山东进行"扫荡",然后对太行山区及冀鲁豫地区进行"扫荡",集中兵力消灭八路军的指挥机构。

在精心策划和调兵遣将后,冈村推出了他的"强化治安运动"计划。与前任不同之处是:由过去的军事进攻为主变为七分政治三分军事,实行政治、军事、经济、文化一体化的"总力战"。他将华北分为"治安区"(敌占区的城市、交通线及附近地区)、"准治安区"(八路军游击区和敌我争夺地带)及"未治安区"(抗日根据地),采取不同的对策。在"治安区"建立伪政权和各种伪组织,并村编乡,实行保甲连坐,强化控制。在"准治安区"大修封锁沟和碉堡,制造无人区,防止八路军深入活动,切断其与根据地的联系。对"未治安区"进行"扫荡",实行野蛮的烧光、抢光、杀光的"三光"政策,摧毁抗日根据地,袭击八路军的党政军领导机关。

从1941年8月中旬开始,冈村调集华北日军5个师团和伪军共7万多人,对我晋察冀边区的北岳、平西两个军分区进行"扫荡"。为了报复八路军的"百团大战",冈村称此次"扫荡"为"百万大战",运用"分进合击"、"铁壁合围"的战术,企图对晋察冀军区、各军分区机关和主力部队进行包围,聚而歼之。

日军"大扫荡"的第一波从8月23日开始,聂荣臻率晋察冀边区党政军机关向阜平地区转移。日军5万人向阜平合围,9月1日晋察冀机关、学校七八千人被合围于阜平以北的狭窄地区内,处境十分危急。聂荣臻派侦察分队携带一部电台向东走,以军区呼号故意暴露目标,误导日军分兵向台峪合击。聂荣臻率部当晚西进40公里到常家渠,隐蔽了5天,然后转移到平山县文玉地区,脱离险境。

1942年,冈村宁次加大了"扫荡"力度,对冀中根据地发动"五一大扫荡",同时突袭太行山八路军总部,造成八路军中心根据地的严重损失。

5月19日,日军第110师及第81旅各一部由河北元氏、赞皇出动,24日控制了太行山峻极关(摩天岭)。第4旅由平定、昔阳、井陉出动,进至辽

16　为什么说抗战是"熬"出来的胜利？

县(今左权),与峻极关之敌会合。日军第 36 师和第 3 旅由西线的长治、武乡、辽县和东线的武安同时出动,集中力量,对中共中央北方局和八路军总部驻地窑门口、青塔、偏城、南艾铺地区完成了合围。5 月 24 日,日军转入第 2 期作战,在飞机支援下,以麻田为总目标,对合围圈内的八路军展开"向心大合击"。

八路军总部于 5 月 23 日开始转移。次日凌晨,虎头山、前阳坡、军寨等阵地都发生激烈的战斗。化装深入的日军挺进队在麻田发现了八路军首脑机关,引导多路日军向麻田方向合围。左权参谋长指挥警卫连两百多人顽强地抵御着两千多日伪军的轮番进攻。

5 月 24 日,八路军总部机关趁黑夜转移。第二天,队伍在辽县十字岭吃饭,突然受到日军的包抄袭击。被围的都是携带物资过多、行动迟缓的机关、学校和后勤单位,有几千人,多数人没有作战能力,四散溃逃。著名史学家李新当时就在队伍中,他回忆:正在造饭的时候,我正拿着手提小洋铁桶打饭。这时,我看见彭总带着大约一个排的警卫员从半山坡横着走过去了,他们不循路径,一直往前急走。我心中一紧,糟了,今天要出问题。忽然天上的飞机来了,而且开始轰炸,同时四面枪炮声大作。山腰路上的驮马被炸得滚滚而下,山洼里部队秩序大乱,各人径自奔逃。只要一颗炸弹下来,便有不少死伤,有的血肉横飞。我提着饭桶往山上跑,边走边吃,想努力爬上山顶,看个究竟,以便决定行动。一抬头,看见左权将军在一排灌木旁边,像钢铁一样地立在那里,一面指挥战士们对敌射击,一面呼喊机关干部们向他手指的方向突围。我走近时,他大声喊道:"李新,快把背包扔了,往上走! 向东!"我顺着山脊往上爬。山脊有路,可以跑得快些,但敌机不断轰炸,有些同志不敢往上跑,结果就没有突围出去。[①]

在最危急的时刻,左权一边指挥警卫连阻击日军,一边督促彭德怀赶快转移。彭德怀脱险后,左权继续指挥机关人员的突围,坚守在十字岭上。一发炮弹落在左权身边,左权的头部、胸部、腹部都中了弹片。就这样,一位才华横溢、智勇双全的八路军高级将领不幸牺牲了。

[①] 李新:《流逝的岁月——李新回忆录》,第 165—166 页,山西人民出版社,2008。

· 204 ·　　　　　　　正视抗日战争

八路军副总参谋长左权在**1942年5月25日**在山西辽县（今左权县）与日军作战中牺牲。

  这是抗战期间八路军最惨痛的一次失败，损失很大。1942年5月的"大扫荡"，对华北抗日根据地和八路军都是最沉重的打击。党的基层组织也遭受严重破坏，多数无法公开活动。人民群众被杀被捕多达5万人。日军在冀中平原上修造据点、碉堡，挖封锁沟，昔日一马平川的冀中平原被分割成2600多个小块，变成了"抬头见岗楼，出门登公路，无村不戴孝，到处是狼烟"的恐怖世界！

（三）保存力量——集中各根据地优秀干部到延安

  彭德怀1945年2月在延安华北工作座谈会上曾深有感触地说："他（指冈村宁次）的这一套极其残酷复杂的形式、方法，我们都是一直不熟悉的，这套办法给我们造成的痛苦是很大的，也因此被动。华北根据地缩小

① 日军为封锁抗日根据地修筑的碉堡、封锁沟

② 为封锁抗日根据地，日军在河北阜平县境设置的铁丝网

③ 1941年1月25日，日军在河北丰润县制造潘家峪惨案，杀害群众1000余人，烧毁房屋1000余间。

④ 1943年秋，日军在河北阜平县平阳村1次残杀群众1000余人。

⑤ 1942年春，日军沿长城的古北口到山海关一带制造无人区，企图阻止抗日力量向东北发展。

⑥ 遭日军抢劫后的村庄

（五台只有阜平，太行只剩涉县、黎城、平顺，冀鲁豫只剩范县、观城，共剩六个县城），根据地人口，1941年10月统计，只剩1300万，为最低时期。根据地遭到了严重的损失、破坏，人民生活突然降低，敌特、国特大肆活动。"①在这种不利的局面下，只能暂时退却，保存力量。

1943年1月1日，中共中央作出《关于抽调敌后大批干部来延安保留培养的决定》：（1）华北及华中各战略区域，在保持工作需要的最低条件下，应抽调大批干部送来延安保留培养。（2）保留培养干部的目的，不仅为了适应目前敌后的环境，同时也为着将来发展的需要。因此，应该坚决地选送质量好的干部。②

把各根据地的优秀干部集中到延安，是什么意图呢？毛泽东告诉新四军的陈毅和饶漱石："整个抗战尚需两年，要保持我军基本骨干，不怕数量减少，只要骨干存在就是胜利。"③"根据中日战争形势，华中敌后形势可能日趋严重。根据地中一切工作应避免张扬，应采取各种可能的方法来尽量保存我之力量，以度过今后最危险的两年。"④

根据中央命令，新四军第3师参谋长兼苏北军区参谋长彭雄和第8旅旅长田守尧于1943年3月率11名团以上干部赴延安，途中与日军巡逻艇遭遇，在激战中彭雄与船上全体干部壮烈牺牲。这场惨案震动延安。各根据地开始着力开辟秘密交通线，对干部实行一站站的接力护送。确有把握后，高级干部才能启程。到11月，陈毅才离开江苏盱眙黄花塘新四军军部，经淮北、鲁南、冀鲁豫、太行根据地，1944年3月才到达延安。

四　熬过黑暗是黎明

（一）"大扫荡"后地道战全面发展

"五一大扫荡"之后，华北平原的抗日形势进入了低潮。日本鬼子、伪

---

①《彭德怀传》，第141页，当代中国出版社，2006。
②《中共中央关于征调敌后大批干部来陕甘宁边区保留培养的决定》，载《中共中央文件选集》第12册第169—170页，中共中央党校出版社，1986。
③中共盱眙县委党史工作委员会：《新四军军部在黄花塘》，第715页，江苏人民出版社，1998。
④马洪武等：《新四军征途纪事》，第268页，江苏人民出版社，1988。

16 为什么说抗战是"熬"出来的胜利？

军、汉奸到处搜捕八路军留下的干部、战士和武器、粮食等物资,不断对原抗日根据地的村庄进行"扫荡"和"清剿"。在清晨或夜晚,几十或上百一伙的日伪军经常突然包围一个村庄,大搜大抢。他们也积累了一些经验,发明了一种"剔抉清剿"的方法。每次清剿都是先抓青壮年男人,认为可能是八路的,就按以下方式严加盘查:

(1)问年月,凡答不上民国年号的就是八路。

(2)问党外问题都回答、问党内问题闭口不答的就是共产党。

(3)突然喊军队口令,凡立正或表情有变化者就是八路。

(4)扒开衣服看肩膀,扛枪的人有一层厚皮。一般老乡身上泥垢多,八路军身上清洁干净,腿上有打绑腿的痕迹。

(5)老百姓衣服破烂,八路干部衣服整洁。另外,穿好鞋、带钢笔、牙刷和仁丹的都是八路干部。

(6)盘问时胆小害怕的是老百姓,从容镇定的是八路。①

运用这些方法,敌人确实屡次得手。八路军的伤病员和隐蔽在村里的干部被抓去不少,我军转移时埋藏的武器、物资和粮食也被敌人挖了出来。

在极其艰苦的环境中,还能不能坚持抗日斗争？首先要学会保存自己。在冀中平原上,鬼子靠炮楼能把村庄、田野一览无余。四通八达的公路,鬼子的卡车往来奔驰。一个地方发生战斗,邻近的敌人很快就来增援。深深的封锁沟阻碍游击队的行动,夏天地里有青纱帐,还可以隐蔽,等秋后庄稼收完了,野外就不好躲藏。

残酷的战争教育了人民群众,也充分调动了人民群众的聪明智慧。著名的地道战就是在那个时代产生出来的。

地道最早是在河北蠡县发展起来的。这里是鬼子"蚕食"、"扫荡"的重点地区。村干部为了躲避敌人的突然袭击和追捕,就在荒郊野外过夜。冬天无处藏身,有人就在树林或坟地里挖个1丈多深的地洞,里面铺些柴

---

① 仇万红、金立昕、刘庆:《中国共产党领导抗日战争纪实》,下,第794—795页,吉林人民出版社,2005。

草,干部夜里披件大衣在洞里睡觉。这种地洞只能藏1个人,大家管它叫"蛤蟆蹲"。

但是,冬天洞里暖和外边冷,天亮时就从洞口往外冒白气,像一缕轻烟。在野外转悠的汉奸发现了,一些洞被敌人起开了。在野外蹲不住,只好又回村里来。在闲场、空院、牲口圈等地方挖洞,或在家里修夹壁墙、垒间密室,躲避敌人搜索。家里挖洞不好保密,敌人"扫荡"时,进村就拿铁条到处乱扎。发现洞里有人,抓出来轻则一顿痛打,重则抓走。还逼着找旁人家的洞,追问八路和粮食藏在哪里。这种单出口的洞很快就失去了效用。

后来为了对付敌人的"扫荡"和"清剿",群众发明了多口洞,家家相通,这就是初级的地道。有了多口洞,鬼子想抓人就不那么容易了。有一次,一个村干部被敌人抓住,敌人问他枪在哪里,他说:"没在手上,放在洞里了。"[1]敌人用一条长绳绑着他的手,让他进洞去拿。他在洞里喊够不着,要敌人把绳子松一松。他乘机挣脱绳索从别的洞口跑了。敌人等了半天,只拉上来一条空绳子,气得朝洞里打了几枪,丧气地走了。

"五一大扫荡"期间,定县北疃村的民兵和百姓钻进地道抗击敌人,结果被敌人施放毒气,牺牲了几百人。这给冀中军民一个血的教训:必须把地道改造成能运动、能打仗、能储存物资的多功能地道。"大扫荡"后的残酷环境,促进了地道战的全面发展。

于是,地道战在华北平原的村庄中普遍开展起来。各村百姓用自己的双手,在地下修起了四通八达、构造巧妙的地道网络。挖地道是一项浩大的工程,一个200户的村庄,挖一条500米长的地道,就要用全村2/3以上的劳动力干整整1个月。到1944年冬,冀中区的地道总长度就达到了12000多公里。保定的冉庄地道、北京顺义的焦庄户地道至今保存完好,它们是历史的见证:我们的前辈为了民族的独立和自由,为了打击日本侵略者,付出了何等辛劳的代价!

---

[1]仇万红、金立昕、刘庆:《中国共产党领导抗日战争纪实》,下,第797页,吉林人民出版社,2005。

民兵在地道中转移。

民兵在敌人将要经过的河滩上埋地雷。

(二)太平洋战争爆发——华北战场形势转变

就在敌后抗日进入最艰苦阶段时,国际形势发生了变化。1941年底太平洋战争爆发。1942年6月中途岛海战后,美军转入反攻。日军将战争重点转向南洋,不断从中国战场抽调主力部队。正面战场日军兵力严重不足,国民党军队开始反攻。日本在华北战场兵力锐减,守备日军18岁以下的学生兵越来越多,没有作战经验。部队普遍编制不满,有的一个联队竟差100人。冈村宁次只能守摊,无力再发动新的攻势。共产党和八路军卷土重来,再次回到华北平原和山东,恢复根据地,开展积极主动的游击战。

此时的游击战,在形式和战术上都成熟了很多。在敌强我弱的环境中,主力部队的游击战遵循"分散性、地方性、群众性"的原则。将主力部队划分为灵活机动的小股武工队,深入敌后游击区开展斗争。扶起大量民兵游击小组,成为游击战的主要力量。华北的方针是"敌进我进",就是进到敌占区去。敌人在我腹心区"扫荡",我主力转移到外线。武工队去敌占区闹得个天翻地覆,端敌人的老窝,让敌占区没有一处安宁的地方。这样,敌人的"扫荡"、"蚕食"都不会成功,只好回去"清乡"。"清乡"越清越不清,最后大多会变成两面派政权。

于是,武工队回到平原村庄,先镇压汉奸,震慑那些投靠鬼子的人,使他们不敢再为日本人做事。在敌人出入的必经路口,专门捕捉敌人派出的特务和侦探,这叫"猫捉老鼠",吓得敌人不敢离开据点。鬼子要"扫荡"没有情报,要给养没人敢进村,在据点里干着急。与敌占区交界的民兵熟悉地形,在青纱帐期间袭击来回游动的日伪军。山东清河区一个庄的民兵在青纱帐里埋伏,用粪叉子叉住了30多个敌人,这叫"太公钓鱼"。

八路军武工队与民兵密切配合,力量越来越壮大。1943年后,游击战日益活跃,从以往的小打小闹发展到围困据点,主动进攻敌人。例如:山东以联防区为单位,选择一个重点打击的据点,由各村轮流去骚扰敌人。一个村的民兵又分成若干组,从天黑闹到天亮。放枪、扔手榴弹,弄得敌人彻夜不安。渤海区董家据点的伪军在炮楼里哀求:"俺七天七夜都没睡好觉,叫俺歇一歇吧。"[①]

山东根据地军民注重军事斗争和政治攻势相结合,普遍采用记"红黑点"的方式瓦解伪军。伪军人员谁做了一件好事,就给他记一个红点;谁干

[①] 仇万红、金立昕、刘庆:《中国共产党领导抗日战争纪实》,下,第807页,吉林人民出版社,2005。

16　为什么说抗战是"熬"出来的胜利？

了一件坏事,就给他记个黑点。在对据点喊话时,经常公布情况,让伪军心里有数。对不接受警告的,找机会给予打击,起到杀一儆百的作用。各区还争取伪军家属,经常找伪军家属开会,要她们劝说伪军反正。喊话时经常指名道姓,让某某伪军听听他家人的劝说。伪军最怕点名,家人的话比八路军的宣传还管用。政治攻势的效果还是显著的。1943年山东共瓦解了伪军7000多人,还在伪军内部建立起1000多眼线。这使日军更加势单力薄,一天天走向衰败。

1944年—1945年8月之前,华北战事不多,战场相对平静。利用这个时期,延安进行了整风和大生产,统一了全党的思想和组织,建立了自给自足的经济体制。各根据地也在发展生产,组织群众,巩固军队和游击队。这些都为夺取抗战胜利和抗战后的发展奠定了坚实的基础。中共中央在1944年底指出:"如果各地明年一年,用极大努力,在军民生产方面有一个普遍的高涨,由现在的克服困难,走向不久将来的丰衣足食,我们就能在经济上(粮食及日用品)胜过大后方及沦陷区,而永远立于不败之地。战争愈持久,我们愈丰富、愈强盛。数年之后,我们将出现为中国最强有力的政治力量,由我们来决定中国命运。"[1]

20世纪60年代,我们在总结中共抗战的历史经验时,用了一个字:"熬"。这个字蕴含了丰富的内容。面对强敌,首先要有坚韧不拔的意志。在任何艰难困苦的环境中不动摇、不退缩。然后还要有机动灵活的战略战术,在以弱胜强的战斗中,你打你的,我打我的;趋利避害,扬长避短;消灭敌人,保存自己。在持久战中等待时局的变化,最后战胜侵略者。中共的游击战术,抗战期间上升为人民战争理论。在长期的战争中,实力弱的军队要想战胜强大的敌人,关键是依靠人民。有了人民的支持和配合,我们的军队才能生存下来,发展壮大。动员广大人民群众参与战争,任何敌人都无法战胜我们。虽然中间会有很多艰难曲折,正义的一方终将获得最后的胜利。毛泽东总结的"兵民是胜利之本"就是这个道理。这些历史经验,对我们今天开创新的事业,应付变化多端的局面,克服种种困难,依然有着借鉴的价值和深远的启示。

---

[1]《中共中央文件选集》,第14册,第433页,中共中央党校出版社,1992。

17

抗战时期的中日秘密交涉等同于投降吗？

抗日战争期间，中日之间的秘密交涉几乎没有停止过。对于国民政府同日本秘密接触的性质定位上，过去一般将其定位于"妥协投降"、"委曲求全"等贬低性词汇。近年来，随着研究的深入，学者们对此提出了质疑。

蔡德金具体考察了抗战初期蒋介石的议和活动，认为：交战双方在不分胜负的情况下通过交涉达成妥协，促使战争结束是允许的。交涉只是一种手段。既然是交涉，必然有妥协，妥协不等于投降。关键不在形式，而在内容，在于看蒋介石准备作出什么样的让步。蒋介石虽对日本侵占东北采取默认态度，但蒋的基本原则是始终坚持恢复七七事变前的状态，反对日本的防共驻军。在国力和国际环境不足以达到实现收复东北的情况下，也只能以如此有限度的要求为恰当。①

杨奎松以抗战前期中日的秘密交涉为切入点，通过对陶德曼调停、高宗武和董道宁秘密赴日、孔祥熙与日本秘密接触、宋子良事件（日人称之为"桐工作计划"）以及蒋介石本人于1940年派张季鸾赴港同日交涉等个案进行研究，探讨了蒋介石对抗日的态度。杨松奎认为：在坚持抗日的前提下，蒋介石并不拒绝停战议和，且几乎所有与蒋介石直接有关的议和之举均为日方主动。蒋介石接受议和，除了受内外形势压迫，通常又都是消息传递不确切或对日方妥协意图估计过高所致。蒋介石对日议和是以恢复

---

①蔡德金：《如何评价卢沟桥事变爆发后蒋介石的对日交涉——评〈中国抗日战争史〉的一段论述》，载《抗日战争研究》1996年第3期。

卢沟桥事变前的状态这一抗日目标为底线的。此外,杨松奎通过查阅台湾国史馆所藏蒋介石档案,对照日方资料,认为许多传闻甚广的蒋日谈判,其实蒋介石并未参与其间,如孔祥熙和宋子良同日本的秘密接触等。①

杨天石通过对日军在广州与蒋介石政权进行秘密谈判"诱和"的所谓"桐工作计划"的研究,认为:此事对中方来说,不过是军统特务为刺取情报而采取的权谋,其派出代表的身份、出示的蒋介石亲笔文件和转达的意见都是假的;对日方来说,是为了诱惑重庆要人坐到谈判桌前,实现"巨头会谈"。蒋介石最初以"先行解决汪逆"为谈判条件。汪伪政府成立后,蒋认识到日方以谈判"欺诱"而主张"严拒",但是为了阻挠日本对汪伪政权的外交承认并没有立即关闭秘密谈判之门。②

王建朗从1940年夏胎死腹中的中日交涉计划"张季鸾活动"有关档案入手,剖析蒋介石对于中日议和的基本立场,指出:对关内,蒋介石坚持日本应干净、彻底撤军,恢复七七事变前的状态,有时更进一步要求日军退到长城线以北。对东北,蒋表现出较大的妥协性,准备以特殊方法处理,但也不能简单以"出卖"东北名之。其指导思想是尽量拖延时日,以待国际局势发生有利于中国的变化。③

刘会军通过对抗战、对日和谈、对外求援3个方面内容的考察,结合抗日战争全面爆发后到太平洋战争爆发前中国的抗战局势,认为:(1)国民政府是抗战的。国民政府的抗战不仅体现在战场上与侵略者血与火的战争,而且体现在以对日和谈和对外求援的外交活动中。(2)国民政府对日和谈的目的主要是停战,即通过外交途径使日本停止对中国的侵略。但是,国民政府在谈判中表现出的以不坚持归还东北为条件的意向,实际上损害了中国的领土和主权完整,是妥协。它的目的是以一定限度的妥协换取日本退到卢沟桥事变前的状态,或拖延日本侵华的进程。这虽然是不可能实现的幻想,但这种和谈对揭露日本侵略的本质有一定的意义。(3)国民政府

---

① 杨奎松:《蒋介石抗日态度之研究》,载《抗日战争研究》2000年第4期。
② 杨天石:《"桐工作"辨析》,载《历史研究》2005年第2期。
③ 王建朗:《尘封下的真相:解读蒋介石亲自修改的一组对日议和文件》,载《抗日战争研究》2004年第2期。

在国际社会的活动虽然没有达到制止日本侵略的目的,但对唤起国际社会对中国抗战的同情和支持起到了重要作用。中国在外交上的积极努力,无疑推动了各国援华抗日的进程和力度。①

抗战期间,孔祥熙曾指导和主持过多次中日秘密谈判。杨天石认为:孔祥熙是国民党和国民政府内部的重要主和分子。对于谈判情况,孔祥熙有保留地向蒋介石作过汇报,但是在一些关系国家主权的关键问题上却对蒋有所隐瞒。对孔指导的这些谈判,蒋介石大都持批评、阻遏态度,甚至用"以汉奸论罪"、"杀无赦"等言辞相警告。孔祥熙虽然表面接受批评,暗中却继续活动。蒋介石虽然也指导过几次秘密谈判,反映出他对以和平方式解决中日战争存有幻想,但相对说来,他的抗战意志比较坚决,"苦撑待变"、"抗战到底"是他思想的主导部分。②

---

① 刘会军:《论1937至1941年国民政府对日和谈与对外求援》,载《史学集刊》2003年第2期。
② 杨天石:《蒋介石对孔祥熙谋和活动的阻遏——抗战时期中日关系再研究之二》,载《历史研究》2006年第5期。

18

皖南事变留下哪些谜团？

皖南事变是中华民族抗日战争史中无法回避的一页痛史。目前,关于皖南事变许多问题的研究已取得了令世人瞩目的巨大进展,但仍有一些问题值得商榷。尤其是近些年来有些媒体和学者不辨是非,不明事理,对皖南事变的起因、过程和结果作了错误的叙述和评价,使得皖南事变变得"扑朔迷离"起来。在这里,我们在进一步挖掘利用史料,如杨奎松的《皖南事变的发生、善后及结果》[1]、童志强的《皖南事变发生原因新探》[2]、王洪光的《皖南事变真相辨析》[3]、吴云峰的《对皖南新四军北移路线"北线"的重新评价》[4]、李亮的《皖南事变研究中两个问题的再探讨》[5]等等,总结归纳学术界研究成果的基础上开展深入的研究,力图还原皖南事变的真相。

一 对日妥协投降是否是皖南事变发生的重要原因？

长期以来,许多中共党史、中国革命史、中国近现代史论著和教材在谈到皖南事变发生的原因时认为:抗日战争进入相持阶段后,由于日本的诱降,以蒋介石为代表的国民党亲英美派集团表现出了很大的妥协倒退倾向,决心利用有利的国际形势进攻新四军,由此发动了皖南事变。我们认

---

[1] 杨奎松:《皖南事变的发生、善后及结果》,载《近代史研究》2003年第3期。
[2] 童志强:《皖南事变发生原因新探》,载《抗日战争研究》2011年第2期。
[3] 王洪光:《皖南事变真相辨析》,载《军事历史》2011年第3期。
[4] 吴云峰:《对皖南新四军北移路线"北线"的重新评价》,载《中国国家博物馆馆刊》2015年第1期。
[5] 李亮:《皖南事变研究中两个问题的再探讨》,载《上海师范大学学报(哲学社会科学版)》2009年第3期。

为:这一观点是值得商榷的,对日妥协投降不是皖南事变发生的重要原因。

首先,皖南事变发生前,德、日、意三国同盟成立,使英、美和日本的矛盾正日趋激化。在这种形势下,亲英美派的蒋介石是不可能对日妥协投降的。

德、日、意三国结成同盟前,英国为了保持其在华利益,采取了以牺牲中国人民利益求得与日妥协的绥靖主义政策。1939 年 7 月,英国在东京谈判后的 1 年时间里,撤走了在华北的驻军和在长江的舰只,撤退了河北、山东、河南、山西 4 省的传教机构达 25 处。1940 年 6 月,英国与日本签订对日妥协的《天津协定》,接着便宣布封锁滇缅公路并作出停止运送对华军火 3 个月的决定,压迫中国政府对日妥协投降。但是,随着国际形势的进一步发展,英、日矛盾逐步加剧,英国在对华政策上逐渐放弃了对日绥靖,而转向支持中国抗战以牵制日本。

1940 年 6 月,德国击败法国,威逼英国。9 月 27 日,为了积极准备扩大重新瓜分世界的法西斯战争,德、意、日 3 国在柏林签订了《同盟条约》,3 个法西斯国家的军事同盟正式形成。德、意、日三国军事同盟对整个国际局势产生了严重影响。

在世界法西斯势力极为猖獗的时期,日本依仗着三国军事同盟的强大实力,为了早日结束中日战争,以便南下进军东南亚,夺取美、英、荷等国的殖民地,与德、意法西斯瓜分世界,在加大对中国共产党开辟的解放区的"扫荡"力度的同时,加紧了对蒋介石政府的诱降活动,企图"以华制华",引诱国民党当局投降。德国法西斯希望日本实行南进政策,直接对英、美作战,以便把英国兵力牵制在远东,并将美国注意力转移到太平洋方面来,故主张日本早日从中日战争的泥坑中拔出脚来,在太平洋方面采取积极步骤。为此,德国再次扮演劝降角色,加紧了对国民政府的劝降活动。英、美在"东方慕尼黑"阴谋破产后,则因担心日本南进危及自己的利益,一改以牺牲中国利益换取日本妥协的绥靖政策,转而赞助中国抗战,加紧拉蒋以遏制日本。法西斯三国《同盟条约》签订后,英国于 1940 年 10 月 13 日重新开放封锁了 3 个月之久的滇缅公路,接着又宣布了对华贷款 1000 万英镑

18 皖南事变留下哪些谜团？

的决定。同时，丘吉尔在接见日本大使重光葵时说："日本不能期望我们以赞成的态度来看待它正在中国所进行的活动。"①

1938年10月，日本在占领武汉、广州后，自认为对华战争大局已定，遂对外交方针做出重大调整，公开对"门户开放"原则提出挑战。11月3日，日本政府在第二次近卫声明中公然提出"帝国所期求者即建设确保东亚永久和平的新秩序"，并要求各国"正确认识帝国的意图，适应远东的新形势"②，企图以所谓的"新秩序"来取代旧有的远东华盛顿体系，这就严重损害了美国在远东的利益。为维护自身利益，美国积极援助中国抗战，希冀通过拉住蒋介石、利用中国来遏制日本的扩张。

1938年12月15日，美国宣布向中国提供桐油贷款2500万美元。这笔贷款数额虽然不大，但确系中日战争爆发后美国向中国所提供的第一笔贷款。它标志着美国在援华抗日方面迈出了关键性的一步。美国驻华使馆参赞裴克在给商业部的报告中高度评价了桐油贷款在中国产生的积极作用。他说："美国对信贷的提供和有关英国类似行动的报告，已被中国人解释为预示着这些国家阻止日本在远东得逞的行动的开始，现在似乎很显然，这一信念已经极大地鼓舞和增强了中国人持久抗战的意志。"③在给予中国贷款的同时，美国在外交上也对日本建立"东亚新秩序"的声明表示了强烈的不满。12月30日，美国驻日大使约瑟夫·格鲁向日本政府递交了一份措辞强硬的照会。照会指出：机会均等原则是过去列强共同承认的，不容许某一方面的片面行动加以取消。照会驳斥了日本所谓"情势已经改变"的说法，指出这种"情势的改变"是"由于日本的行为所致"，"美国政府不承认，任何一个国家有必要或有理由在一个不属于它的主权的地区内规定一个'新秩序'的内容与条件，并自命为这'新秩序'的掌权者及司命

---

① [英]温斯顿·丘吉尔：《第二次世界大战回忆录》，第3卷上部第2分册，第272页，商务印书馆，1975。
② 复旦大学历史系：《中国近代对外关系史资料选辑》，下卷第2分册，第93页，上海人民出版社，1977。
③ 美国国务院：《美国对外关系文件（Foreign Relations of the United States）》，第3卷，华盛顿特区政府印刷局，1934。

者"。① 照会明显反映了美国对中日战争态度的变化,即由消极的中立和不干涉向援华制日的方向迈进。

1939年3月,日本在占领中国海南岛之后,提出了对南太平洋的主权要求。同年4月,日本又宣布统辖中国南海诸岛,把侵略的矛头直接指向美、英、荷等在南太平洋的殖民地。5月,日本内阁又要求美、英承认日本有管理上海外国租界和控制厦门鼓浪屿的权利,并且加紧了对天津美、英租界的封锁。日本的狂妄野心与咄咄逼人的态势,促使美国为遏制日本而对中国抗战采取更进一步支持的态度。

1939年7月,美国宣布废除1911年签订的《美日友好通商航海条约》,这无疑对日本是一个很大的打击。但是,由于受美日贸易巨大的利益诱惑,美国这时并未放弃与日本进行贸易往来,仍然把大量的战争物资源源不断地输往日本。美国出口日本的物资中,战争物资1937年占58%,1938年上升为占67%。据统计,美国对日本提供的军需品,1938年占美日贸易中的92%,1939年占86%,1940年占38.7%。日本是个资源相对短缺的国家,如果没有美国的"支持",是很难发动并支持大规模侵略战争的。

1939年9月,在欧洲,德国法西斯闪电式进攻波兰,欧洲战争爆发。因英、法等国在欧洲战场上一败涂地,无暇东顾,日本蠢蠢欲动,准备南进东南亚和太平洋地区,由此直接威胁到美国在南太平洋地区的利益。这一事件震撼了美国朝野。美国国会经过1个月的辩论,最终取消了《武器禁运法》。1940年1月20日,《美日通商条约》正式废除。随后,美国对日立场日渐强硬。同年3月29日,日本操纵的汪伪"中央政府"在南京成立,日本独霸中国的企图昭然若揭。"罗斯福和赫尔迅速克服了他们早先认为再援助蒋介石就会同东京形成对抗的顾虑。反之,他们感到更重要的是要表明美国援蒋和反对汪伪政权的态度。"于是,美国又向中国提供2000万美元的贷款(滇锡贷款)。② 1940年7月,日军侵入印度支那北部,其中包括金兰湾这一重要港口,它距新加坡只有750英里(约1200公里),直接危及英

---

① 《中美关系资料汇编》,第1辑,第490页,世界知识出版社,1952。
② 刘喜发:《盟友与对手抗战胜利前后的三国四方关系》,第37页,吉林人民出版社,1994。

18 皖南事变留下哪些谜团？

国通往新加坡、马来西亚、印度以及荷属东印度群岛的殖民地生命线。美国立即做出了强烈的反应，宣布对航空汽油和高烷点的废金属实行出口限制，随后又宣布对日禁运废钢铁。据统计，日本消费石油的80%、钢和废铁的90%来自美国。由于日本钢产量的50%是供应陆、海军的，美国对日禁运废钢铁直接影响了日本冶金工业的发展，从而严重打击了日本的军火生产。9月25日，针对日本已将侵略行动扩大到印支半岛，美国决定向中国提供第三笔援华贷款2500万美元，从财政和军需品方面对中国的抗战予以支持。

1940年9月27日，德、意、日在柏林签订了《军事同盟条约》，公开表示是"针对美国战争贩子的"。美国受到了来自德国、日本的双重威胁。此后，美国为对抗日本南进的企图，对日态度更趋强硬。罗斯福公开声明："美国援助被侵略者，无意屈于胁迫、威吓而走向独裁者所开示的道路。"①10月，当蒋介石再次向美国求援时，罗斯福立即做出了积极的反应，声称援华"是生死攸关的大事……如果我不去做，就可能意味着远东爆发战争"。②11月4日，美国修改了《中立法》，这意味着中国可以直接向美国购买军火。11月30日，日本政府发表声明，正式承认南京汪伪政权。就在同一天，美国政府发表声明，称将继续承认合法的按照宪法程序产生的重庆中国国民政府。同时，罗斯福针锋相对地发表对华财政援助说明，宣布美国将给予中国1亿美元贷款和50架新式战斗机。对此，蒋介石心存感激地致信罗斯福说："正在敝国危急之秋，幸蒙贵大总统适于此时宣布贷与我国以币制与信用的巨款，所以增强敝国对侵略者的抗战力量，提高我军民自信心理与安定社会经济基础者裨益实无限量。"③据统计，截至1940年底，美国援华贷款总计达1.7亿美元，其中1940年9月25日以后（含25日在内）为1.25亿美元，将近此前援华总额的3倍，美国的对华援助明显增加。12月29日，罗斯福为答复丘吉尔来信，发表了著名的"炉边谈话"，明确宣

---

① 吴东之主编：《中国外交史（1911—1949）》，第479页，河南人民出版社，1990。
② [美]罗伯特·达莱克：《罗斯福与美国对外政策 1932—1945》，上册，第370页，商务印书馆，1984。
③ 章伯锋、庄建平主编：《抗日战争》，第4卷《外交》，第436页，四川大学出版社，1997。

告:"美国人民应当充分认识法西斯对世界和美国的威胁,美国必须成为'民主国家最大的兵工厂'。"美国在国际事务方面的反法西斯倾向和态度渐趋明朗。

德、意、日三国同盟成立后,苏联已经认识到法西斯德国进攻苏联只是时间问题,因而十分担心德国从西面进攻、日本从东面进攻,使自己陷于两面作战的困境。为了避免东西两面受敌,苏联根据《中苏互不侵犯条约》,继续积极以大量贷款、军需物资援华抗战,以利用中国捆住日本帝国主义的手脚。除继续向国民党蒋介石提供援助外,斯大林于1940年10月16日致电蒋介石,电文中说:"余以为因三国同盟之缔结,似乎稍使中国情况转劣,并在若干部分对苏联亦然……但因三国协定之矛盾性,在某种国际形势之下,可反使日本不利,即因其打破英、美对日、中之基础也。足见三国协定在此一方面,可为中国造成若干有利。"斯大林建议:"在如此复杂及矛盾局势之下,依余意见,中国主要任务,在于保持及加强中国人民军。人民的中国军队,乃为中国命运自由及独立之担负者。果阁下之军队坚强有力,则中国必不可摧破。"①10月22日,蒋介石复电斯大林说:"尊论精确周详,尤其对于希望中国军力坚强之一点实为革命救国之真谛,读之令人兴感不置。""日本无论如何必为我中苏两国之共同之敌人,此为余于获诵尊函后所得明确之信念,而此相互的信念之加强,足使日本任何之野心与阴谋,根本粉碎。"②

1940年12月,面临德、日法西斯威胁的苏联为了使自己避免腹背受敌、两面作战的局面,加大对国民政府的援助力度,派遣军事顾问团来华帮助中国军队掌握苏联武器的使用方法,并协助中国军队作战。斯大林在召见即将出任驻华武官和蒋介石总军事顾问的崔可夫时,明确提出:"您的任务不仅是帮助蒋介石及其将领们学会使用我们运送给他们的武器,而且还要使蒋介石树立战胜日本的信心。蒋介石有了必胜的信念,就不会同侵略

---

①李勇、张仲田:《蒋介石年谱》,第283页,中共党史出版社,1995。
②秦孝义主编:《中华民国重要史料初编——对日抗战时期》,第3编《战时外交》(二),第384页,中国国民党中央委员会党史委员会,1981。

18 皖南事变留下哪些谜团？

者妥协。""只有在侵略者的手脚被捆住的时候,我们才能避免两线作战,如果德国侵略者进犯我们的话。"①与此同时,苏联给蒋介石提供了大量的飞机、大炮、汽车等军事装备,包括最新出品的轰炸机和驱逐机250架、多种口径的大炮300多门、轻重机枪1300挺、载重汽车300辆及汽油等。

总之,自德、日、意签订《同盟条约》后,英、美、苏各国为了各自的利益,都积极拉拢蒋介石,国际形势对中国抗战是有利的。在这种形势下,蒋介石是不会离开抗战阵营的,因为对日妥协投降会在国际上处于孤立的境地。如果我们不承认这种变化,仍然认为对日妥协投降是蒋介石集团发动皖南事变的重要因素,是不符合历史事实的。

其次,抗日战争爆发后,由于日本的疯狂侵略,中日矛盾上升为主要矛盾,自身安危受到严重威胁的中国大地主大资产阶级被迫加入抗日的行列中。虽然这时国民党并未完全放弃对日妥协政策,也由于大地主大资产阶级的本性决定了其时刻不忘"根绝赤祸",但不可否认这时其主要倾向是抗日。在日本侵略者"整个吞并我国家与根本消灭我民族"的危急时刻,蒋介石非常清楚,这时我们"不奋斗就是灭亡,不血战就是要束手待毙",只有"守定一贯不变的国策,坚强抗战"。② 皖南事变之所以后来未发展为全国内战,从国民党方面来说,实际上也主要是受到中日矛盾的制约。在皖南事变发生后,日本不仅没有坐视蒋介石的反共行为,反而对蒋发动了更大规模的军事进攻。1941年1月26日,日本集中了近7个师团的兵力分3路向河南大规模进攻,发起豫南战役,包围了国民党汤恩伯、何柱国、李品仙等部"剿共"军队15万人于平汉铁路以东。此次战役日军进攻"规模甚大,战况激烈",很快占领了沁阳、上蔡等地;国民党军各部仓促应战,遭受很大损失。日本之所以大规模地发动豫南战役,并不是对蒋介石反共不满。相反,日本发动豫南战役是由于对蒋介石的抗日不能容忍。这也从反面说明蒋介石发动皖南事变与日本的政治诱降没有直接联系。

再次,从历史发展的事实看,日本的诱降活动并没有取得实质性的效

---

① [苏]瓦·崔可夫:《在华使命》,第36页,新华出版社,1980。
② 须立:《析抗战时期国民党既联共又反共的两面政策》,载《安徽史学》1985年第5期。

果。1939年11月,日本开始实施其诱降蒋介石的所谓"桐工作计划"。日本参谋部今井武夫和铃木卓尔通过香港大学张治平教授与宋子文的弟弟、西南运输公司董事长宋子良拉上关系,以图打通与蒋介石的联系。1940年3—6月,双方先后在香港、澳门举行会谈,由于日方提出承认"满洲国"、华北驻兵权等苛刻条件,中方不能接受,谈判陷入僵局。时至9月,日蒋之间进行的秘密谈判实际上已经停止。在实施"桐工作计划"期间,日本又开辟了一条诱降蒋介石的"钱永铭工作"通道,日本内阁外相松冈洋右通过江浙财阀巨头、时任中国交通银行总裁的钱永铭洽谈,联络与蒋介石直接谈判的道路。"钱永铭工作"至10月也未取得任何进展,11月30日也被迫停止。日本诱降蒋介石的阴谋终未得逞。

由以上可见,为妥协投降扫清障碍并不是蒋介石集团发动皖南事变的重要因素。

二 国民党是否有制裁新四军的周密预案

新四军成立之初,其江南部队归顾祝同第三战区节制,江北部队归李宗仁第五战区节制。抗战初期,新四军与国民党军双方配合默契,关系融洽。在南京中国第二历史档案馆和台北"国史馆"中,均保存大量国民党表彰新四军"精忠报国"、"英勇杀敌"、"不胜钦佩"之类的嘉勉电文。诚如陈毅所言:"上峰前后嘉奖电文数十余通,即顾祝同、上官云相等亦俯首帖耳,甘拜下风,屡电驰贺者再,此固事实之昭然,非可以浮词粉饰者也。"[①]

然而,蜜月短暂,好景不长。随着国民党政策的转变,从1939年夏天开始,在其内部文电中逐渐出现对新四军"制裁"、"剿办"、"以遏乱萌"等用语。1940年夏天,华中磨擦日趋紧张,重庆军委会办公厅为避免出现制裁新四军时宣传方面的被动,建议"对该军奖勉电文宜减少,措词亦酌量慎重,免被假借扩大宣传"。[②] 从此以后再也不见对新四军的任何嘉奖。

[①]陈毅:《论皖南事变及新四军的态度》,载《江淮日报》1941年1月24日。
[②]《新四军参考资料》,2,第306页,解放军出版社,1991。

1939年春，周恩来到皖南新四军军部时同军部人员合影。

1939年1月，为打破日军对茅山抗日根据地的"扫荡"，新四军第2支队一部夜袭安徽芜湖近郊官陡门伪军据点，获得胜利，缴获一部分战利品。

1940年4月下旬，新四军第1支队第1团在皖南父子岭战斗中毙敌300余人。图为缴获的一部分战利品。

国民党之所以停止内战,承认国共第二次合作,固然是为日军大举侵华、寇亟祸深、民众抗日呼声日隆之形势所迫,另外还有一个原因,用蒋介石本人后来的懊丧话说,是"自信太过"。①"自信"什么呢?"自信"能借国共合作寻机吞并共产党。蒋介石曾公开向中共领导人表示:"我的责任是将共产党合并国民党成一个组织……此事乃我的生死问题,此目的如达不到,我死了心也不安,抗战胜利了也没有什么意义。"②孰料经过两年多抗战,中共领导的敌后武装不仅没有被消灭或削弱,反而越发壮大了,八路军、新四军由成立时的5万余人发展到50万之众,这是蒋介石做梦也没有想到的。

武汉失守以后,在日本的诱降和英、美的劝降论调影响下,国民党阵营内部的妥协投降逆流逐步抬头。在得到偏安西南的喘息机会后,蒋介石开始把注意力转移到中共及其敌后抗日根据地上,正如他1939年1月6日日记所述:"目前急患不在敌寇,第一在共党之到处发展,其次则在沦陷区游击队之纷乱。"③国民党五届五中全会和五届六中全会通过了一系列所谓"处理异党活动办法"的反共秘密文件,从政治限共发展到军事限共,在华北磨擦被八路军粉碎之后,转而将磨擦重心由华北转移到华中。

华中新四军尽管发展迅速,但是饷弹两缺,且分散于大江南北、淮河之滨,处于日伪军和国民党军队的分割包围之中。为此,中共中央中原局书记刘少奇经过深思熟虑,几次向延安建议派八路军主力越陇海路南下,江南新四军主力北上,合力开辟苏北敌后,以打开华中局面,达成中共六届六中全会确定的发展华中的战略任务。1940年3月21日,中共中央军委发出八路军增援华中的指示。④ 绝非巧合,就在延安下令八路军增援华中的次日,3月22日,在蒋介石、何应钦主持下,国民党军令部制订了《剿办淮河流域及陇海路东段以南附近地区非法活动之异党指导方案》。该方案在第一部分《方针》中明确提出:"国军以肃清淮河流域及陇海路东段以南附近

---

① 蒋中正:《苏俄在中国》,第238页,中国台北"中央"文物供应社,1957。
② 《陈绍禹致中共中央电(1938年12月23日)》,北京中央档案馆藏。
③ 蒋介石:《困勉记(1939年1月6日)》,中国台北"国史馆"蒋介石文物档案。
④ 《新四军文献》,1,第676页,解放军出版社,1988。

18 皖南事变留下哪些谜团？

地区异党之目的,以李品仙、韩德勤各集团之一部,进出于淮南路以东及洪泽湖以南地区,以李仙洲军(附骑兵一师)与韩德勤部之一部,进出于淮河以北地区,将该地区内非法活动之异党压迫于大江以南,或相机剿灭之。务须截断新四军与十八集团军南北之联系。预期于6月中旬以前肃清该地区内非法活动之异党势力。"从该方案的第二部分《部署概要》中可以看出,国民党为达此目的,拟出动的正规部队计有第21集团军李品仙部(至少1个师)、鲁苏战区韩德勤部第89军及苏鲁皖边游击总指挥李明扬部、第92军李仙洲部(另附第一战区骑第2军第2师何柱国部)以及各"进剿"地区内之地方游击团队。①

国民党军令部拟制的这一方案,企图在3个月内"剿灭"陇海路以南、长江以北的新四军,如"剿灭"不成,最低限度也要将其压迫于长江以南,然后再作"有效之处置"。该方案一旦实施,势必挑起国共之间在华中地区的大规模武装冲突。为便于保密、掩人耳目,何应钦在方案原稿上将"异党"、"异军"、"新四军"一律改为"伪组织"、"伪军"。蒋介石对方案也作了多处亲笔批示。在《方针》部分,蒋批示:"此用正式作战、用大规模进剿办法必难奏效。应以政治工作为主,再配属正规军特种训练多数之小部队,须纪律最严明,政治知识最充实之官兵编组之,如此进剿,方能有效也。"在《部署概要》部分,蒋氏认为:"此项恐不能实施,在淮海以北地区,如用正规军与之斗争,不能奏效,或反吃亏。"在《附记》部分,蒋又对"进剿"时间过长提出异议:"此种进剿不可用长期计划,只要侦察准备时间充分,若一开始动作,最多不能过半月,必须用最迅速移动与之一网打尽。如果半月时间未能奏效,则可暂时向安全地区集中,作第二期进剿办法方为妥当。整个正规军在淮河以北地区防剿至半月以上,即使伪军不能阻碍我行动,而僵寇亦将乘机来攻也。"②可见,在国共和日伪三角斗争错综复杂的华中敌后地区,蒋介石对上述"进剿"方案能否顺利实施并不十分乐观。事实上,直到皖南事变发生,由于种种原因,这个方案尽管几经修正,但终究还是没有

---

①②《新四军参考资料》,2,第273、275页,解放军出版社,1991。

能够如愿实施。

为防止长江以南的新四军北渡,国民党第三战区也有"制裁"江南新四军之预案。1940年2月27日,蒋介石向顾祝同发出手令:"上饶顾长官:第三战区内之新四军以及共党之行动,应严密注意防范。如真有越轨行动,应不稍留情,从严制裁。"①4月2日,顾祝同电复蒋,提出了"预防并准备制裁"江南新四军的3项办法:(1)第52师应抽集、控置至少两个团兵力,准备对付该军主力,以捣毁扑灭其泾县附近根据地为主目的,并牵制其北渡,钳制其活动,即预为必要准备,随时严密戒备,免为所乘。(2)第144师必要时由绩溪进驻旌德,预密为制裁之准备。(3)电冷副总指挥及另派员,确探其是否遵命南渡,并设法牵制其北渡或向南陵方面转移。顾祝同在最后特地请示:"上三项除饬遵照妥密准备外,必要时拟断然予以制裁,以遏乱萌。可否之处,谨电鉴核示遵。"②蒋介石很快批准了顾祝同的预案,于4月5日复电:"查所拟三项办法尚属可行,仰切实督令遵照,并将实施情报续报。"③这是迄今查到最早出现顾祝同与蒋介石密谋部署军队"制裁"泾县新四军军部和皖南主力的档案实证。后因1940年夏国共双方重开谈判,此案遂被搁置。但是,蒋、顾解决皖南新四军的图谋却从未放弃。9月11日,顾祝同致电蒋介石,请示对皖南新四军"可否立即紧急处置"。9月30日,蒋介石向顾祝同发出手谕:"特急,上饶,第三战区顾长官:对于长江南岸之新四军可照前批复之准备一切,但暂取包围监视之态势,待命再行。因现正与共党商讨黄河以南各该部队限期集合于河北也。如洽商不成,再行解决可也。"④11月4日,蒋介石又对顾祝同发出手谕,授其机宜:"顾长官,如对江南新四军行动时,应须事前充分准备与详细侦察其内情,并须派优良有力军队担此任务,不可随便行动,反为所乘,则事后更难收拾矣。务希十分慎密为要。"⑤顾祝同心领神会,雷厉风行,授意上官云相从对日前线

---

① 《蒋介石致顾祝同电(1940年2月27日)》,中国台北"国史馆"蒋介石文物档案。
②③《新四军参考资料》,2,第280页,解放军出版社,1991。
④《蒋介石致顾祝同电(1940年9月30日)》,中国台北"国史馆"蒋介石文物档案。
⑤《蒋介石致顾祝同电(1940年11月4日)》,中国台北"国史馆"蒋介石文物档案。

调来重兵,步步向泾县云岭方向布阵紧逼,并加派联络参谋闻援到云岭刺探新四军军部动向。

1940年11月14日,军令部将《剿灭黄河以南匪军作战计划》上报蒋介石,拟调动第三、五战区和鲁苏战区各部总计30万兵力,分期分区域"进剿"华中八路军、新四军。蒋介石在12月7日批示:"此部署与计划可照办,但时期当略展缓,须待本月下旬再定实施时间,故本计划可暂缓下令。"①根据蒋、顾迭次指示精神和要领,上官云相主持集团军参谋处于12月29日拟制《第三十二集团军进剿匪军计划》,将"进剿"皖南新四军的部队分成左右两翼,由第25军军长张文清任右翼军指挥官,第23集团军副总司令刘雨卿任左翼军指挥官,命令新编第7师、第40师、第52师、第108师、第144师、第145师于12月31日以前秘密推进至泾县、青阳、南陵一线构筑工事,另调第62师和第79师置于太平、石台、旌德一线作预备队保持机动。其作战要领是:"攻击开始后,两翼军协力先进出南陵、戴家会、峡山口之线,尔后向北压迫,务于长江南岸歼灭之。"总的方针是:"于苏南方面对敌伪及匪军采取守势,以主力逐步构筑碉堡,稳进稳打,摧破皖南方面匪巢,务求彻底肃清。"该作战计划特别注明"进剿开始时日另有命令"。②

综上所述,国民党在皖南事变发生之前,确实有在大江南北"肃清"、"剿灭"新四军的预案,只是对在何时何地动手显得非常谨慎,其发令枪始终牢牢地握在蒋介石的手中。

三 皖南新四军北移行动后延是项英不愿北移造成的吗?

1941年1月,国民党顽固派制造了震惊中外的皖南事变,新四军军部直属部队9000余人在安徽泾县茂林地区遭到国民党军队的重兵伏击,损失惨重。皖南事变战斗中新四军失败的原因是多方面的,其中北移路线的选择被认为是一个重要原因。

---

①《皖南事变资料选》,第114页,上海人民出版社,1983。
②《新四军参考资料》,2,第384页,解放军出版社,1991。

新四军军长叶挺　　　　　中共中央革命军事委员会
　　　　　　　　　　　　新四军分会书记项英

1941年1月初，皖南新四军9000余人奉国民政府军事委员会的命令北移，在安徽泾县茂林地区遭到国民党军队的包围袭击（即皖南事变）。图为途经茂林的新四军。

18 皖南事变留下哪些谜团?

近年来,学术界关于皖南新四军的北移路线存在许多争论。在皖南事变之前,新四军的北移有3条路线可选,即北线、东线和南线。相对而言,从北线铜陵、繁昌间渡江转移是比较安全的。新四军经该线北移路程较近,地形熟悉,掌握敌伪的活动规律,准备最为充分,具有政治优势,有敌顽矛盾可以利用,有渡江的经验可以借鉴,即使遭到拦截,可能遭受的损失也是最小的。但是,从北线转移也有不利因素,主要是敌顽的封锁和国民党散布了新四军北移消息。由于各种原因,皖南新四军最终放弃了从北线转移的计划。皖南新四军所处的特殊环境和情势造成北移行动被迫后延,不能简单地认为是项英不愿北移。

有的学者说:"项英不愿新四军北移。"这种说法是参考早期史料、特别是在1941年1月15日中共中央作出《中央关于项袁错误的决定》后,几乎是一面倒地批评项英不愿意北移。其实,1月15日的中央决定距1月14日皖南大规模战斗结束仅隔1天,许多情况还来不及搞清楚,而且这个《决定》最后一条说"将项袁错误提交党的七大讨论议处",就是说还需要经过讨论才能最后定论,但中共七大和以后的各次代表大会都未涉及这个问题。总的来看,项英在皖南事变中负有领导责任,但不能把新四军造成损失的责任全部推给他。关于新四军为何迟迟不能北移,这也是由各方面原因造成的。

一是新四军面临的处境使其无法自主行动。

新四军是根据1937年7月15日《中共中央为公布国共合作宣言》中"取消红军名义及番号,改编为国民革命军,受国民政府军事委员会之统辖"组建的。[①] 这就是说,新四军当时虽在政治上属共产党领导的部队,但由于"统辖"权在蒋介石手里,军事调动、体制编制等等都受到蒋的军委会限制,部队周边都是国民党的军队,稍有不慎即可能遭受来自周边的打击,并不是想北移就可以移的。一句话:行动不自由。这和皖南事变后新四军的情况是根本不同的。1940年11月1日,中共中央关于皖南新四军行动

[①]《中国人民解放军历史资料丛书·新四军·文献》,(一),第11页,解放军出版社,1988。

方针给项英的指示中指出:"如移苏南须得顾祝同许可,如顾不许可只好留皖南。"①这个历史条件是客观看待皖南新四军问题的关键所在。

二是中共中央也一直强调要坚持皖南的革命战略支点。

1937年12月30日,毛泽东等致电陈绍禹(王明)、周恩来、项英等,要他们"考虑后向蒋提议":新四军组建后,部署要"以皖南为重心","以陈毅支队置于皖南,以高敬亭支队并准备增加一部置于皖北"。② 新四军组建后的部署,是由蒋介石按照这个提议确定的。1940年4月21日,新四军江南指挥部指挥陈毅、副指挥粟裕等建议军部移苏南,项英也同意。中央于5月4日复电同意军部移苏南,同时要求"皖南力量不要太弱,并须设置轻便指挥机关,以便坚持皖南阵地并发展之"。③1941年1月28日,即皖南事变大规模战斗后仅14天,中共中央要求新四军派人重返皖南,收集失散力量,重燃抗日烽火,"以便将来向南发展,扰乱国民党后方"。④ 这些都说明:中共中央、毛泽东一直是重视坚持皖南这个战略支点的,不能片面批评项英"长期株守"皖南。当时任新四军秘书长的李一氓回忆:当中共中央最后决定放弃皖南时,项英并未表示拒绝,不能说中央下了命令他不执行。如果他不想北移,为什么还要派军需处副处长宋裕和等人带领大批人员先期北移呢?所以,那种讲项英反对北移是根据不足的。

三是新四军皖南部队北移是当时国共两党斗争的焦点。

很多资料和文章甚至有些文件批评是项英违背中共中央、毛泽东的指示,一味地"拖",才导致错过了最有利的北移时机。我们认为:此论有失偏颇。当时,中共中央、毛泽东所讲的北移是有先决条件的。11月9日,朱、彭、叶、项复何、白"佳电"中答应"遵令北移",同时提出"宽以限期"。⑤ 这就是说,时间并未说死。11月10日,即复电同意北移的第二天,毛泽东电告叶、项:要叶挺去第三战区与顾祝同谈判,提出停止汤恩伯、李品仙20万

---

①中央档案馆:《皖南事变(资料选辑)》,第70页,中共中央党校出版社,1982。
②《中国人民解放军历史资料丛书·新四军·文献》,(一),第68—69、163、249页,解放军出版社,1988。
⑤安徽省文物局新四军文史征集组:《皖南事变资料选》,第50页,安徽人民出版社,1981。

18 皖南事变留下哪些谜团？

反共大军东进为谈判"第一位问题"。①11月15日，毛泽东指示：要以皖南部队北移换取停止汤、李大军东进为"交换条件"。②11月21日和12月1日、14日，中央连电叶、项，要他们向第三战区要开拔费、补充铜弹、解决补充条件，以"延缓开动时间"。③通过这些可以看出，皖南部队北移走不走、何时走，都是要由中央决定的，不是新四军说了算。当时中共中央对北移时限的要求也一再变化。12月4日，中央电告叶、项："移动时间蒋限12月底移完，我们正交涉展限一个月。"12月18日，中央以朱、彭、叶、项名义电告国民党方面，要求"展缓移动时间至明年二月半"。④从这里可以看出，中央和毛泽东对皖南部队北移是想"拖"的。在当时开辟敌后抗日根据地极其不易，对已经占领和长期经营的地方不愿让出，是可以理解的。但是，这种"拖"的态度对赢得北移时间确实是不利的。直到12月25日，毛泽东仍讲"以拖为宜，拖到一月底再说"。⑤12月26日，毛泽东接到周恩来报告，称蒋介石态度很顽固，看到"拖"的办法不行了，才下决心要北移，发出"严责电"，要求皖南部队"最近决定全部北移"。⑥如果这个决心早点下，对皖南部队北移就能赢得有利时机。1941年3月26日，在中央政治局会议上，毛泽东讲道："项英、袁国平的错误，中央也要负责。"⑦

四是中共中央对形势的判断过于乐观。

毛泽东一再讲："只要蒋介石未与日本妥协，大举剿共是不可能的。""只要蒋不投降，大举进军是不可能的。""蒋介石为使我军移动不生变化起见，确已命令顾祝同通知各军加以协助，故阻碍是不会的。"⑧1940年11月30日，毛泽东致电叶、项："日蒋决裂，日汪拉拢，大局从此有转机。"他还指示说：黄桥、曹甸之战不会导致蒋介石大规模的报复，"以大势判断，蒋、顾是不会为难你们的"。毛泽东认为：蒋介石"既不能投降日本又不能剿共，这种可能性依然存在"。蒋介石目前"只有吓人一法"，除此之外"他是一筹莫展的"。他还得出结论："此次反共规模，不会比上次大，只会比上次

---

①②③④⑤中央档案馆：《皖南事变（资料选辑）》，第98—116页，中共中央党校出版社，1982。
⑥《周恩来年谱（1898—1949）》，第480页，中央文献出版社，1998；中央档案馆：《皖南事变（资料选辑）》，第120页，中共中央党校出版社，1982。
⑦⑧王辅一：《项英传（修订本）》，第469、109—117页，中共党史出版社，2008。

小。"最多不过"大吹小打"。① 由于对局势持乐观态度,毛泽东没有立即纠正项英迟疑不决的错误,甚至默许项英对北移的一再拖延。在新四军领导层也有轻敌问题,对敌情判断若明若暗,对北移中的困难严重认识不足,认为"即使与敌发生战斗时我亦可很快将敌消灭或击溃","只打40师,估计力量有余"。②

五是新四军被迫作出冒险南下的决定。

1940年10月,韩德勤在黄桥失利,蒋介石肯定会报复,但中共中央没有对此作出部署。11月,刘少奇、陈毅要打曹甸。叶、项顾虑曹甸战役对皖南部队北移会有不利影响,于11月29日向中央请示:"苏北动作如何?如与大局无碍,可否延至我安全北移后?"第二天,毛泽东等复电叶、项:"苏北动作不碍大局……顾、韩会要叫几声的,你们敷衍一下就完了。"事实却完全相反,蒋介石于12月10日向顾祝同下令,不准新四军皖南部队经苏南北渡,以免直接参加对韩部的攻击;如新四军皖南部队至限期仍未北渡,即予"解决"。③ 顾祝同接电后,立即加快围攻新四军皖南部队的部署。同时,国民党方面在报刊广播里大肆宣传新四军皖南部队要北移,等于通知日伪加强长江的封锁。这样,皖南部队从铜陵、繁昌直接北渡和东进苏南再北渡的路线均已卡死,加剧了北移的困难,叶、项被迫南走"绕道"的路线,而不是"误打误撞地钻进了国军的口袋里"。有的学者分析从驻地往北或往东开,会比往南绕行更安全。实际上,部队大规模直接往北开,有日军沿江封锁,已走不通;往东开,1940年12月日伪正在"扫荡"苏南,非战斗人员经苏南北渡都是分散化装、持着"良民证"、分批分期偷渡过江的,而在12月10日前,国民党规定只有非战斗人员可以过去,战斗人员是过不去的;之后,连非战斗人员也过不去了。

从现在来看当时,皖南新四军不论走北线、东线还绕行南线,都是走不通的,因为国民党军已形成包围态势,不打硬仗,是冲不破敌之包围圈的,仅靠避敌行军或谈判借道,对决心已下的蒋介石也起不了什么作用。

---

① 中央档案馆:《皖南事变(资料选辑)》,第103—105页,中共中央党校出版社,1982。
②《皖南事变要报》。
③《中国人民解放军历史资料丛书·新四军·参考资料》,(二),第377页,解放军出版社,1991。

19

如何辩证看待豫湘桂战役的"大溃败"?

发生在河南、湖南、广西的豫湘桂战役,是全国抗战时期最大的一次军事失败。从1944年4月开始,至12月结束,在短短8个月的时间里,中国丧失了百余座城市和6000余万人口的大片国土;损失了厂矿总数的1/3;丢掉了年产粮1.2亿石的重要粮区;在作战中,中国官兵伤亡50万人,丧失空军基地7个、机场36个;日军以伤亡7万人的代价打通了南北大陆交通线,并将国民党控制区东西分割开来。这种结局暴露了中国正面战场抗战的弱点。无怪乎蒋介石在战役后悲哀地说:"1944年对中国来说是在长期战争中最坏的一年。"①"我今年58岁了,自省我平生受到的耻辱,以今年为最大。"②

显然,国民党并没有讳言豫湘桂战役失败对中国抗日战争造成的消极影响。不仅当时国内舆论发出一片谴责之声,美国盟军也表示了极大不满。以至于有人提出:美国在雅尔塔会议出卖中国利益来换取苏联早日出兵中国东北,就是因为豫湘桂战役的失败使其怀疑国民党的抗战能力。还有一种说法,认为豫湘桂战役失败大量消耗了国民党军队,却为共产党军队在敌后发展创造了空前的条件,两相比较,这也是后来中共在内战中很快取得优势的一个重要原因。

多年来,学术界研究抗日战争这场全民性卫国战争者不少,而评析豫湘桂战役者却不多。长期以来,人们几乎达成一种"共识",即认为豫湘桂

---

①蒋介石:《对于整军各案之训示》,载秦孝仪主编《先总统蒋公思想言论总集》卷20第455—471页,中国国民党中央委员会党史委员会,1984。

②转引自杨天石、臧运祜编《战略与历次战役》第317页,社会科学文献出版社,2009。

战役是一次"大溃败",甚至称该战为"豫湘桂大溃败"。① 于是,研究者更多的是从不同角度去探讨豫湘桂战役失败的原因,仅就战役本身作有限分析,而对该战加速日本总崩溃、加快中国(在盟国支持下)取得卫国战争最后胜利步伐的战略意义认识不够。我们认为:应该辩证看待豫湘桂战役。该战对中国来说固然是一次"大溃败";对日本来说当然是一次胜利,却是一次得不偿失的"皮洛士胜利"。②

一　日军发动的极不合时宜的空前战役

从1943年起,世界大战的主动权即逐渐转移到同盟国一方,同盟国在经济、科技上的巨大优势已转化为军事上的强大力量。1943年,英、美、苏3国的发电量、煤产量和钢产量分别相当于德、日两国的4.3倍、2.7倍、2.4倍;英、美、苏3国生产的飞机、坦克、大炮分别相当于德、日两国的3.5倍、6倍、4.6倍;英、美、苏3国武装力量约为德、日两国的2倍,包括1044万美军。③ 1943年10月意大利参加对德作战,不但标志着法西斯"钢铁同盟"开始解体,更意味着德、日两国的最终失败已只是时间问题了。

当时,作为法西斯首强的德国已处境险恶。

在苏德战场:历经斯大林格勒、库尔斯克两次大会战的重创,德军基本上失去战略攻击能力。苏联红军趁势在1943年下半年发动夏季攻势,收复国土100万平方公里,使德军丧失118个师,占苏德战场上德国陆军总兵力的50%。④ 1944年,苏联红军开始了把德军赶出苏联国土的10次大反击。到4月17日,苏军已解放第聂伯河右岸地区,楔入德军战略防线南段450公里,进抵罗马尼亚边境⑤,德国在东欧的战略屏障已处于苏军直接威胁下。

---

①王桧林主编:《中国现代史》,上册,第400页,高等教育出版社,1997。
②[美]斯塔夫里阿诺斯:《全球通史:1500年以前的世界》,第229页,上海社会科学院出版社,1996。
③胡德坤、罗志刚主编:《第二次世界大战史纲》,第370页,武汉大学出版社,1989。
④胡德坤、罗志刚主编:《第二次世界大战史纲》,第258页,武汉大学出版社,1989。
⑤高明振等主编:《现代世界史》,第284页,华中师范大学出版社,1996。

19　如何辩证看待豫湘桂战役的"大溃败"？

在西欧战场：美、英盟军从1943年3月起即出动空军大规模轰炸德国军事工业和工业中心。由于持续轰炸，德国61座城市约有360万幢房屋被毁，德国油产量减少2/3，并牵制了德国200万人和2/3空军飞机用于防空。① 这对在人力、物力上本就不及苏、美的德国来说，无异于雪上加霜。与此同时，美、英盟军向英伦诸岛大量集结。到1944年4月20日，"霸王"战役军事准备大体就绪②，"第二战场"的开辟箭在弦上。不可一世的纳粹德国已处于崩溃的边缘。

美、英当时奉行"先欧后亚"战略，即先集中力量击败最具威胁性的德国，再会攻日本。这样，德国就牵制了美、英的主要战争力量。"一旦德国被削弱，日本将在最短期内面对全世界联盟，成为众矢之的。"③1943年美国有1044万军队，而同年秋太平洋战场盟军才有50万军队④，仅占美军总兵力的1/21，而这足以使日军失去太平洋战争的主动权，向本土节节溃退。一旦盟军主力调到太平洋战场，日本将面临灭顶之灾！况且，在1943年冬的德黑兰会议上，苏联已表示："一旦打垮德国法西斯，立即参加对日作战。"⑤日本的命运已无可改变地被决定了。此时的日本法西斯侵略集团已处于风雨飘摇之中。

在中国战场：日军处境开始恶化。1938年10月武汉会战后，日军放弃了对正面战场的战略进攻，表明日本在军事上已不能最终击败中国。1941年12月太平洋战争爆发，中国不再孤军作战，人们已看到胜利的曙光，中国战略由"持久消耗"转向"苦撑待变"。1943年11月中美空军混合联队（由美国陈纳德指挥，"飞虎队"并入）成立以及美国空军来华参战后，日军逐渐丧失了中国大陆的制空权。⑥ 美国空军还从中国大陆基地起飞，轰炸

---

①高明振等主编：《现代世界史》，第285页，华中师范大学出版社，1996。
②⑤胡德坤、罗志刚主编：《第二次世界大战史纲》，第413、377页，武汉大学出版社，1989。
③苏联国防部军事史研究所等：《第二次世界大战史(1939—1945)》，第6卷，第453页，上海译林出版社，1982。
④刘庭华：《中国抗日战争与第二次世界大战系年要录·统计荟萃(1931—1945)》，第539页，海潮出版社，1988。
⑥何理：《抗日战争史》，第295页，上海人民出版社，1987。

日本占领的中国台湾以及日本本土,对日本造成巨大威胁。当然,这也促使日军力图摧毁中国大陆空军基地。中国军队在缅北的反击,在鄂西、常德诸战中接连挫败日军进攻,展示了中国军队的强大实力。此时此刻,中国共产党领导下的敌后抗日根据地的抗日军民则度过了1941—1942年最困难时期。到1943年底,华北敌后抗日根据地基本上恢复到百团大战前的局面。同时,中共派出部队南下,开辟中原、湘鄂赣、苏浙皖等新区。① 1944年春天,中国战场国共双方已处于战略反攻的前夜。

在太平洋战场:美军借瓜岛之战新胜余威,马不停蹄地对日全面反攻作战,即封锁日本海运线、轰炸日本城市以及从西南太平洋和中太平洋分两路对日军海岛防线作"双叉冲击"。② 1943年3月,美国空军在西南太平洋上空拦截击毙日本名将、联合舰队司令山本五十六大将。1944年4月,日本新任联合舰队司令古贺峰一大将在中太平洋因飞机失事丧命。③ 主将接连毙命,对日军无疑是一种精神摧残。1943年5月,美军开始以澳大利亚为依托,展开跳蛙式跃进。④

鉴于日益严峻的战略环境,1943年9月30日,日本御前会议提出"迅速提出确立国内决战姿势","在太平洋及印度洋方面绝对确保千岛群岛、小笠原群岛、内南洋(中、西部)群岛及西部新几内亚、巽他群岛、缅甸等重要地区"⑤,即所谓"绝对国防圈"。这样,日军在中太平洋已将加罗林群岛、马里亚纳群岛作为关键防区。尤其是马里亚纳群岛,有优良港口,有大型机场,一旦为美军所控制,将使美国潜艇、重型轰炸机直接危及日本海上交通线和日本本土安全。1944年春,日本唯一正确的选择,只能是集中有限兵力,坚守马里亚纳群岛一线,而不是为次要任务而占用宝贵的机动力量。

---

① 姜克夫:《民国军事史略稿》,下册,第601页,中华书局,1991。
② 高明振等主编:《现代世界史》,第280页,华中师范大学出版社,1996。
③ 姜克夫:《民国军事史略稿》,下册,第600—601页,中华书局,1991。
④ 高明振等主编:《现代世界史》,第280页,华中师范大学出版社,1996。
⑤ 何理:《抗日战争史》,第294页,上海人民出版社,1987。

二 日军发动的极不成功的空前战役

与太平洋战场盟军大反攻遥相呼应的,是美国在华空军的加强,日本在中国东海船只损失剧增,海上交通有可能被切断。① 为此,日本从关外和国内抽调大批力量,共动用51万军队、10万匹战马、1500门大炮、15000辆汽车、794辆坦克(参战的第5航空军和海军第2派遣舰队未计在内)②,发动代号为"1号作战"的豫湘桂战役,目的是"击败敌军,占领并确保湘桂、粤汉及京汉铁路南部沿线要冲,以摧毁敌空军之主要基地,制止敌军空袭帝国本土以及破坏海上交通线等企图,同时摧毁重庆军继续抵抗的意图"。③

从1944年4月16日夜日军一部在开封方面渡过黄河,突破中牟附近中国军队阵地,到12月10日南宁日军与由越南北上的日军一个支队在绥绿会师,震惊中外的豫湘桂战役历时8个月而结束。国民党军损失50多万军队,丢失了20多万平方公里国土、146个城市、36个机场、7个空军基地,6000多万同胞沦于日军铁蹄之下。因此,这场战役被人们惯称为"豫湘桂大溃败"。

毫无疑问,豫湘桂战役对日本来说是一次重大胜利。但是,从战略上审视,日军取得的是一次得不偿失、虽胜犹败的"皮洛士胜利"。早在1943年9月日本决定在太平洋战场退守"绝对国防圈"时,即决定从中国战场抽出5个师团调往太平洋战场,抽出5个师团作为大本营预备队。③ 然而,豫湘桂战役不仅使日本不能调出兵力,反而要从关外、本土抽调机动兵力投入关内战场,完全打乱了日本的战略部署。

第一,日本"占领并确保湘桂、粤汉及京汉铁路南路要冲"的目的并未完全实现。

---

① 王桧林主编:《中国现代史》,上册,第400页,高等教育出版社,1997。
②③ 日本防卫厅防卫研究所战史室:《一号作战之二:湖南会战》,上册,第6、26页,中华书局,1984。
③ 胡德坤、罗志刚主编:《第二次世界大战史纲》,第297页,武汉大学出版社,1989。

日军在形式上打通了大陆交通线,但一方面久经战火,交通线并非短期内所能完全修复;另一方面,交通线不久即为中国军队阻断,日军未能有效使用该线。日军1944年5月9日占领的平汉路上的驻马店,5月14日即被中国军队收复。① 日军刚于1945年1月打通粤汉路,3月中国军队即收复柳城和江西空军基地遂川②,日军利用权得而复失。即使日军打通湘桂、粤汉及京汉铁路南路各线,要在拥有制空权的中美空军威胁下确保其畅通,显然并非易事。要消除这种威胁,失去制空权的日军唯有地面进攻中国空军基地,这对先天性兵力不足的日本来说,实在勉为其难。

第二,日本"摧毁敌空军之主要基地,制止敌军空袭帝国本土以及破坏海上交通线等企图"远未实现。

美国战略空军以成都为基地,远程轰炸日本本土。从1944年6月16日到1945年1月6日,美军B-29轰炸机从成都基地起飞,对日本本土进行了10次轰炸③,丝毫不受日军"1号作战"影响。

日军早在1942年即无力进攻四川④,又在1943年底失去中国战场制空权,要消除美国在华空军对其本土及东海的威胁,基本上是不可能的,于是遭受空中的打击成为日本永远的无奈。

第三,日本"摧毁重庆军继续抵抗的意图"永不可能实现。

日军在战略进攻阶段尚不能摧毁孤军奋战的中国军队继续抵抗的意图。英印军在英帕尔的胜利,中美军在缅北的反击,美军在太平洋的反攻,中美英开罗会议的召开,表明日本的最终失败已为时不远。在这种情况下,日本困兽犹斗的反扑又怎能让坚持抗战已7年之久的中国军队失去"继续抵抗的意图"呢?日本甚至在1943年秋到1944年春试探同中国单独媾和⑤,表明它已是处于强弩之末了。

---

①③刘庭华:《中国抗日战争与第二次世界大战系年要录·统计荟萃(1931—1945)》,第420—421、422页,海潮出版社,1988。
②袁旭、李兴仁、雷德昌、吴美华:《第二次中日战争纪事》,第50—456页,档案出版社,1988。
④⑤胡德坤、罗志刚主编:《第二次世界大战史纲》,第295、389页,武汉大学出版社,1989。

19　如何辩证看待豫湘桂战役的"大溃败"？

其实，在豫湘桂战役中，中国有上百个师受到不同程度的打击，可受严重打击的一般都是蒋介石的非嫡系部队。汤恩伯集团在河南战场并未认真抵抗，后来千里赴援贵州并阻止日军进攻，表明汤恩伯集团主力尚存。胡宗南派出第34集团军阻击日军于灵宝，也表明了蒋介石嫡系有强大的战斗力。

在湖南战场，中国军队主力大部开赴印缅战场[①]，广西战场多为桂系、粤系部队，战斗力本就不强。这样，日本机动兵团基本上是与中国杂牌军作战，轻易地从河南直扑广西，而蒋介石嫡系部队投入作战的并不多。方先觉第10军守衡阳达47天之久，但该军就是蒋介石的嫡系力量。[②]

这时，中国军队已打通中印公路和滇缅公路。"从滇缅公路送来大量美式武器，装备了12个美械军"（包括"五大主力"）、"四个半美械军"。一方面由于豫湘桂战役损失的主要是杂牌军，另一方面有美国援助，在抗战胜利前夕，"中国军队战斗力却加强了"。[③]

这就是说，日军表面上辉煌的"1号作战"，原来是击败国民党杂牌军的"辉煌"。"1号作战"三大目标仅第一条大致实现，余下便搁浅。该战结束后，日军"第一线的师团只相当于一个联队的战斗力"[④]，中国军队的战斗力反而得到提高。况且，中国不但有美国的大量援助，更有远远丰富于日本的人力资源。于是，日本"辉煌"的后面更多的却是"灾难"。

三　日军战略总崩溃的加速器

日本在盟军逼向"绝对国防圈"时，当务之急应该是而且必须是集中有限机动兵力阻止盟军的进攻，保障帝国生存。自帝汶岛到荷属几内亚，经菲律宾群岛到帛硫、马里亚纳群岛和小笠原群岛，直到日本本土，在长达

[①][②][③] 姜克夫：《民国军事史略稿》，下册，第716、670、780页，中华书局，1991。
[④] 日本防卫厅防卫研究所战史室：《中华民国史资料丛稿——昭和二十（1945）年的中国派遣军》，第105页，中华书局，1982。

4000英里的防务线上,日本只配备了17个师团。就是最重要的菲律宾,日本在莱特湾大战前夕也只有18万陆军。① 日军置主要威胁于不顾,"胜仗"的代价却是总崩溃的加速!

(一)太平洋美军利用日本兵力空虚,迅速突破"绝对国防圈",歼灭日本海军主力,危及日本本土安全。

1944年夏初,"美国海军比日本舰队强大五倍"。② 凭借强大的海空优势,盟军开始对日本"绝对国防圈"的纵深区域发动全面反攻。西南太平洋盟军在麦克阿瑟将军的指挥下,1944年5月从西侧绕过日军主要基地拉包尔,7月进抵新几内亚最西端,打开了通往菲律宾的通路。中太平洋美军在尼米兹统率下用越岛进攻战术,绕过许多孤立的日军岛屿阵地,先后攻击了吉尔伯特群岛、马绍尔群岛、马里亚纳群岛的主要岛屿,迅速摧毁了日本的"绝对国防圈"。到1944年9月15日,美军两支进攻部队合攻摩罗录和帛硫群岛,"双叉"合拢。③

尤其是夺取马里亚纳群岛,使盟军渗透到日本防卫圈内部,切断了加罗林群岛、新几内亚日军同日本本土的联系,破坏了日本联系本土与南洋占领区的海上交通线,日本名将南云忠一因此而自杀。该群岛的夺取,使美国战略空军获得对日本本土进行大轰炸的空军基地。后来美军向日本投掷原子弹的B-29轰炸机就是从马里亚纳群岛中的提尼安岛起飞的。这使日本企图通过"1号作战"抑制美军空袭日本本土的计划终为画饼。

日本军政当局将马里亚纳群岛视为日本本土的防波堤。该群岛的丧失,意味着美国反攻的潮水将直接冲向日本本土。为此,马里亚纳群岛的失陷导致了日本军事、政治危机。7月20日,东条内阁倒台,代之以小矶—米内联合内阁④,东条英机终于因自己的错误决策尝到了苦果。

---

① 王振德:《第二次世界大战中的中国战场》,第289页,社会科学文献出版社,1991。
② [美]阿瑟·林克·威廉·卡顿:《1900年以来的美国史》,中册,第264页,中国社会科学出版社,1983。
③ 高明振等主编:《现代世界史》,第280页,华中师范大学出版社,1996。
④ 胡德坤、罗志刚主编:《第二次世界大战史纲》,第443—444页,武汉大学出版社,1989。

19 如何辩证看待豫湘桂战役的"大溃败"？　　·241·

　　1944年7月27日，日本大本营将"绝对国防圈"压缩到千岛群岛、日本本土、所占中国领土台湾和菲律宾一线，以防美军在这些地区随时登陆。① 美军于10月发动菲律宾战役，在莱特湾海战中击败日本残余的海军主力，"自明治建军以来，精心建设的日本大海军，至此完全支离破碎"②，日本联合舰队失去远洋作战能力，美国海军可以几乎不受抵抗地直逼日本列岛。此外，美军控制菲律宾，可以切断日本从荷印、缅甸等占领地获取石油、橡胶、锡等主要战略物资的重要交通线，困死日本。同时，也可以把海上攻势和亚洲大陆的反攻结合起来。日本终要为东条英机的决策付出代价了。

　　（二）利用关内日军主力参加豫湘桂战役，敌后抗日根据地得到空前发展，严重威胁日军后方。

　　1944年，敌后战场我军作战共2万余次，毙伤日军22万余人，歼灭伪军6万余人，争取伪军反正近3万人，收复国土8万多平方公里，解放人口1200余万。到年底，敌后根据地人口达9150万，部队发展到78万人，民兵发展到170万人。③ 解放区的局部反攻，把日军压缩到大中城市周围和主要交通线上及沿海重要地区，为转入全国规模的反攻创造了条件。

　　当时，在华北、华中敌后坚持抗战的，主要是中国共产党领导的人民武装力量，比国民党军队更注意发动群众，因而有更强的生存能力和扩展能力。一旦日军减轻对解放区的压力，共产党军队即迅速发展壮大，对日本后方构成严重威胁。在后来的大反攻中，共产党军队的强大战斗力和辉煌战果也说明了这一点。

　　（三）日军不顾兵力不足、战线太长的弱点，进一步暴露了固有弱点，加速了自身灭亡。

　　日本军队质量上的优势，只有在狭小的战场上才能得到有效发挥。日

---

① 胡德坤、罗志刚主编：《第二次世界大战史纲》，第444页，武汉大学出版社，1989。
② 日本防卫厅战史室：《日本帝国主义侵华资料长编》，下册，第434页，四川人民出版社，1987。
③ 王桧林主编：《中国现代史》，上册，第399页，高等教育出版社，1997。

军占领区越大,补给线越长,兵力越分散,质量上的优势就越难得到有效发挥。何况中美空军拥有制空权,豫湘桂战役中蒋介石嫡系主力几乎未受损失(反而因装备美式化而战斗力剧增),使日军在中国战场的生存更加困难。为确保本土及周边地区安全,日军被迫从华中、华南实施战略收缩。随着日军回撤,中国军队尾随追击,揭开了大反攻序幕。

在豫湘桂战役中,日军未能在湖南乘机夺取湘西芷江机场,后来中美空军以芷江为基地空袭日本本土。为解除威胁,日军1945年春发动湘西战役,却被从缅北调回的蒋介石嫡系部队击败,既表明"1号作战"的失策,也意味着日军覆灭的开始。

(四)日军大量抽走关东军精锐师团,使这支战略总预备队失去价值,迅速被苏联红军歼灭。

为发动豫湘桂战役,日军抽走了东北的精锐第27师团及大量补充部队,使日本在中国东北的战备受到严重削弱,不仅无力牵制西伯利亚苏联红军,而且在稍后苏蒙联军攻入中国东北时,几乎不能组织有效抵抗,从而加速了日本法西斯的覆灭。日本关东军到苏联参战时仅剩下24个师团、11个旅团、160辆坦克、150架飞机(不包括500架教练机),战斗力仅是以前的1/3。[①] 苏联则出动174.1万人、3万门火炮和迫击炮、5250辆坦克和自行火炮、5170余架飞机。[②] 一场不成比例的会战,葬送的不单单是关东军,更是日本负隅顽抗的决心。

被誉为"皇军之花"的日本关东军作为战略总预备队,却被零碎抽调参加关内作战,不能发挥集团优势,因而也失去了往日的风采和原定的价值。

(五)国共力量此消彼长。

日军在华中、华南一系列军事成就,削弱了国民党军(主要是杂牌军)对中东部地区的有效控制。在盟军打击下,日本迅速投降,出乎国民党预

---

①[日]林三郎:《关东军和苏联远东军》,第170页,吉林人民出版社,1979。
②胡德坤、罗志刚主编:《第二次世界大战史纲》,第463页,武汉大学出版社,1989。

料。共产党军队因1944年局部反攻和1945年春季攻势,控制了华北、华中大片战略要地,大大扭转了战局。

  1944年的豫湘桂战役使蒋介石政府处境险恶,不得不更多地依赖美国的支持。甚至罗斯福派赫尔利为驻华大使,其使命包括"防止国民政府的崩溃"。[①] 这使美国更多地介入中国内部事务,也使蒋介石集团失去抗战中取得的"民族领袖"地位,滑向中华民族的对立面。于是,国民党的最终崩溃也只是时间问题。从这个意义上讲,豫湘桂战役不仅葬送了一个帝国,而且催生了一个共和国。

---

① 王桧林主编:《中国现代史》,上册,第406页,高等教育出版社,1997。

20

苏联出兵参加对日作战是抗日还是"投机"？

中国的抗日战争是世界反法西斯战争的一个重要组成部分。中国在为战胜世界法西斯势力作出卓越贡献和巨大牺牲的同时，也同样得到了苏、美、英等盟国和全世界进步人类的支持和帮助。其中，1945年8月，苏联在战胜德国法西斯之后，迅速挥师东进，与中国抗日军民并肩作战，痛歼日本关东军，大大加速了中国人民抗日战争和世界反法西斯战争胜利的进程。然而，苏联出兵东北在其远东战略中的地位，特别是在苏联对华政策中的作用，在中苏史学界过去的研究中却较少受到重视。在中苏双方历来的政治文件和研究著作中，或者出于政治需要，或者由于思想禁锢，人们都较多地或片面地强调了苏联出兵对于援助中国抗日和促进远东和平的政治意义。从20世纪80年代以来，学术界开始更加理性客观地研究这一问题，出现了一些重要研究成果，如沈志华的《苏联出兵中国东北：目标和结果》[1]、范敏华的《关于苏联出兵东北的几个问题》[2]、《关于苏联出兵中国东北的探讨》[3]、江沛的《苏联出兵东北是抗日还是"投机"》[4]等等。中国学者开始提出一些异议，指出：苏联出兵参加对日作战是在中国谋取政治经济权益。那么，苏联出兵参加对日作战到底是抗日还是"投机"？事实的真相究竟是怎样的呢？在这里，我们根据学术界的研究成果，对这一问题进行

---

[1] 沈志华：《苏联出兵中国东北：目标和结果》，载《历史研究》1994年第5期。
[2] 范敏华：《关于苏联出兵东北的几个问题》，载《苏州丝绸工学院学报》1999年第4期。
[3] 《关于苏联出兵中国东北的探讨》，载《党史研究与教学》1990年第4期。
[4] 江沛：《苏联出兵东北是抗日还是"投机"》，载《出版参考》2003年第17期。

综合分析。

一 苏联参战的由来

关于苏联参战的正式讨论,应该是缘起于1943年10月的苏、美、英三国莫斯科外长会议。但是,据西方有关文献记载,早在"珍珠港事件后,麦克阿瑟马上表示,希望苏联对日本采取行动。但是美国人在莫斯科办的交涉没有成功:斯大林拒绝举行任何会谈,拒绝通任何消息,也拒绝任何种类的合作,即使机密的合作都不行。直到德国对苏联的威胁已经消退,斯大林才修改了他的态度"。① 我们说,这种说法很可能是有根据的,但是对斯大林的要求似乎过于苛责。试想:1941年12月7日珍珠港事件爆发前不到半年,即1941年6月22日,希特勒德国发动了对苏联的进攻,苏联大片国土沦丧,战略上处于非常困难的时期。这时,若要求斯大林对日本采取行动,无异于使其陷于两线作战、腹背受敌的更加被动的局面。因此,即使斯大林有对日本采取行动的愿望,也没有这种能力。俄罗斯历史学家阿纳托利·科什金在《斯大林如何对日开战》一文中印证了这一点。他在该文中写道:"珍珠港事件后,美国总统罗斯福于1941年1月向斯大林发出请求,希望苏联派兵对日进行军事打击。当时,美国想借助苏联领土对日本进行大规模轰炸。斯大林拒绝了罗斯福的建议,他的理由是,对日宣战会削弱苏联攻打希特勒军队的实力,从而给德国以可乘之机,给苏联及所有盟国带来损失。""遭拒绝的罗斯福于12月11日表示,对斯大林的这一决定,他感到非常遗憾,但如果他是斯大林,他也会这样做。"② 到1943年,苏德战争的战略态势才发生了对苏联有利的变化。这一年,从斯大林格勒保卫战的胜利到意大利投降,同盟国已经逐步取得了反法西斯战争的战略主动权。为了尽早结束这场战争,并就战后安排等共同关心的问题交换意见,同盟国之间开始酝酿举行首脑会议的问题。是年10月19—30日,"美

---

① [法]亨利·米歇尔:《第二次世界大战》,下册,第416页,商务印书馆,1981。
② 《纪念二战胜利60周年系列(2):苏联对日宣战内幕》,载《参考消息》2005年4月13日。

英苏三国外长会议在莫斯科举行,为首脑会议做准备。三国就缩短战争时间可能采取的种种措施达成了协议,确定1944年春天在西欧开辟第二战场,斯大林允诺在打败德国后,苏联将参加对日作战"。① 这次会议决定在德黑兰召开美英苏三国首脑会议。德黑兰三国首脑会议前夕,即同年同月22—26日,美国总统罗斯福、英国首相丘吉尔以及中国的蒋介石委员长在开罗举行首脑会议,主题为中国问题,并发表了《开罗宣言》,其中宣布"三国之宗旨在剥夺日本自1914年第一次世界大战开始以后在太平洋所夺得或占领之一切岛屿,在使日本所窃取于中国之领土,例如满洲、台湾、澎湖列岛等,归还中华民国"。② 然而,就在此次会议期间,罗斯福还密谋策划了一项有损中国的交易,那就是迫使蒋介石有条件地接受了把大连变为国际自由港的所谓"建议"。其实,"罗斯福之所以在美英苏三国首脑会议之前匆匆忙忙把蒋介石拉到开罗,就是为了与蒋介石就出让中国东北的某些权利给苏联一事达成协议,然后再以此去换取斯大林同意对日作战"。③ 在随后于11月28日—12月1日举行的美英苏三国德黑兰首脑会议上,"美英方面试探了苏联关于参加对日作战的条件。苏联要求归还整个库页岛,并得到千岛群岛。斯大林还渴望在远东获得一个不冻港。罗斯福利用他在开罗会议期间与蒋介石达成的默契,提出大连港可以作为自由港。斯大林答应在欧战结束后半年左右参加对日作战"。④ 应该说,到这时为止,苏联参战充其量只能算作一种意向性承诺,因为当时苏德战争远未结束。

时至1945年初,世界反法西斯战争的形势已经发生了巨大变化。在中国战场上,日本侵略军被中国抗日军民死死拖住,其战略主动权几乎丧失殆尽;在太平洋战场,美军的战略反攻节节胜利,战火逐渐燃向日本领空和领土;在欧洲战场的西线,自1944年6月诺曼底登陆后,美英联军势如破竹,德军节节败退;在欧洲战场的东线,苏军的全线反攻频频告捷,矛头直指德国本土。总之,德、日法西斯失败的大局已定,当务之急是同盟国家如

---

①③④颜声毅等:《现代国际关系史》,第425、426、428-429页,知识出版社,1983。
②方连庆、杨淮生、王玖芳:《现代国际关系史资料选编》,下册,第316页,北京大学出版社,1987。

26 苏联出兵参加对日作战是抗日还是"投机"？

何协调一致,最终消灭法西斯,并就战后国际秩序预做安排。正是适应这种全新形势的需要,苏美英三国首脑斯大林、罗斯福、丘吉尔于1945年2月4—11日在苏联克里米亚半岛的雅尔塔举行了具有历史意义的雅尔塔会议。会议集中讨论了击败德国和对其实行分区占领、成立联合国等多项议题,并公开发表了含有上述内容的会议公报。此外,三国首脑还协商了苏联参战的问题,达成了秘密的《雅尔塔协定》(由斯大林、罗斯福、丘吉尔亲自签署)。其中规定:"苏美英三大国领袖同意,在德国投降及欧洲战争结束后两个月或三个月内苏联将参加同盟国方面对日作战。"其条件包括"由日本1904年背信弃义进攻所破坏的俄国以前权益须予恢复——库页岛南部及邻近一切岛屿须交还苏联,大连商港须国际化,苏联在该港的优越权益须予保证,苏联之租用旅顺港为海军基地须予恢复"、"千岛群岛须交予苏联"等。① 尽管《雅尔塔协定》内还冠冕堂皇地写上了尚须征得中国方面同意的一段话,但那不过是一种欲盖弥彰的小伎俩。事实上,随着三巨头的签字生效,无论中国方面作何反应也已无济于事。

如果说德黑兰会议时苏联参战还是一种意向性承诺的话,那么《雅尔塔协定》的秘密签署则表明苏联已经在法定意义上承担了出兵参加对日作战的义务。

然而,苏联何时启动参战准备工作,似无确切的答案,因为那是在极其秘密的情况下进行的。从理论上说,自从斯大林在德黑兰会议上作出苏联参战的承诺后,就有可能随时启动相关的准备工作。在纪念反法西斯战争胜利60周年的一篇专访文章中,一位苏联红军老战士、现任俄罗斯—中国友好协会副主席瓦西里·伊万诺夫的亲身经历为此提供了一条宝贵的线索:"1944年初,伊万诺夫被派往白俄罗斯第三方面军参谋部担任作战参谋。同年4月,鉴于德国法西斯的覆灭已是大势所趋,第三方面军的精锐部队被调往苏联远东地区,准备同盘踞在中国东北的日本关东军作战。"②

---

①方连庆、杨淮生、王玖芳:《现代国际关系史资料选编》,下册,第369页,北京大学出版社,1987。
②吕岩松、马剑:《"这是我们共同的节日"——访俄罗斯反法西斯老战士伊万诺夫》,载《人民日报》2005年5月2日第3版。

1943年11月斯大林、罗斯福、丘吉尔三巨头出席德黑兰会议,共商战争大事。

1945年5月丘吉尔、杜鲁门和斯大林在波茨坦会议上握手。

1943年10月罗斯福、丘吉尔、蒋介石等出席开罗会议。

1945年2月斯大林、罗斯福、丘吉尔三巨头出席雅尔塔会议。

26　苏联出兵参加对日作战是抗日还是"投机"？　　·249·

由此可见,1944年4月,也就是说德黑兰会议结束不到半年,苏联已经着手将部分主力部队东调。此时,距离雅尔塔会议斯大林正式承诺苏联参战还有9个多月的时间。到了1945年雅尔塔会议后,特别是德国投降后,苏联明显加快了准备参加对日作战的部署。1945年5月,苏联最高统帅部决定,建立远东军总指挥部,任命华西列夫斯基元帅为总司令,下辖贝加尔方面军、远东第一方面军、远东第二方面军共3个方面军及两支海军舰队,即太平洋舰队和红旗阿穆尔舰队。6月3日,苏联国防委员会作出大规模调动兵团的决定,包括增强远东苏军的实力装备以及为此而加强远东地区铁路的技术保养和维修工作。到8月8日苏联对日宣战前,部署在远东的苏军已达174.7万人、2.6万门火炮、5500辆坦克、5300架飞机、670艘舰艇。①

1945年8月8日,苏联政府发明声明,对日本宣战。苏联空军轰炸日本关东军。

苏联炮兵向牡丹江市日军轰击。　　苏联坦克部队向日军猛烈攻击。

---

① 王绳祖主编:《国际关系史》,第6卷,第567页,世界知识出版社,1995。

苏联坦克兵向日军进攻。

苏军向关东军全面进攻。

攻占哈尔滨的苏联红军

1946年春,长春机场被炸毁的日本飞机,象征着日本军国主义迷梦破碎。

1945年9月5日,日本关东军将领在长春向苏联军队投降。

二 斯大林为什么承诺苏联出兵东北

（一）从上述对苏联参战由来的回溯中不难看出，苏联最初承诺参加对日作战并非主动，而是应美、英特别是美国方面的要求而为之。

这与当时的战争形势及美国的战略利益是密切相关的。1943年后半年，在太平洋战场上，美日双方还处于战略相持阶段；在欧洲的苏德战场上，苏联方面刚刚获得战略转机，美、英尚在筹备开辟第二战场。在这种战局尚未最终明朗的情况下，深谋远虑的罗斯福已经洞察到：有条件地借助苏联红军的力量共同打击日本法西斯势力是可能的。这样做，对美国最为有利，一是可以大大减少美军的伤亡，二是可以形成对日本的战略合围之势。为了达到此项目的，罗斯福不惜拿中国的权益与苏联做交易。时至1945年雅尔塔会议，德、日法西斯失败已成定局，剩下的只是时间和同盟国需要付出的代价问题。此时的罗斯福更加清醒地意识到：仅仅依靠美军同日军进行战略决战，尤其是在日本本土决战，美军很可能要付出数十万甚至上百万人伤亡的惨痛代价。这当然是他要极力避免的。为此，他采取了多项战略性举措，其中包括力促斯大林正式承担苏联参战的义务和加紧秘密研制原子弹。

根据有关史料记载，经罗斯福批准的美国研制原子弹计划"曼哈顿工程"正式启动于1943年5月；当年10月举行德黑兰首脑会议时，工程尚未取得重大进展；甚至"在雅尔塔会议的时候，制造一个原子弹，用霍普金斯（时任美国国务卿）的话来说，看来还是'遥远的事情'，因此，在对德国或日本的作战计划中没有加以考虑"①；直到罗斯福逝世3个月后的1945年7月1日，也就是在波茨坦首脑会议的前夕，美国才成功试爆了第一颗原子弹。所以，可以设想，在德黑兰会议乃至雅尔塔会议召开时，由于原子弹的研制成功似乎还没有绝对把握，罗斯福显然把宝更多地压在了苏联参战上。为此他宁愿对苏联方面做出更大的让步，当然这些让步不会损害美国

---

① [法]亨利·米歇尔：《第二次世界大战》，下册，第414页，商务印书馆，1981。

自身的利益。直到波茨坦会议期间,罗斯福的继任者杜鲁门以及丘吉尔仍然希望苏联尽早参战:"丘吉尔和我一样渴望俄国参加对日作战,他和我们的军事领袖们一样,都认为俄国的参战将加速日本的溃败。"[①]这是因为:"会前,1945 年 6 月,美国三军部长和参谋长联席会议拟订的作战计划,准备 1945 年秋在日本本土南部登陆,估计到 1946 年深秋,才能使日本屈膝。战斗将非常酷烈,损失也将很重大。马歇尔认为,为此要牺牲 50 万美国人的生命。因此,希望俄国参加对日作战。"[②]针对美、英的要求,与会苏联代表表示:苏军拟在 8 月下旬发动对日进攻。

(二)斯大林承诺苏联参战虽说是应美、英特别是美国的要求,但又不能说是完全被动的。事实上,斯大林最终承诺苏联参战是出于多方面的考虑。

第一,世界反法西斯战争形势发展的需要。继 1937 年 7 月 7 日日本全面进攻中国后,1939 年 9 月 1 日法西斯德国进攻波兰,1941 年 6 月 22 日德国进攻苏联,同年 12 月 7 日日本偷袭珍珠港,第二次世界大战的战火愈燃愈烈。这是一场关系全人类前途与命运的正义与邪恶、光明与黑暗的殊死搏斗。在德、意、日法西斯业已结盟的情况下,世界反法西斯国家有必要结成广泛的统一战线,互相支持,互相配合,集中力量击败法西斯势力。在当时的历史背景下,这对中、苏、美、英等反法西斯主要大国来说无疑是最佳的战略选择。斯大林、罗斯福作为苏、美两国具有战略眼光的最高统帅,在这方面一拍即合是合乎逻辑的。事实上,在整个第二次世界大战中,中、苏、美、英四大国承担着抗击法西斯势力的重任,在欧洲和亚洲太平洋战场上更是发挥着主力军的作用。它们之间能否进行有效的战略协调与配合直接关系到战局的发展,而德黑兰会议和雅尔塔会议恰好顺应了这种特定历史任务的要求。具体地说,德黑兰会议时,斯大林迫切希望美、英及早开辟欧洲第二战场,罗斯福和丘吉尔也充分意识到苏联参加对日作战的必要

[①②][美]哈里·杜鲁门:《杜鲁门回忆录》,第 1 卷,第 286、315—316 页,世界知识出版社,1964。

性,因而达成了意向性合作协议。到雅尔塔会议时,虽然胜利在望,但德、日终究仍在负隅顽抗,战略决战的重任要求双方合作的具体化。从这个角度看,《雅尔塔协定》有其历史意义,当然它损害中国权益等副作用绝不能因此而得到原谅。

第二,斯大林旨在谋求战后国际政治军事领域的有利地位。鉴于十月革命胜利后建立的世界上第一个社会主义国家苏联在国际政治领域的遭遇,也就是长期遭受帝国主义包围和封锁的经历,加上抗击德国法西斯战争的惨烈和战后重建任务的沉重,斯大林不能不考虑利用二战的有利时机,改变苏联以往在国际政治舞台上的孤立局面,以求得在战后国际政治军事舞台上的有利地位。因此,当1941年8月14日美、英两国签署《大西洋宪章》,公开宣示了它们对战后世界秩序的某些设想后,尽管那时苏德战争刚刚爆发,苏联在战场上十分被动,斯大林正集中精力忙于指挥防御作战,但他对此事还是非常重视,并作出了果断的决定,其重要表现形式之一就是与中、美、英等25个其他反法西斯国家一道于1942年1月1日共同在华盛顿签署并发表了《联合国家宣言》。《联合国家宣言》的发表既宣告了战时世界反法西斯阵线的形成,又标志着战后世界新秩序探索的启动。1943年12月1日,苏联又同美、英一道发表《德黑兰宣言》,庄严申明:"我们表示我们的决心:我们的国家在战争方面,以及随后的和平方面,都将共同工作。""和平方面,我们确信:我们的协力同心将导致一种永久的和平。我们完全承认我们以及所有联合国家负有至上的责任,要创造一种和平,这和平将博得全世界各民族绝大多数人民大众的好感,而在今后许多世代中,排除战争的灾难和恐怖。"[①]在此基础上,经过中、苏、美、英四大国及其他同盟国家的共同努力,在最终战胜德、意、日法西斯之后,于1945年10月成立了联合国,上述四大国加上法国出任其安全理事会的常任理事国。这一过程尽管充满着矛盾冲突和外交上的折冲樽俎,但其中一个不容置疑的事实却是苏联国际地位的急剧提高和国际影响力的显著扩大。究其原因,战胜德国法西斯和综合国力的提升是决定性因素,而斯大林在战时外交领域的运筹帷

[①] 方连庆、杨淮生、王玖芳:《现代国际关系史资料选编》,下册,第313页,北京大学出版社,1987。

龌，如在承诺参加对日战争这类关键性问题上的决策，其重要作用也是不容抹杀的。

第三，苏联自身安全利益的驱动。十月革命后，帝国主义国家一贯视社会主义苏联为眼中钉、肉中刺，必欲置之死地而后快。在这个"围剿"苏联的帝国主义队伍中，日本充当了重要角色。从十月革命胜利到苏德战争爆发前的1939年，军国主义的日本曾先后3次进犯苏联。这说明日本早已成为苏联远东安全的心腹之患，而消除这个祸患是符合苏联自身安全利益的。但是，在德、意法西斯的战争威胁面前，当时的苏联事实上已经无暇东顾，或者说心有余而力不足。苏德战争爆发后，为避免两线作战，苏联采取了与日本虚与委蛇的策略，同时日本深陷侵华战争和后来太平洋战争的泥潭而无力北进，于是双方签订了《苏日中立条约》。及至罗斯福提出联苏倡议，而苏联又具备了参加对日作战的可能性时，最终消除日本威胁自然成为斯大林乐于承诺参战的重要依据之一。

第四，大国沙文主义在作祟。斯大林承诺苏联参战，还掺杂着狭隘民族利己主义的动机，那就是以牺牲中国的部分主权和利益作为筹码。这一点集中体现在《雅尔塔协定》中。《雅尔塔协定》的主要内容是："在德国投降及欧洲战争结束后两个月或三个月内苏联将参加同盟国方面作战，其条件为：(1)蒙古人民共和国的现状须予维护。(2)俄国在1904年日俄战争中所丧失的权益须予恢复，即：库页岛南部及邻近岛屿须交还苏联；大连商港须国际化，苏联在该港的优越权益须予保证，苏联之租用旅顺港为海军基地也须予恢复；中东铁路和南满铁路应设立苏中合办的公司共同经营，苏联的优越权益须予保证而中国须保持在东北的全部主权。(3)千岛群岛须交予苏联。"显而易见，作为反法西斯四大国之一的中国的民族利益受到了最大损害。据有关史料透露，斯大林在同美、英政要谈判苏联参战条件时曾一再表示，他需要向苏联人民有个"交代"，即说清楚为什么在刚刚战胜法西斯德国之后又迅速挥师东进对日作战。其实，明眼人不难看出，斯大林的"交代"说纯粹是一种托词，同时又是对其大国沙文主义思想的障眼法。说到底，在斯大林的心目中，唯有苏联的利益是至高无上的，至于其他国家特别是像中国这样羸弱的盟国的权益则必须服从苏联的利益。当然，实践已经证明，斯大林这种损人利己的大国强权政治行为最终难逃历史的谴责。

三 城下之盟：以最小代价取得的最大成果

实际上，当苏军大举进攻之前，日本的失败和投降早已成为定局。8月17日，日军提出停战交涉，苏联认为：关东军应于8月20日12时以后停止战斗行为。这种没有要求日军立即停战投降的反常举动，显然表明苏军对当时战斗的推进和战果还不满意①，而一旦宣布接受日军投降，就有可能招致中国和美国介入受降。苏联希望利用达成停战协议以前的时间，加速扩大在"满洲"的占领区。事实上，苏联正是在8月18—20日之间短短的两三天里，依靠空运部队和地面快速先遣部队相继抢占了哈尔滨、佳木斯、齐齐哈尔、长春、沈阳、承德、旅顺、大连和平壤。② 这样，苏军便以最小代价取得了辉煌战果并占领了整个中国东北。

苏联的胜利还不仅仅体现在战场上。苏军紧急出兵东北，迅速扩大战果，对于正在莫斯科进行的中苏谈判的结果具有关键性的影响。在波茨坦会议期间，美国由于原子弹爆炸成功，对苏态度开始强硬起来，不仅在保证"满洲"门户开放的问题上对苏联施加压力，而且也对《中苏友好同盟条约》提出干涉，"反对把大连港划归苏联军事区或把它作为苏联海军基地"。③ 有了美国的支持，蒋介石的腰杆也显得硬朗起来，他甚至在8月13日指示中国代表团停止谈判并坚持要在下列几点达成明确的一致意见：(1) 划定外蒙的边界；(2) 旅顺海军基地成立中苏军事委员会；(3) 为大连

---

① 《关东军和苏联远东军》一书详细描述了当时东北各战场的进展情况，并得出结论："到8月15日为止，日本关东军的主力尚未同苏军交战，完整无缺地保存下来。"见该书第190—191页。
② [日] 林三郎：《关东军和苏联远东军》，第192、195页，吉林人民出版社，1979。
③ [英] F.C. 琼斯、休·博顿、B.R. 皮尔恩：《1942—1946年的远东》，第159—160页，上海译文出版社，1995；《1945年中苏友好同盟条约签订内幕》，载 [日] 林三郎编著《关东军和苏联远东军》第240页，吉林人民出版社，1979；《杜鲁门回忆录》，第1卷，第362页，世界知识出版社，1964。在中苏谈判前，杜鲁门曾拒绝了蒋介石要求美国干预中苏谈判的建议。

委派一名中国港务员。① 在这种情况下,杜鲁门甚至对中苏恢复谈判能否达成协议已经"不抱太大的希望"了。② 但是,比起原子弹的威慑力量,苏联向东北迅速推进给予斯大林在谈判桌上的优势更为现实;对于蒋介石来说,个人的权力比中国的主权更重要,中国共产党发展的威胁比苏联在东北夺取权益更使他痛心疾首。这时,中国代表团最担心的问题是:在苏军已经开始进军东北的情况下,如果不马上签约,以便在条约内对苏军的行动有所限制,那么一旦苏联占领整个东北,后果可能更坏。斯大林抓住了问题的要害。他在8月10日不无威胁地对宋子文说:"中国最好快些达成协议,不然的话中国共产党将要进入满洲……"③面对苏联150万大军在东北的迅速推进,中国代表团在谈判桌上已经没有选择的余地。8月14日,蒋介石无可奈何地批准签约了。正是这一天,日本政府决定无条件投降。

  战争已经结束了,《中苏友好同盟条约》也基本上按照苏联的意愿签订了,但是斯大林对于条约所保证的在远东的权益还不满足。在条约即将签订前,斯大林曾提出了"战利品"问题。当宋子文询问这指的究竟是什么时,斯大林推托过去了。④当苏联已经占领了整个东北三省之后,苏军的实际行动回答了宋子文询问的什么是"战利品"问题。据杜鲁门的私人代表鲍莱在《1946年6月关于日本在满洲财产致美国总统的报告》中说:"苏军抵达满洲的工业区后,就开始有系统地没收粮食与其他存储的物资,并且在9月初就开始有选择地搬运工业机器。"⑤显然,苏联没有忘记攫取更直接、更实惠的利益。在《中苏友好同盟条约》的补充记录中,斯大林保证苏

---

① 《1945年中苏友好同盟条约签订内幕》,载[日]林三郎编著《关东军和苏联远东军》第238—239页,吉林人民出版社,1979。
②④《杜鲁门回忆录》,第1卷,第363页,世界知识出版社,1964。
③[英]F. C. 琼斯、休·博顿、B. R. 皮尔恩:《1942—1946年的远东》,第178页,上海译文出版社,1995。
⑤《战后世界历史长编》,第1编第2分册,第347—348页,上海人民出版社,1976;[英]F. C. 琼斯、休·博顿、B. R. 皮尔恩:《1942—1946年的远东》,第310—311页,上海译文出版社,1995。

20 苏联出兵参加对日作战是抗日还是"投机"?

军在日本投降以后3个星期内开始撤退,并最多在3个月内撤退完毕。①然而,撤军期限将至时,苏联又提出了新问题。1945年11月24日驻东北苏军总司令马利诺夫斯基的顾问斯莱特考夫斯基提出一项建议,要求中苏联合经营东北80%的重工业。中方答复说:中苏在东北的经济合作问题只有在苏军完全撤退后才能开始讨论。斯莱特考夫斯基于12月7日通知国民党当局,所有东北的工业企业均为苏军的"战利品"。马利诺夫斯基则在稍晚一些时候声称如果留下这批设备,苏联要求得到这些企业的股票,并在重工业股份中占51%,在轻工业股份中占49%。他甚至要挟说:经济合作方案未获协议前,不能预料苏军撤退的确切日期。于是,中苏之间又展开了关于东北经济问题的拉锯式谈判。东北地区的经济战略地位毋庸赘述,而苏联在1946年2月9日宣布战后第一个五年计划这一事实,就充分说明了苏联此时提出东北经济合作问题的目的所在。后来,虽然在国际干预和中国舆论的压力下,苏联军队于1946年5月撤出中国东北,但在此期间,苏联还是运走了大批的工业设备和其他资产。对于这批资产的估计,有很不相同的统计数字。② 比较可信的是联合国调查团1946年12月报告的估计:苏联占领期间"满洲"的经济损失达8.58亿美元,而恢复和重建这些企业的费用则达20亿美元。③ 或许可以用一些更形象的材料说明问题。据蒋介石得到的报告,苏联运走的资产,占东北电力设备的65%和钢铁工业设备的80%,而抚顺、本溪、阜新、北票的煤矿则"都被劫掠"。④

总之,苏联依靠军事占领,在东北攫取了谈判桌上没有得到的利益。

最成功的外交,莫过于以最小的代价取得最大的成果。苏联通过出兵东北,实现了在远东的政治目标。就其结果而言,战后苏联在远东获取的势力和利益不仅全部恢复了沙皇俄国40年前之所失,而且超出了《雅尔塔

---

① 复旦大学历史系:《中国近代对外关系史资料选辑》,下卷第1分册,第275页,上海人民出版社,1977;谈判中莫洛托夫曾口头答应苏军将于1945年12月3日以前撤出"满洲",载[英]F.C.琼斯、休·博顿、B.R.皮尔恩著《1942—1946年的远东》第300页,上海译文出版社,1995。
② 尚传道:《参加接收长春、吉林的经过》,载《文史资料选辑》第60期。
③ 山本有造:《战后国民政府统治时期的中国东北地区经济》,载《国外中国近代史研究》1990年第16辑。
④ 江南:《蒋经国传》,第139—140页,中国友谊出版公司,1984。

协定》和《中苏友好同盟条约》的规定。同时,苏联为此付出的代价却比它在欧洲战场付出的要小得多。从这个意义上讲,可以认为这一时期苏联在远东的举措是自推翻旧政权以来一次最成功的外交。

四 苏联参战的作用

1945年8月8日,斯大林兑现自己的承诺,苏联正式对日宣战。8月9日凌晨,由华西列夫斯基元帅统率的158万苏联红军兵分3路,越过中苏、中蒙边界,向日本关东军发动全面进攻。此时,作为日本战略总预备队的关东军虽拥有22个师团,号称75万人,但实际上由于亚洲太平洋战线全面吃紧而不得不把部分主力南调,其战斗力无疑大打折扣。苏联红军势如破竹、风卷残云、摧枯拉朽。在苏联红军的凌厉攻势下,日本关东军迅速溃败。至日本裕仁天皇宣布投降的8月15日,苏军已经向前推进数百公里。8月18日,日本关东军总司令山田下令向苏军投降,但日军仍在不少地方负隅顽抗。至8月底,苏军在中国抗日军民的支援和配合下顺利占领了中国东北的所有重要城镇。

与此同时,苏联红军还击溃了朝鲜境内的日军,胜利推进到"三八线"附近。8月11—31日,苏军还进行了南库页岛和千岛群岛战役,肃清了驻岛日军。在这场对日战争中,苏军共毙伤日军8万余人,俘获(含投降的日军)59.4万人,其中包括山田总司令在内的将官148人[1];苏军亦付出了3.2万人伤亡[2]的沉重代价。

抗击日本法西斯的战争胜利结束了,但如何评价苏联参战的作用,却成为一个颇有争议的问题。概括起来,不外有以下3种倾向性意见:

第一种意见主要来自苏联方面,认为苏联参战是战胜日本的决定性因素:"击溃关东军,使日本侵略者在大陆上受到致命的损失,这才使日本军

---

[1] 苏联科学院东方研究所:《日本现代史纲》,第208页,高等教育出版社,1959。
[2] 吕岩松、马剑:《俄抗日老兵回忆战斗岁月》,载《环球时报》2005年5月11日第3版。

20　苏联出兵参加对日作战是抗日还是"投机"？

国主义者最后不能继续作战了。"援华抗日的美国陈纳德将军持同样观点："红军参战是决定性的因素,即使没有原子弹也会是这样。"①毛泽东早在对日战争尚在进行中的1945年8月1日,在《抗日战争胜利后的时局和我们的方针》一文中,也作出了同样的判断："日本投降的决定因素是苏联参战。"②(对于日本当年投降的原因是苏联武装出兵东北一说被戏称为"苏武说"。)

第二种意见是极力贬低苏联参战的作用,其主要手法是夸大原子弹对日本投降的影响。罗斯福逝世后接任美国总统的杜鲁门的看法很有代表性。他在回忆录中写道："很明显,原子弹威力的第二次示威使东京惊惶失措,第二天早晨就传来了日本帝国准备投降的初次表示。"③这种观点显然带有冷战思维的特色。当时的美国国务卿贝尔纳斯曾透露："炸弹扔在日本,正是为了在俄国收到效果。"④日本历史学家依田憙家认为："波茨坦会谈时,美国成功地进行了原子弹爆炸试验,已经不再重视苏联的参战,甚至决定在苏联对日参战前向日本投掷原子弹。这不仅是为了促进日本投降,还企图作为在战后世界称霸的武器。"⑤当然,在美、英政要中对此持有异议的也大有人在,丘吉尔就曾表示："认为原子弹决定了日本的命运是错误的。"⑥(对于日本当年投降的原因是屈服于原子弹一说被戏称为"屈原说"。)

第三种意见认为,战胜日本法西斯是多种力量综合作用的结果(称为"合力说"),苏联参战是其中的一个重要组成部分。中国学者认为："决定日本投降的是中国人民的长期抗战、苏联出兵和美军在太平洋上摧毁了日本的海空军力等诸多因素的综合,原子弹只是在这种综合作用基础上发挥作用的。而且,美国这时投掷仅有的两颗原子弹,显然是为了达到一定的

---

①[法]亨利·米歇尔:《第二次世界大战》,下册,第423页,商务印书馆,1981。
②《毛泽东选集》,第4卷,第1123页,人民出版社,1991。
③《杜鲁门回忆录》,第1卷,第320页,世界知识出版社,1964。
④⑥[美]小查尔斯·米:《在波茨坦的会晤》,生活·读书·新知三联书店,第244、334页,1978。
⑤[日]依田憙家:《简明日本通史》,第334页,上海远东出版社,2004。

政治目的:不但企图抵消苏联最后出兵的影响,而且也要抹杀中国人民和亚洲各国人民浴血奋战的伟大功绩,使自己独享打败日本法西斯的胜利果实。"①法国的亨利·米歇尔教授在列举了美国的军事优势、苏联参战、使用原子弹等因素之后得出的结论是:"看来是所有这些原因综合在一起,才把日本一步步引向失败,然后又使失败突然来到。"②这里多种因素综合作用的分析是可取的,遗憾的是忽略了为抗击日本法西斯作出了重大牺牲和杰出贡献的中国和其他亚洲国家这个重要因素。

综上所述可以看出,在中美英等盟国共同抗击日本法西斯尤其是中国人民英勇抗战并夺取了战略主动权、日本败局已定的情况下,苏联参战给了日本关东军毁灭性打击,美国向日本投掷原子弹发生了巨大威力,加速了日本的投降,同时也大大加速了中国人民抗日战争和世界反法西斯战争胜利的进程。因此,苏联参战的历史作用应予充分肯定,其大国沙文主义行为也应予批判。

---

① 王绳祖主编:《国际关系史》,第6卷,第566页,世界知识出版社,1995。
② [法]亨利·米歇尔:《第二次世界大战》,下册,第423页,商务印书馆,1981。

21

谁决定了日本的失败？

中国人民抗日战争和世界反法西斯战争胜利已经70周年了。70年来，人们对抗日战争这段历史的研究已经取得很大的成就，对其中的许多重大问题也已有比较一致的看法，但是对导致日本帝国主义投降的决定因素，国内外史学界却存在截然不同的观点。一些国外学者不是强调原子弹的威力，就是夸大苏联出兵的作用，甚至认为二者是中国抗日战争胜利的决定力量。如何对它们作出公正的、科学的、全面的评价，仍然是今天必须回答和正视的一个重要问题。[①]

一 美国原子弹轰炸和苏联出兵之前日本败降已定

1945年5月，世界反法西斯战争的西线战场取得了最后的胜利，随之东线战场也进入了对日作战的新阶段。

8月6日8时15分，美国向日本广岛投掷了第一颗原子弹。

8月9日凌晨，苏联宣布对日作战，并出兵中国东北。

8月9日11时30分，美国又在日本长崎投下了第二颗原子弹。

8月15日中午，日本天皇广播了《停战诏书》，宣布日本投降。

至此，中国抗日战争胜利结束。

如上一组史实似乎暗示着：在美国原子弹轰炸、苏联出兵东北与日本投降、中国抗日战争胜利之间存在着某种逻辑上的因果关系。

甚至和德、意两法西斯相比较，日本投降是在它的作战力量还没有完

[①] 杨树标、梁敬明主编：《民族的苦难 民族的骄傲——抗日战争史新论》，杭州大学出版社，1995。

1945年8月6日和9日，美国在日本广岛和长崎投下原子弹。

21　谁决定了日本的失败？

全丧失的情况下作出的：日本用于本土决战的兵力，陆军有225万人，海军有130万人，特设警备队有25万人，国民义勇队有2800万人，飞机有10000架。在中国战场，侵华日军还有相当数量，还占领着中国大片的国土，敌我双方力量还处于相持之中。在这种情况下结束战争，给人的印象似乎是：中国自己并没有取得对日作战的最后胜利。

事实果真如此吗？促使日本投降的决定因素是美国原子弹轰炸和苏联出兵吗？中国抗日战争的胜利不是依靠自己的力量得来的吗？果真如某些国外学者所认为的1940年后反法西斯同盟在所有的战场的军事努力都是成功的，唯有"中国战场除外"[1]，即使"中国停止战斗，战争的进程也决不会发生改变"[2]吗？寻找答案的途径并不困难，我们只要弄清或证明一个事实，那么问题也就迎刃而解了，这就是：在美国原子弹轰炸和苏联出兵东北之前，日本已经承认失败并已步向投降之途；或者说，没有原子弹轰炸和苏联出兵东北，日本的侵略战争同样注定是失败的。

1941年6月22日，德国法西斯背信弃义地进攻苏联，国际形势骤然发生新的变化。随后日本政府决定借机在南方采取新的军事行动，准备与德国法西斯"会师"于中东，以图"与德国平分世界"。于是，12月8日，日本以"不宣而战"的惯用伎俩实施了对珍珠港的偷袭，开始了对美、英的军事进攻，太平洋战争爆发。日本来势凶猛，且频频得手，似乎有强大的国力作为支持。实际上，日本是在国力极为衰弱的情况下发动太平洋战争的。当时，日本统治集团内部相当一部分人认为日本的战争目的是不现实的，包括山本五十六在内的主战派也感觉"现在开战没有取胜的希望"[3]，"坦率说来对美战争的前途不容乐观"[4]。内大臣木户幸一更是深表怀疑，因而在太平洋战争爆发后不久便建议天皇"抓住一切时机尽早终止战争"。[5] 尽管如此，他们还是发动了战争，这充分暴露了日本军国主义的穷凶极恶的疯

---

[1] [苏]索洛维约夫主编：《第二次世界大战史》，第8卷第16章第1节，苏联国防部军事出版社，1976。
[2] [法]亨利·米歇尔：《第二次世界大战》，下册，第274页，商务印书馆，1981。
[3] [日]藤原彰：《日本近现代史》（中译本），第3卷，第96页，商务印书馆，1983。
[4] [日]稻叶正夫：《冈村宁次回忆录》，第313页，中华书局，1981。
[5] [日]太平洋战争研究会：《日本最长的一天》，第1页，河北人民出版社，1986。

狂本性。他们企图依靠南方的资源以确立"长期不败的态势",等待德国使英国屈服、美国丧失意志。因此,当对美、英开战时,日本的战争指挥部并没有制定出如何最后取胜的计划,只是制定了初期作战计划。接下来暂时的得逞也确实使日本国内包括天皇在内的一批人感到得意忘形。

但是,国内的矛盾和国力的衰弱使日本在太平洋战争爆发后的日子并不好过,到1944年实际上已成西山之日,摇摇欲坠。我们知道:在德、意、日法西斯中,日本是最早发动侵略战争的,而且在中国全面抗战爆发后深陷中国战场而不能自拔。第二次世界大战爆发后,日本的国力明显呈下降趋势。到1941年,"日本的国力与其最高水平的1938年度相比,已下降了20%左右"。① 在国力枯竭日益加深的同时,战争却仍在继续并更加扩大。为保证战争需要,日本只能以降低国民生活水平为代价,但这只能是暂时的、有限的,甚至是危险的。到1944年,随着资源的严重短缺,日本对战争已无以为继。因此,从1944年下半年开始,日本着手"终止战争"的努力,最早是有意由中立国瑞典从中进行斡旋。9月中旬,日朝日新闻社社长铃木文四郎与瑞典驻日公使维多·巴格进行了接触,初露这方面的信号。1945年春,日本外相会见了即将回国的瑞典驻日公使巴格,并要求回国后同日本驻瑞典公使冈本季正共同探索和平谈判的机会。

2月14日,前首相近卫上奏天皇,认为:战争失败已无可避免,当时"最堪忧虑"的,是"由于战败而可能引起的共产主义革命"。为此,"从维护国体的立场来说,必须研究尽早结束战争的方法与途径"。② 天皇准许其作和平的试探。于是,近卫等人在3月份拟制了一份《和平谈判纲要》。

在此形势逼迫下,小矶内阁于4月5日垮台,天皇随之授意铃木贯太郎出台组阁,这就标志着"重臣探讨结束战争的工作已经正式开始,也可以说第一步已经取得了成果"。③ 铃木显然也已从天皇的旨意中理解到,天皇的意图在尽一切努力迅速终止战争。作为这一努力的标志,他起用了积极

---

① [日]中原茂敏:《大东亚补给战》,第125页,解放军出版社,1984。
② 复旦大学历史系:《日本帝国主义对外侵略史料选编(1931—1945)》,第503、506页,上海人民出版社,1975。
③ 日本防卫厅战史室:《日本帝国主义侵华资料长编》,下册,第526页,四川人民出版社,1987。

21 谁决定了日本的失败?

主和的东乡茂德复任外相。

显然,由于国际反法西斯各国政府和人民的共同努力,到1945年上半年,日本的败降已成定局。日本的高层特别是具有至高无上权威的天皇已经承认失败的命运并开始向终止战争迈进。这一点,即使顽固如冈村宁次等人也明白无误地表示:此时"盟邦的前途可谓危如累卵"。[1] "1945年过去,半年以后,我们不可避免地感到大东亚战争有日益接近结局的趋势。"[2] 这时,既无原子弹的威胁,也未有苏联出兵的迹象,可以说,我们前面所作的假设已经成立,即没有原子弹轰炸和苏联出兵,日本也已注定是失败的。

投降的命运已经确定无疑,如何"体面"地投降,日本却还有些忸怩之态。此后,日本企图利用苏联和美英之间的矛盾,把最后的一丝希望寄托在苏联身上。

1945年6月,广田与苏联驻日公使马立克4次会晤。广田暗示:日本可以同意"苏联政府可能提出的任何条件",只要苏联能拉它一把。但是,苏联反应十分冷淡。接着,日本方面加大步子,天皇下令,派遣近卫为特使,携带天皇的亲笔信,赴莫斯科再请苏联出面斡旋。7月12日,东乡电告日本驻苏大使佐藤,要求苏联接见近卫特使,在避免无条件投降的原则下,天皇愿意和谈,但苏联仍无任何答复。

正当日本频繁拉拢苏联之际,7月26日,美、英、中3国为了不使日本完全毁灭,给予它一个"结束此次战争"的机会,发表了敦促日本无条件投降的《波茨坦公告》。该公告警告日本:不要再与"全世界激起之自由人之力量"为敌,否则德国之结果即为日本之殷鉴;《开罗宣言》之条件必须实施;盟军进驻日本本土,重判战犯;彻底铲除法西斯主义;日本未来的政府形式由"日本人民自由表示之意志成立"。最后,"通告日本政府立即宣布所有日本武装部队无条件投降",否则日本即将迅速完全毁灭。[3] 至此,日本侵略者有条件谋和之路已经杜绝,面临的是投降还是毁灭的选择,别无

---

[1] [日]稻叶正夫:《冈村宁次回忆录》,第260页,中华书局,1981。
[2] [日]今井武夫:《今井武夫回忆录》,第248页,上海译文出版社,1978。
[3] 刘庭华:《中国抗日战争与第二次世界大战系年要录·统计荟萃(1931—1945)》,第560—561页,海潮出版社,1988。

他途。

事实证明,在美国原子弹轰炸和苏联出兵之前,日本的败降已成定局。尽管如此,日本却摆出"一亿玉碎"、本土决战的架势,对《波茨坦公告》采取"不理睬"态度,以至于延误投降的最佳时机,招致更为严重的打击,使日本人民承受了巨大的灾难。

二　美国原子弹轰炸和苏联出兵加速战争的结束

既然在美国原子弹轰炸和苏联出兵中国东北之前,日本就已注定失败,那么二者在日本投降问题上是否毫无作用? 我们说,它们不是日本投降的决定因素,但在加速结束战争问题上却不应否定其作用。

世界反法西斯战争的西线战场胜利结束之后,日本帝国主义陷入孤立之中,投降的命运已不可避免。但是,这时它的实力还没有遭到致命的打击;特别是1945年2—5月,经过两次较大规模的"兵备动员"后,它拼凑了40多个师团240多万的兵力。以日本军部为首的主战派在政府中还占有很大的势力,在5月9日《关于德国投降的声明》中,仍称"欧洲战局的急遽变化,对帝国的战争目的不会发生丝毫变化"。[①] 特别是6月8日御前会议通过的《世界形势的判断及今后应采取的指导战争的基本大纲》,还疯狂地叫嚣"帝国必须以坚定的决心,坚持必胜的斗志,不遗余力地发扬皇国传统的忠诚之心,坚持采取政略战术,万无一失地抓住战胜的神机"。[②] 对此,主战派并采取了相应的措施,军事上将主要战斗力集中起来,加强本土战场的备战阵势,对外则着重对苏对华的政策。

基于此,当时曾估计,要彻底打败日本帝国主义,结束第二次世界大战,还需大约一年半的时间。波茨坦会议期间,由美、英两国参谋长负责拟订并经两国首脑杜鲁门、丘吉尔共同批准的对日作战部署的报告中认为

[①②] 复旦大学历史系:《日本帝国主义对外侵略史料选编(1931—1945)》,第530、533页,上海人民出版社,1975。

21 谁决定了日本的失败?

"终止日本有组织的抵抗日期为 1946 年 11 月 15 日"①,也即近一年半时间。毛泽东在 1945 年 6 月 24 日的电报中也作了估计:"现在距日寇崩溃只应估计尚有一年半"②时间。而且,在这一年半时间内,世界反法西斯统一战线在人力、物力、财力上还要作出巨大的牺牲。当时美军参谋长马歇尔认为:"在日本本土使日本投降估计要牺牲五十万美国人的生命。"③也就是说,如果没有任何外力的作用,按当时反法西斯各国所具有的打击力估计,战争的胜利还需要相当长的一段时间,各国还需要付出很大的牺牲。

为了尽早结束战争,减少盟国的损失,在日本不愿意接受《波茨坦公告》的情况下,给它以致命的摧毁性的打击以促使它最后投降,已成为一种必需。于是,8 月 6 日美国向日本广岛投掷了第一颗原子弹,8 月 9 日凌晨苏联对日宣战并出兵中国东北,同一天美国又向日本长崎投掷了第二颗原子弹。8 月 15 日,日本终于宣布投降。

无疑,在尽早结束战争这一点上,美国原子弹轰炸和苏联出兵中国东北起着关键性的作用。正是在二者的打击下,日本迅速决定投降。那么,二者的这种作用是一半对一半,还是有主次之分?显然,苏联的对日宣战和迅速出兵东北是这种作用的主要方面,而美原子弹轰炸则是次要方面。确实,8 月 6 日美国的原子弹轰炸一时间摧毁了日本的重要城市广岛,然而从全局上看,其结果并没有像美国所期待的那样,促使日本政府最后下定投降的决心。事实上,由于广岛通信中断,详情军部第二天才得知,而且日本军部对此事件的反应也只是向广岛派遣了一个调查团,它照旧在进行本土决战的准备工作,甚至政府连内阁会议也未召开,原定召开的最高军事会议也取消了。从美国发表的战略轰炸调查报告中可以发现:日本国内在遭到原子弹攻击后,并未出现严重动荡,"即使遭到原子弹轰炸的城市里,原子弹也没有能摧毁日本人的战斗精神"。④ 更何况,美国不能也没有条件没完没了地在日本本土施以

---

①③《杜鲁门回忆录》,第 1 卷,第 314、353 页,世界知识出版社,1964。
②《毛泽东军事文集》,第 2 卷,第 801—802 页,军事科学出版社,1993。
④[英]富勒:《1939—1945 年第二次世界大战(战略战术评论)》,第 520 页,中国人民解放军军事科学院,1960。

原子弹的攻击。当然，美国原子弹轰炸所造成的巨大冲击力也是确实存在的，不管承认与否，它的巨大杀伤力对日本来讲也是无法轻视的。因此，美国原子弹轰炸对日本的投降有作用，但不是主要方面。

相对而言，"在原子弹出现以后，（日本）最高战争指导部的既定方针——7月21日最高军事会议所决定的等待苏联的表示来处理《波茨坦公告》的态度——还没有任何变更"①，日本政府此时注重的是苏联的态度，关心的是预定8月8日中夜（莫斯科时间8日下午5时）在莫斯科举行的佐藤大使与莫洛托夫外长会谈的结果。8月9日零时，日本最后得到的不是苏联从中调停以使日本体面地结束战争，而是向日本宣战并迅速出兵东北的消息，日本最后的一丝幻想彻底破灭。9日凌晨，东乡外相访问铃木首相，同意结束战争，立即商量召开最高战争指导会议。这样，以天皇为首、内大臣木户及其他重臣和政府要人才决定结束战争。可见，苏联的宣战和出兵东北，对加速日本帝国主义的无条件投降、尽早结束战争无疑起到了主要的作用。这一点，连当时的日本首相铃木也是承认的："苏联今晨开始对日作战，这使我们完全陷入十分困难的境地，使我们不能继续进行战争。"②

总之，我们既要承认美国原子弹轰炸和苏联宣战并出兵东北对尽早结束战争的重要作用，同时又要把二者区分开来，具体地分析各自所具有的不同作用。

三　中华民族14年英勇抗战是打败日本帝国主义的决定性因素

我们说，促使1945年日本无条件投降，是世界各国反法西斯政府和人民共同努力的结果，但从根本上讲，打败日本帝国主义的决定性因素却是中华民族14年的全民族的英勇顽强的抗战。只要从实事求是的原则出发，本着科学、公正的态度，任何人都是无法否认这一点的。

---

①日本历史学研究会：《太平洋战争史》，第4卷，第150页，商务印书馆，1962。
②[苏]鲍里索夫、科洛斯洛夫：《苏中关系1945—1980》，第15页，生活·读书·新知三联书店，1982。

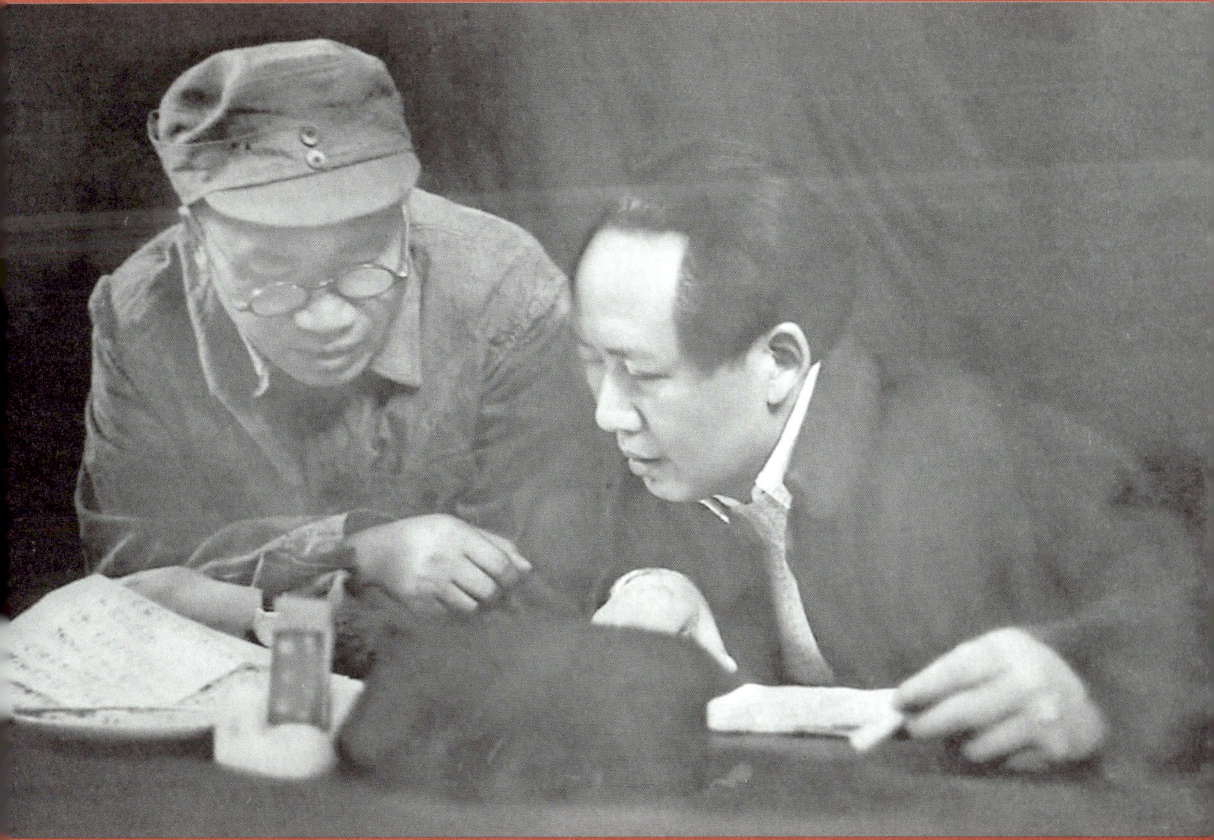

中共中央主席毛泽东与八路军总司令朱德研究反攻。

對日戰爭進入最後階段
毛澤東同志發表聲明
致電斯大林元帥將以全力配合紅軍及盟軍作戰。

（新華社延安九日電）關於蘇聯對日宣戰所引起的變化，中共中央委員會主席毛澤東發表聲明如下：八月八日，蘇聯政府宣布對日作戰，中國人民表示熱烈的歡迎。由於蘇聯這一行動，對日戰爭的時間將大大縮短。對日戰爭已處在最後階段，最後地戰勝日本侵略者及其一切走狗的時間已經到來了。在這種情況下，中國人民的一切抗日力量應舉行全國規模的反攻，密切而有效地配合蘇聯及其他同盟國作戰。八路軍、新四軍及其他人民軍隊，應在一切可能條件下，對於一切不願投降的侵略者及其走狗實行廣泛的進攻，殲滅這些敵人的有生力量，奪取其武器與資財，猛烈地擴大解放區，縮小淪陷區。放手組織武裝工作隊，以百隊成千隊地深入敵後之敵後，組織人民，破壞敵人的交通線，配合正規軍作戰。放手發動淪陷區的千百萬民眾，立即組織地下軍，準備武裝起義，配合從外部進攻的軍隊，消滅敵人。解放區的鞏固工作仍應注意。今冬明春，應在……行減租減息，發展生產，組織人民政權與人民武裝，加強民兵工作，加強軍隊的紀律，堅持各界人民的統一戰線，防止浪費人力物力，一部分地區（例如某些沿海地區）暫時還應注意粉碎敵人的「掃蕩」。凡此一切，都是為着加強對敵人的進攻。全國人民必須注意制止內戰危險，努力促成民主的聯合政府之建立。中國民族解放戰爭的新階段已經到來了，全國人民應該加強團結，為奪取最後勝利而鬥爭。

（新華社延安九日電）毛主席、朱德司令頃致電斯大林元帥，原文如下：

斯大林元帥：

我們代表中國人民，對蘇聯政府的對日宣戰，表示熱烈的歡迎。中國解放區的一萬萬人民及其軍隊，將以全力配合紅軍及其他同盟國軍隊消滅萬惡的日本侵略者。

毛澤東
朱德

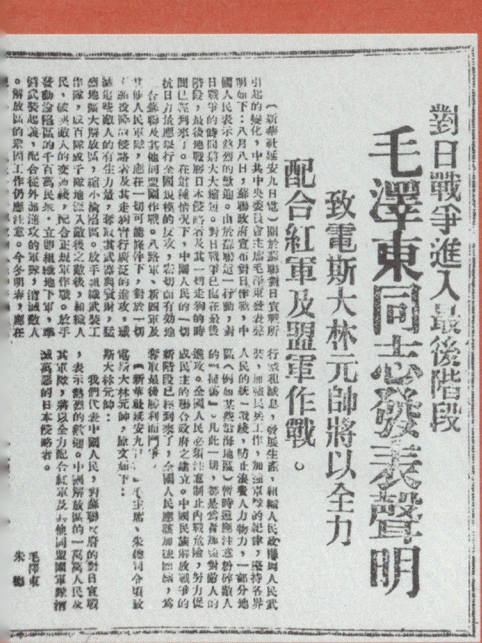

1945年8月9日，毛泽东发表对日寇的最后一战的声明，号召军民举行大反攻。

中央日報

蔣委員長電令朱德 制止部隊擅自行動

我軍奉命加緊作戰 依照計劃積極推進

國立武漢大學招考

華北、華中、華南 百萬雄師全面進軍

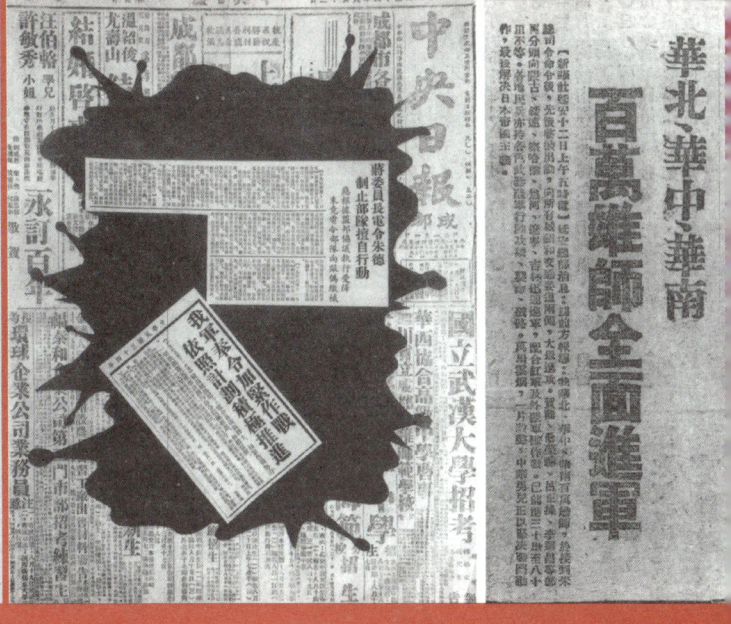

登载在《解放日报》上的敌后军民大反攻的报道

(一)中国人民打响了世界反法西斯战争的第一枪,并承担着抗击日本帝国主义侵略的主要任务。

在德、意、日3个法西斯国家中,日本最早发动了对外侵略战争,从九一八事变开始即对中国发动了局部侵略。自此,中国人民和部分国民党爱国将士就纷纷起来进行抵抗,揭开了抗日战争和世界反法西斯战争的序幕。从九一八事变到七七事变,中国的局部抗战是在极其艰难曲折的环境中进行的,英、美等国从自身利益出发,对日本侵华采取"中立"、"不干涉"等政策,极大地助长了日本对外侵略的气焰,而国民党政府又推行"攘外必先安内"的反动政策,大大削弱了中国的抗日力量。尽管如此,中国的爱国军民仍作出了极大的努力,沉重地打击了日本侵略者。1932年的淞沪抗战、1933年的长城抗战及察哈尔抗日同盟军的抗战等等都博得了国内外的一片赞誉。七七事变后,以国共合作为基础的抗日民族统一战线正式形成,从此中国开始了全民族的抗日战争。从1937年到1941年底太平洋战争爆发前,日本一直以全力进攻中国,中国是抵抗日本侵略的唯一国家。从七七事变到1937年底,日本进攻中国关内的兵力是16个师团;到1938年夏,又增加了10个师团;到1938年底,日本用于中国战场的陆军兵力共有31个师团、24个独立混成旅,另外还有3个独立守备队,占日本陆军总兵力的70%以上。从七七事变到武汉失守,日军前进了1200多公里,费时1年零4个月,伤亡44.7万余人,损失飞机785架、飞行人员1064人、舰船百余艘,耗资100多亿日元。由于中国人民英勇抗战,日本"三个月灭亡中国"、"速战速决"的狂妄企图被破灭,之后日本几乎再也无力实施对华的战略进攻。到1941年太平洋战争爆发,中国战场至少牵制了100万以上的日军。到1943年美、英军队在太平洋战场开始反攻之时,日本64%的陆军、45%的空军仍深陷中国战场而无法自拔,这种情况一直持续到日本投降。1944年日本发动的"1号作战"即豫湘战役虽然使中国正面战场出现大溃败,但也只是它困兽犹斗、走向灭亡前的回光返照之举。因此,正是中国抗战牵制了日军的主要兵力,并使日本的国力受到最大的打击。在世界反法西斯的东方战场,中国战场开辟得最早,且是对日作战的主要力量,在导致日本投降上具有决定性作用。

(二)中国抗战改变了日本的战略决策,有力地支持了整个世界反法西斯战争。

日本对外扩张的目的,不仅是要灭亡中国,更是要征服亚洲,进而称霸世界,这在1927年的《田中奏折》中已有全面的反映。发动侵略战争之始,日本即倚仗所谓一等经济、军事强国的实力,气焰嚣张,不可一世,企图以迅猛的进攻迫使中国屈服。在遇到强大的抗击而致"速战速决"不能奏效后,其又使用政治诱降的手段以求尽早结束侵华战争,从而集中力量进攻英、美。但是,日本的这一切努力都归于破产。在此情况下,为称霸世界的战略决策所驱使,日本不得不在侵华战争难以为继的同时,冒险发动了太平洋战争。因此,中国战场对于制约日本的战略决策起到了至关重要的作用,既抑制了日军北进,又迟滞了日军南进,鼓舞了世界反法西斯战争的各国政府和人民,也使日本自始至终未能与德、意联成战斗实体。很难想象,如果没有中国战场,没有中国军民的英勇抗战,如果德、意、日联成一个战斗实体,那么整个世界反法西斯战争将会是什么样的局面。这一点罗斯福早已有明示:美国"忘不了中国人民在七年多的时间里怎样顶住了日本人的野蛮进攻和在亚洲大陆广大地区牵制住大量的敌军"。"想想看,如果中国屈服,会有多少日本军队脱身出来?那些部队会干什么呢?会占领澳大利亚、占领印度,会像摘熟梅子一样轻而易举地占领那些地方,然后长驱直入,直捣中东……那将是日本和纳粹的大规模钳形攻势,在近东某处会合,完全切断俄国同外界的联系,瓜分埃及,切断经过地中海的所有交通线,难道不会这样吗?"①因此,从世界反法西斯战争的角度来讲,中国抗战几乎承担了抗击3个法西斯国家中第二强国日本侵略的全部任务,改变了日本的

---

①[美]巴巴拉·W. 塔奇曼:《逆风沙:史迪威与美国在华经验1911—1945》,第335页,重庆出版社,1994。

战略决策,并影响了整个反法西斯战争的进程,作用是巨大的。

(三)中国人民的巨大牺牲也是中国在抗击日本侵略并导致日本投降中起决定作用的一个明证。

中日战争从1931年九一八事变开始到1945年日本投降结束,历时14年之久,战火燃烧到大半个中国,战争在长达5000公里的正面战线和130余平方公里的敌后地区进行着。七七事变后,中国战场经过8年抗战,共毙、伤、俘日军138.7万多人(如把东北抗日联军毙伤日军约17.2万人计算在内,则为155.9万人),歼灭伪军100多万人,这一数字远远超过苏、美、英等国在太平洋战争中毙、伤、俘日军的总和。① 毫无疑问,这些数字是以中国人民的巨大牺牲换来的,是用鲜血和生命换来的。在抗日战争中,中国军队伤亡380余万人,中国民众伤亡1874万余人,共计2254万余人,中国财产损失在1000亿美元以上。②中国人员、财产损失如此之巨大,在第二次世界大战甚至在整个世界战争史上都是极其罕见的。如果有人认为如此之巨大的牺牲仍无助于说明中国抗日战争在抗击日本侵略和导致日本投降上的决定作用,那么我们只能说他们是无视历史事实、歪曲历史事实了。

如上所述,中国抗战毫无疑问是打败日本帝国主义的决定力量。许多公正的学者已经得出了同样的结论:"日本在第二次世界大战中不仅败于美国,而且更惨地败给了中国,正确地说,败给了中国人民。"③中国的抗战"最后成为迫使日本帝国主义投降的决定性力量"。④

---

①②刘庭华:《中国抗日战争与第二次世界大战系年要录·统计荟萃(1931—1945)》,附表,海潮出版社,1988。

③[日]井上清:《日本军国主义》,第3卷,第280页,商务印书馆,1985。

④[日]石岛纪之:《中国抗日战争史》,前言,第2页,吉林教育出版社,1990。

22

日本真是无条件投降的吗？

"吾皇御统传千代,一直传至千千代;直至小石变巨岩,直至岩石满苔藓。"1945年8月15日东京时间中午12时,日本军民都奉命聚集到收音机旁列队,颂扬"万世一系"的以天皇为主题的国歌《君之代》响起。接着,一个尖细的男声从收音机中传来——这就是普通日本人首次听到的被称为"仙鹤之声"的"御音"。

1945年8月14日,日本天皇裕仁(昭和)向议会宣布接受《波茨坦公告》,向盟国投降。

以"朕"自称者用文言体在通篇广播中一概回避了"战败"、"投降"等字眼,只说"饬帝国政府接受"同盟国的《波茨坦公告》。不过,此刻日本军民大致已听出,日本国已战败并向敌国屈服。顿时,抽泣声、号啕声、以头扑地声到处响起。不过,此刻日本虽表示降服,却又申明是以"维护国体"为前提。了解此情的人自然不禁会问:日本真是无条件投降的吗?对此,国防大学徐焰将军作了深入解读[①],这里加以介绍,以飨读者。

一 美国同日本在瑞士密谈,对"无条件投降"可通融

从1931年日本发动九一八事变侵占中国东北,1933年德国纳粹上台又走上扩张道路,世界的东西方形成两个侵略战争的策源地。1940年9月,日本同德国、意大利结盟形成轴心国,共同为祸世界,这也促使以中、苏、美、英4国为首的世界反法西斯同盟的建立。

1942年夏天,美军在中途岛和瓜达卡纳尔岛击败日军,扭转了太平洋战局。同年末,苏军在斯大林格勒保卫战中反攻包围德军精锐30万人,从而扭转了欧洲战局,法西斯轴心国至此败局已定。此时,是允许德、日、意3国求和,还是将其法西斯政权彻底消灭,便成为摆在同盟国面前的新问题。

饱尝最邪恶的法西斯野蛮攻击的各国,面对战争必然胜利的前景,都感到对德国、日本这样的侵略策源地必须彻底铲除,不能与之谈条件媾和,以免让其得到喘息后卷土重来。

1943年1月,罗斯福来到北非疗养胜地卡萨布兰卡,同丘吉尔、戴高乐会谈,正式宣布"德国、日本和意大利必须无条件投降,这才意味着能保障未来世界的和平"。同年11月,斯大林在德黑兰会议上也同意了这一要求,当时的中国元首蒋介石也在开罗会议上赞同美、英两国的要求。

按照反法西斯"四强"共同达成的意见,德日意这一罪恶滔天的轴心国议和之路已被堵死,只有放下武器,接受铲除战争机器、惩办战犯和消除侵略"土壤"的处置。

[①]徐焰:《日本真是无条件投降的吗?》,载《国防参考》2014年9月。

22　日本真是无条件投降的吗？

面对同盟国无条件投降的要求，希特勒决心顽抗到底，德国军官团的部分人想暗杀他以达成媾和，结果因7.20事件失败导致求和派被纳粹血洗。1945年5月，德国投降时，首都柏林已被苏军攻陷，纳粹元首兼头号战犯希特勒自杀，绝大部分德国国土已被同盟国占领，继任领导人邓尼茨的司令部守军也已向英军投降。此时的纳粹德国，其投降才真正称得上是彻底的"无条件"。

日本天皇面对军事上败局已定的局面，于1943年后曾想方设法地同美、英讲和。他一面要求部属以"玉碎"的疯狂姿态尽量给盟军多造成伤亡，一面也积极进行秘密谈判。美国为减少损失并摸清对手的底细，派出以杜勒斯为首的谈判团队前往中立国瑞士，同日本密使藤村义良海军中佐多次在昏暗的酒店角落或无人的树林间密谈媾和条件，日方密使则直接向日本天皇的弟弟高松宫汇报。

1945年春天，尽管日本本土还未攻入盟军的一兵一卒，前首相近卫文麿等人鉴于德国的情况，向天皇建议应牺牲军部一班人来尽快结束战争，以保存元气。但是，天皇还寄希望于未对日宣战的苏联出面调停，并表明"无条件投降为实现和平的唯一障碍"。这句话的意思是日本可以考虑有条件地投降。

罗斯福总统在世时，比较倾向于铲除日本"官军财抱合"的侵略势力，不赞成采取通融策略。1945年4月他突然去世后，以美国副国务卿、原驻日大使格鲁为首的一批"日本帮"官员马上积极鼓吹可保留天皇和财团为美国服务，继任美国总统杜鲁门则称赞格鲁的观点是"真知灼见"。此时，欧洲在战争结束后已事实上形成了两大阵营，美国从未来控制亚太的战略需求出发，便想适当保留日本的力量以对抗苏联。

德国投降次日，即1945年5月9日，在日本海军省军令部就职的"御弟"高松宫大佐便将瑞士秘密使团藤村义良海军中佐的来电报告其皇兄，说美国态度已有松动。当时，日美驻瑞士的代表在接触中，藤村义良明确说明日本投降的最大障碍是"无条件"，美国战略情报局驻欧洲负责人杜勒斯则表示在"无条件投降"的名义下，日本可保留天皇制。

接到"御弟"的报告,日本首相铃木等人认为可以接受,天皇却因仍抱希望于苏联出面调停,希望去掉"投降"字样改为"体面和平",因而犹豫未决。1945年7月26日,美、英、中3国公开发表了要求日本无条件投降的《波茨坦公告》,里面却没有谈到天皇制的问题。

据战后美方当事者回忆,杜鲁门曾提议在《波茨坦公告》中写上"可保留天皇制"的字句,因他人认为这是示弱而放弃。此时,日本最高层因未达成一致意见,虽在报纸上见到了《波茨坦公告》却未给予答复。

美国认为日本对《波茨坦公告》不作答复便是拒绝,又因苏联马上要参战,为显示威力,于1945年8月6日向日本广岛投下了第一颗原子弹。① 至此,日本天皇和首相还因等待苏联答复而未作出反应。

8月9日上午,苏联对日宣战的消息传到东京,日本当局最后的希望也已破灭。同日上午,美国又向日本长崎投下了另一颗原子弹。② 在当夜召开的"御前会议"上,日本天皇否决了军方继续作战的要求,于10日晨作出"圣断",决定向同盟国表示可接受《波茨坦公告》,但却在最后加上了一项要求——附以一项谅解:"上述宣言并不包含任何要求有损天皇陛下为至高统治者之皇权。"

日本的态度很明确,投降的前提是"不改变天皇统治大权",这其实正是美国方面在5月间传达的条件。战后,日本进步史学家井上清在《天皇的战争责任》一书中曾这样概括说:"日本投降,实际上是以天皇为首的上层在人民不知情的情况下同美国进行的一场交易。"此话一语中的!

既然是"交易",自然要讨价还价,就不会是"无条件"。

---

① 为迫使日本迅速投降,1945年8月6日8时15分,美军一架B-29轰炸机飞临日本广岛市区上空,投下一颗代号为"小男孩"的原子弹。"小男孩"是一颗铀弹,长3米,直径为0.7米,内装60公斤高浓铀,重约4吨,TNT当量为1.5万吨。炸弹在距地面580米的空中爆炸。在巨大冲击波的作用下,广岛市的建筑全部倒塌,全市24.5万人口中有7.815万人当场死亡,死伤总人数达20余万,城市化为一片废墟。这是人类历史上首次将核武器用于实战,广岛成为第一座遭受原子弹轰炸的城市。

② 8月9日上午,美军又出动B-29轰炸机,11时30分将代号为"胖子"的原子弹投到日本长崎市。"胖子"是一颗钚弹,长约3.6米,直径为1.5米,重约4.9吨,TNT当量为2.2万吨,爆高503米。长崎市约60%的建筑物被毁,伤亡8.6万人,约占全市总人口的37%。

二 "八一五",日本天皇宣布日本无条件投降了吗?

1945年8月11日上午,时任美国国务卿贝尔纳斯将联合复文送交瑞士驻美公使馆代办葛拉斯理,说:"代办阁下:八月十日之照会奉悉。兹复者,美国大总统已嘱鄙人代表美英苏中四国政府致函阁下,俾经由贵国政府转达日本政府。关于日本政府来电接受《波茨坦宣言》之条款,有下列一点,'附以一项谅解曰,上述宣言并不包含任何要求有损日本天皇陛下为至高统治者之皇权'。吾人所采立场如下:自投降之时刻起,日本天皇及日本政府统治国家之权力,即须听从盟国最高统帅之命令(更直接的译法是译成'隶属于盟国最高统帅'或'从属于盟国最高统帅')。"

由此可见,中、美、英、苏4国于8月11日致日本的"复电"中提出"从投降时刻起,天皇及日本政府统治国家的权力隶属于盟军司令部",隐含有承诺保留天皇制之意。

8月12日,得到美国通过瑞士渠道发回的同意答复后,日本天皇才于8月15日作了广播讲话,但其中只字不提"投降"又大有深意。

8月15日这一天,日本天皇宣布接受盟国要求其无条件投降的《波茨坦公告》,标志着世界反法西斯战争的胜利结束,这无疑是一件大喜事。不过,随后出现了诸多反常之事,如日本未改变原有政府体制,一些重要战犯未受审判,拆除可供军事所用的重工业、对受害国赔偿等更被美国一笔勾销。由此可以看出,日本投降与德国无条件投降有着天壤之别!

按照国际反法西斯同盟国的约定,日本到底是于哪一天投降的,过去有人认为是天皇发表广播讲话的1945年8月15日。若仔细研究历史,日本政府是于8月10日提出可以在"保留天皇统治日本的大权"的"谅解"下接受《波茨坦公告》的,得到美国肯定答复后于8月14日通过中立国正式通知了盟国。所以说,1945年8月14日应该说是日本接受投降日,9月2日在东京湾"密苏里"号战列舰上签订投降书才算是真正实施了投降。

重庆夏季时间1945年8月15日晨7时(即北京时间晨7时),中、美、英、苏4国政府在各自首都同时正式宣布了日本无条件投降的消息。

按日本的解释，天皇在1945年8月15日在电台发布的《终战诏书》算是战争的结束，因此其国内只纪念"八一五"。若细看一下这篇《诏书》，内容完全是颠倒黑白，把日本当初下令开战说成是"求帝国之自存与东亚之安定"，是"解放东亚"。

这一《诏书》对中国仍持轻蔑态度，根本不承认对华发动侵略战争，只说"向美英两国宣战"导致"交战以来已阅四载"。在这篇以"朕"自称、用文言体写成的《诏书》中，一概回避了"战败"、"投降"等字眼，只说因"战局未能好转"而"终战"，并号召国民"忍其所难忍"。

"八一五《诏书》"的内容性质究竟是什么？这是一个应引起重视、有必要仔细厘清的问题。国内对该《诏书》的叫法不尽相同，如《停战诏书》、《终战诏书》、《投降诏书》等。但是，几种叫法都把此《诏书》的内容概括为日本"宣布日本无条件投降"。这种概括很不准确，模糊了"八一五《诏书》"内容的实质——护皇应变，颂扬侵略，谋图军国之再起。这种概括还麻痹着国人对日本法西斯侵略哲学的敏感和警觉。

《诏书》不说"投降"，连"战败"也不提，只说采取非常措施，"收拾时局"。《诏书》死不认罪的逻辑是：之所以现在投降，并非因为我们现在已经战败，而是因为预见到"如仍继续交战，不仅终将招致我民族之灭亡，且将破坏人类之文明"。这似乎在昭告人们：日本天皇是为了挽救人类文明，才接受联合公告的。这更像是一份日本在没有败的情况下接受联合公告的普通"文告"。

《诏书》中顽固地仇视和轻蔑中国，根本不承认九一八事变以来的14年中日战争，也不承认七七事变以来的8年中日战争，只承认"向美英两国宣战"，且"自交战以来已阅四载"。所谓"收拾时局"，就是收拾向美、英两国宣战以来的4年战争的时局。日本的潜在理由是：自日军占领南京以后日本就宣布不再将中国国民政府作为对手，扶持汪伪政权登台后又把南京汪伪傀儡政府称为"中国政府"，而把中国抗日军队称为"重庆军"、"蒋系军"、"延安军"、"中共军"。

日本天皇发表广播讲话4天后,日本大本营才要求海外部队"庄严地放下武器"。战后,日本有一些看似可笑的用语,战败只称"终战",投降被称为"为保全国体停止战斗",对美军占领军称为"进驻军"。这样说固然是为了维护面子,同时也隐含着内心不认输的意思,更谈不上认罪。

战后几十年来,世界上有许多人受日本歪曲宣传的影响,认为这篇《诏书》才是日本投降的标志,实有不妥。实际上,裕仁的这篇讲话只是向日本国民作出解释,中心思想是讳言投降、颂扬侵略、轻蔑中国、大念忍经。

日本政府后来宣传这一《诏书》挽救了国家,天皇接受同盟国条件是使国家免受更大破坏的"最大圣恩",国民须万分感激才对,反而对日本发动战争的罪行避而不谈。后来,日本右翼势力一直四处鼓吹,为侵略罪行翻案,也正是依据这篇《诏书》的精神,可见其留下的历史隐患之大。

日本《大本营陆军部》等史书只字不提"八一五《四国公告》",不提"九二《诏书》",却竭力提高"八一五《诏书》"及"玉音广播"的地位,称之为"战争终结的《诏书》",把第二次世界大战终结的大功放到裕仁头上,真是可恶又可笑。

但是,令人多年不解的是:为什么我国的教材和许多历史著作也跟着抬高"八一五《诏书》"和"玉音广播"的地位呢?应当说,对这个问题,我们缺乏战略远见!

三 "日本投降"概念被美国偷换成"日军投降"

日本在本土基本完整、海外还有350万军队的情况下表示降服,这多少让同盟国感到意外。不过,日本提前降服减少了人员牺牲和物质损失,还是令许多人兴奋不已。

以中国战场为例:日本大本营和"支那派遣军"早先制定了决战计划,准备放弃广州、武汉时进行彻底破坏;在上海等地进行巷战且不惜将城市夷为平地;在北平、天津和山东进行毁灭性决战,战至最后一兵一卒也绝不投降。日本若真执行此计划,中国一些重要的历史文化古城和经济富庶地区以及千百万人的生命将毁灭于侵华日军的最后疯狂。

同时,按美国1945年夏天制定的计划,因已有的两颗原子弹投出,需再用几个月时间才能生产出七八颗,方能在东京湾顺利登陆日本。美军计划中还认为:即使进行核攻击,也将付出数十万军人伤亡的代价才能最终征服日本。

出于这一原因,当时同盟国许多人的最大愿望是早点结束战争,便不再刻意关注对日本战犯战争罪行的追究。

从1945年8月31日起,陆续有20万美军进驻日本。许多美军官兵因在太平洋战争中见识过日军战至最后一兵一卒的疯狂行为,对踏上这个"菊花和军刀"交织的国度普遍心有余悸,担心会遭受自杀式攻击。然而,他们见到的日本人都谦卑至极、鞠躬相迎,严格遵照"圣断"行事,全无抵抗行为。

美国远东军司令麦克阿瑟见此情景,也感叹于日本天皇在民间的威望,声称若将其废除,他便需增加1倍数量的占领军方可控制全局。

9月2日,在美军"密苏里"号战列舰上举行了日本投降签字仪式。在场的细心记者发现:由美方准备的文件中并没有"日本无条件投降"字样,只有"日本武装力量缴械投降"的规定。军队投降与国家投降,两者从性质上存在很大区别。

按照"卡萨布兰卡讲话"和《波茨坦公告》要求,日本投降的内容除了军队解除武装,还有永久铲除军国主义,将战犯交付审判,消除阻止日本人民民主的政治障碍,不准日本保有可供重新武装的工业。若只提军队投降,那么原先铲除日本军国主义政府、审判战争罪犯的条款就无法实现,日本可维持战争的工业基础也可不被触动。

对美国的这一态度,其他同盟国虽有不同意见,但有实力才有发言权。当时,只有美军有能力占领日本,苏联的海军力量相对较弱,英国更是无力顾及远东,中国则根本没有实质意义上的海军,所以美国就此垄断了战后对日处置权。

1945年秋,美国占领日本后,虽对其政治、经济结构进行了有限的"民主改造",解散了战争结束时日本多达713万人的军队(其中近一半在海外,大都由美国运输舰遣返),不过日本原有的军国主义政府仍得到保留。

与德国战后的领导人在东西两部分都由原来的反纳粹人士担任相反,日本战后几届首相却仍是过去对战争负有重大责任的高官,有的还是甲级战犯(如20世纪50年代的首相岸信介),日本的国家元首仍是天皇裕仁,只是将处理具体政务权交给了内阁。了解这一情况的人便会明白为什么战后的日本政府一直不承认其战争罪行,为什么要一再美化过去的侵略行为了!

四　将东条英机说成是二战"三元凶"之一实属大谬

美国占领日本后,出于世界人民包括本国民众对侵略者罪行必须给予追究的压力,同意对日本战犯进行审判。"东京审判"从1946年5月开庭到1948年11月宣判终结,由来自中国、苏联、美国、英国、法国、荷兰、菲律宾、加拿大、新西兰、印度10国的10名法官组成了远东国际军事法庭,由麦克阿瑟任命的澳大利亚人韦伯担任首席法官。这一审判法庭反映了反法西斯同盟国的共同意愿,美国在其中具有最大影响力,因为美军单独占领了日本并负责看押所有的甲级战犯。

当时审判、追究日本战犯的战争罪行及责任让美国陷入"两难",因为美国既要履行与日本当权者的约定,又要对受害国包括本国民众有所交代。于是,美方便将偷袭珍珠港时担任日本首相的东条英机列为"第一号战犯",有舆论也称他为"东方的希特勒",列为"战争三元凶"之一。但是,真正主宰日本侵略行径的皇室和财阀却被描绘成了任由军人摆布的"傀儡"。

了解日本情况的人都知道:第二次世界大战结束前,日本实行的是天皇制军国主义,天皇身兼陆海两军的统帅(日本没有独立的空军),首相、陆相、海相都无统军权,大的军事行动都出自天皇的"圣断"。东条英机只是日本战时十几任首相之一,作为战犯固然罪大恶极,但其实质上却只是天皇"招之即来,挥之即去"的臣仆,如何能与希特勒、墨索里尼并称"战争三元凶"?

当东条得知自己即将受审时便想自杀,日本最后一任陆相下村定大将登门告诫说:"只有你能上法庭替陛下担当责任。"东条不听劝阻开枪自杀却未打中心脏,结果被美国军医救活。在"东京审判"中,东条英机仍叫嚣"大东亚战争是解放亚洲的正义战争"。不过,他也说了实话,"战时没有任何人能违抗天皇的意旨"。

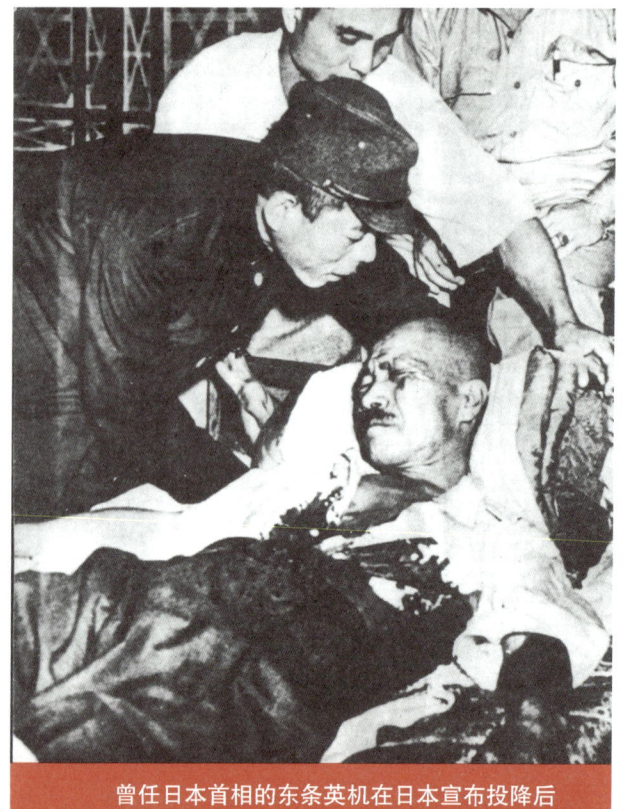

曾任日本首相的东条英机在日本宣布投降后用手枪自杀未遂。

在"东京审判"中,经中国法官据理力争,最后表决时以1票的微弱优势才最终得以判处东条、松井、板垣、土肥原等7名甲级战犯绞刑,使这伙"昭和"军阀头目受到惩处,但对日本军国主义而言,这种追究和惩处明显是不彻底的。

日本皇室成员无一人受追究,包括在南京下令"杀掉全部俘虏"的罪魁"皇叔"朝香宫(时任日本上海派遣军司令)。"东京审判"结束时,首席法官韦伯便公开申明:"日本天皇是有战争责任的,法庭在这方面掌握了不可辩驳的证据,不对他起诉是出于同盟国的利益。"

美国为促使日本早降,承诺保留天皇制,但这与保护裕仁是两个概念。战后日本不少人包括原重臣木户都建议裕仁应退位,找一个没有战争责任的皇族继任,这与保留天皇制并不矛盾,反而对战后的日本形象大有益处。

美国同意的"维护国体",实际上反而包庇了日本最大的战犯裕仁。还有一些战犯，如"细菌战之父"石井四郎等，也因向美军提供人体试验资料而受到保护。当时，日本共产党和各进步团体发起废除天皇制并追究其本人罪行的运动，美国占领军却支持当权的右翼势力。

日本多数民众受传统的神道传统束缚，也认可了长期被尊为"人神合一"的天皇继续为元首。20世纪50年代后，追究战争最大责任者的呼声逐渐平息，同日本建交的国家也不能不承认这一现实。然而，历史却是不容歪曲的！

战后处理日本的另一重大问题是战争赔偿，受害最大的中国于1946年初步估算损失在300亿美元以上。由于1946年日本的国内总产值仅有40亿美元，同盟国曾议定赔偿额约100亿美元左右，以拆除机器抵偿和劳务方式支付，中国要求获得其中一半的赔偿数额。

1948年后，美国见国民党政权面临崩溃，将亚洲政策的重点转为扶植日本，便宣布免除日本的赔偿责任。接着，英国和国民党当局也被迫放弃索赔。从此，各受害国就再也没有得到日本的实质性赔偿（20世纪60年代，日本对韩国和东南亚几国因建交需要，只给予了微不足道的象征性赔款）。

战后，日本当权者对美国的这些庇护和帮助一直"感激涕零"，因此长期将自己与美国亚太军事体系的"战车"紧紧捆绑在一起。

中国对日抗战取得了驱逐其侵略势力的伟大胜利，不过在战后处理日本的问题上却难以实现自己的正义要求，关键在于实力超强的美国垄断了对日处置权。抗战胜利后的中国虽在国际地位上有所提升，但国力衰弱的局面却未发生根本改变，在对外事务上必然留下诸多遗憾和无奈。

周恩来总理曾有过一句名言："我们反对帝国主义的实力政策，但是对付帝国主义不能不讲实力。"回顾抗战史和战后的对日处置，可以使今天的人们更深切地感受到"发展才是硬道理"的意义，中国只有大大增强自己的综合国力，才能伸张国际正义，也才能真正骄傲地自立于世界民族之林！

23

中国抗战胜利纪念日为何定在9月3日？

在国人的记忆中，8月14日、8月15日、9月2日、9月3日和9月9日都是刻骨铭心的，这些日子代表着中国赢得近代以来反抗外敌入侵的第一次完全胜利。其中，9月3日被定为中国人民抗日战争胜利纪念日。但是，人们往往搞不清楚，为何中国不以8月15日，而要将9月3日，一个似乎意义不大的日子定为抗战胜利纪念日？

首先需要指出的是：中华人民共和国成立后，1949年12月23日，中央人民政府政务院即公布了《全国年节及纪念日放假办法》，规定了"八一五抗战胜利纪念日"。但是，只实行1年，就改定为9月3日。再上溯至抗战胜利后，当时的国民政府于1946年4月决定以9月3日为抗战胜利纪念日。这说明，国共两党在确立胜利日这个问题上是有共识的。至于为何选定9月3日，笔者手头上没有国民政府的解释。中华人民共和国中央人民政府政务院总理周恩来在1951年8月13日签发的关于规定9月3日为抗战胜利纪念日的公告是这样说的："查日本实行投降，系在一九四五年九月二日日本政府签字于投降条约以后。故抗日战争胜利纪念日应改定为九月三日。"[1]1999年9月18日，国务院对《全国年节及纪念日放假办法》进行修订，延续了9月3日为抗战胜利纪念日的规定。2014年2月27日，第十二届全国人大常委会第七次会议以国家立法的形式通过决议，确定每年

---

[1]《政务院规定九月三日为抗日战争胜利日的通告》，载《新中国法制研究史料通鉴》第7卷第8292页，中国政法大学出版社，2003。

23　中国抗战胜利纪念日为何定在9月3日？

9月3日为"中国人民抗日战争胜利纪念日"，每年9月3日国家举行纪念活动，此举意味着胜利日的纪念由政府规定提升到国家立法的最高层面。

确立9月3日为抗战胜利纪念日的基本依据是：敌方"签字于投降条约"（称"投降条约"其实是不对的。在无条件投降基础上签署的文件并不是胜败双方平起平坐的契约，而完全是战败国对战胜国所提一切条件毫无保留的接受）。战败国签降，当然战胜国也在同一地点受降。签降与受降就是在办投降的法律手续。法定抗战胜利纪念日的确立，当然必须以投降法律手续的完成为依据。

这样一来，8月15日是无论如何也不应成为胜利纪念日了——尽管8月15日是9月2日的导入事实。不过，这并不意味着8月15日不应该为中国人民所纪念。1945年8月14日，日本政府正式通知中、美、英、苏4国政府接受敦促其无条件投降的《波茨坦公告》。重庆夏季时间8月15日晨7时（即北京时间晨7时），中、美、英、苏4国政府在各自首都（重庆、华盛顿、伦敦、莫斯科）同时宣布日本政府正式无条件投降的消息。"8月15日中美英苏宣布日本无条件投降"和"8月15日日皇宣读《终战诏书》的录音向日本军民播放"一同构成了中国人关于那一天的记忆。尽管如此，对中国人民来说，纪念"八一五"的理由却只能有1个，那就是"中美英苏宣布日本无条件投降"。在抗战胜利70年后的今天，这一点不容再被扭曲。

曾经有人说：之所以没有也不宜将胜利纪念日定在8月15日，是因为日皇宣读的诏书上没有"投降"字眼（事实上别说"投降"和"战败"，"终战"或"停战"也都是没有的）。也许也有人会说：既然现在把"中美英苏宣布日本无条件投降"这一尘封已久的重大史实重新挖掘出来，不就有理由把纪念日改定在更为国人熟悉的8月15日了吗？我们认为：这两种看法其实都没有什么意义。如前所述，真正重要的是"标志"：确立胜利日只能等待正式投降的法律手续即签降与受降的完成。至于日皇的《终战诏书》，那纯粹是日本国内的公文。我们对于《终战诏书》上面的内容固然可以加以批判，但在确立胜利纪念日时则根本不需理会。何况，无条件投降的降书本来就是由战胜国拟定，这才是出现"投降"字眼的原因，决不是日本政府自愿承认那是投降。

近年来也有人提出将9月9日定为胜利纪念日。那么,9月9日发生了何事?最普遍的说法是说侵华日军在这一天向中国政府递交了降书。我们认为,这种认识有误区。准确的答案应该是:中国战区日军正式投降。

首先必须了解,何谓"中国战区"?所谓"中国战区",其实是美国为了方便协调太平洋战场而宣布设立的,其最高统帅是蒋介石。至于战区在战时是怎么运作的,我们不甚了解。但是,我们知道1945年受降时的情况。在日本正式通知同盟国愿作无条件投降后,美国总统杜鲁门批准并指示担任盟国占领军最高统帅的麦克阿瑟将军发布总命令第1号,划定主要战胜国的受降范围。其中中华民国(东三省除外)、中国台湾与越南北纬16度以北地区内的日本全部陆海空军与辅助部队的受降工作由蒋介石领导的中国战区负责。这也正是9月9日冈村宁次在南京所签降书第2条的内容。蒋介石本人在这份降书上列明的身份是"中国战区最高统帅",而受降官何应钦则是"中国战区最高统帅特级上将蒋中正特派代表"。

显然,由于侵略中国东北十几年的日本关东军被排除在了"中国战区"的受降范围(日本关东军是向进入东北的苏军投降的),把9月9日的投降说成是"侵华日军向中国政府投降"是不准确的。尽管当时的人们甚至包括某些当事人也不是分得那么清楚,但若是为确立抗战胜利纪念日,则不可在这些细节上大意。

如果把9月9日在南京的受降与9月2日在东京湾美舰"密苏里"号上的受降相比,我们也认为还是后者的意义更大一些。首先,9月2日的受降是9月9日受降的导入事实。其次,9月2日在降书上签字的人的身份是9月9日的所不可比拟的。日本方面在9月2日降书上签字的是"奉日皇和日本政府之命并代表之"的外相重光葵和"奉日本帝国大本营之命并代表之"的参谋总长梅津美治郎。(日本在8月10日向中、美、英、苏提出附带条件的投降请求后,美国政府草拟了一份答复,其中要求日皇须与日军高级将领一道签字于投降书。在征求中、英、苏3国意见的过程中,英国政府怀疑此举是否明智,最后定稿时美方接受英方建议改为日皇须授权并

1945年9月9日南京受降会场全景

出席南京受降仪式的日军代表

何应钦接受日本中国派遣军总参谋长小林浅三郎呈递的降书。

1945年9月2日,日本向盟国投降的签字仪式在停泊于东京湾的美国"密苏里"号军舰上举行。盟军最高司令官麦克阿瑟上将在受降书上签字。日本外相重光葵代表日本天皇和政府、陆军参谋长梅津美治郎代表帝国大本营在投降书上签字。至此,第二次世界大战结束。9月3日成为抗日战争胜利纪念日。

23 中国抗战胜利纪念日为何定在9月3日？

保证日本政府及大本营的代表签字。）这样一来，政府和军队的代表都有了，也就意味着日本国家完全接受了无条件投降的命运。这就是全面的签降。至于同盟国方面，麦克阿瑟作为占领军最高统帅首先代表对日作战的各盟国签字接受日本投降。之后，9个主要盟国的代表也陆续签字。尽管是清一色的军人，但这9个人都具有双重身份：他们在降书上的身份是各该国政府的代表（例如徐永昌是"中华民国代表"）。因此，对于战胜国来说，这个签字仪式也是具有政治与军事双重性质的。

因此，无论从哪个角度来看，以1945年9月2日东京湾受降为标志确立中国的抗战胜利纪念日都是极其恰当的。

确定中国人民抗日战争胜利纪念日，目的是为了更好地缅怀在中国人民抗日战争中英勇献身的英烈和所有为中国人民抗日战争作出贡献的人，铭记中国人民反抗日本帝国主义侵略的艰苦卓绝的斗争，彰显中国人民抗日战争在世界反法西斯战争中的重要地位和作用，表明中国人民坚决维护国家主权、领土完整和世界和平的坚定立场，表明中国人民热爱和平、维护第二次世界大战胜利成果和国际公平正义的坚定意志。

2015年是中国人民抗日战争暨世界反法西斯战争胜利70周年，将举行隆重纪念活动。2015年3月中共中央国务院专门印发了《关于举行中国人民抗日战争暨世界反法西斯战争胜利70周年纪念活动及其他有关活动的通知》，提出纪念活动的主题是"铭记历史、缅怀先烈、珍爱和平、开创未来"，并对纪念活动作出了总体安排。

9月3日上午，以中共中央、全国人大常委会、国务院、全国政协、中央军委名义在北京天安门广场举行纪念中国人民抗日战争暨世界反法西斯战争胜利70周年大会（包括检阅部队）。习近平总书记出席并作重要讲话。9月3日，还将在北京举行招待会和文艺晚会。纪念活动还有一项重要内容是：以中共中央、国务院、中央军委名义，为健在的抗战老战士、老同志、抗战将领或其遗属颁发"中国人民抗日战争胜利70周年"纪念章。习近平总书记将亲自为抗战老战士、老同志代表和抗战将领或其遗属代表颁发纪念章。

其他有关纪念活动有：(1) 7月7日，结合纪念全民族抗战爆发78周年,在中国人民抗日战争纪念馆举行纪念中国人民抗日战争暨世界反法西斯战争胜利70周年主题展览开幕式;(2)9月3日前后,举行港澳台同胞、海外有关人士纪念抗战胜利座谈会,围绕中国人民抗日战争和世界反法西斯战争的一些重大问题举行国际学术研讨会;(3)9月18日,以辽宁省委、省政府名义,在沈阳市九一八历史博物馆举行"勿忘九一八"撞钟鸣警仪式;(4)10月25日前后,举行纪念台湾光复70周年大会和学术研讨会,支持海外侨胞在当地组织相关纪念活动;(5)12月13日,以中共中央、国务院名义,在南京市侵华日军南京大屠杀遇难同胞纪念馆举行南京大屠杀死难者国家公祭仪式;(6)各地将组织对国内健在的抗战老战士、老同志、抗日将领或其遗属的慰问活动,国务院将公布第二批国家级抗战遗址和纪念设施,民政部将公布第二批著名抗日英烈和英雄群体名录;(7)创作推出一批纪念中国人民抗日战争暨世界反法西斯战争胜利70周年、有较高思想艺术水平的舞台及影视文艺作品和出版物;(8)由中国人民银行发行一套中国人民抗日战争暨世界反法西斯战争胜利70周年纪念币,由国家邮政局发行一套中国人民抗日战争暨世界反法西斯战争胜利70周年纪念邮票。各地还将以纪念中国人民抗日战争暨世界反法西斯战争胜利70周年为主题,结合当地抗战历史,同步联动组织开展丰富多彩的群众性主题教育活动。

阅兵是国家礼仪活动的重要组成部分。中国古代就有"沙场秋点兵"的做法。重大纪念日举行阅兵活动是世界许多国家的惯例,是纪念活动不应缺少的一部分。2015年9月3日举行的阅兵,是中国人民抗日战争暨世界反法西斯战争胜利70周年纪念活动的重要组成部分,在北京天安门地区组织实施。在纪念活动中举行阅兵,是世界许多国家的通行做法,新中国成立以来成功举行过14次国庆首都阅兵。这次纪念抗战胜利70周年阅兵,目的是彰显中国坚定不移走和平发展道路,坚定不移维护世界和平,捍卫国家主权、安全和发展利益的坚定立场,彰显中国人民在世界反法西斯战争中作出的巨大民族牺牲和重要历史贡献,展示中国军队贯彻强军目标、推进现代化建设的新成就和威武之师、文明之师的良好形象,动员和激励全党、全军、全国各族人民更加奋发有为地为实现中华民族伟大复兴而努力奋斗!

24

如何看待所谓"东京审判史观"和"远东国际军事法庭非法论"等概念？

第二次世界大战结束后，作为战后处理的重要的一环，在日本的东京建立了国际军事法庭，根据国际法对发动侵略战争的日本的战争指导者进行了审判。这一审判通过公开战争期间大量的秘密资料和重要的证人的证词，把日本军国主义指导者的罪恶行径暴露在光天化日之下，也为历史研究者提供了充分的资料。所以说，东京审判是对历史的巨大贡献。

1948年东京审判

就在世界各国"接力"纪念二战胜利70周年之际,日本国内却涌起一股否定侵略历史、试图与战后体制诀别的暗流。人们看到:东京审判所提出的理念并没有被贯彻到底;特别是在日本,提出了否定东京审判的所谓"东京审判史观"、"远东国际军事法庭非法论"的概念,而日本的战争责任则在这一过程中被彻底掩盖了。其实,从日本投降那天起,这股暗流就蠢蠢欲动,为侵略战争翻案、质疑东京审判和远东国际军事法庭的声音不断出现,一些政客和"精英"抛头露面,大有"当年被战胜国欺负的事还没有完"的架势。因此,在战争结束70年后的今天,回顾东京审判的过程,是充分认知远东国际军事法庭审判、消除歧见与争论的有效途径,也是驳斥所谓的"东京审判史观"、"远东国际军事法庭非法论"等日本右翼保守势力歪曲和否认侵华史实言论的强有力的武器与佐证,对于知史鉴今、资政育人和弘扬中华民族爱国主义精神,具有重要的现实意义和深远的历史意义。

一 东京审判的准备与原则

对日本的军国主义、德国的纳粹和意大利的法西斯进行严厉的制裁是世界反法西斯阵营的正义的主张。1945年7月26日,中、美、英3国在敦促日本投降的《波茨坦公告》中提出:"对于战罪人犯,包括虐待吾人俘虏者在内,将处以法律之严厉制裁。"[1]在不久通过的《波茨坦议定书》中,则进一步明确提出对战犯"迅速付诸正义之审判"。8月8日,美、英、法、苏4国通过了《关于追究及惩治欧洲轴心国主要战争犯罪人的协定》,即《伦敦协定》。正是在这一基础上,战后分别在德国与日本开始了对战争罪犯的审判。[2]

1945年9月11日,占领日本的盟军总司令部(GHQ)总司令麦克阿瑟

---

[1]《中、美、英三国敦促日本投降的波茨坦公告》,载《国际条约集(1945—1947)》第78页,世界知识出版社,1961。

[2]《苏美英三国柏林议定书》,载《国际条约集(1945—1947)》,世界知识出版社,1961。

24 如何看待所谓"东京审判史观"和"远东国际军事法庭非法论"等概念?

开始发出对战犯的逮捕名单。到1945年末,作为A级战犯嫌疑人被拘留的军人、皇族、阁僚、官僚、财界人物和超国家主义团体的首脑等已超过百人,另外还有属于B、C级的战争犯罪嫌疑人约2.5万人在各地被逮捕,其中梨本宫守正是唯一的皇族。①

1945年12月8日,以美国人基南(Joseph Keenan)为局长(首席检察官)的国际检察局(IPS)设立,从其他10国中分别选出了参与检察官。到1947年,检察官的人数已经为487人。在国际检察局中,美国的检察官占多数(最多时达76位),检察活动也是以他们为中心进行的。基南将国际检察局成员分成从A到H的若干组,按照专题与时间分别搜集相应的证据资料与证人。②

东京审判的法官是根据法庭的条例,由签署受降文件的9个国家的成员组成。后来为与远东国际委员会的构成国相适应,追加了印度和菲律宾的法官。审判长是麦克阿瑟任命的澳大利亚人韦伯(William Flood Webb)。

东京审判允许被告个人通过日本陆海军省或外务省以及律师协会选择主辩护律师,被选定的主辩护律师还可指定若干名助手。所以,到开庭前,日本方面组成了以鹈泽总明为团长、清濑一郎为副团长的辩护团。③ 辩护团的基本原则是:不涉及天皇的战争责任;为国家辩护;在前两项基础上积极为个人辩护。

1946年1月19日,麦克阿瑟公布了东京审判中判断战犯罪责的3项基本原则:

第一,国际法规定的"通行的战争犯罪"。

第二,计划、准备、发动或实施侵略战争,或违犯国际条约、协定或诺言之战争,或参与为实现上述任何战争之一种的共同计划或同谋的"反和平

---

① [日]朝日新闻东京审判记者团:《东京审判·上下》,讲谈社,1983;[日]丰田隈雄:《战争裁判余录》,泰生社,1988。
② [日]粟屋宪太郎:《东京审判论》,第86—85页,大月书店,1989。
③ 清濑一郎在战争中曾担任过陆军省国际法顾问,所以被指定为东条英机的主辩护律师。他在审判中提出的谬论至今仍被战后日本的右翼作为攻击东京审判的理论根据。

罪"。

第三，在战前、战中针对任何平民的屠杀、灭绝、奴役、强制迁移以及其他的非人道行为的"反人道罪"。

以往的对战犯的审判，一般是依据国际法中"通常的战争犯罪"原则。这一次审判则侧重于上述"反和平罪"和"反人道罪"，这两项是对1928年签订的《巴黎非战公约》原则的具体化。"反和平罪"和"反人道罪"更强调战争指导者的责任，这是战犯审判史上的重大突破，表明人们开始意识到发动战争的责任应当主要由战争的指导者承担，要将他们的战争责任与一般国民的责任区分开。应当说这是人类社会的进步。但是，如果对"指导者"的审判不彻底，而国民又没有自觉地建立起战争责任意识，则会产生整个社会缺乏战争责任认识的问题。日本的战后处理就遇到了这种情况。

二　对战犯的正义审判

东京审判对战犯诉讼的追究时间是从1928年1月1日开始到1945年9月2日为止，也就是说，审判是对在这一期间犯有上述3项罪行的指导者和主要的个人的行为进行刑事责任追究。1946年4月17日，国际检察局中负责选择被告的执行委员会经过几轮选择，终于确定28人为A级战犯作为被告被起诉。

国际检察局向法庭提出了起诉书后，日本方面的辩护团先是要求延期，所以公审从5月3日才开始。然而，在宣布法庭成立后，5月6日，日方辩护团副团长清濑一郎便就审判的程序等问题提出了一系列要求。他首先对首席法官韦伯提出回避的动议，令法庭感到吃惊。接着，他又在5月13日提出了所谓的"审判管辖权"的质疑。

关于审判管辖权的问题，清濑首先声称《波茨坦宣言》不仅针对日本，而且针对盟国，然后站在"日本的投降不是无条件的"立场上，认为审判只能根据《波茨坦宣言》第10条规定的严厉制裁虐待盟国俘虏的残虐行为，而不能审判该规定以外的问题；盟国建立的法庭不具有以"反和平罪"与

"反人道罪"起诉的权限;"反和平罪"是战争开始的时候还不存在的罪名,因此相当于"事后法",而"事后法"是违反"罪行法定主义"的。总之,清濑的核心主张是要否定日本政府与战争指导者反和平和反人道的战争犯罪与战争责任。

基南检察官当即提出反驳。他首先指出一系列投降文件均表明日本的投降完全是无条件的,而法庭的条例是根据《波茨坦宣言》第6条中明确提出的从世界上驱除军国主义的精神、《布鲁塞尔条约》、《日内瓦议定书》,特别是《巴黎非战公约》,不存在事后立法的问题,对发动侵略战争的指导者进行的审判是完全正当的。[1]

围绕管辖权的争论,在检察方与辩护方之间进行了两天。5月17日,首席法官韦伯接受检察方的"审判理由将体现在未来的宣言中"的建议,而驳回辩护方的主张。在1948年11月发表的《判决书》中,则明确地批驳了辩护方的意见。《判决书》引用了《木户幸一日记》中1945年8月10日天皇对木户的讲话,证明天皇在决定签署投降书之前,就已经预料到将来被审判的不仅是违反战争法规的通行的战争犯罪者,而且包括战争指导者,所以他才说:"一想到……要处罚战争责任者感到很难忍受……但是今天必须忍受。"[2]《判决书》进一步指出:本审判无条件地赞成纽伦堡审判的意见与原则,侵略战争在《波茨坦宣言》之前就已经被确认为违反国际法的犯罪,所以"辩护方的抗辩没有根据"。这一辩论可以说是维护东京审判正义性的重要的斗争,对于判断审判的性质具有相当的意义。

6月4日,基南开始代表检察方进行陈述,宣读《起诉书》,在《前言》中叙述了判决的正义性,强调这是一次对破坏人类社会自由与尊严的行为的审判,是维护世界文明的斗争和防止破坏人类文明的有效手段。辩护方对法庭采用的被起诉对象的事实与证据提出异议,仍然为首席法官所驳回。

6月13日开始进入起诉与举证阶段,一直持续到第二年的1月24日。检察方对被告的起诉理由共计有55条,由第一类"反和平罪"(第1—36

---

[1] [日]富士信夫:《我所见到的东京审判》,讲谈社学术文库,1988。
[2]《木户幸一日记》,下卷,第1230页,东京大学出版会,1966。

条)、第二类"屠杀"(第37—52条)和第三类"通行的战争犯罪和反人道罪"(第53—55条)组成。《起诉书》共分10部分。为起诉提供的证据仅被法庭采纳的就有书面证据2282件,证人超过100人。

在进入辩护方的举证阶段前,辩护方首先提出的理由称检察方以55条原因起诉对判断被告缺乏说服力,因此要求驳回公诉而释放被告,这一动议理所当然地被首席法官驳回。于是,从1947年2月24日到1948年2月10日,以辩护方的举证持续了1年的时间。清濑一郎代表辩护方分6部分宣读辩护前言,中心思想认为战争中日本的行为是主权国家的行为,而审判根据国际法要求个人负责是没有道理的;日本的"八纮一宇"是"世界同胞主义"原则,不是侵略主张;"九一八事变"、"日中战争"、"太平洋战争"并非征服世界的一贯的计划,而是在行使自卫权。

控辩双方都提出了2万多页的庞大的证据资料,也提出了许多证人。但是,比较起来,辩护方的书面资料因证据不充分就被法庭驳回的相当多。例如:对于南京大屠杀,辩护方仅仅提出了3件书面资料和3名证人,所以辩护方证据十分软弱,大部分属于狡辩;检察方提出的原内大臣木户幸一和被称为日本政府中"最后的元老"的西园寺公望的秘书原田熊雄的日记作为证据则有相当大的冲击力。①

辩护方的举证结束后,检察方和辩护方进行了最后陈诉,1948年4月16日结审,暂时休庭。

11月4日再次开庭,宣读《判决书》,直到12日宣读完毕。《判决书》的英文本厚达1218页,共有10章,在认定了战犯的一系列罪行后,第十章是对25名战犯的判刑决定。判决结果为:28名被告中,除大川周明因精神障碍而被免予起诉,松冈洋右、永野修身在审判中途病亡外,其余25人均被认为有罪,判处绞刑的有7名:土肥原贤二、广田弘毅、板垣征四郎、木村兵太郎、松井石根、武藤章、东条英机;判处终身监禁的有16名:荒木贞夫、桥本欣五郎、畑俊六、平沼骐一郎、星野直树、贺屋兴宣、木户幸一、小矶国昭、南次郎、冈敬纯、大岛浩、佐藤贤了、岛田繁太郎、白鸟敏夫、铃木贞一、

---

① [日]东京审判手册编写委员会:《东京审判手册》,第52—53页,青木书店,1999。

梅津美治郎；判处 20 年监禁的 1 名：东乡茂德；判处 7 年监禁的 1 名：重光葵。

麦克阿瑟认可这一判决，但表示没有继续进行准 A 级战犯审判的意思。本来皇族和财界中的准 A 级战犯在审判前后即开始释放了，而在对东条等 7 人的绞刑实行后的第二天，被拘留到最后的 17 名准 A 级战犯嫌疑人也被释放了。到这时为止，被释放的准 A 级战犯包括皇族、原阁僚、原财界与政界官员、超国家主义团体首脑和军人等。

1951 年，在日本独立之际缔结了《旧金山和约》，第 11 条指出：日本承诺作为国家接受东京审判的判决。后来在 1956 年，日本被接纳为联合国成员。从此，日本成为以联合国为中心的国际社会的一员。所以，日本应当尊重纽伦堡和东京审判的理念，在此基础上履行自己的国际主义义务。

三　东京审判的意义与局限性

（一）东京审判的历史意义

东京审判在国际社会上产生了相当大的影响，反映基本是支持与肯定的。从历史的角度看待东京审判，其积极的一面是主要的，但是也存在消极的一面。我们需要站在历史与现实结合点上，一方面考虑对战争本身问题的教训的总结和面向未来的发展，一方面考虑到战后国际法的发展，从两个方面来全面评价。

第一，东京审判是战后第一次试图沿着日本从九一八事变到太平洋战争所走过的侵略道路，通过追究日本违背国际法所进行的破坏和平及残暴的非人道的行为，对日本的战争责任进行系统的分析。在公审的时候，数量相当庞大的日本国民原来根本不知道的事情的真相被披露出来，特别是如日本在中国进行的鸦片流通、巴丹的死亡的行军、泰缅铁路等对同盟国俘虏的虐待、南京大屠杀、屠杀新加坡与马尼拉华人等残暴的行为在国内外都产生了巨大震动。由于战争中的日本国民生活在言论管制中，一直对政府宣扬的解放亚洲的"圣战"深信不疑，因此对那些日本的加害的事实几乎一无所知。在审判中被揭露出来的这些事实,对日本人的心灵是一次强烈的冲击,也对日本战后的发展起了积极的作用。①

第二,由于东京审判不仅是同盟国对被告的处决和判刑,更重要的是通过国际审判的方式追究日本战争指导者的战争犯罪,因此盟军总司令部利用战后占领日本的特殊的条件行了广泛的资料的搜集,能够在比较短的时间内掌握了大量充分的战争犯罪的证据,将数量庞大的机密资料公布于世。从开庭到宣布判决,涉及12个国家的419名证人出庭作证,779人宣誓口供书,法庭处理的证据超过8000件。利用这些历史资料,东京审判系统地证实了日本进行的侵略战争的罪责。如果没有东京审判,日本自己不可能从整体上搞清楚侵略战争的责任问题。

第三,东京审判对国际法的发展作出了贡献。纽伦堡审判和东京审判提出"反和平罪"和"反人道罪"是有开拓意义的。国际法学者藤田久一在《何为战争犯罪》一书中说:"不管怎么批评,说是'胜利者的审判'也好,说是'事后法'也好,但是事实上是从此以后再有新的战争犯罪就一定会遭到谴责,甚至在战前、战争中尚未发生的那些残暴行为,一旦发生就会被视为犯罪,根据当时国际社会的需要而进行审判,这实在是从东京审判开始的。所以从战后国际社会的发展和国际法的发展来看,需要对东京审判有客观的评价。战后的国际社会不仅没有取消和放弃那些犯罪概念,而且承认那些犯罪概念并且将其普遍化了。"②以横田喜三郎、家永三郎等为代表的一部分日本的知识分子认为:审判是"为了防止侵略战争的发生而在'国际法上的革命',具有重要的意义"。③ 现在,纽伦堡审判与东京审判的法理已经普遍化了。从这一意义上说,纽伦堡审判和东京审判是战后国际法发展的出发点,这是不能否定的事实。

(二)东京审判的历史局限性

东京审判中确实有许多重要的战争责任未被追究,这也是必须指出的。

---

① [日]戒能通孝:《远东审判之后》,载《思想》1953年6月号。
② [日]粟屋宪太郎:《东京裁判论》,大月书店,1995。
③ [日]家永三郎:《试论远东审判》,载《思想》1968年8月号。

正是由于存在这些问题,也从另一方面影响了日本人战后的历史认识。

第一,东京审判与纽伦堡审判一样,对战争犯罪的定义是"反和平罪"、"反人道罪"、"通行的战争犯罪"3项原则,但是在实际上强调了"反和平罪",但没有把"反人道罪"作为独立的起诉原因。

鉴于纳粹法西斯对犹太人进行了大规模的惨无人道的屠杀,纽伦堡法庭的条例中把"反人道罪"规定为"所有对一般平民的杀戮、灭绝、奴役性的虐待和使用、强制性的迁移以及其他的非人道性的行为"。日本对本国国民和外国国民也都进行了非人道的暴行。战争时期日本根据治安维持法对本国国民进行了镇压以及宗教迫害,同时对殖民地朝鲜、(中国)台湾以及其完全占领的中国东北地区进行了残酷的统治,强迫所谓"帝国臣民"的朝鲜人和台湾人参加军队,或到日本当劳工,妇女则被强制性地成为"从军慰安妇",而日军在中国华北地区实施"三光"政策,强抓中国劳工。这些都属于"基于政治性、人种性以及宗教性理由的迫害行为",当然应当作为"反人道罪"来进行追究,但没有被当作追究的对象。

在检察官的起诉书中几乎没有提到过把日本对朝鲜、中国台湾和中国东北的殖民统治问题和殖民统治的暴行作为战争犯罪来进行追究,日本战争指导者对日本国民的虐待行为也被置于审理的对象之外。典型者如"从军慰安妇"问题。战后只在个别的审判中涉及这一情况。① 在美国的关岛,中国的太原、南京以及徐州,也各有一例关于慰安妇问题的审判。② 但是,在东京审判中,对"从军慰安妇"却根本没有触及。也就是说,战争最大的受害者即亚洲民众的被害没有被摆到正面。这是东京审判的重要的缺陷之一。

第二,在东京审判中,由于美国的作用,有目的地掩盖了重大的战争犯罪事实,即日本军队违背国际公约在中国进行的生物战(细菌战)和化学战(毒气战),包括用活人进行的生物和化学的人体实验的事实。

---

① 在印度尼西亚的法庭上,曾经审判了日军强抓荷兰少女和35名女性到慰安所的"斯马兰慰安所"事件。转引自日本的《季刊——战争责任研究》第4号,1994。
② [日]岩川隆:《成为孤岛上的一抔土——BC级战犯审判》,讲谈社,1995。

事实上,国际检察局在搜查阶段已经接触到了日本军队的细菌部队(731部队)的问题。当麦克阿瑟和GHQ的第二情报部部长威罗比得知日本细菌部队使用活人进行实验获得了十分重要的研究成果后,决定为使美国秘密地独占这一成果而免除有关人员的战争责任,所以阻止了对该问题的追究。这一决定也得到了美国政府的支持,所以对日本的生物战的追究问题根本没有写入起诉书。①

国际检察局也收集到了包括中国政府的调查报告在内的日本军队在战争中进行大规模毒气战的充分证据,并将其记载在起诉书的附录中(附录D,《通行的战争犯罪与反人道罪》中关于违反行为的细目第九节)。但是,这一追究受到了来自美国陆军部的强烈反对,因为一旦对日本使用化学武器的责任进行追究,就会影响美国今后使用毒气武器。1946年6月1日,后来成为美国总统而当时的陆军参谋总长艾森豪威尔通过麦克阿瑟发给首席检察官基南一封机密电报。② 于是,关于这一战争责任所搜集的证据没有被利用,本来要宣读的起诉书中的相应部分没有被涉及,国际检察团最终放弃了对这一罪行的指证。③

第三,天皇的战争责任被免除。

当时国际舆论要求追究天皇的声音很强烈,美国也不例外。④ 澳大利亚代表向同盟国战争犯罪委员会提出的日本战犯名单中就包括了天皇。日本政府最关心的也是天皇的战争责任问题,并决定为使国际审判不追究天皇的战争责任而进行"国家辩护"。

1990年公开的《昭和天皇独白录》证明免除天皇的战争责任的过程是美国与日本政府中的一部分人共同谋议的过程。

---

① [日]常石敬一:《医学家们的有组织的犯罪》,第63页,朝日新闻社,1994。
② 电报大致的内容是:希望阁下了解:如果根据起诉书附录D对日本在中国的化学战责任进行追究的话,将与美军《野战基础教范FM27-10》的原则相矛盾。Chief of Staff, War Department to CINCAFPAC (For Keenan, IPS) WAR89849, June 1, 1946, R 6—9, Incoming Messages, Box 99, Douglas MacArthur Archives. USAFPAC, AG, Radio and Cable Section Messages 1944—1946, RC 496, Entry 245, Box 1884, NARA.
③ [日]吉见义明:《毒气战与日本军队》,第269页,岩波书店,2004。
④ 盖洛普民意调查的结果是:美国国内主张追究天皇战争责任的比例最高,所以美国国务院、陆海军部共同组成的调整委员会(SWNCC)在1945年10月22日曾要求麦克阿瑟收集天皇战争犯罪的证据。见[日]粟屋宪太郎著《东京审判论》第198页,大月书店,1995。

24 如何看待所谓"东京审判史观"和"远东国际军事法庭非法论"等概念？

本来，天皇在1945年9月27日拜访麦克阿瑟的时候曾说过"一切的战争责任在自己"这样的话。作为翻译的奥村胜藏看来"由于事关大局，所以从自己的记录中删下去了"，但是被后来担任天皇与麦克阿瑟会见时的翻译的外交官松井明记录了下来。①

1947年12月东条英机在作证的时候，也曾经出于对天皇的忠诚而无意中证明了发动战争这样的重大的决策出自天皇的事实。但是，基南通过田中隆吉、松平康昌、木户幸一的渠道找到东条做工作。于是，东条收回了原来的证词，声称是军队违背了天皇的意志而与美国开战，而结束战争才是天皇的意见。事实真相正如韦伯针对基南发言的反诘："既然说结束战争是由于天皇的决断，可见直到战争结束，天皇的权限是毋庸置疑的。由此也能够想象战争开始的时候天皇的权限。"②

但是，麦克阿瑟已经明确了为了使美国在日本的占领更加顺利而最大限度地利用天皇的方针，所以根本不打算起诉天皇，也不准备搜集有关的证据。他在给陆军参谋长艾森豪威尔的电报中称没有发现指称天皇为战争罪犯的确凿的证据，并且声称如果起诉天皇，将面临日本国内的抵抗，美国将不得不增派100万军队和数十万行政官员。接着他就竭力阻挠对天皇的追究，并在4月3日得到了远东委员会的认可。③ 基南根据麦克阿瑟的意见，表明不将天皇作为战争罪犯起诉。尽管有的国家提出至少应让天皇作为证人提供证词，但是基于政治上的考虑，天皇的战争责任终于被免除了。④

1992年，日本NHK为制作关于纪念"终战"的节目，追究为什么没有审判天皇问题。在采访当时国际检察局两名成员的时候，他们称当时内部已经知道不对天皇追究，但是没有文件，IPS资料中关于天皇责任问题的内

---

① 松井明曾担任天皇同麦克阿瑟4次会见（第8—11次）时的翻译和天皇同李奇微的7次会见时的翻译。他留下来的记录对于研究战后历史问题无疑填补了空白。2003年，《朝日新闻》得到了松井明在1980年左右写的名为《天皇的翻译》的原稿，写在400字的稿纸上，共有246页。
② [日]粟屋宪太郎等：《通向东京审判的道路》，第135—143页，日本放送出版协会，1994。
③ [日]粟屋宪太郎等：《东京审判资料 木户幸一讯问调书·解说》，大月书店，1987。
④ [日]美国国家档案馆：东京审判国际检察局（IPS）资料，缩微胶卷1149。

容很少。基南为统一国际检察局的意见,不正面讨论天皇的问题,只是确定没有天皇的战犯嫌疑人名单这种策略性的方法。但是,来日本的美国检察方的成员都认为应当追究天皇的战争责任。基南本人1945年12月26日在给友人的信中说:"有人认为天皇对结束敌对关系起了很大的作用,是救了美国人的命,其实是错误的。我的意见是今后天皇制的存在是极其危险的,应当除去。"①

东京审判之所以产生了这样的问题,很重要的原因是全过程的主导权都被美国掌握着。审判法庭的设置和实施规则对"战争犯罪"概念的规定等都由同盟国军最高司令官(SCAP)麦克阿瑟决定。虽然澳大利亚和苏联极力反对,但是美国在逮捕战犯嫌疑人等审判准备的过程中一再地制造既成事实,因此基本上贯彻了美国的意图。1946年1月19日,麦克阿瑟公布了远东国际军事审判法庭的条例,决定了东京审判的基本的原则。同纽伦堡审判法庭的条例相比较可以看出,从任命检察员和审判员开始,就很清楚权力是掌握在SCAP即美国的手中。所以,东京审判从一个方面证明了美国的国家利益优先的原则是其占领政策的一个组成部分,与纽伦堡审判法庭由美、英、法、苏4国在对等的立场上设立和进行工作的情况很不相同。

四 关于"东京审判史观"

东京审判结束后,国际社会一直存在针对其意义的讨论。尽管东京审判存在许多问题和欠缺,但是许多研究者认为东京审判的基本意义是不能否定的。针对那些企图否定东京审判的意义的种种谬论,他们质问道:"假如没有东京审判,日本自己能够搞清战争责任,对过去进行清算吗?这是值得怀疑的。"②"如果没有东京审判,日本会成为什么样的国家?政治的天

---

① [日]粟屋宪太郎、NHK采访组:《东京审判之路》,第200—201页,日本放送出版协会,1994。
② [日]粟屋宪太郎:《东京审判论》,第184页,大月书店,1989。

平会倒向哪边?"①

但是,随着战后冷战局面的开始和日本右翼保守势力的抬头,对东京审判持否定意见的主张也开始抬头。由于美国对越南进行的战争扩大,残暴行为一再发生,凸显了东京审判中"反和平罪"与"反人道罪"对国际社会的普遍意义。针对有的意见认为是不合法的观点,许多学者提出:纯粹从法律条文上分析,东京审判的原则上确实有不完备的地方,但是对于防止侵略战争,这样做仍是"国际法上的革命",即充分肯定了审判的意义。②

家永三郎结合教科书问题,针对帕尔等少数法官的意见和部分政府当局人员的言论,批判了"大东亚战争肯定论",论述和肯定了东京审判事实的正确认定,严格的理论构成,法律、政治、道德的责任的认定。③

值得注意的是:一些学者在肯定东京审判的意义的同时,也明确指出了审判存在的问题,特别是天皇的战争责任的问题。日本著名历史学家井上清先生出版了《天皇的战争责任》,从正面明确指出了天皇的战争责任。④还有一些文章有理有据地提出了天皇的战争责任问题,对日本社会产生了巨大的冲击力,也引起了日本社会的讨论。⑤

但是,1978年,江藤淳又提出了日本"有条件投降论",引起了关于日本是否是无条件投降的争论。⑥ 日本政府在对教科书审定时甚至还支持这一观点,强制要求记述日本无条件投降的教科书修改。围绕这些问题,日本社会出现了关于东京审判的争论。例如,伊藤隆主张:关于第二次世界大战,战胜国将其定位于民主主义对法西斯的战争而加以意识形态化、正统化。战后的历史解释按照这一脉络被重新写过,特别是战后成为历史学界主流的马克思主义史学为了靠拢东京审判判决的意识形态理论,将日本

---

① [日]细谷千博等:《关于东京审判的国际研讨会》,讲谈社,1989。
② [日]大沼保昭:《战争责任论序说——"对和平犯罪"的形成过程中的意识形态问题》,东京大学出版会,1975。
③ [日]家永三郎:《试论东京审判》,载《思想》1968年8月号。
④ [日]井上清:《天皇的战争责任》,现代评论社,1975。
⑤ [日]《诸君》1977年3—5月号;[日]荒井信一:《天皇的战争责任问题与美国》,载《现代史中的亚洲——帝国主义与日本的战争责任》,青木书店,1997;[日]武田清子:《天皇观的相克》,载《世界》1976年10—12月号,1977年第3、4、6号。
⑥ [日]江藤淳:《忘记的事情与被忘记的事情》,载《文艺春秋》,1977。

战前的体制规定为法西斯主义。法西斯主义和"天皇制"这些概念都是意识形态的东西,并非社会科学的分析的概念,应当有取代这两个概念的新的概念。①

在日本昭和天皇去世的20世纪80年代末到90年代初期,再次围绕天皇的战争责任对东京审判的意义和问题展开了争论。这一时期的主要倾向是针对天皇的战争责任。特别是1990年《文艺春秋》公开了《昭和天皇独白录》,引起巨大的波动。

到了20世纪90年代中后期,否定东京审判意义的主张再次抬头。这一势力在当时活跃起来的所谓"自由主义史观"的旗帜下集合起来,打出了批判所谓"东京审判史观"的口号。

"东京审判史观"是在攻击战后的日本历史教育,为否定东京审判的意义进而否认日本的侵略战争责任过程中制造出来的概念。自由主义史观的骨干、东京大学教授藤冈信胜在批判1997年文部省审定后的历史教科书"近现代史"部分时提出:战后近现代史教育的指导思想贯穿了"共产国际史观"与"东京审判史观"。所谓"共产国际史观",是称日本战后的历史教育受1932年反映苏联国家利益的《共产国际纲领》的影响;"东京审判史观"则是受1943年反映美国国家利益的《关于和平与战争》的文件的影响。这两个文件尽管角度各异,但都基于国家利益而对日本采取敌视态度,断定日本近现代史全都是"恶"的历史。即使在战后的冷战时期,世界因美苏两大国的存在而分为两大阵营后,对日本的这一认识也没有改变。自由主义史观还认为:战后初期由于日本处于美国的占领下,没有言论自由,"东京审判史观"的历史认识被单方面地引入了日本的教育中,核心的表现就是在历史教育中贯穿否定日本国家的原理,因此战后对日本近现代历史的描述就是百分之百的黑暗、百分之百的罪恶与非人道。②

自由主义史观的另一骨干涛川荣太也从批判战后日本反省侵略战争

---

① [日]伊藤隆:《昭和政治史研究的一个视角》,载《思想》1976年6月号;[日]伊藤隆:《十五年战争》,小学馆,1977。
② [日]藤冈信胜:《教科书不教的历史》,载《社会科教育》1994年4月号。

责任的历史教育的角度,认为"东京审判史观"就是"反日史观"。他强调反日史观的核心在于否定日本国,是在美国的主导下,强调日本的罪责要比东京空袭和广岛、长崎的原子弹爆炸更严重,是胜利者对战败者进行的审判。他声称"东京审判史观"与苏联的"共产国际史观"一样,都是要抹杀日本,构成了复仇史观与反日史观混合的历史观,而这一史观构成战后日本历史教育的"大罪"。①

总之,既反对站在马克思主义立场上对日本自明治维新以来的历史进行分析与判断,反对来自社会主义阵营的"共产国际史观",又反对站在美国等同盟国的立场对发动侵略战争进行制裁的"东京审判史观",这也就是伊藤隆所期待的"取代这两个概念的新的概念",即"自由主义史观"。

佐藤和男对东京审判进行了系统的批判:首先,认为日本在国际法上是有条件投降,但是被麦克阿瑟妖魔化为无条件投降;在战后美国对日本7年的占领时期中,日本国民的意志遭到压制,被剥夺了国民的言论自由;在那种状态下,东京审判的《判决书》前言中有意识地将1928年以来的历史描写为日本以国家为单位进行的侵略活动,宣传日本在亚洲各地制造了耸人听闻的惨祸,将日本定为战争犯罪的国家。这就构成了"东京审判史观"。这种历史观是对日本人进行的"洗脑",导致日本人战后的"自虐"和形成"自虐史观"。②

五 关于"远东国际军事法庭非法论"

关于远东国际军事法庭究竟是合法还是非法,这本来是一个不成问题的问题,因为世界上没有任何法律规定犯罪可以不受惩罚的条文。日本在第二次世界大战中,与纳粹德国一样,侵略了许多国家,掠夺了大量财物,屠杀了数以千万计的平民,犯下了南京大屠杀、平顶山惨案、掠夺劳工、强

---

① [日]涛川荣太:《战后历史教育的大罪》,载新历史教科书编纂会编《新的日本历史开始了》第190页,幻冬社,1997。
② [日]佐藤和男:《东京审判与国际法》,载历史研讨委员会编《大东亚战争的总结》第202页,展转社,1995。

征慰安妇、用人体作细菌战试验这类惨无人道的滔天罪行。对这类犯下破坏和平罪、战争罪和违反人道罪的罪犯,难道不能加以法律制裁吗?其实,在战争刚结束的时候,有人就主张,对德、日战犯,正当的复仇比软弱的法律更简便可行,与其在法庭上争辩不休,不如对战犯枪毙了事,甚至连英国首相丘吉尔也这样想。但是,当时美国人弗朗西斯·比德尔却给罗斯福总统写信,指出一次审判的历史意义要远大于一场报复性屠杀。他说:"公正、有效地解决问题的方式在于使用法律手段,在审判之后,宣告这些罪犯有罪,才能最大限度地赢得我们这个时代的公众的支持,并且赢得历史的尊重,还将使全人类在未来的岁月里能获取研究纳粹罪行与犯罪程度的真实纪录。"这一明智的建议后来被盟国采纳。人们认识到用法律审判给战犯定罪比简单地处死他们更有说服力和历史意义,然后才有了纽伦堡国际军事法庭和远东国际军事法庭的审判。

至于远东国际军事法庭的设立,更是有根有据,而非个别国家和个别人所为,这是被侵略国家和人民意志的体现。

早在1943年1月13日,被法西斯德国占领的法、比、荷、卢、波等8国就发表了《圣詹姆斯宣言》,确定要用司法手段惩处战犯;次年10月还成立了惩办战犯委员会。

1943年11月,在莫斯科召开的英、美、苏三国外长会议发表关于德国暴行的宣言,宣布对于犯下暴行和罪行的人犯"将被解回他们犯下罪行的国家……加以审判和惩处"。同年10月,美、英、中、荷、澳等国设立了战争罪犯调查委员会。1943年11月的《开罗宣言》宣称:"三大盟国此次进行战争之目的,在于制止和惩罚日本之侵略。"接着,在德黑兰会议上,斯大林严词敦促尽快要对全部德国战犯进行公正裁判。1945年雅尔塔会议公报重申:要使一切战争罪犯受到公正而迅速的惩办。同年5月,在旧金山召开的联合国创设会议上,中、美、英、苏四大国又对审判战犯的一系列问题进行了磋商。1945年7—8月间的波茨坦会议上,苏、美、英三国首脑签署了议定书,其中就包括设立军事法庭审判战犯的条款。同年8月8日正式缔结惩处轴心国主要战犯的协定,简称《伦敦协定》,不久有20个国家加入。该协定还包括了设立国际军事法庭条例的附属文件,对法庭设置的目的、任务、职能、机构、管辖权等作了详细规定。战犯调查委员会表示:日本战犯也应受到与德国战犯同样的处理。1945年7月26日,中、美、英3国敦促日本投降之《波茨坦公告》第10项规定:"吾人无意奴役日本民族或消灭国家,但对于战罪人犯,包括虐待吾人俘虏者在内,将处以法律之严厉制裁。"

直到1945年12月,莫斯科三国外长会议决定:采取一切措施,占领并管制日本,其中包括惩办日本战犯。这项会议的决定也经中国同意并签字。正是上述一系列具有国际法律效力的会议文件和公告所作出的决定,经盟国授权,驻日盟军最高统帅麦克阿瑟才于1946年1月19日颁布《特别通告》及《远东国际军事法庭宪章》。《远东国际军事法庭宪章》共有5章17条,与纽伦堡国际军事法庭大同小异。

上述事实充分说明,远东国际军事法庭的设立是完全合法的。

在战后的日本,始终存在一股相当强的政治力量和社会力量,其主张就是尽量掩盖过去。特别是在近年来国内外要求追究日本的战争犯罪和战争责任的呼声日益高涨的情况下,全面否定东京审判的意义就更有明确的针对性。对东京审判的否定,直接与否定战后日本历史学的发展趋势密切联系,不仅是对战争责任追究的否定,而且是要否定日本近现代史的研究成果。其实,战后的日本出现这种情况也并不奇怪,因为东京审判毕竟是最初对日本战争犯罪进行的追究,自然会成为被攻击的目标。说穿了,还是各种类型的"大东亚战争肯定论"的鼓噪。

25

抗日战争的统计数字问题

今年是世界反法西斯战争胜利70周年。1931年9月18日—1945年9月2日,以德国、意大利、日本法西斯等轴心国(及保加利亚、匈牙利、罗马尼亚等国)为一方,以反法西斯同盟和全世界反法西斯力量为另一方,进行了一场全球规模的战争。这场战争是人类历史上第二次世界大战,也是规模最大、最惨烈的一场世界大战。第二次世界大战最后以美国、苏联、中国、英国等反法西斯国家和世界人民战胜法西斯侵略者、赢得世界和平与进步而告终。但是,第二次世界大战给人类带来了空前的灾难,从亚洲到欧洲,从太平洋到大西洋,先后有61个国家和地区、20亿以上的人口被卷入战争,作战区域面积广达2200万平方公里。据不完全统计,战争中军民共伤亡9000余万人,4万多亿美元付诸流水。

今天,人们纪念反法西斯战争胜利70周年,反思第二次世界大战给全世界人民留下的巨大的创伤和给世界文明造成的空前破坏,决不能避开这些悲惨冰冷的数字。只有这样,才能从中汲取教训,采取实际行动,捍卫反法西斯战争的胜利成果和在此基础上以《联合国宪章》为最高准则的战后国际秩序,创造一个持久和平与繁荣的未来。

一 关于抗日战争的统计数字问题

关于抗日战争史中的很多统计数字,说法很不一致。有的虽然说法比较一致,但有很多重要史实还没有完全弄清楚,或者还没有提供出令国内外信服的详细统计数据。对于这种现象,国内著名中共党史研究专家郭德

宏列举出以下几个方面:

第一,关于日军在中国的掠夺和暴行的数字。其中争论最大的,莫过于南京大屠杀的人数了。现在我们都说日军在南京屠杀了30多万人,但日本一些人就一直在狡辩没有杀那么多。到底日军在南京屠杀了多少人? 应该尽快地拿出详细的统计数字与无可辩驳的证据。

第二,关于中国经济损失和人口伤亡的数字。1991年国务院发表的《中国人权状况》一文指出:"日本全面侵华战争期间(1937—1945年),中国有930余座城市被占领,直接经济损失达620亿美元,间接经济损失过5000亿美元。""2100余万人被打死打伤,1000余万人被残害致死。"(《中国人权状况》,载《光明日报》1991年11月2日。)1995年5月,党和国家领导人江泽民在莫斯科纪念世界反法西斯战争胜利50周年大会上的讲话中,向全世界宣布日本侵略者给中国造成直接经济损失1000亿美元、间接经济损失5000亿美元,中国死伤3500万人。在不到4年的时间里,数字就有这么大的变化,不知确凿的根据是什么,应该进一步研究清楚。由党和国家领导人宣布的重大数字不应该轻易地改动,要改动就必须拿出确凿的根据和令人信服的理由,否则就会令外国人不相信。

第三,关于歼敌人数及自身伤亡数字。在战争中,各方一般都会夸大歼敌的人数,缩小自己伤亡的人数。特别是歼敌数字,是很难精确统计的,但相差太大就很难令人相信。现在很多战役战斗的伤亡数字,中国大陆、中国台湾、日本的统计数字就相差太大。例如:关于平型关战斗歼敌人数,原来一直说歼灭日军坂垣师团精锐部队3000多人,后来改为歼灭日军坂垣师团第21旅团辎重部队及后卫队1000多人。国民党写的战史,根据当时的战报或密报,说只歼灭日军1个大队或一二百人。有的学者经过考证,认为实际上歼灭日军四五百人。(杨奎松:《有关平型关战斗的几个问题》,载《党史研究资料》1995年第9期;《关于平型关战斗的史实重建问题》,载杨奎松个人网页〈http://www.yangkuisong.Net〉,2005年9月11日。)这次战斗到底歼灭了多少日军,还值得进一步研究。又如:现在广泛引用的正面战场、敌后战场及东北抗日联军分别歼灭的日军的数字,即正面战场歼敌 859626 人，敌后战场歼敌 527422 人，东北抗日联军歼敌 172000 余人，也值得进一步研究。比方说，把日军在东北被歼灭的人数全说成是东北抗日联军歼灭的，这就不准确，因为这是九一八侵华事件后日军在整个东北被歼灭的数字，其中包括原东北军、义勇军等歼灭的人数。如果说成全是被东北抗日联军歼灭的，那原东北军、义勇军等歼灭的日军到哪里去了呢？这就值得进一步研究。

二　关于世界反法西斯战争的统计数字

第二次世界大战中直接死于战争及与战争相关原因（如因战争导致的灾害、饥馑、缺医少药、传染病蔓延、征兵、征募劳工、屠杀等）的人约为 7000 万（欧非战场约占 2/3，欧非战场死亡人员中的 1/3 是死于纳粹集中营或是被纳粹集体屠杀、虐杀的，占二战中交战各方刻意屠杀、虐杀的平民及战俘总数的 80% 以上）。

在这 7000 万人中，苏联占 2660 万（1941 年—1945 年，军人占 35%，因战争造成的伤病人数也是及其巨大的，仅在册军人的伤病累计数便高达 1830 多万人次），中国约占 1800 万人（仅在 1937 年—1945 年军人即约占 15%，另外因战争造成的伤病者累计约 1600 万人次，因此伤亡累计约为 3500 万人）。

7500 万人按死因可分为 3 类：一是死亡的军人；二是死于屠杀、虐杀的平民及战俘；三是死于与战争相关原因的人员。

第二次世界大战各国军人死亡人数合计约有 1800 万（不含死亡的俘虏）；死于交战各方刻意杀戮的平民和战俘大概也有 1800 万（其中 80% 以上死于纳粹德国之手）；死于与战争相关原因如因战争导致的灾害、饥馑、缺医少药、传染病蔓延、征兵、征募劳工等的人数则在 1500 万~3000 万（这个主观性比较强，视所在国怎么划定相关原因的范围，中国国民党政府时期和苏联等国后来都大幅调增了各自的死亡人数，正因如此，二战死亡人数便有了从 5000 万到 7000 万的变化）。比如：中国所列的伤亡数为 3500

25 抗日战争的统计数字问题

万,其中死亡占1800万,而在这死亡的1800万人中属于前两类死因的人数大概占20%,苏联前两类的死亡人数则要占到死亡总数的一半以上,中国死亡的1800万人中还包括了诸如1942年河南大旱引发饥荒而死亡的300多万人以及其他非沦陷区各种原因的非正常死亡,因为战争导致救援无力、灾情扩大,把这些死亡列入也是合理的。然而,抗战胜利后不久,中国所公布的死亡人数为800多万,统计标准有所变化。

军队在战争中的损失(减员)一般由死亡、伤病、被俘、失踪等几部分构成,而军人的死亡又包括阵亡、因伤致死、其他原因致死等成分。以苏军在苏德战争中的损失为例:苏军损失累计为2959.3万。其中死亡为681.7万(阵亡占76%,因伤致死占16%,因病、事故等死亡占8%),被俘或失踪为445.6万,伤病累计为1832万人次(受伤占82.9%,因病减员占16.6%,冻伤占0.5%)。另外,军队所处的战争态势不同,其损失的构成便有极大差别,以苏德战争期间的苏军为例,苏军的历年月均损失为:1941年71万,1942年61.4万,1943年为65.5万,1944年为57.3万,1945年为70万,相差并不太大,损失最惨的1941年与损失最轻微的1944年之比不过为1.24倍,但其历年损失中死、伤、俘构成比例却有天壤之别,其1941年死亡及被俘失踪人员月平均为49.6万,1942年为27.1万,1943年为19.2万,1944年为14.7万,1945年为18.6万,其高低之差达3.37倍以上。一般来说,处于进攻的一方其伤员所占比例较大,而败退的一方由于其伤员无法及时撤出,或最终成为俘虏,或因得不到有效医治而死亡,因此败退的一方其损失中死亡、被俘人员所占的比例一般都较大,其中又尤以被合围的部队最为典型,如被合围在斯大林格勒的28万德军,除了3万多伤员空运出围外,剩下的就非死即俘了。日本在太平洋战场的遭遇也有类如此,一个个的岛屿成了已丧失制海权的日军的死亡陷阱,死亡成了绝大部分守岛日军的归宿。

三 中国抗日战争人口和财产损失的统计

中国人民抗日战争是中华民族抵抗日本帝国主义侵略的一场规模巨大的战争,是世界反法西斯战争的重要组成部分和东方主战场,是近代以

抗战时期，日寇残酷屠杀中国人民，仅南京大屠杀即残杀30万中国军民，犯下了滔天罪行。

25 抗日战争的统计数字问题

来中国反对外敌入侵第一次取得完全胜利的民族解放战争。中国人民抗日战争的胜利,成为中华民族由衰败走向振兴的重大转折点,也对世界各国人民取得反法西斯战争的胜利、争取世界和平的伟大事业产生了巨大影响。这场战争作为世界反法西斯战争的一部分,从根本上来说,是反法西斯正义力量与法西斯侵略势力之间的一场大决战,是文明与野蛮的一场大搏斗。日本侵略者站在法西斯阵营一边,不仅与中国人民为敌,而且与世界人民为敌,肆意践踏人类的公理和正义,企图以残暴杀戮的手段将中华民族置于自己的铁蹄之下。日本侵略者先后占领了中国、东南亚、南亚、大洋洲许多国家的领土,杀害居民,掠夺物资,强征劳工,施放毒气,蹂躏妇女和儿童,毁坏和窃取文物,造成了大量人员和财产的损失,给中国人民和亚洲其他许多国家人民留下了巨大的创伤,给世界文明造成了空前的破坏。

中国是受战争摧残最为严重的国家。从 1931 年到 1945 年的 14 年间,日本侵略者先后占领了东北、华北、华中、华南等大片中国最重要的经济、政治、文化战略地区。在整个战争进程中,日军到处屠杀、焚烧、抢掠、奸淫,使中国人民的生命财产惨遭蹂躏;大量使用生化武器,进行残酷的细菌战和化学战;把大批中国平民和俘虏当作细菌和毒气的试验品;对无辜的中国平民施放毒气,或在河流、湖泊、水井中投毒;掠走大批中国劳工,强迫他们筑路、开矿、拓荒,从事大型军事工程,使其大批因冻、饿、病、累而死;强征中国妇女作为"慰安妇",严重残害妇女的身心健康;对抗日根据地实行"烧光、杀光、抢光"政策,企图摧毁抗战军民起码的生存条件;在许多地方还制造了一系列触目惊心的大惨案。直至今天,日本侵略所造成的后果还难以完全消除,日军遗留的毒气弹还不时地威胁着中国人民的生命安全。

中国人民在当年那场战争中的胜利,是正义战胜邪恶、光明战胜黑暗、进步战胜反动的伟大胜利;是正义的胜利、人民的胜利、和平的胜利;既是中华民族永远值得纪念的胜利,也是世界人民永远值得纪念的胜利!但是,在纪念胜利的同时,我们不要忘记,这一胜利是用极为惨重的代价换来的。在这一伟大胜利的背后,是中华民族遭受的巨大人员伤亡和财产损失! 中华民族既为这场战争的胜利作出了巨大的贡献,也在这场战争中付出了巨大的民族牺牲。

中国抗战财产损失是一个涉及范围广、调查与统计难度非常大的研究课题,同时也是极容易引起争议的话题,因为不同的调查与统计方法都会产生较为悬殊的结果。正因为此,战后70年里,关于中国抗战财产损失总数便出现了多种说法。在这里,我们将战争期间一些学者的估算以及战后关于中国抗战财产损失的各种不同说法加以疏理;特别是在吴广义课题组成员多年来的有关研究成果的基础上,对战争结束后由国民政府官方组织的关于中国抗战财产损失调查的各项材料作一个初步整理,研讨其数据之来龙去脉和前后沿袭关系,以期对进一步的研究提供参考。①

(一)战后中国军民伤亡统计数字

1. 国民党控制区军民伤亡数字

1947年2月,国民政府行政院发布的《关于抗战损失和日本赔偿问题报告》中公布全国军民人口伤亡统计数字如下:军人作战伤亡3227926人(其中死亡1328501人,负伤1769299人,失踪130126人),军人因病死亡422479人,平民伤亡9134569人(其中死亡4397504人,负伤4739065人)。全国军民人口伤亡总计达12784974人。此数字不包括台湾省、东北地区和解放区军民的伤亡数字。

2. 解放区晋察冀等7个抗日根据地民众伤亡数字

1946年4月,《中国解放区抗战8年中人口损失初步统计表》公布统计数字如下:"据初步统计:晋察冀、晋绥、晋冀鲁豫、冀热辽、山东、苏皖、中原7个解放区在抗战期间共计被敌伪杀死或被虐待而伤病致死者3176123人,被捕壮丁2760227人,鳏寡孤独及肢体伤残者2963582人。"

3. 中国共产党领导的军队伤亡数字

《抗日战争8年敌我兵力损失统计》载:"中共军队负伤29万人,阵亡16万人,被俘4.6万人,失踪8.7万人,合计58.3万人。"

---

①吴广义:《日本侵华战争遗留问题》,昆仑出版社,2005。

4. 全国军民伤亡总数

全国军民伤亡总计约为2200万人,剔除国民党控制区军队因病死亡的40多万人的数字,为2100多万人。此统计数字未包括台湾省、香港、澳门、东北地区和没列入统计的其他解放区军民的伤亡数字。

(二)抗日战争胜利70周年间的调查统计数字

1987年在北京七七事变50周年大会上,中国社会科学院院长胡绳提出:"中国在8年抗日战争中牺牲的人数有2000万人。"随后中国社会科学院近代史研究所所长刘大年在《近代史研究》第5期的载文也提出:"抗战8年,中国人民生命牺牲多达2000万。"

1991年10月国务院新闻办公室发表的《中国的人权状况》白皮书中,对日本侵华战争造成的中国军民伤亡有如下的概略统计数字:"在1937年开始的日本帝国主义的全面侵华战争中,2100余万人被打死打伤,1000余万人被残害致死。"

在纪念抗日战争胜利50周年前夕,中国军队和地方研究机构与政府调查统计部门共同就日本侵华战争给中国造成的损害进行分析研究,得出如下结论:"据近年调查研究的不完全统计,在抗日战争中,中国军队伤亡380余万人,中国人民牺牲2000余万人,中国军民伤亡总数超过3500万人。"

1995年,江泽民在首都各界纪念抗日战争暨世界反法西斯战争胜利50周年大会上,对当年日本侵略中国造成巨大人口伤亡和财产损失的基本数据作出了重要表述,宣布日本侵略者给中国造成直接经济损失1000亿美元、间接经济损失5000亿美元,中国死伤3500万人。2005年,胡锦涛在纪念中国人民抗日战争暨世界反法西斯战争胜利60周年大会的讲话中,再次郑重宣布:据不完全统计,在抗日战争期间,中国军民死伤3500多万人。中国领导人公开宣布的基本数据,从整体上揭示了中国人口伤亡的规模,有力地揭露了日本军国主义侵略的罪行。

在纪念中国人民抗日战争暨世界反法西斯战争胜利70周年之际,由中共中央党史研究室组织的"抗日战争时期中国人口伤亡和财产损失"调研工程取得了阶段性成果。2015年7月14日,国新办就抗战时期中国人口伤亡和财产损失调研成果举行吹风会。当日,中共中央党史研究室原副主任李忠杰、中国社会科学院近代史研究所所长王建朗介绍"抗日战争时期中国人口伤亡和财产损失"调研成果情况和二战中中国贡献的最新理论研究成果,并答记者问。李忠杰表示:"根据我们目前调研的情况来说,可以肯定,我国领导人宣布的数字是可靠的,是准确的。"国新办吹风会提供数据显示:抗日战争中,中国军民伤亡3500万以上(其中军队伤亡380余万,占各国伤亡人数总和的1/3)。一批数据首次公布:日本投降前夕,日军在中国战场兵力为186万人,其海外总兵力为358万人,在华兵力占其海外总兵力的50%以上。此外,抗日战争期间,中国军队毙伤俘日军150余万。根据调研数据,抗日战争期间,中国平民伤亡800人以上的惨案达173个。

李忠杰披露:太平洋战争时期,日本仍有110万左右的军队用于中国战场,这一数目超过了日军在东南亚和太平洋各岛的兵力总和。此外,还有70多万关东军驻守在东北地区。由于中国战场牵制了日军主力,日军无法向太平洋战场转移更多兵力,这就有力地支持了盟军在太平洋方面的作战。1941年太平洋战争爆发之前,中国战场是抗击日本法西斯的唯一战场,拖住和抗击日本陆军总兵力的80%,最高时达到94%。从1941太平洋战争爆发到1943年冬,日本在中国的陆军占其总数的50%以上,最高时达到69%。1941年年底,世界反法西斯战争无论是在欧洲战场还是东方战场都处于最艰苦的时候,日本发动了第三次长沙战役,但是在这场战役当中,中国军队英勇抗击,致使日侵长沙之敌几乎全军覆没,伤亡5.5万人,外国当时舆论评价为唯一决定性之胜利。

(三)侵华战争造成的伤亡有待深入研究

1. 关于劳工伤亡

日本侵华期间,曾在中国的北平、塘沽、太原、石家庄、济南、青岛、大同、浦口、海南岛等地建立战俘劳工集中营,把战俘当作特殊工人送往矿山、铁路、军事工程做苦工,战俘在集中营内遭到虐待而大批死亡,如石家庄集中营和济南集中营死亡率为 40%~50%。

同时,日本又采用骗招、摊派、抽调、抓捕等办法,大量强掳平民充当劳工。据统计,日本占领当局在 1935 年—1945 年 8 月共强征、役使中国劳工总数为 1500 余万人。1991 年国务院新闻办公室发表的《中国的人权状况》白皮书称:"现已发现的这种万人坑就有 80 多处,有劳工尸骨 70 多万具。"

日军在同苏联接近的东满和北满修筑大量的军事工程,先后驱使几十万名劳工在极其恶劣的条件下劳动,造成劳工大量死亡。辽宁省台安县 1941 年和 1942 年被日军强征劳工 2972 人修筑军事工程,致死 1500 多人;修筑兴安岭筑城工程,致使 6000 多名劳工死亡;改修穆兴水路工程,致使 1700 名劳工死亡;修筑黑龙江省孙吴军事工程群,形成掩埋 3000 多名劳工的乱坟场。

日军于军事工程完成后屠杀全部劳工,其中仅 7 项工程就秘密杀害劳工 3 万多人。日军建成海拉尔军事要塞、虎头工程、哈尔滨平房 731 细菌部队工程、兴安岭筑城工程后,都将中国劳工全部杀害。

日本为了解决国内劳动力枯竭的问题,强掳中国平民和战俘押往日本国内从事繁重劳役。据日本官方统计,侵华日军在中国共强掳青壮年 41758 名,押解上船之前死亡 2823 人,乘船以后以及在各企业单位共死亡 6830 人,占乘船总数 38935 人的 17.5%。

2. 关于细菌战伤亡

据 1989 年出版的《日本帝国主义侵华档案资料选编 8:细菌战与毒气战》所收资料统计,日军曾在我国 20 个省进行过细菌战,有 27 万多名军民死于细菌战。这仅是当时当地的不完全统计数字,不包括在当地继续蔓延和向周围地区传播后的死亡人数,也不包括农业细菌战造成各地饥荒的死亡数字。近年来,经过调查,又收集到大量的日军细菌战的罪证。例如:从 1940 年 10 月至 1945 年 8 月,日军多次在浙江衢州各地撒放鼠疫、霍乱、伤寒、副伤寒、痢疾、炭疽等细菌,造成当地疫病大流行,至 1948 年末,累计发病 30 余万人,死亡 5 万余人;1940—1942 年日军在浙东作战和湖南常德作战中进行细菌战,使1万多名中国民众受到伤害;在山东鲁西北,日军"围剿"抗日根据地,施放霍乱菌,造成中国民众20多万人罹难;日军对云南保山地区实施细菌战,造成20多万名民众受到细菌伤害。日本战败后,遗弃大批细菌,致使当地不断发生传染病。例如:731部队所在的平房地区连年爆发鼠疫,1947年的鼠疫就夺走3万多人的生命;在内蒙古东部的王爷庙(今内蒙古自治区乌兰浩特市)等地区也因鼠疫流行死亡4万多人。如此等等。

3. 关于活体实验伤亡

侵华日军731部队在哈尔滨平房本部的实验室里进行了大量的各种细菌感染实验、冻伤实验、压力实验、毒气实验等活体实验。1949年苏联在伯力审判日本战俘时,从1941年到战争结束一直在731部队任职的川岛清少将供认:731部队每年用于活体实验的人数为400~600。据此推算,有3000人死于731部队活体实验。这一数字没有包括1941年以前被该部队杀害的人数。在日本侵略中国期间,有5000~6000人被害于由石井四郎直接控制的(北京、南京、广州)细菌战死亡工厂里,这还不包括1945年8月731部队败逃时屠杀的准备用于活体实验的人。

侵华日军为了医学教学实习,也大量进行活体解剖实验。据日军山西潞安陆军医院军医汤浅谦供认:根据华北方面军的命令,各师团为进行军医教学,一年做两次手术演习。汤浅谦共参与了7次人体活体解剖,每次1~4人。仅日本华北方面军就有30万人,有20多个陆军医院、军医数千人,其活体解剖杀害的数字是很大的。

4. 关于化学战伤亡

有关统计数字如下:日军曾在中国的14个省(市)77个县(区)使用毒气2091次之多,其中对华北游击部队使用423次,造成3.3万余人伤亡;对中国正规军使用1668次,使中国官兵死亡6000余人,受伤4.1万余人。日军在中国居民区施放毒气,并在水井和河水中投毒。日军化学战对中国军民的伤害人数在10万以上。另据统计,日本在第二次世界大战期间共生产746万发化学炮弹,大多用于或存于中国战场。近年来,中国的东北、华北等地发现日本遗弃的毒气弹约 200 万发,已经使 2000 多人受到伤害。

5. 关于强暴妇女造成的伤害

据估算,侵华日军在中国用抢夺、俘虏、诱骗、强征、抓捕等手段强迫中国妇女充当"慰安妇",总人数在 20 万以上。侵华日军在从 1931 年九一八事变到 1945 年投降的 14 年间,对占领地区中国妇女的伤害,尤其是在抗日游击区和抗日根据地进行"三光"作战时强奸杀害的中国妇女的数字非常大。据历史学家吴天威推算,"日军先后在华作战的官兵在 500 万人以上,其所强奸的妇女至少有 100 万人"。

日军强暴杀害中国妇女的数字也非常大。仅 1941 年日军"扫荡"晋察冀边区北岳区曲阳郑家庄,"用汽车抢走我妇女同胞 427 人,运往东北去当娼妓做牛马"。在冀南地区,"在长达 15 年的战争中,这两三千个据点里被暗中杀掉、埋掉的中国妇女恐怕不下几万人,乃至几十万人"。在慰安所里的中国"慰安妇"更是幸存者寥寥无几。"据统计,当年数千名被逼为侵琼日军'慰安妇'的海南妇女幸存下来而至今尚健在的仅几十人。"

6. 关于制贩毒品造成的伤害

日本侵华 8 年期间在整个中国贩毒总额约略估算如下:

东北(伪满洲国)的年平均鸦片生产额为 2200 万两,以每两批发价 7 元计,每年所获的售毒款额即为 1.54 亿元。

华北每年售毒获利额为 1.65 亿元,其每年售毒总额约为 5.5 亿元。

华中每年售毒总额为 10 亿元。

华南(广州、厦门为重点)的售毒总额估计为华中的 1/3,即应为 3.33 亿元。四者合计,日本占领当局在全中国占领区的毒品贩售总额每年约为 20.37 亿元(日元)。这个数字与美国人乌马克对 1939 年所估计的日本在华贩毒总额 3 亿美元(即日币 12 亿元)之数相比较,虽然相差 8 亿元(日元)而偏高,但却是一个相当合理的推论数字。

7. 关于战争灾害造成的伤亡

日本侵华战争造成的灾害大体分为以下 4 类:

(1) 侵华日军出于军事目的而制造的灾害。例如：1942 年 5 月日军对冀中平原实施"三光"作战，利用冀中、冀西河湖水暴涨之机，决堤 128 处，致使当地 6752 个村庄受灾，淹没良田 153.82 万亩，冲毁房屋 168904 间，灾民达 200 万人。1943 年秋，日军在山东鲁西北进行"三光"作战，掘开卫河 3 处堤坝，并且实施霍乱细菌作战，造成 100 多万人流离失所、近 6 万人死亡。

(2) 侵华日军对抗日根据地的封锁和掠夺，造成当地的灾害。例如：据初步统计，晋察冀、晋绥、晋冀鲁豫、冀热辽、山东、苏皖、中原 7 个解放区，日本侵华战争造成了严重灾难，以致有难民 2600 万人处于饥饿状态，其中约有 1000 万人颠沛流离在死亡线上。

(3) 侵华日军对占领区的残暴统治而造成的灾害。例如：据河南省统计，1938 年—1945 年秋季，全省 110 个县中几无一县未受敌寇侵扰，尤以 1938 年之黄泛与 1942 年之旱灾为最，全省被淹毙饿死者几达 300 万人。据湖北省统计，1938—1943 年被灾区域达 63 县，其中 27 县遭受日寇灾害最烈、牺牲最巨，遭受水灾者 27 县，估计被灾面积达 1.22 亿亩，灾民凡 5524190 人；1944 年，鄂北各县受灾县份共有 21 县，待赈人数达 130 万人。日军占领广东中山县三灶岛 8 年，致使 3500 多人饿死。侵华日军于 1939 年 8 月占领广东潮阳县海门镇，致使 1943 年 4—5 月间发生饥荒，全镇饿死 17000 余人，另有 1.5 万余人流落外地。

(4) 侵华日军战火逼迫民众逃亡而造成的灾害。战后，国民政府发布的《全国人民生命损失及人民劳力损失统计表》显示：全国难民战时流亡数达 95448771 人，几近 1 亿人。难民的死亡数肯定较和平时期高出很多。

（四）残酷的经济掠夺及其给中国造成的损失

日本在对东北 14 年的统治中，仅 1932—1944 年就从东北掠夺了 2.23 多亿吨煤、1100 多万吨生铁、580 多万吨钢；1942—1944 年的 3 年间征收的粮食 970 万吨被直接运往日本。据统计，1944 年末，日本开拓移民占地共达 152.1 万公顷，占东北全部耕地的 1/10。

25 抗日战争的统计数字问题

日军侵占以上海为中心的华中地区以后,决定以军票支付不包括华北在内的侵华日军军费。此票不编号,发行量全由日本临时军事会计来确定,要发行多少就发行多少。1937年末发行额为137万日元,1年后猛增到3680万日元,1942年12月发行额已达5亿日元,到1943年4月才停止发行。

日军凭暴力强制规定军票与法币的比价,不断使军票升值。1939年8月规定法币与军票等价,1940年5月成为100∶77。太平洋战争爆发后,军票价值扶摇直上,1942年5月法币与军票的比价降为100∶8。日本侵占香港后也发行了大量的军票。

日本为了支付其巨额军费开支,在中国沦陷区发行了大量公债,仅以日元计值的就有大东亚战争国库债券、大东亚特别国库债券、大东亚割引国库债券、中国事变国库债券、战时报国债券、日本国库债券、日本债券等45种之多,计为当时的日币26亿日元,加上以伪满币、中储券、中联券、旧台币计值的,按当时的外汇兑换比值计算,日本战后残留在中国的公债约为471亿日元,这还不包括日本在抗日根据地周边和伪蒙疆地区发行的公债、日伪发行的变相公债、在台湾发行的邮政储蓄券等。

日本对关内沦陷区经济的掠夺,仅据全国金银币、金银条、船舶、工矿、道路、交通、港口、农村水利、住房私产、资源减损、军费损失等各项公私财产直接损失的不完全统计,即达559.43844亿美元。例如:湖南全省有78县市,被敌沦陷者达44县市,被敌侵扰者11县,被轰炸者达9县。总计全省人口伤亡达262.2383万人,财产损失达当时国币12.19221027万亿元(以1945年9月物价为准),损失之巨冠于各省。

日本侵华战争期间,巧取豪夺和劫掠了中国大量文物,据统计有书籍、字画、碑帖、古物、仪器、标本、地图、艺术品、杂件等共3607074件,另有1870箱,又有被劫古迹741处。

日本侵华战争和亚洲、太平洋战争期间对海外华侨大肆掠夺,造成重大损失。据不完全统计,南洋华侨所受财产损失达6亿多美元,菲律宾受损失的达1.2万家,新加坡受损失的达7300余家。

在纪念中国人民抗日战争暨世界反法西斯战争胜利70周年之际,国新办就抗战时期中国人口伤亡和财产损失调研成果举行吹风会。吹风会提供数据显示:抗日战争中,按照1937年的币值计算,中国直接经济损失达1000亿美元,间接经济损失达5000亿美元。

四 开展抗战损失调研的目的是不让历史悲剧重演

中共中央党史研究室副主任李忠杰指出:策划和制造当年这场战争的,是一小撮日本军国主义者和法西斯分子。日本人民,从根本上来说,也是受害者。所以,日本人民也用不同方式对这场战争进行了抵制和反抗。不少参加侵华战争的士兵认识到战争的性质,幡然悔悟,积极参加了国际和日本国内的反战活动。战后,很多人勇敢面对历史事实,以见证人的身份揭露了日本军国主义的罪行。还有很多当年的士兵真诚忏悔战争的罪行,以实际行动推动世界和平和中日友好,做了很多有益的工作。他们的良知和勇气应该得到充分的肯定和赞赏。相反,日本国内一些右翼势力直到今天仍然否认侵略战争的性质和罪行,竭力推却侵略战争的责任。对早已由当年远东国际军事法庭作出严正判决的南京大屠杀一案,始终企图翻案。历史不容改变,事实岂能抹杀!企图歪曲历史,掩盖罪行,这是中国人民绝对不能同意的。

李忠杰表示:数据,是历史的抽象。数据的背后,是大量的事实、确凿的证据,是无数人们的惨痛记忆和血泪控诉。为了更直接、更具体、更全面、更系统、更立体地还原当年的历史,展示中国人民遭受的灾难和损失,揭露日本军国主义的罪行,驳斥日本右翼势力否认侵略罪行的种种言论,我们必须通过更多档案资料的展示、历史文书的挖掘、具体事实的考查、当事人的证词证言、各种各样的物证书证等等,将侵略者的罪行昭告天下。因此,作为炎黄子孙,作为郑重的历史工作者,有必要、有责任、有义务也有权利对战争期间中国的人口伤亡和财产损失进行更加系统、详尽、具体的调查研究,将当年中国人民的巨大牺牲和惨重损失永远记载下来。

25 抗日战争的统计数字问题

因此,2004年,中共中央党史研究室决定开展"抗日战争时期中国人口伤亡和财产损失"的课题调研。从2005年开始,中共中央党史研究室组织全国党史部门围绕这一重大课题开展了系统深入的调研工作。其基本任务是按照实事求是的原则,调查更加翔实、有力、具体、准确的档案、材料、事实,更加清楚、准确地掌握日本军国主义的侵略罪行,更加清楚、准确地掌握日本侵略者在各个不同领域、地区和方面对中国造成的破坏和损失。

李忠杰指出:打开尘封的记忆,重温昔日的往事,我们可以得到很多的启示和教诲,增长很多的聪明和智慧。所以,研究历史,形式上是向后看,但根本目的是向前看。所以,作为一种科学的研究,我们调查历史的真相,记录历史的灾难,并不是为了延续旧时的仇恨,也不是为了扩大中日之间的裂痕,更不是为了煽动狭隘的民族主义的情绪。我们的目的是"以史为鉴,不让历史的悲剧重演;面向未来,书写更加友好合作的美好篇章"。

26

透视中国政府放弃日本战争赔偿的前前后后

第二次世界大战中,日本帝国主义在亚洲发动了侵略战争,使亚洲和太平洋地区的国家蒙受了巨大的损失。在日本曾经发动的这些侵略战争中,尤以1931—1945年的侵华战争最具有代表性。在反法西斯的第二次世界大战中,作为四大国之一的中国,付出了巨大的民族牺牲,中国军民伤亡近3500万人,造成直接间接经济损失6000亿美元。[1]

按照国际惯例,在每一份战后签署的和约中都包括战争赔偿的内容,对中国造成的如此巨大的战争损失,日本理应进行赔偿。战后,那些受害远较中国为轻的东南亚国家获得了数目不等的赔偿,但随着具体局势的变化以及美国的作梗,战败的日本却没有向主要战胜国之一的中国支付赔款。这是国人多年来疑惑不解、愤慨与遗憾已久的。甚至出现了一些杂音,如:有的观点认为中国放弃日本战争赔款源于毛泽东一人的独断专行;还有的观点甚至将中华人民共和国政府放弃日本战争赔款一事上升为"出卖国人利益,卖国兴党"的很高的高度。那么,历史的真相究竟是什么?难道中国政府不该要求战争赔款吗?谁该为中国放弃日本战争赔款负责呢?中国政府放弃日本的战争赔偿的影响是什么?在这里,我们以学术界最新研究成果为基础,就中国放弃日本战争赔款的前前后后作历史考察,以还原历史真相。

---

[1] 评论员:《历史昭示——纪念"七七"事变五十周年》,载《人民日报》1995年7月7日。

一 国民党政府最初并没有放弃赔款要求

1945年8月15日,历时14年之久的中国抗日战争作为世界反法西斯战争不可分割的一部分最终取得胜利。但是,在这场旷日持久的战争中,中国付出了极惨重的代价。据统计,中国军民伤亡人数高达3500万,各种损失折合当时美元计算数额高达1000万亿以上。① 战后,中国政府除分得日本的30多艘破军舰等实物外,战争赔款一点也没有追回。

不过,亚洲其他受害国家基本上得到了应有的赔偿:向印度尼西亚赔款8亿美元,向菲律宾赔款8亿美元,向缅甸赔款2亿美元,向老挝赔款278万美元,向柬埔寨赔款417万美元,向韩国赔款1亿美元,向新加坡赔款2500万美元,向马来西亚赔款2500万马来西亚元,向泰国赔款150亿日元。向中立国赔款数目:瑞士11亿日元,西班牙20亿日元,瑞典11亿日元,丹麦7亿日元,蒙古50亿日元,甚至连当时尚未统一的越南南方吴庭艳政权也获得了3900万美元。

面对如此惨重的经济损失,要求罪魁祸首日本给予中国战争赔偿是天经地义的。中国政府对此态度相当明确,当时的国民政府外长王世杰在阐述战后中国对日基本政策时指出:尽管中国不主张采取狭隘的报复主义,但就赔款问题则"应一本正义与公道之要求,以从事解决"。为清算日本侵华罪行,1939年7月,中国国民政府行政院就制定了《抗战损失调查办法》。蒋介石在参加开罗会议前已准备了索赔提案。1944年2月5日,中国政府成立"行政院抗战损失调查委员会",负责调查"九一八"以来中国因日本侵略造成的损失,以备要求赔偿。同年3月9日,参事室草拟了《战后对日媾和条件纲要》,提出除军事赔偿外,日本还应以"赔偿与债权"、"损害补偿"、"投资与建设"、"复兴资源"等方式进行经济赔偿。② 1945年7月,美、英、中三国发布的《波茨坦公告》规定:"日本将被允许维持其经济所必需及

---

① 梁文:《中国放弃日本战争赔款的来龙去脉》,载《炎黄春秋》1995年第9期。
② 《战后对日媾和条件纲要》,全宗号761,卷号226,见中国第二历史档案馆档案。

可偿付实物赔偿之工业。"日本投降后,中国国民政府对索赔一事十分关切,经与美国、苏联多次商洽后,1945年11月13日,中国外交部最后通过了《关于索取赔偿与归还劫物之基本原则及进行办法》,规定:日本赔偿以实物为主;中国对日索赔各项应有优先权。

中国要求日本赔偿的政策与盟国战后对德、日的总政策是一致的。早在1945年2月召开的雅尔塔会议上,苏、美、英三国首脑便指出他们已经考虑过关于德国在这次战争中使同盟国家所受损害的问题,并且认为理应由德国用实物将这种损害尽可能赔偿到最大限度。战后,美、英、法、苏对德国实行分区占领,成立盟国管制委员会,德国的赔偿以盟国从各占领区拆迁工业设施抵偿。1947年2月盟国还与意大利和罗马尼亚等4个德国的仆从国订立和约,规定上述5国分别向苏联、南斯拉夫等5国支付数目不等的战争赔偿。

对于日本,盟国在战后成立了一个赔偿委员会,专门协商日本赔偿问题。1945年11月,该委员会一致认为为了剥夺日本进行战争的产业能力,防止军国主义复活,应该加重日本的战争赔偿,并指示各国分头调查统计战争期间的损失,以便确定具体赔偿方案。经过两年多的深入调查,1947年10月,包括中国在内的同盟各国向日本提出了为数540亿美元的赔偿要求。但是,在赔款的分配问题上却意见纷纭,姑且不算受害最重的中国的赔偿要求,仅美、英、苏、法、澳5国提出的分配比例总和已超过了100%。中国在会上以"受害最久,牺牲最烈"据理力争,坚持获得赔偿总额的40%,但各国仅同意占30%。此后双方争执不休,问题一拖再拖。令人揪心的是:当时中国内战正酣,蒋介石对日本赔偿的分配问题自然无暇顾及。只是国民政府在日本赔款问题上的态度并无大的改变。连抗战前长期主持媚日外交的张群1947年9月9日在国民党六届四中全会上所作的外交报告中仍明确表示,不放弃从日本获得应得的赔偿。这充分表明了当时国民党政府的态度。但是,不管怎样,对日索赔问题由于各方意见不一,暂时被搁置起来了。然而,在日本方面,直到《旧金山对日和约》签字,从未向任何国家提起过战争赔偿问题。这中间一晃就是4年。

二 美国对日政策转变的新构思

中国索赔成功与否,还取决于其他盟国的态度。在美国单独占领日本的情况下,美国对赔偿的态度举足轻重。战后,盟国采纳了美国关于日本的实物拆迁赔偿而非货币赔偿、以现有赔偿能力赔偿而非受害国实际损害进行赔偿的办法。

战后初期,美国政府仍将中国作为其在远东的基地和战略支撑点。在美国看来,中国是美国在远东的最大盟友和最佳基地,日本在美国远东战略中的地位就不那么重要了,因此确定了撤走在日本的绝大多数工业设施作为赔偿的严厉方案。按照美国的最初构想,战后日本的经济结构以农业为主。美国赔偿专员鲍莱1945年12月16日向杜鲁门提出的日本赔偿报告书,主张将日本工业限制在1922—1930年的水准。1946年11月16日,《鲍莱最终报告》规定日本需拆除用作赔偿的产业及军备设施价值达24.66亿日元。这实际上把"日本拉回原始的农业国发展阶段"。[1]

初期美国在处理日本赔偿问题上持比较积极的态度,并支持中国政府开展对日索赔。1947年2月,美国向远东委员会提出《日本赔偿先期交付案》;4月,美国指令盟军总部实施该方案,在先期拆赔的设备中,拨给中国15%,菲律宾5%,印度5%,葡萄牙、马来西亚及其他国家5%。这样,中国共获得先期拆迁兵工厂设备3批,价值如以1939年日币计,共计84931433日元,折合美元2207万元。[2] 现在看来,这是作为战胜国的中国从日本取得的唯一的一点赔偿。

随着冷战形势的日渐明朗化,日本对美国的战略价值开始突出起来,美国欲把日本作为其在亚洲抗衡共产主义世界的阵地,便由最初的惩罚转变为扶植。1948年5月,美国放弃鲍莱计划。1949年5月,美国又片面通知停止拆迁作为临时赔偿的工厂设备。至此,原先指定的1090家拆迁工

---

[1] 胡德坤、徐建华:《美国与日本战争赔偿方式的演变》,载《武汉大学学报》2002年第4期。
[2] 沈云龙:《近代中国史料丛刊续篇:第710辑》,第66页,文海出版社,1980。

厂,只落实了30%左右,价值约为1.65亿美元,仅为鲍莱方案的6.7%。中国也只获得先期分给中国的15%中的极少一部分,成了象征性的偿付。

当时日本虽无权决定赔偿的原则事宜,却有专门负责拆迁赔偿的机构——赔偿局(后改为赔偿厅)。该机构负有保护、包装被盟军所指定的拆迁设备的责任,以便受偿国接收运回。但是,在中国派人到日本拆迁的过程中,日本方面处处设置障碍。据参与拆迁的代表回忆,在第三批物资(主要是吴港电厂)的拆迁中,日方故意将设备的图样隐匿不交,又将锅炉和加煤设备的钢架和与输电设备变压器等托词保留,致使拆迁工作耽搁,中国只拆迁了这批物资的30%。[①] 与索赔相关的追索劫物也是如此。战后中国方面虽然追回部分劫物,但所获与实际被劫数目相距甚远。例如:被劫的巨额黄金、白银,战后黄金丝毫未还,即便归还部分白银,也只占总数的1/30000。有案可据的重要被劫文物15245件,实际归还甚少。战时损失书籍不下300万册,实际返还仅158873册。[②]

按照国际惯例,战争过后,战胜国与战败国应尽快召开和会,签署和约。但是,二战后同盟国与日本的和约则在拖了数年后,即直到1951年7月21日,才由美国起草并提出召开旧金山和会。这与当时美苏对立的形势以及美国企图称霸世界、遏制苏联的全球战略有着密切关系。美国此时所为,有其深刻的利己原因。二战结束后,美国在战争中壮大了经济和军事实力而急于充当世界霸主。但是,战后苏联也发展壮大起来,并且在苏联影响下,东欧和亚洲相继建立了一系列社会主义国家。特别是1949年10月新中国诞生,社会主义阵营愈加扩大,这些对美国称霸世界是极大的威胁。为了平衡新中国诞生给资本主义阵营带来的冲击,使自己尽快确立霸主地位,美国便开始在远东重新扶植一个亲美系集团。美国看中了日本,决定与日本媾和。1950年朝鲜战争爆发。为了打赢这场战争,美国需要得到日本的支持。为此,美国更加急需解决战后对日问题。所以,在拖了数年之后,美国起草了《对日和约》并提出召开旧金山和会,完全是从自

---

①沈云龙:《近代中国史料丛刊续篇:第710辑》,第76页,文海出版社,1980。
②孟国祥、喻德文:《中国抗战损失与战后索赔始末》,第119页,安徽人民出版社,1995。

身利益为出发点,而不顾中国利益,甚至排挤与打击中国也是必然的。

首先,关于邀请中国台北和北京哪一方参加和会,美国完全站在台湾一方,苏联坚决反对。英国也提出"邀请中共参加对日议和",并且"大英联邦各国都有尾随效尤之意"。① 在争执不下时,美国竟置中国作为主要战胜国于不顾,借口盟国对中国政府的认同有分歧而单方面决定不邀请中国代表出席旧金山和会,提出中国在会外与日本单独缔结和约。至于中国哪一方与日本缔约,美国强调由日本决定。由此,7月20日美国向同盟各国发出在旧金山召开和会的邀请,没有中国;在美国起草的和约草案中所列对日作战国家名单中,也没有中国。这种抹杀中国对日作战功绩,把中国排除在集体对日和约谈判与缔约之外,并给予战败国日本选择缔约对象权力的做法,对于同盟国成员之一的中国而言,极为不公。中国海峡两岸对美国无视中国权益的作法均表示了强烈的反对。6月18日,蒋介石发表声明指出:"中国政府仅能以平等地位参加对日和约,任何含有歧视性签约条件,均不接受。"② 8月15日,周恩来外长代表新中国政府对此提出了抗议,指出将召开的旧金山和约会议背弃了国际义务,中国不予承认。

其次,毋庸讳言,《旧金山和约》有它积极的一面,但是它在很多方面是极不公正的和约。(1)它把对日作战的时间定在日本袭击珍珠港的1941年12月7日,从而抹杀了中国人民自1931年9月18日起特别是1937年7月7日至1941年12月7日对日单独抗战的历史。(2)和约在赔偿问题上,极力宽大日本,只是泛泛规定"本国对于战争中造成的损害及痛苦,将向同盟国支付赔偿",而对具体数额根本没有提及。同时,《国际条约集》中对战胜国的赔偿要求作了原则上的限制,即只能"利用日本人民在制造上、打捞上及对各盟国的贡献的其他服务上的技能与劳作,作为协定赔偿各国修复其所受损失的费用",而且必须在"日本可以维持生存的经济范围内进行"。显然这是变相减免日本的战争赔偿,因而伤害了许多国家的感情,遭到许

---

①②[日]古屋奎二:《蒋介石秘录》,第495—499页,湖北人民出版社,1988。

多国家的反对。出席和会的苏联、捷克和波兰拒绝在和约上签字。① 9月18日,周恩来外长代表新中国政府严厉谴责了《旧金山和约》,指斥它是"一个复活日本军国主义,敌视中苏,威胁亚洲,准备新的侵略战争的条约",同时声明:"《旧金山和约》由于没有中华人民共和国的参加准备、拟制和签订,中央人民政府认为是非法的、无效的,因而是绝对不能承认的。"②

三　台湾当局为争正统放弃赔偿

《旧金山和约》给予日本中日双边和约缔结对象的自由选择权,给了日本以可乘之机。美国为了反对新中国,竭力策动日本同中国台湾签约。

此时国民党政权置身台湾孤岛,态度已趋软弱。与中共捍卫民族权利的严正态度相反,台湾当局为了摆脱困境,争得与日本缔结和约的所谓"正统"地位,一改前次的立场,索赔的态度不断软化,转而承认《旧金山和约》,以实现与日本签约。1951年9月12日,台湾当局"外长"叶公超发表声明,宣布愿以《旧金山和约》为基础与日本缔结和约,这就使台湾当局一开始就面临着不得不放弃赔款的窘境。

日本利用中国还未统一的局面以及蒋介石急于摆脱困境而力求从速签约的心理大做文章,向台湾当局施加压力,迫使台湾当局就范。1951年2月,在日本众议院外交委员会的会议上,日本就提出了国民党的代表资格问题——能否代表全中国人民。从1951年10月起,吉田首相对日本国会数度声明:(1)如果中华人民共和国邀请日本政府在上海设立海外事务所,日本也欢迎其在日本设立类似机构;(2)如果中华人民共和国在今后3年内提议根据《旧金山和约》与日本讨论并缔结和约,日本政府自然愿意谈判并缔约,丝毫不会反对。若《旧金山和约》生效,日本就恢复了一个主权国家的权利,可以自行决定与谁签约。台湾当局急于在《旧金山和约》生效前

---

① [日]古屋奎二:《蒋介石秘录》,第495—499页,湖北人民出版社,1988。
② 梁文:《中国放弃日本战争赔款的来龙去脉》,载《炎黄春秋》1995年第9期。

26 透视中国政府放弃日本战争赔偿的前前后后

签订和约。

1951年10月25日,台湾当局驻日本代表董显光拜会日本内阁官房长官冈崎胜男,询问有关缔约问题。冈崎称若与台湾缔约会引起大陆仇视,故要等待时机以定缔约对象。冈崎还声言尽管日本尊重所谓的"中华民国政府",但可惜其领土只限于台湾,其言下之意非常明确:日本并不准备与台湾缔约。

与冈崎的讲话相配合,首相吉田茂在参议院发表演讲时,声称中共若以《旧金山和约》为根据与日本缔约,日本政府不会反对,并称日本不能无视大陆上4亿5000万中国人的感情。

日本的这一举动,果然使台湾当局如坐针毡。为了保住所谓的"正统"地位,台湾当局一方面敦促美国对日方施加压力,一方面又在草拟的《对日和约》中大作让步,这一让步主要体现在赔款问题上。草案写明中国承认日本国现有之资源不足以完全赔偿中方所有损失及灾难并承担其他义务,因此应利用日本国民为中华民国从事打捞及其他工作作为补偿,除此以外放弃一切赔偿要求。

对于台湾当局谋求与日本缔约的努力,美国给予了大力支持,因为这符合美国的反共目的。11月5日,美国白宫表示坚决反对日本与中共拉拢关系之任何企图。12月10日,以反共著称的美国国务卿杜勒斯赴日,威胁日本必须与台湾签约,否则美国国会将不予批准《旧金山和约》。在这种情况下,日本政府才"被迫"改变态度。12月24日,吉田茂表示不承认共产党中国,愿与中国台湾缔约。1952年2月底,日本与台湾当局谈判正式开始。尽管台湾当局只要求日本对中国提供劳务补偿,而放弃了其他赔偿要求,但日方却寸步不让,坚持台湾可以根据《旧金山和约》没收日本在华财产和资产作为补偿,而不应再提劳务补偿的要求。台湾方面自恃有美国撑腰,据理力争。就在双方僵持之际,3月20日,美国国会批准了《旧金山和约》,4月16日美国又宣布《旧金山和约》将于4月28日生效。美国的这一做法对台湾方面犹如当头一棒,使台湾失去了强有力的支持。相反,美国限定《旧金山和约》生效时间却给了日本以有力支持,因为一旦和约生效,日本将摆脱战败国地位,在对华缔约问题上将更加主动。台湾当局被逼无奈,只好全面让步。3月25日,台湾方面同意放弃全部赔偿,只在条约中写明:日本承认其赔偿之义务,我方亦承认日方无力作出全部赔偿。为此,我方宣布放弃以劳务进行赔偿之要求。但是,得了好处的日本却变本加厉,抓住台湾方面急于与其签约的心理,坚持在《日台和约》中取消有关赔偿问题的条款,否则拒不谈判。台湾方面只好再作让步,答应日方的要求。4月28日,双方签约,但通篇找不到"赔偿"2字,其相关内容仅仅是在《日台和约》以外的《议定书》中加以确认的。《议定书》中写道:为对日本人民表示宽大与友好之意见,中华民国主动放弃日本国所应供应之服务之利益。

《日台和约》签订后,周恩来代表中国政府于1952年5月5日发表声明,严正指出:中国政府坚决反对《旧金山和约》和《日台和约》,蒋介石放弃赔偿要求的承诺是慷他人之慨,中国政府和人民绝对不予承认。

四 中日建交时中国放弃对日本的赔偿要求

第二次世界大战后,日美关系和中美关系的演化和发展对中日关系始终起着支配性影响。1971年10月中国在联合国合法席位的恢复,1972年2月美国总统尼克松的访华,对日本无疑是沉重的打击。7月,一贯追随美国仇华反共的日本佐藤荣作内阁垮台,新首相田中角荣宣布要加紧实现与中国邦交正常化,这一举动得到了中国政府及时、积极的响应。9月25日,田中应邀访华,双方会谈的一个重要问题就是赔款问题。26日,双方在人民大会堂举行第一轮外长谈判,当谈判进行至中方草案之赔款问题时,日方代表高岛竟狂妄宣称,根据1952年签订的《日台和约》,日本战争赔款问题早已解决,因而不存在中国放弃战争赔款的问题①,会谈因此不欢而散。翌日,周恩来会见日本首相田中角荣等,严正指出:中日邦交正常化是个政治问题,不是法律问题;中国不承认《旧金山和约》和《日台和约》,蒋介石

---

①中方草案原意为:为了中日两国人民的友谊,中华人民共和国政府放弃对日本国要求战争赔偿的权利。

表示放弃赔偿要求,是慷他人之慨,他逃到台湾,不能代表中国人民,遭受战争损失的主要是在大陆上;毛主席主张不要日本人民负担赔款,不想使日本人民因赔偿负担而受苦,而你们竟然不领情,说蒋介石已说过不要赔款,这个话是对中国的侮辱,我们绝对不能接受。28日,《中日联合声明》起草小组再次开会,高岛一上来即对他的言行表示道歉,声称日本国民对中国放弃战争赔偿的举动深受感动。中方考虑到日方的难处,同意将声明中有关赔偿的"权利"改为"要求"。至此,关于战争赔偿问题的谈判宣告结束。29日,双方签订了包括恢复邦交、结束两国之间战争状态、日本承认中华人民共和国政府为中国唯一合法政府、两国都不谋求在亚洲的霸权并反对任何国家谋求霸权的努力等内容的《中日联合声明》。

关于赔款问题,《联合声明》第(五)条写道:"中华人民共和国政府宣布:为了中日两国人民的友好,放弃对日本国的战争赔偿要求。"[1]这样,中日两国间长期悬而未决的战争赔偿问题以中国以德报怨式的自动放弃而告终结。

五 应如何看待中国放弃对日本的赔偿要求

对放弃日本战争赔款,如果要谴责,第一应该谴责美国政府,第二应该谴责蒋介石为首的台湾当局,还轮不到谴责1972年时的中华人民共和国政府和毛泽东。然而,一些人有意掩盖历史事实,不谴责美国政府,不谴责蒋介石为首的台湾当局,而谴责1972年时的中华人民共和国政府和毛泽东,完全是别有用心。

在日本首相田中访华之前,田中曾表示,如果对方提出赔偿,只要数额适当,他打算赔。1972年7月以后,中国为实现与日本邦交正常化进行积极的准备,周恩来总理就放弃战争赔偿问题作了下述指示:第一,中日邦交恢复以前,台湾的蒋介石已经先于我们放弃了赔偿要求,共产党的肚量不能比蒋介石还小。第二,日本为了与我国恢复邦交,必须与台湾断交。中

---

[1] 中华人民共和国外交部主编:《中华人民共和国条约集》,第19集,第7页,人民出版社,1977。

央关于日本与台湾的关系,在赔偿问题上采取宽容态度,有利于使日本靠近我们。第三,如果要求日本对华赔偿,其负担最终将落在广大日本人民头上,这样,为了支付对中国的赔偿,他们将长期被迫过着艰难的生活。这不符合中央提出的与日本人民友好下去的愿望。

1972年中华人民共和国政府放弃日本战争赔款有如下原因:(1)中国是世界大国,中国不能只看到经济利益,而不顾自己的国际声誉,美国等几个世界大国都放弃了日本战争赔款,中国要战争赔款会被国际社会看低。(2)中国前政府——中华民国政府也在20多年前宣布放弃日本战争赔款,从国际法原则看,作为中国的后续政府——中华人民共和国政府是无权再要求日本战争赔款的。(3)中华人民共和国政府领导人之前曾经表示过放弃日本战争赔款,不能失信。(4)时间已过去近30年了,再要求,效力减弱。基于以上原因,在1972年中日邦交正常化之际,中华人民共和国政府宣布放弃日本战争赔款是明智的选择。要知道,面对中日友好的大局,1972年时,中国在世界上还是比较孤立的,与西方大国日本建交意义非常重大。

六 不可忽视的日本援中ODA

其实,当时的《旧金山和约》是远非完整的。由是中国拒绝承认,菲律宾更是提出抵制和会,而朝鲜、缅甸、蒙古、越南、印尼等众多亚洲国家也纷纷表示反对。这给日本的亚洲外交蒙上了浓重的阴影,其潜在影响延及今日。另外,由于1954年日本的各项经济指标均已超过战前水平,获取海外资源、重返海外市场成为当务之急,而人口众多、工业落后的东亚更是其低成本商品的主要倾销对象。这么一来,《旧金山和约》反而成为它占领这些市场的最大障碍。为此,1954年,日本加入了以英国为主导、旨在援助东南亚的"科伦坡计划"。此后,它采取分别对待、各个突破的策略,旨在融化亚洲的坚冰:对态度强硬、坚持赔偿的国家,诸如缅甸、菲律宾、印尼、南越,它许诺逐年赔偿;对放弃赔偿的国家,如老挝、柬埔寨、泰国、马来西亚、新加

26 透视中国政府放弃日本战争赔偿的前前后后

坡、韩国等,它签订了准赔偿协定,即提供无偿援助;再次,1958年2月,一种更新、更体面的手法出现了:它与印度签订了一份日元贷款协定,至少在名义上这是和战争赔款无关的政府间援助。

在中日建交谈判时,中国的外汇储备非常紧张,但中国急需从日本进口钢铁、化肥以及成套设备;中日贸易始终不动声色地然而依旧迅猛地增长着,而中国始终以稀缺的石油资源来换取自己所需要的一切。

随后的1979年日本首相大平正芳访华,开启了对华政府开发援助的大门。近30年中,日元贷款为中国这艘庞大的飞行器注入了源源不断的燃料,推动其冉冉升空。对此,中日媒体都怀有同样微妙的心情。或许只有对此众说纷纭之事正本清源,才会有清晰和理性的认识。

日本对中国的援助,主要是通过ODA(政府开发援助)来实现的。ODA主要由两部分组成:政府直接贷款和无偿援助,其中无偿援助包括资金和技术援助。从1979年12月日本提供第一笔贷款开始,到2000年日本总共对中国提供贷款26509亿日元(相当于265亿美元),贷款特点为利息极低、还款期极长,贷款利率为2.1%~3%,偿还期为30年,还有10年缓付期。日本对中国的无偿援助,从1980年开始至1994年底,援助总额为956.68亿日元(相当于9.5亿美元)。另外,日本提供技术合作,接受中国进修人员赴日,派遣技术专家来华等等。30多年前,这些对华援助项目正是随着对华开发援助的实施而走进中国。关于对华援助,还有不同的数字。据日本外务省提供的数据显示,近30年中,日本对中国实施的经济援助总额约为34000亿日元(约2248亿元人民币)。这些资金中,90%的援助是日元贷款,约10%是无偿援助。另一个数字是:日本向中国提供了总计金额达36500亿日元(相当于357亿美元或218亿英镑)的经济援助。2007年12月1日,北京人民大会堂,中国外长杨洁篪与日本外相高村正彦签署了本年度日元对华贷款政府换文。"这笔为数460亿日元的贷款,将用于中国六个环保项目的建设。"签字仪式后,日本外务省新闻官坂场三男透露说:"这将是日本最后一次对华提供低息长期贷款。"日本以低息、长期为优惠条件,累计向中国发放贷款约32000亿日元(约合300亿美元)在29

年以后终于走到了尽头。

在改革开放初期,中国面临资金、技术紧缺和能源供应紧张、基础产业落后等问题。当时,除 ODA 以外,日本还提供了 3 批能源和其他一些基础设施贷款,总计金额约为 1.7 万亿日元。这些贷款主要用于油田、煤矿的建设,大大缓解了中国能源和资金紧张的局面。

日元贷款援建项目均为规模大、周期长、技术要求高和施工难度大的基础项目,其范围遍布中国几乎所有的省份。其中具有代表性的有京秦铁路电气化改造、南昆铁路、北京首都机场扩建、上海浦东机场、武汉长江第二大桥、北京污水处理、环境示范城市(重庆、大连和贵阳)的环保工程等。

ODA 打造的是双赢的中日经济关系。一开始,日本发放 ODA 的战略意图非常明确。日本要在政治上维持稳定的日中关系,在经济上则希望保证能源特别是煤炭的供应,同时日本也有开拓中国市场的愿望,而中国则要利用日资加快经济建设步伐。ODA 的成功实施让两国的战略意图都得到了实现。

27

应如何正确评价抗战人物？

与抗日战争的性质、地位以及领导者（权）问题相联系的，还有抗战人物的评价问题。对于那些在抗日战争中作出了重要贡献的人物，如公认的国民党军队十大抗日名将张自忠、李宗仁、杜聿明、孙立人、薛岳、卫立煌、傅作义、戴安澜、张灵甫、王耀武，除了张自忠、戴安澜因壮烈牺牲，傅作义因起义得到肯定外，很多人后来成了"战犯"，在中国大陆几乎没有人知道他们在抗战中的英勇事迹。那么，对于抗日战争中的人物应如何正确评价？这里我们试就这一话题做一简要探讨。

一　抗战名将的标准是什么

这里以张灵甫为例展开话题。因为《红日》、《南征北战》的小说和电影，张灵甫成为众所周知的反面人物，更没有多少人知道他还是抗日名将。对于无数的在抗日战争中牺牲的国民党军队基层官兵，那么就更没有多少人知道他们的抗战事迹了。张灵甫在抗战中究竟做了什么？应如何评价张灵甫在抗战中的表现？

（一）张灵甫经历了哪些大会战？

张灵甫的抗战生涯实际上应该从1937年的南京保卫战开始算起。有的地方说张灵甫参加了淞沪会战，实际上张所在的国民党第51师参加了淞沪会战，但张本人并没有参与这一开战以来规模前所未有的会战。

在淞沪会战失败后，国民党军队向南京撤退，日军也跟随其后向时为中国首都的南京发动进攻,张灵甫就在此时开始了他的抗战军事生涯。他在第51师担任第305团上校团长,很快就在南京外围的战斗中负伤。这一事件留在了当时第51师的战斗详报中,具体文字记述如下:"(一九三七年十二月)八日晚,我奉命放弃淳化,该团(第305团)即负责掩护我第一线部队之转移,在管头上方镇附近与敌激战甚烈,该团团长张灵甫负伤,连长伤亡五员,排长以下伤亡六百余名。"

之后,1938年2月,张灵甫升任国民党第153旅副旅长,9月升任第153旅少将旅长。在此期间,张率部随第51师参加了规模空前的武汉会战。在其中的万家岭会战中,张灵甫指挥第153旅下辖第305、306团以及第151旅的第302团反攻德安的张古山之敌,阻止日军南进。此战中他派出一支突击队攀藤附葛,从人烟绝迹的崎岖峡谷偷渡,配合正面进攻,夹击日军,夺取了张古山。日军在飞机、重炮掩护下进行反扑,把张古山阵地炸成一片焦土。张灵甫指挥部队顽强战斗,白天退却,晚上夺回,与敌人反复争夺了5昼夜。他腿部受伤,仍坚持指挥战斗。这时,第4、32、66军协同第74军在左右两翼突破了日军第106师团的防线,乘胜追击,收获了九江以南的全部失地,阻滞了日军南进,给予日军大量人员杀伤,史称为"万家岭大捷"、"德安大捷"。国民政府军事委员会第三厅第六处处长、作家田汉在长沙曾以此战役为题材,编写了活报剧在当地演出。剧中就有张灵甫的角色,张灵甫因而名噪一时。战后,张灵甫率部随第74军开赴奉新、高安一带休整。

1939年4月,第74军奉调入赣,参加南昌会战第二阶段的反攻南昌战役。此次战役中,第51师攻克高安,直逼南昌。就在进攻高安的作战中,张灵甫在城北被日军机枪打断右腿,后送至桂林。6月,张灵甫担任第51师步兵指挥官。

1939年9月,张灵甫随第74军参加第一次长沙会战。1940年冬,张灵甫升任第58师副师长。1941年3月,张灵甫率部参加上高会战。在上高会战中,第74军作为决战兵团,负责正面防守,第58师奉第74军军长王耀武命令,在高安以西、棠浦以东一带牵制日军。张灵甫协助师长廖龄奇指挥作战,命令战士挖陷阱、埋地雷,阻止敌人重武器前进;组织机枪火网或白刃格斗,对付敌人步兵冲锋等,以消耗敌人有生力量。由于日军飞机、大炮多,攻势凶猛,第58师官兵伤亡众多。第172团团长明灿向师部打电话请示行止时,张灵甫命令说:"哪怕打到最后只剩下你一个人,也必须守住阵地!"放下电话,张灵甫即赶赴前沿阵地,出谋划策,帮助团长指挥部队,坚守阵地。这次战役,第58师以2000余人伤亡的代价,协同第74军其他部队在上高县、北下陂桥阻击了日军攻势。会战结束后,第74军获"飞虎旗",王耀武、施中诚、张灵甫等受到嘉奖。

1941年10月,第二次长沙会战中,张灵甫所部星夜兼程,与日军重兵激战于春华山、永安、黄花市。战后张灵甫升任第58师师长,并参加第三次长沙会战、浙赣会战、鄂西会战。

1943年冬,常德会战爆发,张灵甫率第58师在常德以北阻击日军第34师团佐佐木支队、第13师团第116联队,向扁担垭、赤松山、亚门关发动猛烈攻击,并击退日军的夜间化装偷袭,有力地支援了常德的正面防御作战,获国民政府授予的四等云麾勋章。

1944年5月,张灵甫升任第74军副军长并兼第58师师长。第四次长沙会战开始,6月中他率部与日军第40师团激战宁乡5昼夜,予敌重大杀伤,确保日军最终未能攻占其防区。衡阳保卫战开始后,1944年7月,张率部从湘潭公路青树坪转衡宝公路,参加衡阳外围战斗,主攻鸡窝山日军据点。1944年7月下旬,他令第173团担任侧翼掩护,第172团在军山炮连和师迫击炮营的配合下,对敌人施行强攻,歼灭敌人,占领了鸡窝山。接着,他又指挥所部向衡阳进逼,抵达市郊五里牌。这时,守卫衡阳的第10军军长方先觉突然向日寇投降,坚守47天的衡阳终于陷落。但是,张灵甫还是获得了三等宝鼎勋章。

1944年10月张灵甫赴重庆参加军官培训,次年3月进入陆军大学甲级将官班第二期深造,因而错过了抗战的最后一次大型会战——雪峰山会战。

以上就是张灵甫在抗战中的履历,在第一线作战从上校团长一步步升至少将副军长。

(二)抗日名将需要什么样的资格?

关于张灵甫在抗战中到底是"将"还是"校",虽然其名义上的叙任军衔在抗战中大部分时间只是上校,但从职务军衔联系其指挥部队的规模,1938年职务军衔升为少将旅长的张灵甫就已经是将不是校了。其实,无论张灵甫是"将"还是"校",核心是张灵甫是否符合"抗日名将"资格。无论纠结于"将校身份",抑或是"独立指挥会战",还是"战绩"等等,核心不外如此。但是,问题在于在此之前有一个国家认证的"抗日名将"标准吗?我们并未查到有这样一种标准的认定。

事实上,在国内史学报刊书籍中,被称为"抗日名将"的大有人在。除了大家熟悉的张自忠、戴安澜、左权、赵登禹等,也有相当数量他人同样能找到相同或相似理由不予承认其"抗日名将"身份的。

例如打响全国抗战第一枪的团长吉星文①,他是1937年任第219团团长,1938年任第109旅旅长,1939年任第37师师长至1946年,其军职与张灵甫恰在同一时段内相差仿佛;又如牺牲时为新四军第6师参谋长兼第16旅旅长的罗忠毅②,1937年为新四军第2支队参谋长,1941年末牺牲时为新四军第6师参谋长兼第16旅旅长,与同时张灵甫的军职也约相同等级;再如1938年牺牲于台儿庄的副师长周元③;还如1940年任第129师新8旅旅长的张维翰④;甚至如牺牲时为国民党军团长的杨怀⑤、游击队长张甲洲⑥……我们还可以继续列举下去。这些可以用那些否认张灵甫"抗日名将"身份的同样或相似理由否定掉的"抗日名将"们,他们"抗日名将"的头衔难道就不许叫吗?

---

①《抗日名将吉星文》,载《史学月刊》1992年第3期;《吉星文:打响全民族抗战第一枪的"抗日名将"》,载《党史文苑》2010年第19期。
②《新四军抗日名将罗忠毅》,载《人民日报》2011年3月16日。
③《抗日名将周元》,载《文史春秋》2004年第7期。
④《鲁西北抗日名将张维翰》,载《中国作家》2006年第8期。
⑤《身先士卒的抗日名将杨怀烈士》,载《红岩春秋》2005年第6期。
⑥《张甲洲:让周恩来热泪横流的抗日名将》,载《文史精华》2008年第12期。

自然不是,实际上,"抗日名将"的头衔是中国的民众对那些在抗日战争中奋起反抗日军并对日军造成一定打击的中国中高级军官的爱称,本来就没有一个明确定义,不同的人心中自然可以有不同的标准,但想用自己心目中的标准规范别人的定义,不许别人成为"抗日名将",是不是有些不合适呢?

需要特别说明的是:有一种意见从道德层面出发,指张灵甫在抗战前曾枪杀妻子,道德败坏,不配被称为"抗日名将"。其实,中国古代与"兵圣"孙武齐名合称"孙吴"的大名将吴起正是一个"杀妻求将"而在道德上一直遭到批评的人物,但中国人从古到今都没有否认其名将的身份。用道德来否认名将身份,是否得把吴起先开除出"名将"之列呢?由此可见,无论从抗战时期的经历、战绩、军衔身份以及任职等各方面看,在"抗日名将"本身并没有一个明确国家标准且大量相似履历的将领也被称为"抗日名将"的条件下,称张灵甫为"抗日名将"本身并没有什么问题。

我们认为:抗日战争既然是中国近现代历史上最重要的一场反侵略战争,那么凡是在抗日战争中作出了重要贡献的历史人物,不论是任何阶级、党派、民族、地位,不管他们在其他时期做了什么,单论其抗战历史都应该得到肯定和赞扬,而不应否定他们的抗战事迹与地位,以使他们在抗日战争中的英勇事迹彪炳史册,激励后人。这与批判他们在其他时期所犯下的反共反人民的罪行并不矛盾。

二 如何评价蒋介石在抗战中的贡献

即使对于蒋介石,也应该做出公正的评价。蒋介石在分裂第一次国共合作以后,曾大批地屠杀共产党人和革命群众;在土地革命战争时期,他曾多次组织对革命根据地和红军的"围剿";在解放战争时期,他发动大规模内战,组织对解放区的军事进攻。他是长期与中国共产党势不两立的敌人。但是,他也是国共两党共同进行的北伐战争的领导人之一;特别是在抗日战争中,他也是以中国中央政府抗战主要领导人的身份领导了全国的抗战,特别是领导了国民党、国民政府和正面战场中国军队的抗战。在全国抗日战争期间和抗战胜利以后,很多人是曾经一度把他作为民族英雄看待的。因此,不管他在其他时期犯下了什么罪行,对于他在抗日战争时期的功绩,应该客观地加以评价和肯定。

(一)认识蒋介石,需要把握他极其复杂而又多方面的特性。

对于蒋介石的认识,在中国大陆经历了一个变化的过程。在20世纪80年代以前,蒋介石基本上还没有进入研究的领域,对他的评价是政治性的。20世纪80年代以后,大陆对蒋介石的评价开始发生变化,蒋介石的形象趋向于立体化与多面化,对他值得肯定的方面,如北伐和抗战时期的表现,开始不再吝惜笔墨,而给予如实的记述和评价。

不过,历史是复杂的,活跃在历史舞台上的人物也是复杂的,近代中国历史发展的复杂性和多样性更为以往的中国历史所未有。正因为如此,我们研究蒋介石、认识蒋介石,同样需要把握他的生涯中极其复杂而又多方面的特性,在弄清事实、个案研究的基础上,予以贴切的评价,而切忌以"翻案"或"颠覆"的心态看待严肃的历史研究,切忌单一化、极端化的思维方式,或者以新的单一化、极端化取代旧的单一化、极端化,两者貌似相异,实则殊途同归,都不利于我们对历史的深入认知。

(二)抗战中蒋介石的功绩和可议之处同在。

中国社会科学院近代史研究所研究员汪朝光撰文指出:在蒋介石的政治生涯中,能够得到最广泛认同的执政功绩,首推1937—1945年的全国抗战。以往我们对蒋介石在抗战时期的评价,不脱"消极"与"反共"的主轴,这当然是有偏颇的。至少,在决策抗战、坚持抗战方面,作为当时执政党的领袖,蒋介石确实起到了其他人所无可替代的作用。

1937年7月7日,卢沟桥事变爆发,日本开始全面侵华战争;7月17日,蒋介石发表庐山谈话,声明"抱定牺牲一切之决心",表示了发动抗战的态度。但是,即便此时,国民党高层内部的意见仍然不一致,仍然有人对能

27 应如何正确评价抗战人物？

否发动和坚持抗战抱有怀疑态度,包括胡适这样的知名人物也主张忍痛求和。蒋介石通过各种方式,说服、调和、打通国民党内的不同意见,最后决策实行抗战,"义无反顾"。就这一点而言,蒋介石对于抗战的发动确实是有贡献的,而且他在抗战期间也始终坚持了抗战的立场,抵制了日伪的"诱和"及国民党内外的求和主张,也值得予以充分肯定。

但是,如果就此说蒋介石在抗战中的表现就是"十全十美",就是值得全盘肯定的"领袖"和"英雄",又未必那么完全符合历史的事实。蒋介石在抗战中的作为至少有3个方面的可议之处:

一是对国民党军队的抗战军事督导不严;尤其是在抗战的中后期,国民党军队对于军事作战确实没有前期积极,以至于在1944年全世界反法西斯战场都在反攻之时,中国的正面战场居然还出现了一退千里的军事溃败,这实在是说不过去的事。看看当时的舆论反应,我们就知道这样的溃败在民众心目中对国民党留下了何等恶劣的印象。连蒋介石自己都承认:在河南,"我们的军队沿途被民众包围袭击,而且缴械!这种情形,简直和俄帝时代的白俄军队一样,这样的军队当然只有失败!……部队里面军风军纪的败坏,可以说到了极点!在撤退的时候,若干部队的官兵到处骚扰,甚至于奸淫掳掠,弄得民不聊生!"对于这样的溃败,作为国民党党政军一把抓的最高领导人,蒋介石能不负有责任吗?所以,我们固然不能简单地说国民党消极抗日,但国民党军队在不同时期、不同战场上某种程度的消极表现却也是客观存在的事实。

二是对国民党政风政纪管束不严,听任国民党各级官员尤其是高层官员的贪污腐败现象蔓延,严重影响国民党政权在民众中的形象。这方面最明显的例证是孔祥熙贪污案。据蒋介石日记的记载,孔祥熙以行政院副院长兼财政部长、中央银行总裁的身份,与下属合谋贪污1660万美元的大案,人证、物证俱在,蒋介石也认为"此人无可理喻","贪劣不可救药","不法失德令人不能想象也"。不过,格于一损俱损之亲缘关系,蒋介石又下不了决心,动不了狠手,最终对孔祥熙的处理也就是撤职了事,毫无其他处分,而且"即令速了,以免夜长梦多,授人口实"。正因为如此,国民党的凝聚力和统治力在抗战时期的衰颓也是不争的事实。

三是抗战中始终不忘遏制中共的发展,甚至多次动用武力,企图解决中共,严重影响到国共合作团结抗战的大局。据蒋介石日记记载,在1941年的皖南事变发生后,蒋介石"为新四军事研究颇切,然决心甚坚,对此事正应彻底解决";认为"制裁新四军问题,此为抗战成败最大之关键"。实际上,抗战成败的最大关键,应该在于如何发动人民群众,如何团结全国各党派力量,携手一致抗日,而非"制裁新四军"。对这样亲痛仇快之事的发生,蒋介石能不负有责任吗?

(三)要使对历史人物的评价能经得起检验,应当实事求是,肯定其当肯定,否定其当否定。

综合而论,全面、客观、深入、正确地认识蒋介石,包括抗战时期的蒋介石,也包括其他时期的蒋介石,我们应该注意到他心态与表现的复杂性,注意到他言与行之间的一致与不一致,从史料出发,以事实为依据,进行深入细致的研究,探讨其决策的前因后果及其发展变化,方才可以得出接近历史事实的结论,给予实事求是的评价,肯定其当肯定,否定其当否定,使我们对历史人物的评价具有长久的生命力。追求非黑即白、截然二分的简单判断,乃至追求"翻案"、"颠覆"的"眼球效应",因所谓时势或风向的变化而跟风轻变,恰恰脱离了科学研究的本意,无助于我们对于复杂历史以及在历史中活动的人物全面而深入的认知,也就没有长久的生命力。

三 实事求是评价抗战历史人物

我们认为:在抗日战争史研究中,对于那些抗战人物在抗日战争中的功绩该肯定的应该肯定,该宣传的应该宣传;对于他们由于阶级和历史的局限性而参加反共反人民内战的历史罪过该揭露则揭露、该批判则批判。也就是说,对历史人物的评价应该一分为二,功过分明,即功是功、过是过,既不能以功掩过,更不能以过掩功。实事求是,一是一,二是二,这才是历史唯物主义的态度和方法。这样做,不仅会使抗日战争史的研究更加客观、公正和科学,而且对于团结各方面的人士、完成祖国统一大业、全面建成有中国特色社会主义的和谐社会也是有利的。

28

抗日战争史的话语系统应科学化

关于抗日战争史的话语系统问题也是抗战史研究中值得瞩目和重视的问题。对此,国内著名中共党史研究专家郭德宏指出:长期以来,我们的抗日战争史著作都沿用了过去的很多提法,但细细推敲起来,这些提法是不科学的。

其一,沿用了日本的一些提法,例如"九一八事变"、"七七事变"以及"天皇"等等。有的学者已经指出:将日本的侵略行为称为"事变",是来源于日本。按照昭和十一年(1936年)出版的《广辞林》(金泽庄三郎编纂、三省堂出版)的解释,"事变"的含义有二:(1)不测的非常的变故、事件。(2)不得不出动警察进行镇压的意外骚动和暴乱。日本将它对中国的侵略行动称为"事变",其中隐讳着两层祸心:一是将日本的侵略战争与中国人民的反侵略战争含糊地称为"纷争"、"事变",以"不适用战争法规"为由,抵赖侵略罪名,妄图逃避国际战争法的制裁。二是将日本发起对中国的侵略的原因归罪于中国人民不承认日本的"领导地位","拒绝与日本合作"。言下之意,即中国人民不愿俯首称臣,所以日本"为惩罪中国人民而作战"。显而易见,"事变"一词高度概括了日本侵略者的强盗逻辑,充满着对中国人民的侮辱,有损我中华民族的尊严。但是,中国却一直沿用了这种抹杀日本侵略本质、侮辱中国人民的提法。① 那么,怎么提呢?譬如:从客观、公正的角度,可称"九一八侵华事件"、"七七侵华事件",从中国抗击侵略的角度,可进一步称为"七七抗战"、"一·二八淞沪抗战""八一三上海抗战"

---

① 石子政:《入侵何以称"事变"——"事变"一词的解密》,载《文汇报》2004年12月26日。

28 抗日战争史的话语系统应科学化

等等。至于"天皇",本来是日本人对他们的皇帝的尊称,中国人使用这种称呼就很不应该了。特别是裕仁"天皇"是发动侵华战争的最大的罪魁祸首,本来应该对他进行审判并处以极刑,我们却一直在尊称他为"天皇",就更不应该了,应该改为"日皇裕仁"或别的什么。

其二,沿用了国共斗争时期的很多用语,例如"国民党统治区"、"国民党军"、"国民党军队"等等。"统治"一词的本身虽然没有褒贬,但从习惯的用法来说,却是贬义的。因此,"国民党统治区"的称呼实质上就是贬义的。在抗日战争时期,因为中国共产党和国民党存在斗争,使用这种称呼是可以理解的。但是,在国共两党都已经发生巨大变化的今天,特别是现在正在努力改善国共关系和两岸关系的今天,仍然沿用这种含有贬义的称呼,就不大合适了。因此,不如把"国民党统治区"改为"国民党区域"、"国民党地区"或"国民党控制区"更为客观和恰当。在抗日战争时期,毛泽东就是使用"国民党区域"的称呼的。例如,他在1945年论及抗日根据地与国民党地区的区别时说:"利用抗战发国难财,官吏即商人,贪污成风,廉耻扫地,这是国民党区域的特色之一。艰苦奋斗,以身作则,工作之外,还要生产,奖励廉洁,禁绝贪污,这是中国解放区的特色之一。"[1]连毛泽东都称为"国民党区域",我们又为什么一定要改为并使用"国民党统治区"呢?相对于"国民党区域"而言,共产党开辟的抗日根据地可称为"解放区",日军占领的中国领土叫"敌占区"或"沦陷区",双方争夺的中间地带可称"拉锯区"、"割据区"比较合适,而东北就是伪"满洲国"或"日占东北殖民地"了。

至于"国民党军"、"国民党军队"等提法,胡乔木早就提出应该加以改变。他说:"我们说惯了国民党军队,但是,这些军队历来不是国民党直接指挥的。所以,正确的名称应该是国民党政府军。"[2]按照胡乔木的意见,我们可以将习惯所称的"国民党军"、"国民党军队"改称为"国民党政府军"。不管是"中央军"还是"地方军",也不管是蒋介石的嫡系部队还是所谓的

---

[1]《毛泽东选集》,第3卷,第1048页,人民出版社,1991。
[2]《胡乔木谈中共党史》,第259页,人民出版社,1999。

"杂牌军",只要列入"国民革命军"序列的,均称为"国民党政府军"。更有学者进一步提出还是叫它的正式名称"国民革命军"。对此,我们认为有待推敲,因为"国民革命军"的称法是第一次国内革命战争时期孙中山在"联俄、联共、扶助农工"三大政策的背景下建立革命军队而采用的军队名称,其使命是"打倒列强除军阀",是褒义名称。1927年蒋介石、汪精卫相继叛变革命后,"国民革命军"蜕变为大地主大资产阶级屠杀和镇压革命人民的工具,已名不符实了。所以,笼统地称"国民革命军"也不妥。但是,无论如何,最好不要再称为"国民党军"、"国民党军队"了。

在2005年7月7日于北京大学召开的纪念抗战胜利和世界反法西斯战争胜利60周年学术研讨会上,徐勇在总结中提出:抗日战争史研究应该更新过去的话语系统。为了使抗日战争史的研究更加客观和科学,对于那些来源于日本或受日本影响的、来源于国共两党斗争时期的称呼和提法,应该加以清理,凡是不客观、不科学的都应该尽快地改过来。

29

检视"抗战神剧":历史不容亵渎

曾几何时,在中国的影视舞台上出现了"抗战神剧"这一奇怪的文化乱象。央视《新闻1+1》盘点、批评了一系列的雷人"抗战神剧"。2013年5月,针对部分抗战题材电视剧存在的过度娱乐化现象,国家新闻出版广电总局电视剧管理司着手进行整治。随着大力整治,一段时间的电视剧质量已有大幅提升,但是不排除有死灰复燃的迹象。这个监督过程应该是长期和严格的。我们认为:为了历史的真实,为了孩子的价值观,为了民族的荣辱,"抗战神剧"这一文化乱象应该引起重视,得到足够的检视和深刻的反思。《人民日报》曾就此话题载文作过精辟的分析与解读。[1]

一 一时间乱象丛生之"抗战神剧"

2015年是中国人民抗日战争暨世界反法西斯战争胜利70周年。70年,说长也不长,可一些人对那段灾难深重的历史已经淡忘。

一段时间以来,有少数影视剧制造商在商业利益的驱使下,以错误的历史观念、混乱的叙事逻辑、荒唐的情节设置、夸张的人物塑造和越轨的台词设计,甚至采用很多夸张、雷人的虚构场景,屡屡炮制荒唐可笑的影视作品,消费当年日本侵华这场人间劫难。因此,群众称此类影视作品为"抗战神剧"。"抗战神剧"的特点可用"四化"形容:战争游戏化,我军偶像化,友军懦夫化,日伪白痴化。这些"抗战神剧"把敌人描绘得过于弱智,这不仅

---

[1] 杨洪涛:《人民日报文艺观察:"抗战神剧",历史不容亵渎》,载《人民日报》2015年5月26日。

是对历史的歪曲,更是对浴血捍卫家国的先烈们的不敬。当前人浴血奋战换来的胜利被描述成唾手可得的,恐怕后人就很难了解和反思为何这场战争需要付出如此巨大的代价。

"神奇"的镜头接二连三出现在抗日题材电视剧中,已经成为电视荧幕上"一道亮丽的风景线"。群众戏称"手撕鬼子"为"横店(影视拍摄基地,位于浙江东阳)名菜"。有的还调侃道:"鬼子坚持了八年真不容易!"

事实上,雷人桥段①层出不穷的现象透露出的是:风靡荧屏的抗日题材电视剧越来越类型化。"抗日"逐渐简化为一种故事背景,其内核被悄悄替换成武侠剧、爱情剧、偶像剧。即使主线仍是"抗日",武打、枪战、爱情、时尚、性感等类型元素也统统被裹挟进来。

抗日剧属于主旋律范畴,题材稳妥,而且每年的电视台需求量很大,有相对稳定的收视率,对投资者来说性价比和安全性都很高。那么,部分抗日剧为何扭曲、异化成雷死人不偿命的模样呢?很简单,电视剧的题材就那么多,老百姓爱看的元素也明摆着,但古装剧、涉案剧被踢出黄金档,宫斗、穿越被禁止,家斗、谍战数量太多被调控,现实题材更是禁忌多、边界不清难以琢磨,剩下的只有抗日剧这个旱涝保收的避风港可以做文章。可是,当所有的创作者都被赶到狭窄局促的池子里,一边不可避免造成创作的同质化,一边也无可挽回地疯狂加料博出位②。于是,偶像化抗日、家斗式抗日、谍战加抗日、武侠抗日、爱情抗日……牛鬼蛇神全来了。

二 "抗战神剧"典型案例分析

在《抗日奇侠》这部神剧中,几位奇侠个个英勇绝伦,刀枪不入,以一敌千! 这些会用铁砂掌、化骨绵掌、隔空打人、"气场"逼人等神功的奇侠们,

---

①桥段:译自英语中的"Bridge Plot"。"bridge"本意是"桥",引申义指"起桥梁作用的东西"和"过渡";"plot"则有"情节"、"策划"等义项。这两个单词合起来,表示被借用的(或借鉴的)电影经典情节或精彩片段。具体来说,一部新电影采用了老电影中曾出现过的某一表现手法(包括动作、表情、场景、台词以至部分情节等),这种被"借用"或"化用"的表现手法都可称为"桥段"。

②博出位:以一种骇人听闻的方式,在最短时间内取得公众的注目。

29 检视"抗战神剧":历史不容亵渎

真正做到了视皇军如蝼蚁!此外,一位奇侠将一个日军不偏不倚撕成两半的名场景成为传说。鬼子血肉横飞,英雄凛然一笑。"手撕鬼子"因此被群众恶搞地推选为"横店名菜"。

在《永不磨灭的番号》第34集里,营长孙成海向天上扔了一颗手榴弹,竟把一架日本飞机打了下来。回到现实中来检视,即便以飞机最低的飞行高度和飞行速度来作假设,依靠投掷手榴弹来击中飞机仍属天方夜谭。更何况在此之前孙成海受了飞机机枪的贯穿伤,能够站着本身就是奇迹了。

在《铁道游击队》一幕中,主角将自行车骑出直升机的效果,旱地拔葱式直接起飞,顺便搬动火车的道闸,同时躲开了飞来的子弹;在另一幕中,主角以自行车为武器轻松制敌;还有一幕是主角在自行车的帮助下逃过追兵,并飞越铁轨,直接辗压日军的机械化部队。

在《向着炮火前进》中,主角雷子枫爱耍酷、爱卖萌可以理解,但凡事都要有个限度。身穿夹克式皮衣、戴雷朋眼镜、骑哈雷摩托也就算了,打仗的时候居然还自备欧式沙发一张,胜利之后非要在沙发上摆足了造型,才能满意。战场上硝烟弥漫,血肉横飞,他的飞机头是抹了多少发胶,才能丝毫不乱、始终坚挺?这也太浮夸了,太不符合现实状况了。

在播出的一部抗战题材电视剧中,男女主人公居然演出了一幕监狱调情、裤裆藏雷的荒唐闹剧。此前的某些电视剧中,除了出现的"手撕鬼子"、"化骨绵掌"等盖世武功,有的还渲染尼姑与八路军干部暧昧的情感纠葛,甚至上演了一位少年用弹弓对抗鬼子的手枪并击穿鬼子身体的离奇片段。"神剧"还制造了许多令人啼笑皆非的台词,譬如:"同志们,八年抗战开始了。""我爷爷九岁的时候就被日本人残忍杀害了。""八百里开外,一枪干掉鬼子的机枪手。"如此等等,不一而足。除了道具、台词的荒唐错讹,各式"神剧"通常将抗战背景与偶像剧、言情剧甚至武侠剧进行嫁接,主要人物在抗日战场上开辟情场和秀场,以供剧作编织复杂、纠结、离奇的人物关系。把爱情当信仰,把谈情说爱当革命动力,几乎成为"神剧"的必备戏码。

与此同时,在这些所谓"抗日题材"作品中,众多的抗日名将和英雄事迹反而难以进入编创者的创作视野,倒是痞子、土匪、小混混常常成为抗日主角,他们以戏谑、玩闹的情态和粗鄙、油滑的习气,用消解崇高的方式开启一段段"打怪兽"式的冒险游戏。

三 如何看待"抗战神剧"

著名抗战史研究专家徐鹏飞在《人民日报》撰文指出:电视剧不必是教科书,但一定不能是罔顾公共理性的反面教材。毋庸置疑,在大众文化中,情爱、武打、警匪等内容其实是人的性、攻击、破坏等本能欲求的"替代性满足",要引导受众心安理得地疏泄这种欲求,需要在讲述这些内容的同时进行价值观介入,所以"正义战胜邪恶"、"好人好报"等主题几乎成了所有通俗故事的标准配置。好的故事把欲望与道德这两个"死对头"如此和谐地编织在一起,既疏泄人们内心的欲求,也再次强化了道德、价值观和公共理性,使人处于心智平衡的状态。但是,毕竟情爱、武打、警匪与色情、暴力、凶杀之间有着内在的共通性,如果故事过于离谱,缺乏基本的公共理性和价值观介入,文艺作品就越接近于赤裸裸的欲求本身。比如,当人们对暴力的依赖被文艺作品过分强化,那么暴力的对象是当年无恶不作的日本鬼子,或是今天在中国饭店用餐的日本民众,还是日本牌子的中国制造汽车,对他们而言并没有太大的区别,因为令人痴迷的是暴力本身。"抗日神剧"庶几近之。

上述所谓的"抗战故事"罔顾历史真实,普遍缺乏严谨的创作态度和扎实的史料考证,对抗战时期的历史常识和时代特点进行想当然的臆断和编造,往轻了说是愚蠢无知,往重了说是解构历史、亵渎英灵。

"抗战神剧"集中反映了当前某些文艺创作者"为人民币服务"、缺乏专业精神和基本底线的不良倾向。少数"抗战神剧"的投资编创者为了获得最大化的商业利润,毫无原则地在抗战剧的框架下植入各种所谓"看点"、"雷点"和"槽点",甚至不惜进行"自黑式营销",以达到吸引注意力、扩大受众基数、获得更高收视率的效果。此外,一些创作者的艺术造诣不高、编创水平不够,没有能力拍摄思想性、艺术性和观赏性俱佳的抗战正剧,但又觊觎丰厚的市场回报,只能用奇技淫巧来糟践历史。另一方面,在以往的管理环境中,抗战题材剧以"弘扬主旋律"题材往往可以有效规避其他类型和题材的创作风险,并且能够较为顺利地立项、投资、制作和播出,于是投资方就扎堆进入抗战剧市场。

"抗战神剧"对历史毫无顾忌地戏仿和拼接,反映了当下中国历史教育的缺失。在某种程度上讲,迈进现代化社会的过程中,有那么一些人在追逐物质利益和进行精神消费的同时,缺失历史教育,丢失了正确的历史观和严肃的历史态度。一些优秀的文化传统和古老的历史遗存被束之高阁,针对抗战历史更是欠缺足够的严肃认真的系统学习和教育。一些年轻人"哈韩"、"哈日"成风,甚至崇洋媚外、数典忘祖。这些社会现象让那些随意亵渎历史的创作者有机可乘。他们或许认为:即便他们肆意篡改历史、调侃先烈,也不会引来大规模的口诛笔伐,更不会因此丢掉饭碗;相反,还会赚取大把大把的钞票。

文艺工作者应当成为时代精神的引领者,但"抗战神剧"的历史观和战争观出现了严重的偏失。那些"抗战神剧"的杜撰者不但对战争的残酷没有切肤之痛,对民族之殇表现出麻木不仁、无动于衷的心态,也缺乏爱国主义情怀、责任意识和大局观念,对抗日战争的艰巨性和复杂性,对当时中国的社会状况和民族心理缺乏足够的了解和深刻的认知。不洞悉历史,不了解战争,就不能正确理解抗日战争为什么前后经历十数年之久,不能理解中国人民为取得抗日战争的伟大胜利付出的艰苦卓绝的努力和沉重如山的代价。

在世界上,反映世界反法西斯战争的影视作品浩如烟海,以我们有限的认知,除去"抗战神剧"外,几乎没有哪部在公共平台播出的影视作品以戏谑的方式对待那段波澜壮阔的历史。我们提出要建设社会主义文化强国、提升国家文化软实力,一个重要的前提就是对民族历史的正确解读和积极传播,尤其需要我们警惕错误的历史观念和历史态度给国内观众乃至国际舆论带来错误信号。

艺术可以放飞想象的翅膀,但一定要脚踩坚实的大地。在世界反法西斯战争的东方主战场上,中华儿女奋起抗争,赴汤蹈火,前仆后继,不屈不挠,抛头颅、洒热血,谱写了壮怀激烈的民族史诗,树立了民族解放事业的伟大丰碑,铸就了伟大的抗战精神,从而为影视和各类文艺创作提供了坚实的大地。历史题材影视创作应该自觉维护民族尊严和历史正气,坚守思想品格和艺术情怀,以现实主义精神和浪漫主义情怀书写这段伟大历程,用社会效益和经济效益俱佳的精品力作来告慰英灵、铭记历史。为此,我们肩负的使命任重而道远!

30

如何认清日本的二战史观与安倍政权的右倾化图谋？

战后至今,日本对于第二次世界大战时期的侵略历史一直没能彻底正视。在国际社会特别是亚洲邻国的压力下,日本政府于战后50周年的1995年发表"村山谈话",对侵略战争进行了有限的反省和道歉。此后历届日本政府尽管重申其精神,但鲜有出其右者。有研究指出,战后日本具有"翌年法则"怪象。① 日本呈现在世人面前的是:有限的历史反省,常态的错误言行。日本错误的二战史观伤害了被侵略国家人民的感情,破坏了与亚洲国家的信任关系,也把自己的亚洲外交拖入历史泥潭。比较而言,同为战争发动者的德国对历史的反省与日本明显不同,效果更异,令人深思。在中国人民抗日战争暨世界反法西斯战争胜利70周年之际,安倍政权的二战史观尤为令人关注,日本的亚洲外交又一次面临历史的考验。

一 错误的史观,缘于错误的现实

日本错误的二战史观主要表现在否定慰安妇、篡改历史教科书、参拜靖国神社、否定南京大屠杀、否定东京审判等问题方面,其他还包括"侵略未定义"论、为"神风队"申遗等等。与此相对,那些对侵略历史进行反省的观点在国内被右翼称为"自虐史观",频遭打击。日本对侵略历史的否定和

---

①战后日本一方面不断道歉和反省,努力地与亚洲各国和解;另一方面在第二年国内又涌动出强烈的民族主义和保守主义思潮与行为。日本《朝日新闻》主笔、知名政论家若宫启文在其著作《和解与民族主义》中把这种矛盾及有规律的现象称为"翌年法则"。

日本的现实密切相关,或是因现实需要,或是由现实决定。

首先,服务于推卸战争罪责、逃避战争责任追究这个现实需要。1945年战败投降的《终战诏书》就充斥着战争最高领导者日皇昭和为自己和侵略战争的辩护之词,被审判的战犯们也"异口同声地否认战争责任"。① 首届内阁东久迩宫内阁提出的"一亿总忏悔"根本目的也是为了摆脱日皇等战争领导者的罪责。为逃避惩罚,日本战后销毁了大量的战争档案,档案的不完整反过来又"纵容"了错误的史观。同时,对赔偿责任的逃避也是日本政府的现实需要。

其次,决定于总体保守化和政治右倾化的政治现实。战后日本史,就是一部保守势力长期占统治地位的历史。战前、战时的内阁大臣或者重要官员,甚至是被关押的战犯如首相岸信介,他们在战后大多重返政界,并千方百计地寻找"历史正当性",为自己和日本美化。进入20世纪80年代后,日本更是不断保守化,并在冷战结束后进一步加强,进入"总体保守化"阶段,政治右倾化也进一步加剧。正是在这样的氛围中,修改宪法、教育基本法呼声高涨,强调爱国心的主张越来越强烈,美化侵略历史和否定战争责任的论调和行为此起彼伏。

再次,适应于尽快"告别战后"、轻松迈向政治军事大国的战略需求。战后日本一直希望重振对国家的热爱和民族自信心,进而成为"正常国家"乃至政治军事大国,在国际社会获得更大的权力。为树立自信和大国形象,日本另辟蹊径地采取了忘却和篡改历史侵略的做法。教科书事件发生的1982年,时任国土厅长官松野幸泰就说过:"如果把'进入'说成是'侵略'",就会使孩子们说"祖先干了坏事"。② 在日本看来,美化侵略战争是日本重整为政治军事大国的"精神洗礼"。也正是在"政治大国"的口号下,中曾根康弘首相在自民党内部大肆批判东京审判史观是"自虐史观",批判马克思主义史观是帝国主义战争史观,并最终首次以日本内阁总理大

---

①[日]《丸山真男集》,第4卷,岩波书店,第112页,1995。
②《日本某些高级官员继续为美化军国主义辩解》,载《人民日报》1982年7月29日。

臣的身份正式参拜靖国神社。①

最后,受制于轻视亚洲邻国的心理习惯。这和日本近代以来脱亚入欧、脱亚入美的战略选择有关。奠定战后日本发展道路的吉田茂总结性地告诫:"日本外交的根本方针必须放在对英美亲善这个大原则之上,今后也不会改变,而且也不应该改变。"这"是遵循明治维新以来的日本外交上的正确路线"。② 在日本外交思想与实践中,日美关系是其外交基轴;亚洲更多的是自己施展政治抱负和外交战略的客体和舞台,对日本起不到关键性的影响作用。在这样轻视亚洲的心理支配下,日本一方面表现出"加害意识"的缺少,忽视对亚洲邻国的伤害;另一方面不重视亚洲邻国的抗议,对外对内"两层皮",缺乏主动和彻底的反省。

二 日德表现迥异,关键在于促进反省的力量不同

1970年12月7日,前联邦德国总理勃兰特在波兰华沙犹太人死难者纪念碑前下跪谢罪的一幕,令欧洲和世界动容。德国历届政府不仅承担战争罪责,向纳粹受害者道歉赔偿,无限期追究纳粹罪犯,而且还通过各种方式警醒世人,防止纳粹思想的流传。德国对历史的深刻反省是欧洲实现和解、保持和平稳定的要因。反观日本,在历史问题上屡屡倒行逆施,也导致日本亚洲外交陷入"历史泥潭"。日德表现迥异的关键在于促使两国反省和承担战争责任的外部压力和内部动力不同。

---

①靖国神社是日本军国主义对外发动侵略战争的精神工具和象征,其内现今供奉着246万个日本阵亡者灵位,其中1000多个灵位是二战中的甲级、乙级和丙级战犯,包括东条英机等罪大恶极的14名甲级战犯。靖国神社是日本明治政府于1869年在日皇旨意下为祭祀戊辰战争阵亡官兵而设的国家神道设施。明治维新后,日本把日皇崇拜与神道信仰一体化,靖国神社取得了国家神社的显赫地位,变身成为"超宗教"的、国家管理的祭祀场所。也就是说,靖国神社从来就不是一个单纯的宗教设施,而是日本军国主义的军事设施,其管辖权于1887年归日本陆军省和海军省,其历任最高祭司多由退役的陆海军大将担任。靖国神社的宗旨是宣扬和灌输"皇国思想",进行军国主义精神教育。日本军国主义者曾在这里举行颂扬侵略战争的祭祀活动,日本青年在奔赴侵略战场前到这里参拜并互相发誓,"死后进靖国神社"成为他们在侵略战场上鼓舞士气的强心剂。如今,靖国神社的所有活动、展品、饰物、雕刻等无一不是在颂扬军国主义,宣扬"侵略有理"。

②[日]吉田茂:《十年回忆》,第1卷,第10页,世界知识出版社,1965。

首先,来自外部的压力不同。一方面,德国战后被美、苏、英、法4国分区军事占领,进行了较为彻底的去军事化、去纳粹化、去垄断化和民主化改革。日本战后被美国单独占领,出于冷战的考虑,美国很快将改造削弱日本的政策变为扶植援助日本的政策,对日本的改造并不彻底。另一方面,德国地处欧洲中部,来自周边国家的压力更大,如果不诚心认罪和道歉,就不可能被欧洲接纳。日本则独处一隅,战后中、韩等周边国家实力薄弱,同时又疲于应对国内外的各种危局,无暇顾及日本。甚至当亚洲国家向日本抗议时,日本也感觉不到如德国所面临的压力,因为它仍可以借助日美同盟维持对外关系。

其次,源于内部的动力不同。一方面,德国是在顽强抵抗被彻底打败后投降的,纳粹政权被完全打碎,东、西两德政权同过去的纳粹没有丝毫的继承关系。这是德国能够彻底清除纳粹历史的政权基础。然而,日本自我反省的动力却不足。日本在盟军并未进入本土时就宣布投降,战后不但保留了天皇制,政府的大部分机构也被延续,甚至被定为战犯的政治家重新进入政界,也就不可能对自我进行彻底否定。另一方面,短短30年经历的两次战败苦痛促使德国痛定思痛,彻底摒弃军国主义和纳粹。日本虽也遭受战争之痛,还遭到原子弹轰炸,但这却使日本产生一种悲情的受害意识,反而更多关注战争对自己的伤害。

再次,德国是基督教国家,"原罪——认罪——赎罪"逻辑下公开认罪和忏悔对于德国并非是耻辱和难堪的事情。日本的耻感文化和错误的民族优越感反而使其即使认识到错误,也不想低头认罪,特别是不愿向自己眼中的周边弱国认罪。

三 日本国民二战史观的风化与抗拒

战后初期,面对战争的惨败和战后的困苦,日本国民更多关注自己的"受害"和"被骗",日本著名电影导演伊丹万作批评这是日本国民不愿正视自己战争责任的"麻醉剂"。尽管战后也有不少国民包括二战老兵对侵略历史进行深刻反省,但20世纪90年代以来,随着冷战国际格局解体、日本泡沫经济破裂和民粹主义抬头,日本国民对战争加害者责任的认识程度却越来越暧昧和倒退。对"核爆"年复一年的纪念以及陈列在广岛和平纪念资料馆、原子弹轰炸写真馆中的历史实物和图片展示的是日本的战争受害者形象。2014年,村上春树在《每日新闻》的专访中就指出:不少日本民众把自己视为受害者,而无视自己侵略者的身份,这一趋势"正在变得越来越清晰"。

2015年1月3日,《朝日新闻》发表的社论指出:随着日本亲身经历二战的人越来越少,日本社会整体对战争历史日益淡忘,而"历史修正主义的迹象愈发显著"。的确,时过境迁。特别是战后出生的年轻一代已经不了解二战对亚洲国家和人民的伤害,他们的历史教科书中只有很少一部分涉及二战的历史。受日本右翼鼓吹摆脱"自虐史观"和各种遗族团体追念活动的影响,在民族主义风潮之下,日本民众对二战历史的记忆日渐风化,对日本对外侵略战争的评价日趋保守。"侵华战争"表述为"日中战争","无条件投降"说成"终战"……这些暧昧用词在日本的普遍化更是模糊着国民对战争性质的判断。

2006年5月,《朝日新闻》的民调显示:70%受访者不知道东京审判的内容;在20—30岁年龄层中,只有1/10的人回答知道东京审判内容,更有17%受访者表示他们根本不知道这回事。2013年底,《朝日新闻》的民调显示:33%的20—29岁的年轻人认为日本发动的战争"不是侵略战争",与其他年龄段相比为最高。2015年4月,《朝日新闻》的民调显示:只有33%的日本人知道远东国际军事法庭的审判,而在回答知道的人中有32%的日本人认为东京审判"不正当";对于日本发动的那场战争的性质,46%的受访日本人认为既是"侵略战争",也是"自卫战争",认识到是"侵略战争"的仅有3成。

伴随着这样的史观,日本国民还涌现着一种抗拒的冲动。当邻国因国民感情要求日本反省与谢罪时,日本国内却叫嚣"日本已经正式谢过罪了"、"到底要日本谢罪到什么时候"、"反对对日谢罪外交"。① 日本相当一部分国民已经厌烦邻国反复要求道歉的行为,很少意识到日本政府在历史问题上的一错再错。② 问题还在于,日本国内右翼迎合部分民众的民族主义,借题发挥发表"妄言",推动日本国民历史认识上的保守化。在总体保守化的当下,日本国内进步的声音已然微弱。

对日本而言,很难对明治维新直至第二次世界大战结束的历史做出清晰的认识,因为它是辉煌与罪恶并存的历史。二战结束 70 周年之际,围绕二战和战争责任的认识,日本舆论正在分裂:一是以《朝日新闻》为代表,抨击安倍的右倾姿态,呼吁日本社会正视历史,承认战争责任;二是以《产经新闻》为代表,通过登载"历史战"系列文章大放厥词,否定南京大屠杀和慰安妇等,进而否定日本的战争责任;三是以《读卖新闻》为代表,回避关于二战责任的问题,把重点放在日本今后应如何维持和平与繁荣,成为"正常国家"上。在这场论争中,普通日本国民仍是那作为旁观者的"沉默的大多数"。

四 安倍政权的选择令人忧虑

2012 年,以安倍为首的自民党把删除"近邻诸国条款"③列入竞选纲领。再次就任日本首相以来,安倍质疑过"东京审判",抛出过"侵略定义未定论",提出过远东国际军事法庭审判"是根据战胜者的判断来定罪的"、"那场战争无罪人",登上过涂有"731"字样的战机,当着日皇的面带头呼喊"万岁",参拜过靖国神社。安倍内阁还向国会提交重新调查"河野谈话"

---

① [日]冈部达味:《日中关系的过去与将来》,岩波书店,2006。
② 2000 年 10 月,朱镕基总理在访日期间回答提问时严肃地指出:"我想提醒一点,在日本所有正式文件里面,从来没有向中国人民道歉。1995 年,当时的村山首相曾笼统地向亚洲人民表示过歉意。因此,不能说中国没完没了地要求日本道歉。"2001 年 10 月 8 日,时任日本首相小泉纯一郎在访华参观京郊中国人民抗日战争纪念馆时说:"我对遭受侵略而牺牲的中国人民感到由衷的歉意和哀悼。"但是,因为小泉任内曾 6 次参拜靖国神社,这次对"中国人民"的口头道歉在当时及以后都没有得到普遍承认。直至今天,日本仍旧未在任何书面文件中正式向中国道歉。
③ 1982 年,日本教科书审定制度增加了被通称为"近邻诸国条款"的内容,规定"在处理与亚洲近邻各国之间的近现代历史事件时,要从国际理解和国际协调的角度予以必要的考虑"。

的报告，表示"否认那个发言，政府将为恢复日本的名誉和信任努力申诉"。安倍自己则把"慰安妇"问题模糊为"人口贩卖"。

为迎接战后70周年，安倍暧昧地说到时会发表一个"安倍谈话"，但表示不会原封不动地沿用"村山谈话"中的"殖民统治"、"侵略"、"道歉"等关键词。显然，安倍的选择是"遗忘历史"。他在给研究"安倍谈话"的专家们"定调"时提出"五大论点"：日本从历史吸取了哪些教训；日本战后如何为国际和平作出贡献；今后应当为地区和国际社会作出哪些贡献；强调谈话要"面向未来"；要重视他提出的"积极的和平主义"理念。其中没有提及"道歉"，更多注重的是"对未来的思考"。

安倍反复强调日本应"面向未来"，却连续两年在"8.15"讲话中不提日本的战争责任，这种"面向未来"让人不安。《朝日新闻》如是评述："这不是说'面向未来'的态度有错。但是，如果日本开始谈论未来，却不真诚面对过去，遭受日本战争侵害的国家可能会想，日本是不是在说'让我们忘掉过去'？"

国民对二战历史的记忆风化和抗拒、右翼对侵略历史的翻案、冷战结束背景下的"五五体制"的崩溃和进步力量的衰微，使安倍政权在否认侵略历史、逃避战争责任时毫不顾忌，也没受到来自国内的强大阻力。日本多次的民调显示：和战后其他的内阁相比，安倍政权的支持率相当高，基本稳定在50%上下。有关支持安倍内阁的原因中，占比例最高的理由是"没有其他合适的支持对象"。其他的理由依次为"有领袖才能"和"信赖首相安倍晋三"。不支持原因排名前三的则分别是"政策不行"、"无法期待"和"无法信赖首相"。在政党的支持率调查中，自民党的支持率最高，达40%以上，其他党派的支持率基本难以超过10%。显然，安倍没有因错误的二战史观而引发执政危机。事实却是：在自民党一党独大、没有竞争者的情况下，安倍想借政权稳定干一番大事业，摆脱历史包袱，突破战后体制。美国北伊利诺伊大学历史学教授泰勒·阿特金斯就观察到："相比历史事实，安倍政府更加关心的是日本的'荣誉'。"

但是，正如战后日本历史所展示的那样，正是来自国际社会的压力让安倍不得不有所收敛,尽管有限。韩国与日本媒体公布的联合民调显示:韩、日两国民众彼此满意度降至新低,导致这一结果的根本原因正是日本右翼政治势力对侵略和殖民统治历史的否认与美化。在美国发出希望"安倍谈话"中能承认过去殖民统治和侵略的"村山谈话"以及围绕慰安妇问题的"河野谈话"后,安倍当天表示"我的谈话将包括反省之前的大战,也会谈到战后的日本作为和平国家的历程,以及战后日本为亚太以及世界作出的贡献"。安倍以反省为名,实质仍是沿袭战后日本否定侵略历史的那条"保守"轨迹,以"积极和平主义"为旗号,以面向未来为诱惑,趁机推动解禁集体自卫权,最终修改和平宪法,再现"自信、强大的日本"。

五　只有正确对待历史,日本才不会迷失

日本立教大学栗谷健太郎教授指出:"日本人没能像德国人那样严肃追问自己的战争罪行,后果就是,日本没有就战争犯罪和责任形成民族共识。"令人遗憾的是,安倍在其著作《致美丽的国家》一书中这样解释其历史观:"所谓历史,是不能简单地用善恶来划分的。百年千年来,在日本漫长的历史中产生、形成的传统为何得以保存下来?对此常有真知灼见,这才是保守主义的精神。"正如中国国家主席习近平在《俄罗斯报》发表的署名文章中引用的俄罗斯著名历史学家克柳切夫斯基的名言"如果丧失对历史的记忆,我们的心灵就会在黑暗中迷失"所示,安倍政权和日本右翼错误的二战史观正在使日本迷失。德国前总理施密特在其《未来列强》一书中一针见血地指出:"日本在世界上朋友甚寡","关键是日本对其过去的征服行径和犯下的罪行不愿意承认和道歉"。只有正确对待历史,日本才不会迷失;也只有这样,日本的亚洲外交才有未来。

图书在版编目(CIP)数据

正视抗日战争/柳建辉,孙新编著—青岛:青岛出版社,2015.8(2022.7再版)

ISBN 978-7-5552-2913-1

Ⅰ.①正… Ⅱ.①柳… ②孙… Ⅲ.①抗日战争—研究—中国 Ⅳ.①K265.07

中国版本图书馆 CIP 数据核字(2015)第 184890 号

书　　名	正视抗日战争 ——抗日战争若干重大历史问题辨析
编 著 者	柳建辉　孙　新
出版发行	青岛出版社(青岛市崂山区海尔路182号)
本社网址	http://www.qdpub.com
邮购电话	0532-68068026
责任编辑	李忠东　陈　涛
封面设计	李健利
文字照排	青岛新华出版照排有限公司
内文设计	左右工作室
印　　刷	青岛鑫源印刷有限公司
出版日期	2015年8月第1版　2022年7月第2版第5次印刷
开　　本	16开(787mm×1092mm)
印　　张	23.5
印　　数	19001—22000
字　　数	330千
书　　号	ISBN 978-7-5552-2913-1
定　　价	68.00元

编校印装质量、盗版监督服务电话　4006532017　0532-68068050